2
2020
第2辑
总第58辑

Nomocracy Forum

法治论坛

广州市法学会 / 编

中国法制出版社
CHINA LEGAL PUBLISHING HOUSE

目录　CONTENTS

Nomocracy Forum

疫情与法治专题

实务研究

案例分析

法谈法议

疫情与法治专题

国家及广东省应对突发重大传染病疫情立法检视

唐　犀　张培田　周倩琳*

【内容提要】 2019年底新型冠状病毒肺炎的传染暴发给中国及世界带来了巨大危害，在疫情防治过程中暴露出我国在应对突发公共卫生事件立法方面还存在需要改进之处。笔者在本文中回顾了国家及广东省应对突发重大传染病疫情法治体系的建立进程，梳理了现行立法体系，从完善相关立法体系、厘清疫情防控下公权及私权的边界、理顺疫情防治体制三个方面对当前国家及广东省应对突发重大传染病疫情立法进行反思。笔者还从新冠疫情中热点社会新闻反映出的法律问题入手进行立法检视，提出了建立疫情信息报告及披露机制、增强疾病预防控制中心权力及功能、明确并协调各地政府及部门权责等更为具体的修法建议。

【关键词】 突发　重大传染病　疫情　立法

2019年底新型冠状病毒肺炎疫情暴发以来，中国疫情报告累计确诊感染8万余人，被感染者死亡4000余人。除中国外，已有200余个国家和地区受到新冠肺炎疫情影响。严峻的疫情导致世界卫生组织将新冠肺炎纳入国际公共卫生紧急事件（Public Health Emergency of International Concern，简称PHEIC）。

新冠肺炎疫情是对国家治理体系和治理能力现代化的大考验。根据全面依法治国的要求，笔者认为应该对疫情防控战役中的各个环节，包括联防联控、药品物资保障、医护人员安排、市场供给、舆论引导等方面以法治思维进行社会治理。在相关的新闻报道之中，笔者注意到也出现了一些问题。这些问题反

---

* 唐犀——广州商学院法学院副院长，中国政法大学法学博士后，研究方向：比较法、法律史；张培田——广州商学院法学院教授，学术带头人，西南政法大学教授（博导），研究方向：法律史、民商法；周倩琳——广州商学院法学院讲师，法学硕士，研究方向：民商法、知识产权法。

映出我国在应对突发重大传染病疫情这类公共卫生事件立法方面还存在可资改进之处，亟须进行立法检视。

根据《突发公共卫生事件应急条例》第二条："本条例所称突发公共卫生事件（以下简称突发事件），是指突然发生，造成或者可能造成社会公众健康严重损害的重大传染病疫情、群体性不明原因疾病、重大食物和职业中毒以及其他严重影响公众健康的事件。"因此，笔者将立法检视范围限定为国家及广东省应对突然发生的重大传染病疫情立法，以发现的问题为切入点，以期从法律制定及运行机制上，完善法治薄弱环节，为依法应对将来的类似事件提供法治保障。

一、国家及广东省应对突发重大传染病疫情法治的建立

（一）法治框架的建立进程

国家及广东省应对突发重大传染病疫情立法主要分为四个阶段。

第一个阶段是1949年新中国成立伊始到1989年。新中国成立初期的传染病疫情形势严峻，医疗条件相对落后，鼠疫、天花、疟疾等传染病威胁着广大人民的生命健康。1955年经国务院批准，原卫生部发布《传染病管理办法》，报告管理18种传染病，首次进行分类管理。1978年，《急性传染病管理条例》颁布实施，规定报告管理甲、乙两类传染病共25种。1989年，第七届全国人民代表大会常务委员会第六次会议通过第一部《传染病防治法》，报告管理的传染病增加至甲、乙、丙三类共35种。我国应对突发重大传染病疫情立法从无到有，从简单到复杂，初具雏形。在国家立法偏少的背景下，广东省主要针对具体的传染病防治工作制订方案。如1979年4月制订颁布《广东省防治登革热施行方案》，以及根据《卫生部发布预防接种工作实施办法》制订《广东省预防接种工作试行方案》等，取得了相当好的成绩，在广东省内基本消灭了血吸虫病、丝虫病等多种传染病。

第二个阶段是1989年至2003年。这个阶段主要是针对立法制定配套法规及建立相关机制。如制订《传染病防治法实施办法》（1991年）、《动物防疫法》（1997年）。广东省根据《全国卫生防疫工作规范》，按年度制订《广东省传染病漏报调查方案》，在防治传染病方面做了大量工作。2001年1月1日起，广东省建立了全省疑似预防接种异常反应（简称AEFI）监测系统，是全国最早开展AEFI监测的省份。广东省还于2001年同时出台了《广东省动物防疫条例》及《广东省野生动物保护管理条例》。

第三个阶段是从2003年"非典"事件至2013年。2002年底SARS病例在广东省佛山市顺德区被发现，并在2003年肆虐全国造成巨大损失。为应对形势变化，国家制定《突发公共卫生事件应急条例》（2003年），2004年8月28日修订《传染病防治法》，自2004年12月1日起实施，并相继出台《疫苗流通和预防接种管理条例》（2005年）、《重大动物疫情应急条例》（2005年）、《国家

突发公共卫生事件应急预案》（2006 年）、《国家突发公共事件医疗卫生救援应急预案》（2006 年）、《突发事件应对法》（2007 年）等多部法律法规。由于 SARS 对广东省影响甚大，广东省也配套出台了《广东省突发公共卫生事件应急办法》（2003 年）、《广东省突发事件应对条例》（2010 年）等。

第四个阶段是以 2013 年习近平同志当选国家主席为节点，习近平总书记高度重视公共卫生事件。党的十八大报告强调："在改善民生和创新管理中加强社会建设……加快形成源头治理、动态管理、应急处置相结合的社会管理机制……完善突发公共卫生事件应急和重大疾病防控机制……强化公共安全体系和企业安全生产基础建设，遏制重特大事故……"党的十九大报告更是 55 次提及"安全"，确立健康中国战略，"坚持预防为主，深入开展爱国卫生运动，倡导健康文明生活方式，预防控制重大疾病"。在此期间，国家对多部传染病防治法律进行了修正，以适应传染病防控的新形势，并制定《基本医疗卫生与健康促进法》（2019 年），加快生物安全立法工作，设立国家卫生健康委员会机构。广东省则通过组建起地方立法基地与平台，对已有的地方传染病立法进行修正和完善。

（二）应对突发重大传染病疫情的体制、机制和法制

一案三制是具有中国特色及优越性的应急管理体系。就应对突发重大传染病疫情而言，"一案"是指制订、修订应急预案，"三制"是指建立健全应急的体制、机制和法制。应急管理体制的要求是为了保障公共安全，有效预防、应对突发重大传染病疫情，避免或减少疫情带来的危害，建立起以政府为核心，多种社会组织和公众参与的开放式体系结构。政府作为高效统一的组织机构，确定内部的关系和权限后，能有效联系各个具有独立开展应急管理活动的单元，并有效运作。应急管理机制是指根据疫情的不同阶段，建立健全事前的预防和应急准备工作、事中的监测预警、报告处置工作、事后的恢复与评估工作。法制是依法行政的要求，在应对疫情的方案设计和实施过程之中，注意界定行政紧急权力和公民权利的边界，保障公民的合法权利。只有按体制设计框架，以机制作为动力，法制协调合规，应对突发重大传染病疫情的社会机器才能良好运作。

1. 体制构建

《突发事件应对法》第四条规定："国家建立统一领导、综合协调、分类管理、分级负责、属地管理为主的应急管理体制。"

统一领导是指各级人民政府负责突发重大传染病疫情应急处理的统一领导和指挥。县级以上人民政府制订传染病防治规划并组织实施，建立健全传染病防治的疾病预防控制、医疗救治和监督管理体系。各有关部门都在其领导下按照法律法规和规范性文件的规定开展工作。综合协调是指多主体力量共同参与疫情防治工作，国家支持和鼓励单位和个人参与传染病防治工作。但必须明确政府及各部门的权责范围，进行协同配合。分类管理是区分甲、乙、丙类传染

病，以及突发公共卫生事件划分出特别重大（Ⅰ级）、重大（Ⅱ级）、较大（Ⅲ级）和一般（Ⅳ级）四个等级，采用不同的预防及控制措施，由相应政府部门实行管理。分级别负责是指根据突发公共卫生事件的范围、性质和危害程度，对突发公共卫生事件实行分级管理，各有关部门按照预案规定，在各自的职责范围内做好突发公共卫生事件应急处理的有关工作。卫生防疫机构和医疗保健机构传染病的疫情处理同样实行分级分工管理。属地管理为主是指地方政府是第一负责人。传染病暴发、流行时，县级以上地方人民政府应当立即组织力量，按照预防、控制预案进行防治，切断传染病的传播途径，必要时，报经上一级人民政府决定，可以采取紧急措施并予以公告。

广东省目前也形成了政府及有关部门各负其责，社会组织和人民群众广泛参与的突发公共卫生事件应急处置和疾病预防控制管理体制。广东省政府领导广东省卫生健康委工作，设置广东省疾病预防控制中心，在各地市建立疾控中心，并由卫生计生行政部门、爱国卫生部门、社区卫生服务机构和其他医疗机构配合。

2. 机制建设

在疾控防疫的事前机制上，要做好预防与应急准备。以预防为主，预防与应急并重。疫情发生前，相关机构为消除突发重大传染病疫情发生的可能性及其带来的危害需要采取一系列风险管理行为。国家及广东省目前的举措包括实行预防接种制度、进行应急演练、进行防疫物资储备等。

在疾控防疫的事中机制上，首先是应做好监测和预警机制，疫情早发现、早报告、早预警是预先减少社会危害的保障。其次是疫情控制和医疗救治，医疗机构根据传染病的不同分类采用必要的治疗和控制传播措施，疾病预防控制机构、县级以上地方人民政府、医疗机构各司其职，并由县级以上人民政府卫生行政部门对传染病防治工作履行下列监督检查责任。最后是完善事后机制，疾控防疫的善后工作包括后期评估、奖励、追责、抚恤和补助、对征用物资和劳务的补偿等，目的是尽快恢复正常的生产、生活、工作和社会秩序，妥善解决疫情处理过程中引发的矛盾和问题。广东省大力进行公共卫生机制改革创新，在促进医防融合、提升公共卫生服务质量方面成效显著。

机制建设极为重要，决定了突发重大传染病疫情应急处理的效果。习近平总书记在2020年2月14日中央全面深化改革委员会第十二次会议上强调："针对这次疫情暴露出来的短板和不足，抓紧补短板、堵漏洞、强弱项，该坚持的坚持，该完善的完善，该建立的建立，该落实的落实，完善重大疫情防控体制机制，健全国家公共卫生应急管理体系。"[1]并提出强化公共卫生法治保障，改革完善疾病预防控制体系，改革完善重大疫情防控救治体系，健全重大疾病医疗保险

---

1 数据来源：《完善重大疫情防控体制机制 健全国家公共卫生应急管理体系》，载新华网，http://www.xinhuanet.com/politics/leaders/2020-02/14/c_1125575616.htm?ivk_sa=1023197a，最后访问于2020年5月13日。

和救助制度，健全统一的应急物资保障体系五个要求，这些指示需要贯彻落实。

3. 现行法制体系

突发重大传染病疫情属于公共卫生事件，涉及公共法治保障、疾病预防控制体系、重大疫情防控救治体系、重大疾病医疗保险和救助制度、应急物资保障体系等多个方面。笔者将现行的重要法律法规兹录如下，不包括司法解释、部门规章及规范性文件。

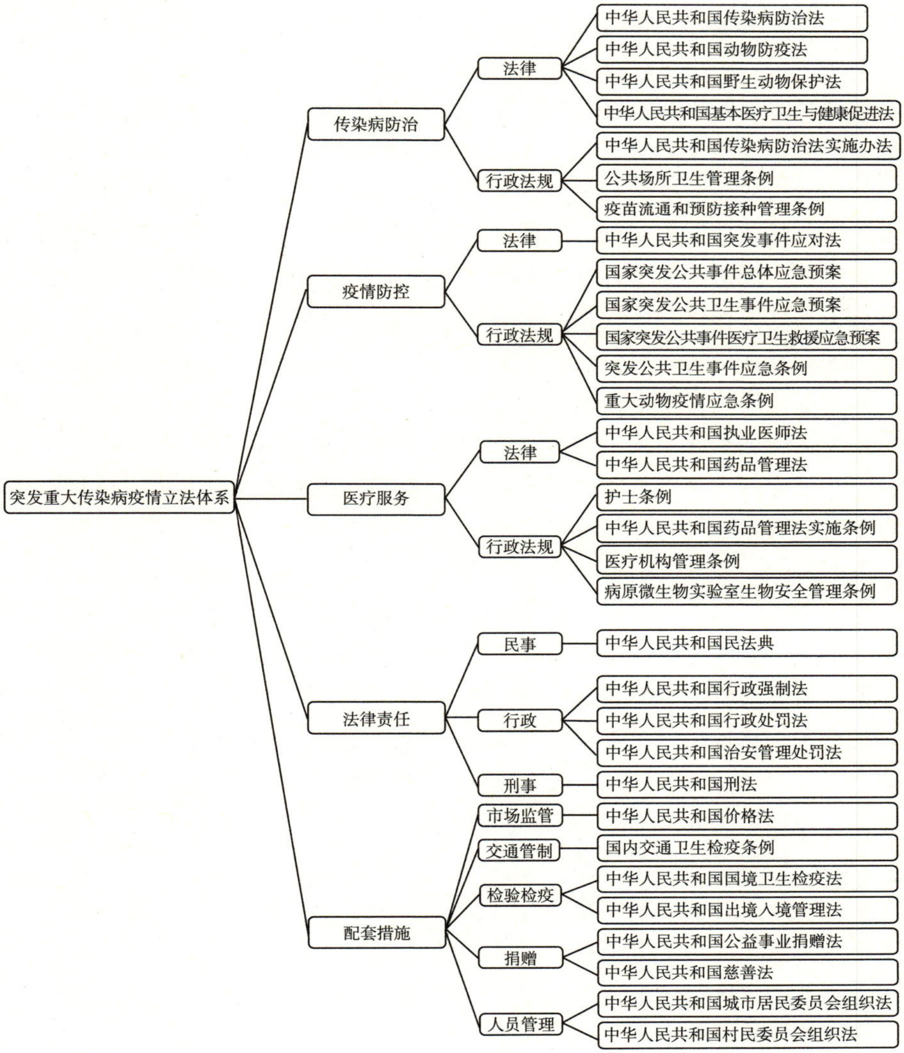

图 1　突发重大传染病疫情立法体系

二、国家及广东省应对突发重大传染病疫情立法的总体反思

（一）完善相关立法体系

从新冠疫情的防治情况来看，我国虽然已经建立了较为完善应对疫情的法律体系，但还应在以下几个方面加以改进。

1. 加强疫情防控的专门立法

中世纪欧洲教会法中有句法律谚语即“紧急时无法律”。其基本含义是在紧急状态下，可以实施法律在通常情况下所禁止的某种行为，以免遭受紧急状态所带来的危险。应急状态是一种非常规的法律适用态势，和常规立法构成两套不同的体系，其中的权利优先、紧急处理、程序特殊、救济优先、多元配合等特点需要通过疫情防控的相关立法体现。笔者认为，现行立法并未能完善地构建一整套疫情防控下的应急法律体系，在常规体系和应急体系的衔接方面也存在模糊之处。疫情到来之时，整个社会状态并不可能做到一键切换而无缝衔接，如何依据有章可循之法律规范人的行为，让社会公众提高防控意识、理解和觉悟，进而在转为疫情防控时候高效地遵守和执行，需要法治提供保障。

广东省及广州市需出台关于疫情防控的条例细则，如深圳人大已经就《深圳经济特区全面禁止食用野生动物条例》征求意见并自2020年5月1日起施行。广东省应针对这些具体问题进行统筹安排，以保证各地市制定行政法规的统一性。

2. 增加部门法中法律责任的对接

除增加疫情防控下的专门法律外，如前文所述，疫情防控会引发相当多的民事、刑事、行政责任。相应的部门法无须另行制定独立的法律，但应设立特别章节，就疫情防控中的热点问题进行规定。譬如在民事方面，买卖合同履行的责任分配、租赁协议的解约问题涉及疫情是否属于不可抗力的判断。在刑事方面，最高人民法院、最高人民检察院曾在非典疫情期间印发了《关于办理妨害预防、控制突发传染病疫情等灾害的刑事案件具体应用法律若干问题的解释》，此次新冠疫情期间，最高人民法院、最高人民检察院、公安部、司法部又发布了《关于依法惩治妨害新型冠状病毒感染肺炎疫情防控违法犯罪的意见》。笔者认为，与其在每次出现疫情后才匆忙公布各种行为在民事、刑事、行政法律关系上的法律认定，不如事先就做好制定规范的工作，避免纷繁复杂的司法解释影响法律的体系化。

3. 加强生物安全方面立法

《生物安全法》草案已经在2019年10月21日首次提请十三届全国人大常

委会第十四次会议审议，共计七章 75 条。[2] 生物技术是双刃剑，既可以作为有力的工具，也可能导致巨大的威胁。目前我国处于生物技术研发的高速发展期，但也伴随着出现了很多问题。如南方科技大学“基因编辑婴儿”的生物技术滥用案例，以及新冠期间谣传武汉病毒研究所实验室病毒可能泄露的各种言论，都提醒我们需要对维护国家生物安全方面制定更高位阶的法律，以保障人民的生命健康和社会稳定制度。

目前广东省尚无 P4 实验室，但有多家 P3 实验室，其中还包括华南农业大学动物生物安全三级实验室和中山大学生物安全三级实验室等依托于高校设置的生物实验室。鉴于 2004 年非典病毒实验室泄露导致 9 例非典确诊，900 多人医学观察的惨痛教训，广东省也应在实验室、操作规范和管理制度三个层面上制定详细的地方规章、安全防范措施，以确保实验室万无一失。

（二）确定疫情防控之下的公权与私权的边界

突发重大传染病疫情是一种非常规的紧急状态，为保证防控工作的顺利开展，势必需要加强政府行政部门的公权力行使优先权，但在立法设计中必须防止公权和私权的失衡，保障公民的合法权利。为此需要予以考量以下问题：

首先是需要明确政府行使权力的目的，是采取有效措施应对疫情，降低对社会危害。根据目的设置行使权力的前提条件，建立简单高效的事中审查机制，规范公权力的行使。

其次是确定疫情防控立法中所应适用的原则，包括比例原则、行政程序原则、行政应急原则等。应这些原则而生的规制必须合理配置公权力和私权利，解决公共利益与私人利益的冲突。

最后是规定如出现行政权力庸政、懒政、怠政情况，或者对公民人身权利及其财产权出现不当限制的情况，将导致何种法律责任。疫情防控的法律法规需要对公民的权利保障的底线作出明确规定，确定公权与私权的边界，以便达到最大限度的合理配置。譬如南方都市报从 2020 年 1 月 25 日起公布的疫情通报透明度测评，对广东省各城市及全国省份官方渠道发布的病例信息细致程度、公开程度等发布质量，以及响应时间、通报发布频次等进行测评。广州在最初期对确诊病例轨迹区域、确诊病例户籍、感染原因及密切接触者等情况都未公布。但从 2020 年 1 月 29 日起广州参照深圳、佛山等城市，开始公布每一例新增确诊病例的详情，但隐去了姓名、工作单位等隐私信息。公布确诊病例的情况

2　数据来源：《生物安全法草案首次提请最高立法机关审议》，载新华网，http：//www. xinhuanet. com//2019 - 10/21/c_ 1125133606. htm，最后访问于 2020 年 5 月 13 日。

主要涉及政府信息公开与公民隐私权保护的冲突，这些问题需要从立法的价值层面予以考量。

（三）理顺疫情防治体系及职责

在顶层设计中，还需要认真考虑应对疫情防控时各个机构的职责，构建起分工合理、通力协作的疫情防治机制。根据2009年《中共中央、国务院关于深化医药卫生体制改革的意见》，公共卫生服务体系要与医疗服务、医疗保障、药品供应保障形成四位一体的基本医疗卫生制度，四大体系相辅相成，配套建设，协调发展。但就应对疫情的现状来看，公共卫生服务体系发展滞后于其他三个体系，尚不能满足人民日益增长的对健康的需要。

习近平总书记在全国卫生与健康大会上强调，“要坚持正确的卫生与健康工作方针，以基层为重点，以改革创新为动力，预防为主，中西医并重，将健康融入所有政策，人民共建共享”。[3] 在执行过程之中，纵向体系上的各级政府对疫情防控问题所带来的资源统筹、条件保障理解不同，各级医疗卫生机构合作协同性不强。横向体系上，卫生计生、外交（事）、商务、公安、农业、交通、林业、质检、工商、食药、海关、旅游、民航、中医药等相关部门以及军（警）地之间多部门的合作难度大。广东省若要建立起更完善的疫情防治体系，需要通过卫生应急能力评估的指标，包括对体系建设、应急队伍、装备储备、培训演练、宣教科研、监测预警、应急处置、善后评估八个方面进行考察，找出问题后选择适合的模式。应急模式建设应根据实际情况，既可从省政府层面自上而下推行，也可选择有代表性的大城市、中等城市、农村等地区进行试点以后铺开。还需注意的问题是，广东省各地市的经济社会情况差异较大，截止到2019年底，全省三级医院、妇幼保健院、专科疾病防治院242个，床位54.5万张[4]，但大部分分布在珠三角区域，如何在广东省内理顺疫情防治体系及职责，通过立法予以保障，需要大量的调研及分析才能作出判断。

对于广东省的各级领导干部而言，需要培养应对重大疫情等公共卫生事件，乃至突发事件的应对、应变能力。比如学习现行应对重大突发疫情法律法规政策，锻炼发现疫情后的指挥及协调能力，掌握引导舆论、获得公众支持的能力，

3　数据来源：《习近平在全国卫生与健康大会上强调加快推进健康中国建设》，载人民日报海外版网站，http：//paper. people. com. cn/rmrbhwb/html/2016－08/22/content_ 1706098. htm，最后访问于2020年5月13日。

4　数据来源：《2019年广东省医疗卫生资源和医疗服务情况简报》，载广东省卫生健康委政务服务中心网站，http：//www. gdhealth. net. cn/index. php？ &m＝wap&a＝show&catid＝18&typeid＝2&id＝3953，最后访问于2020年5月13日。

这些能力需要通过专业培训才能获得。从湖北省某些领导干部的表现来看，其缺乏应对及管理的核心能力，间接导致了疫情后果的越发严重。

三、国家及广东省应对突发重大传染病疫情的立法检视

除了总体反思以外，笔者在新冠疫情的处理过程之中，还看到为数不少的热点新闻事件，反映出应对突发重大传染病疫情的立法不足，笔者将评析相关事件并提出建议，以便修正具体条款。

（一）疫情信息报告及披露机制

面对新冠疫情，应对机制的关键问题在于建立更加完善的疫情信息报告及披露机制。现行法律法规对报告及公布的形式和期限的要求如下：

根据《传染病防治法》第三十三条的规定，出现疫情后疾病预防控制机构需要立即报告当地卫生行政部门，由当地卫生行政部门立即报告当地人民政府，同时报告上级卫生行政部门和国务院卫生行政部门。

根据《突发公共卫生事件应急条例》第十九条的规定，发生或者可能发生传染病暴发、流行的，省、自治区、直辖市人民政府应当在接到报告1小时内，向国务院卫生行政主管部门报告。第二十条规定，县级人民政府应当在接到报告后2小时内向设区的市级人民政府或者上一级人民政府报告；设区的市级人民政府应当在接到报告后2小时内向省、自治区、直辖市人民政府报告。

根据《传染病防治法》第三十八条的规定，传染病暴发、流行时，国务院卫生行政部门负责向社会公布传染病疫情信息，并可以授权省、自治区、直辖市人民政府卫生行政部门向社会公布本行政区域的传染病疫情信息。公布传染病疫情信息应当及时、准确。

现行法律法规存在以下几方面的问题。一是本地卫生行政部门需要向三个部门进行汇报，但判断权归于上级卫生行政部门，应对措施则由当地政府决断。步骤的不一致使得信息传输及反馈可能出现阻碍，导致措施延误。二是接到报告以后，地方人民政府、卫生行政主管部门依照《突发公共卫生事件应急条例》规定报告的同时，应当立即组织力量对报告事项调查核实、确证，采取必要的控制措施，并及时报告调查情况。但该条例并没有明确核实的期限及具体要求。三是公布的三要素——及时、准确、全面，都是较为主观的概念，没有一个明确的标准和要求，最终导致了政府错误的判断。

笔者认为，应对突发重大传染病疫情最大的矛盾在于对未知病毒的研究结论将远滞后于应采取的措施。当地政府无魄力在调查结果不确定的情况下进行决策，甚至会因为信息的失真出现判断失误，延误整个疫情的控制。不解决这

个矛盾，疫情防控的报告和披露机制是不完备的。笔者提出如下建议：第一，在疫情报告伊始，即迅速建立指挥权、监督权联动的信息共享机制。机制内各级政府、卫生行政部门、疾控机构所获得的信息完全一致，不能存在瞒报、谎报的情况。第二，病毒样本除国家疾控中心外，直接分送本地疾控中心及上海、广州具有资质的检测机构，多家共同研究传播图谱，在规定的期限内核实疫情是否存在，再尽快得出结论或假设。首先解决疫情有和无的问题，再解决是什么的问题。第三，在核实疫情确实存在，但还未明确致病机理的情况下，设定相应合理期限，立法授权当地政府在未出最终调查结果的情况下，有权力进行超前决策，采取体温监测、交通管制、社区隔离、调集医务人员等措施。当地政府拖延不决策的，由上级政府机关代替决策。第四，及时、准确、全面的披露要求，应首先考虑及时。即使致病原理并未完全清楚，只要按照规范的程序，可以披露尚不确定的判断，提示防范可能的风险，鼓励人民采取针对传染病的相对柔和的预防措施。第五，建立严格的事后问责制度，信息共享机制内的各单位，特别是本地政府绝不能有捂盖子的想法，而要勇于担当解决问题。

（二）增强疾病预防控制中心的权力及功能，储备优秀人才

笔者基于钟南山院士提出要提高疾病预防控制中心（以下简称 CDC）地位的新闻，提出此立法检视。钟南山院士认为："中国的 CDC 只是卫健委领导下的一个技术部门，需要逐级向上级部门通报，其特殊地位并没有得到足够的重视。而美国的 CDC 则直通中央，不需要逐级申报，甚至在特殊情况下可以直接向社会通报，所以我认为首先要提高 CDC 的地位，给予其一定的行政权。"[5]

中国的 CDC 属于各级政府卫生主管部门下属的公益事业单位，主要负责科研及提供咨询意见，不具备向社会公布疫情的权力。疾控是需要长期投入，而效益不彰显的事业。CDC 好像一间房屋装配的保险丝，其职责做得越好，在社会公众中反而越默默无闻，但 CDC 在疫情出现之时却成为最关键的一道防线。在此次新冠疫情中，CDC 不时因其功能与设置的不匹配被卷入舆论中心，需通过立法予以增强其权力和功能。

《传染病防治法》第三十八条规定，传染病暴发、流行时，国务院卫生行政部门负责向社会公布传染病疫情信息，并可以授权省、自治区、直辖市人民政府卫生行政部门向社会公布本行政区域的传染病疫情信息。

5　参见：《钟南山：要提高我国疾控中心的地位》，载央广网，http：//www. cnr. cn/gd/ygsy/20200227/t20200227_ 524994057. shtml，最后访问于 2020 年 5 月 13 日。

笔者建议，首先，立法明确 CDC 的权力。从顶层设计而言，CDC 应当有相对独立于卫健委的行政权力。在有足够证据证明疫情暴发之时，CDC 会同卫健委的疾病预防控制局，共同将疫情情况第一时间直接通报国务院，而不是仅仅由事业单位向行政部门传递再逐层汇报。从基层来看，过去的防疫站分化为疾控和卫生监督所两个单位，但在职能交叉的情况下，技术指导和行政监督分割开来，导致对传染病报告体系、预防接种体系等管理浮于表面。其次，立法明确 CDC 职责和人员选拔机制。目前省级以上的疾控中心忙于科研，基层的疾控中心受累于行政考核，行政排名的需求导致现行的考核指标体系并不完全符合科学规律，工作重心不一致。预防医学没有处方权，重在面向人群的流行病管理对个体的疾病表现意识薄弱，而临床医学容易忽略传染病早期流行的征兆及变化。防治分离的割裂使得应对重大疫情变得更为艰难。CDC 既要防，提高人民对重大传染病疫情的认识，同时也要考虑到治。CDC 专家组成员一定要是业界权威，敢说话敢担当，而不只是发表论文搞科研。基层疾控中心的主任必须是医学专业人士，甚至可以是一线临床经验的专家，而不是只做行政管理工作的官员。CDC 平时负责流行病学防疫宣传科普、科研项目、分析报告。疫情防控时会同地方政府、地方卫生部门科学防治疫情，不同情况下职能应根据立法转化。最后，立法明确 CDC 的构架和经费来源。中国 CDC 经费不足是导致人才流失的原因。由于其属于公益事业单位，不允许开展任何服务型的收费项目，工作人员工资低、待遇差。面对计划免疫、慢病检测、营养普查，传染病疫情分析这些需要长期落实的工作，如果 CDC 经费受限于地方财政，无力应付如今的突发重大传染病疫情防控。美国加州大学洛杉矶分校（UCLA）公共卫生学院副院长、流行病学资深终身教授张作风认为，在中国，疾病预防控制中心这些年来的经费是不断下降的，因为性质是事业单位，没有办法从其他地方创收，疾控人员的收入也大大下降。所以很多疾控中心比较出色的年轻人才外流了，这样一支队伍是否能够有效地控制疫情，还是有一些疑问的。从构架来看，国家疾控中心属于中国预防医学科学院整合而来，而地方设置的三级疾控中心从地方的卫生防疫站改制而来，主要是业务指导的关系，并非统一领导的四级机构。因此在联动方面，笔者建议，将 CDC 改为由中央垂直管理，人权和财权等权力与地方脱钩，经费由中央政府专项拨付。

（三）明确并协调各地政府部门权责

在此次新冠疫情中，由于新冠病毒的传染性极强，各地政府在行使行政权力进行疫情防控时，出现了很多不协调的情况。有如下几个事件具有典型性。

1. 征用疫情防控物资的问题

2020 年 2 月 1 日，云南省大理白族自治州大理市卫健局向云南顺丰速运有限公司大理分公司发出《暂扣通知书》，称为切实加强疫情防控工作，“拟对你单位承运的 598 箱无中文标识口罩实施紧急征用”。2 月 2 日，大理市卫健局再次发出《应急处置征用通知书》：为切实加强疫情防控工作，从云南省瑞丽市发往重庆市的 9 件口罩被“依法实施紧急征用”，一时舆论哗然。大理市卫健局是否有权征用疫情防控物资，笔者认为需要根据法律法规判断。

表 1　法律规定的征用方式

<table>
<tr><th>法条</th><th>主体</th><th>征用对象</th><th colspan="2">前提条件</th><th>规定</th></tr>
<tr><td>《宪法》第十三条</td><td>国家</td><td>公民的私有财产</td><td colspan="2">为了公共利益的需要，依照法律规定</td><td>征用后给予补偿</td></tr>
<tr><td>《物权法》第四十四条</td><td>国家</td><td>单位、个人的不动产或者动产</td><td colspan="2">因抢险、救灾等紧急需要，依照法律规定的权限和程序</td><td>使用后应当返还被征用人。毁损、灭失的，应当给予补偿</td></tr>
<tr><td>《突发事件应对法》第十二条</td><td>有关人民政府及其部门</td><td>单位和个人的财产</td><td colspan="2">为应对突发事件</td><td>使用完毕或突发事件应急处置工作结束后，应及时返还。毁损、灭失的，应当给予补偿</td></tr>
<tr><td rowspan="2">《传染病防治法》第四十五条</td><td>国务院</td><td rowspan="2">紧急调集人员或者调用储备物资，临时征用房屋、交通工具以及相关设施、设备</td><td rowspan="2">传染病暴发、流行时，根据传染病疫情控制的需要</td><td>在全国范围或者跨省、自治区、直辖市范围内</td><td rowspan="2">紧急调集人员的，应当按照规定给予合理报酬。临时征用房屋、交通工具以及相关设施、设备的，应当依法给予补偿；能返还的，应当及时返还</td></tr>
<tr><td>县级以上地方人民政府</td><td>在本行政区域内</td></tr>
</table>

由上表可见，《传染病防治法》规定的征收征用方式有范围限制的前提。但在《宪法》《物权法》《突发事件应对法》中无此要求。从征用的要求来说，是应抢险、救灾等紧急需要，为了社会的公共利益，对私有利益进行限制。在《物权法》草案第四十九条也曾写明公共利益的需要是征收的前提条件。根据《传染病防治法》作为特殊法优于一般法适用的原则，大理市卫健局的做法值得商榷。笔者注意到，大理市卫健局的征用通知还援引了《云南省突发事件应急

征用与补偿办法》，其政策解读[6]正是依据《突发事件应对法》，适用于云南省行政区域内突发事件应急征用与补偿行为。笔者建议修改《突发事件应对法》第十二条，明确县级以上地方政府征收限于本行政区域内的物资，且处于运输过程中的快递物资属于跨行政区域物品，应报共同的上级人民政府批准。

同样，武汉市多所学校学生宿舍被临时征用于疫情防控工作时，有些工作人员为赶进度，整理不细致造成学生物品毁损。笔者认为虽然依据《传染病防治法》第四十五条及《突发事件应对法 》第五十二条当地人民政府可以进行征收，但有必要在立法中加入征收过程需遵循行政比例原则，约束行政权力的原则性条文。

2. 交通管制与隔离问题

2020 年 1 月 26 日，汕头市发布《汕头市新型冠状病毒感染的肺炎疫情防控指挥部关于实施交通管制的通告》，要求从 1 月 27 日 0 时起，禁止车辆、船只、人员进入汕头市，两个多小时后即撤回。广东省还有其他城市也曾发布交通管制通知后撤回。

重大突发传染病涉及交通管制及隔离问题。《传染病防治法》第四十三条规定：“甲类、乙类传染病暴发、流行时，县级以上地方人民政府报经上一级人民政府决定，可以宣布本行政区域部分或者全部为疫区；国务院可以决定并宣布跨省、自治区、直辖市的疫区。县级以上地方人民政府可以在疫区内采取本法第四十二条规定的紧急措施，并可以对出入疫区的人员、物资和交通工具实施卫生检疫。省、自治区、直辖市人民政府可以决定对本行政区域内的甲类传染病疫区实施封锁；但是，封锁大、中城市的疫区或者封锁跨省、自治区、直辖市的疫区，以及封锁疫区导致中断干线交通或者封锁国境的，由国务院决定。疫区封锁的解除，由原决定机关决定并宣布。”

根据《广东省突发公共卫生事件应急办法》第五条及第六条第二款第四项规定，必要时，经省指挥部决定，依法对传染病疫点或者疫区采取封锁、隔离、疏散、停市、停会、停演、停工、停业、停课等紧急措施。

笔者认为，管制交通、隔离人员会给普通居民的生活带来极大不便，因此需要慎重，贸然实施不但会导致居民恐慌，朝令夕改更会造成公信力下降。在某些农村地区，为了防疫甚至直接毁损道路，更不可取。笔者提出如下建议：第一，广东省需做好统一预案，考虑到交通管制和隔绝以后的链式反应，需要保证居民基本的公路交通网络和生活物资储备。第二，按规定广东各地市进行

---

6 《解读〈云南省突发事件应急征用与补偿办法〉》，载怒江州人民政府办公室网站，http：//www. nj. yn. gov. cn/xxgk/015279139/info/2016 – 38658. html ，最后访问于 2020 年 5 月 13 日。

封锁需经省指挥部同意，但需要再次明确申请部门、程序、采取措施及保障措施，避免朝令夕改。第三，如果未经授权进行封城，或在乡村地区擅自设卡、断路，需要进行严厉追责。第四，广东省位置特殊，公共卫生应急预案要对接我国香港及澳门两个特别行政区，避免造成更大的影响。

（四）市场监管问题

1. 查处不合格防疫产品的问题

在疫情防控时期，有一些商家实施了生产、销售不合格防疫产品的行为。[7]甚至有生产商咨询笔者，可否自行组装额温枪并售卖。根据《传染病防治法实施办法》第二十七条明确规定："生产、经营、使用消毒药剂和消毒器械、卫生用品、卫生材料、一次性医疗器材、隐形眼镜、人造器官等必须符合国家有关标准，不符合国家有关标准的不得生产、经营和使用。"第六十六条规定了相应的处罚措施：由县级以上政府卫生行政部门责令限期改正，可以处五千元以下的罚款；情节较严重的，可以处五千元以上二万元以下的罚款，对主管人员和直接责任人员由其所在单位或者上级机关给予行政处分。根据上述规定，在行政处罚的设置中除罚款外不能采取其他措施，存在立法不足。笔者建议，增加行政处罚的种类及梯度，按照生产和销售的具体行为，进行没收及销毁的行政处罚。更严厉的情况则对接《最高人民法院、最高人民检察院关于办理妨害预防、控制突发传染病疫情等灾害的刑事案件具体应用法律若干问题的解释》第三条，将此类生产销售行为，依照《刑法》第一百四十五条的规定，以生产、销售不符合标准的医用器材罪定罪，依法从重处罚。

2. 查处哄抬防疫用品价格的行为

疫情防控期间，有不少商家哄抬防疫用品价格，一些新闻报道也反映出相关立法的不足。2020年2月9日，洪湖市委宣传部发布一则题为《哄抬口罩价格，罚!》的通报，其中介绍，2月5日，洪湖市市场监管局接到消费者投诉，调查发现，洪湖市华康大药房将进货价为0.6元每只的一次性劳保口罩，以1元每只的价格卖出，共销售38000只，监管部门以涉嫌哄抬价格罚款42630元，并没收违法所得14210元。事件引发广泛关注。[8]

处罚哄抬防疫用品的行为引起舆论关注，主要在于监管部门认定哄抬价格的依据。《湖北省市场监管局关于新型冠状病毒感染的肺炎防控期间有关价格违

---

7 《廊坊卫生健康系统抗疫一线纪实》，载澎湃号，https://www.thepaper.cn/newsDetail_forward_6143672，最后访问于2020年5月13日。

8 《湖北一药房涉嫌哄抬口罩价格，当地市场监管局发布处罚声明》，载环球网，https://www.sohu.com/a/372467408_162522，最后访问于2020年5月13日。

法行为认定与处理的指导意见》（鄂市监竞争〔2020〕3号）规定了“所售商品无参照原价，购销差价额超过15%”。如按此规定，0.6元进货的口罩只能卖0.69元，岂不荒谬。检视《价格法》第三十条、《价格违法行为行政处罚规定》第六条、《市场监管总局关于新型冠状病毒感染肺炎疫情防控期间查处哄抬价格违法行为的指导意见》（国市监竞争〔2020〕21号），都没有明确的哄抬价格的违法行为规定，基本由各地市场监管局自行确定，严重的按《最高人民法院、最高人民检察院关于办理妨害预防、控制突发传染病疫情等灾害的刑事案件具体应用法律若干问题的解释》第六条之规定，以非法经营罪定罪处罚。

笔者认为，广东省及广州市的条例需要细化。既要考虑销售单价，又要考虑销售差价，根据多个要素判断后采取不同的行政处罚。销售单价低于规定价格的，不认为哄抬价格。销售单价高于规定价格的，折算差价率，按百分比分段采用责令改正、罚款等措施，而不是简单规定差价率，导致舆论被错误引导，影响市场监督效果。

结语

突发重大传染病的疫情防控工作任重而道远。其法律规范在平时状态不易检视缺陷，应急机制也难以模拟运行，法律与管理结合的体系复杂。而当疫情来临之时，准备不充分造成的影响和损失则是巨大的。就笔者所见及所经历而言，反映出的问题还包括民间捐赠渠道不通畅，第三方力量加入应急救援难以协调，群众防疫意识不强，进行隔离治疗的落实主体不明确，舆论引导不足，谣言大量传播导致群众甚至只信钟南山发言等种种乱象，但囿于篇幅无法全盘展开论述。鉴于未来存在的威胁，笔者抛砖引玉，求教于各位方家，并迫切希望广东省及广州市做好疫情的事后评估及总结工作，在大量调研的实证基础上构建突发重大传染病疫情立法及管理体系，以保障人民的生命健康安全。

新冠肺炎疫情下《野生动物保护法》的反思与完善

吴贤静　林镁佳*

【内容提要】 野生动物保护是环境治理体系现代化的重要环节，野生动物保护直接关系着我国公共卫生安全和生物安全格局。新冠肺炎疫情暴发暴露出我国《野生动物保护法》在立法理念、监管体制、保护范围等方面的不足。为有效应对新冠肺炎疫情和预防今后暴发类似动物源疫情，我国《野生动物保护法》应有之完善思路包括优化立法理念，完善野生动物监管体制，调整野生动物相关名录和严格法律责任。

【关键词】 疫情应对和预防　《野生动物保护法》立法理念　制度完善

一、问题的提出

新型冠状病毒肺炎肆虐和全球流行的当下，我国野生动物保护法律体系和公共卫生安全防控能力弊端显现。流行病学研究表明，新型冠状病毒传播的规律是病毒寄生于某种野生哺乳动物，中间经过一个宿主再感染人，经人际传播从而引发大范围的疫情。野生动物生活环境在野外，本身携带大量病毒，这些病毒一旦通过某种途径传播给人类，会给人类生命带来致命威胁，对人类社会的公共卫生安全造成极大的风险。因此，病毒寄生的野生动物保护与管理在预防和控制疫情过程中起着至关重要的作用。

新冠肺炎疫情暴发期间，以《野生动物保护法》为主的野生动物保护法律

---

* 吴贤静——广东外语外贸大学法学院副教授，区域法治研究院研究员，主要研究领域：环境与资源保护法；林镁佳——广东外语外贸大学法学院2018级法律硕士研究生。本文系广州市哲学社会科学发展“十三五”规划2020年度一般课题“推进广州环境治理体系和治理能力现代化研究”（立项编号：2020GZYB48）和广东省普通高校特色创新类项目“无废城市建设法律问题研究”（立项编号：2019WTSCX023）的阶段性成果。

体系被推到了风口浪尖。我国野生动物保护相关法律规范散见于《环境保护法》《野生动物保护法》《渔业法》《陆生野生动物保护实施条例》《水生野生动物保护实施条例》《国家重点保护野生动物名录》等法律法规和名录之中。作为野生动物保护领域的主要立法，《野生动物保护法》制定于 1988 年，迄今经过四次修正或修订。2016 年对《野生动物保护法》立法理念进行了修订，将生态文明建设规定为野生动物保护法的立法理念；2018 年结合基本国情对《野生动物保护法》作了极少的修改，未对立法内容进行实质调整，没有触及野生动物保护法的根本。野生动物保护法律体系、制度设计与制度实施的弊端在此次疫情暴发时凸显无疑。鉴于新冠肺炎疫情对《野生动物保护法》提出的严峻挑战，文章主要探讨两个方面的问题：其一，由于新冠肺炎疫情暴发和全球流行所暴露出我国《野生动物保护法》显见不足；其二，以当下环境治理体系现代化为背景，以应对新冠肺炎疫情为问题导向，分析我国《野生动物保护法》应有之完善路径。

二、新冠肺炎疫情下《野生动物保护法》问题检视

反思现行《野生动物保护法》，不难发现由于这部立法的立法理念等基础性问题存在，导致野生动物保护和管理取向存在偏差，法律制度难以对野生动物实现有效保护。

（一）立法理念存在局限

立法理念，是指蕴含于法律文本之中、能够体现法的精髓和灵魂并统领整个立法活动的理论思想和思维观念，立法理念主导着法的形成和发展，决定了法的基本制度乃至整个规则体系的构建，具有极其重要的地位。修改《野生动物保护法》应从疫情应对和预防的“事理”出发，但不能停留在“事理”层面，而应完成从“事理”到“法理”的转化，[1] 把握修法背后的野生动物保护理念，提升立法理念。现行《野生动物保护法》第一条规定的立法目的是“保护野生动物，拯救珍贵、濒危野生动物，维护生物多样性和生态平衡，推进生态文明建设”。由此可知，该法主要立足于野生动物的资源属性与生态属性保护，未能从公共健康角度考虑野生动物对人类社会公共卫生产生的不利影响。经过 2018 年的修改，《野生动物保护法》的立法理念体现和贯彻了生态文明建设，但具体条文中仍较偏重利用野生动物的资源属性，如诸多关于驯养、繁殖野生动物的相关规定，而偏重野生动物资源性的立法价值则导致野生动物和生

1　吕忠梅：《关于制定〈长江保护法〉的法理思考》，载《东方法学》2020 年第 2 期。

态价值保护的缺位。《野生动物保护法》的立法理念隐含着法律对于野生动物属性的侧重和取舍。“动物不是物”这个论断就可以很好地解释动物的内在价值。而在当下的一些法律条文之中，一直在贯彻的一个事实是“在全球很多地区，财产权早已构成自然界法律和管理的基础。关于环境的性质以及人类与环境的关系的假定，往往从获取和管理的多种层次的角度，在法律规则中予以概念化，而这些层次则被认为是‘财产’的标志”。[2]在这样的立法理念之下，野生动物更多地被视为可以带来经济价值的资源，而保护野生动物及其生境对于生态系统和公共卫生安全的价值则被忽略了。

在全球经济化的背景下，新冠肺炎疫情席卷全球很好地诠释了社会风险的扩散性，这正是风险社会全球性的真实写照。以生态破坏和环境损害为主要表现的现代风险，呈现出全球化的趋势。如果说传统的风险，如饥荒、瘟疫仅仅局限在一个国家或者一个地区范围内，那么现代风险已经远远超越了国家之间的界限而在全球范围内扩散，危险物质的跨境转移、核辐射的蔓延都是在顷刻之间。[3]风险预防原则的重要性在此次疫情中更加凸显出来。风险的特征是伴随着关于环境法律法规的扩张，越来越多的环境退化矛盾被感知到或可能被感知到。[4]严格的成文法律应当成为现代社会风险预防的重要手段，野生动物保护法律在此次疫情应对之中的不足也体现在风险预防规则的缺失。

（二）野生动物保护种类和范围狭窄

现行《野生动物保护法》保护的野生动物主要是“三有”野生动物，即有益、有经济价值和有科研价值的野生动物。前文述及，我国《野生动物保护法》的立法理念侧重于野生动物的资源属性，而《物权法》第四十九条也对野生动物的权属给出民法上的认定：“法律规定属于国家所有的野生动植物资源，属于国家所有。”在野生动物管理和司法实践中也沿袭着将野生动物资源视为国家所有权的思路。[5]“三有”标准突出了野生动物作为国家资源应当具备的特征，但划入“三有”范围的多以“重点保护动物”为主，这种状况使得大量非重点保护野生动物没有得到应有的保护。这个立法层面的问题也为新冠肺炎暴发埋下了隐患。

2　［英］艾琳·麦克哈格、［新］巴里·巴顿、［澳］阿德里安·布拉德布鲁克、［澳］李·戈登著：《能源与自然资源中的财产和法律》，胡德胜、魏铁军等译，北京大学出版社2014年版。

3　［德］乌尔里希·贝克著：《风险社会》，何博闻译，译林出版社2004年版。

4　［德］乌尔里希·贝克著：《风险社会》，何博闻译，译林出版社2004年版，第191页。

5　陈仪：《保护野生动物抑或保护国家所有权——从私割鲸肉应否处罚谈开去》，载《法学》2012年第6期。

同时，《国家重点保护野生动物名录》种类和范围狭窄，且没有及时更新和拓展。家养动物、部分不符合“三有”标准的野生动物是否应当纳入野生动物保护的范围，存在争议。由于《野生动物保护法》没有明文禁止《国家重点保护野生动物名录》以外的动物买卖，这一类动物往往容易流入市场，成为病毒和病菌的携带宿主或者中间宿主，如此危及公共健康和公共卫生安全。《国家重点保护野生动物名录》过窄的问题在近几次修法中并没有得到实质性改变。而在现行立法状况下，野生动物自身具有的生态属性并没有得到过多关注。受利益驱使，野生动物的资源性特征在商业利用中表现明显。我国法律允许对非国家重点野生动物进行人工繁育，使部分商家以合法繁育和利用野生动物为名，借机猎杀、售卖野生动物谋取不法利益。此次疫情背景下，对《野生动物保护法》进行实质性修改应更多关注野生动物的生态属性，调整野生动物保护对象范围，拓宽相关名录，以更为切实地预防动物来源性疫情和保障公共卫生安全。

（三）野生动物监管体制不清晰

明确野生动物监管部门和职权分工是实现野生动物保护和监管首先应当考虑的问题。根据现行《野生动物保护法》第七条的规定，国务院林业草原主管部门主管陆生野生动物保护工作，而渔业主管部门主管水生野生动物保护工作。这一条款仅对林业草原和渔业主管部门作出了规定，将野生动物监管机关定位为两部门。而在实践中，野生动物监管所涉及的部门还有农业农村、自然资源、公安、交通运输、动物防疫、卫生健康、市场监管等。现行《野生动物保护法》对监管机关的规定是不全面的，也没有理顺各机关之间主管和协管的关系。基于立法现状，野生动物保护和管理部门涉及的林业草原、自然资源、农业农村、市场监管、卫生健康、公安等部门之间的管理范围和职责存在一定的交叉、重叠甚至冲突。

野生动物检验检疫监管部门也存在职权不一的状况。根据相关法律规定，野生动物商业利用由农业农村部门负责监管，合法入境的野生动物保护由海关部门负责，而走私入境的野生动物检验检疫则由不同部门监管。在全国首例穿山甲死亡公益诉讼案中，双方针对被救治的穿山甲应由哪个部门进行检验检疫问题争论不休。实践中存在的野生动物检验检疫管理部门不一致，致使检验检疫成为公益诉讼的争论焦点。[6]由于监管部门职权划分不清晰，野生动物检验检

6　中国生物多样性保护与绿色发展基金会诉广西壮族自治区陆生野生动物救护研究与疫源疫病检测中心、广西壮族自治区林业厅生态破坏责任纠纷公益诉讼案，案号（2019）桂01民初58号，参见中国庭审公开网，http：//tingshen. court. gov. cn/live/5456942，最后访问于2020年4月2日。

疫存在着标准不一的问题。在检疫环节，由于农业农村部门制定的检疫标准均主要针对家养动物，而对于绝大部分野生动物而言，由于缺乏对疾病和病原的研究，无法对部分野生动物类群制定相应的检疫标准，因此只能参照家养动物的标准执行。由于家养动物与野生动物的生存环境具有较大差异，检疫标准亦具有较大差异。检疫标准是判断野生动物是否能流入商业利用市场的重要依据，若管理部门无法及时准确制定适用于野生动物的检疫标准，易有造成传染病的风险。野生动物交易过程往往涉及林草、农业农村、市场监督等多个部门。林草部门负责发放捕猎、驯养和经营许可，农业农村部门负责检疫，而市场监管部门负责发放营业执照。实践中，由于监管部门缺乏系统科学的溯源体系或监管检查方式，现实中难以区分合法和非法来源的野生动物个体或制品，出现许可证发放后的监管乏力、执法不严等现象。

（四）野生动物保护法与相关法律衔接不足

现有野生动物保护体系立法较为分散。《野生动物保护法》及《陆生野生动物保护实施条例》《水生野生动物保护实施条例》对野生动物范围、权属、监督管理体制、野生动物及其栖息地保护、管理制度、法律责任等作了比较全面的规定，而《渔业法》对珍贵、濒危的水生野生动物以外的其他水生野生动物保护作出专门规定。关于实验动物、宠物、娱乐动物以及流浪动物保护和管理方面的立法则比较缺失。因其恶劣的居住环境，野生动物身上往往存在着大量病菌和病毒。在未经检验检疫合格的情况下，对其进行接触或食用容易在人群中引发传染病。2003年暴发的非典疫情主要是由于SARS病毒的中间宿主果子狸被人类食用，从而在人类中进行大规模传染。此次COVID－19病毒的动物宿主也极有可能是蝙蝠，中间宿主有可能是穿山甲等野生动物。这两次疫情的暴发一再向人类证明，保障公共健康与公共卫生安全不应局限于对作为疾病传染中介的野生动物加以保护与管理，而应当将野生动物保护和管理与传染病防治、生物安全紧密联系起来，实现全局性立法。

《野生动物保护法》的修改应当注意其与其他法律关系协调一致。2003年暴发的非典与当下暴发的新冠肺炎疫情，恰好印证了《野生动物保护法》等与野生动物保护相关的法律没有对环境健康风险、野生动物保护、公共卫生风险进行协同规制。切实保障公众健康和预防生物安全风险，应当协调野生动物保护法律体系、统筹野生动物保护与其他疾病防控法律、生物安全等相关法律。完善野生动物保护体系，不仅仅是需要克服《野生动物保护法》体系范围内保护对象范围过窄，还应当通过优化立法理念和法律制度等措施谨慎对待由野生动物引起的公共卫生安全问题。任何一部法律都不是独立的，法律修订往往牵一发而动全身。

三、以新冠肺炎疫情为契机的《野生动物保护法》完善思路

野生动物保护立法虽已初步形成体系，但在应对新冠肺炎疫情过程中暴露出很多问题，有必要针对新冠肺炎疫情暴露出的法律问题，对《野生动物保护法》的立法目的、监督管理体制、野生动物保护范围以及法律责任等加以提升和完善。

（一）优化《野生动物保护法》立法理念

第一，贯彻保护优先原则。保护优先原则指在衡量野生动物的保护和商业利用过程中，贯彻野生动物保护优先于商业利用的原则，这一点原则也体现在我国《环境保护法》第五条中。“生命间性”生态哲学观可以与“主体间性”相关联来理解。无论是“生命间性”还是“主体间性”，都更多地是从关系的角度去思索，更多地关照生命与生命之间、抑或主体与主体之间的关系状况。[7]“生命间性”强调从生态系统中的每一种生命形式之间的关系，或者每一种生命形式对于生态系统的影响这个角度来思考野生动物保护。保护野生动物关系到生态系统和生态安全的全局，关系到人类生存空间的公共安全。卢风教授曾撰文强调生态文化对于制度构建的价值之所在。[8]从“生命间性”的视角出发，就不难理解野生动物保护立法应当摈弃狭隘的资源保护立场，真正实现对野生动物生命和生境的保护，从而预防野生动物可能导致的公共卫生安全风险。

基于保护优先原则，《野生动物保护法》在制度设置方面应考虑严格限制为了商业利用的动机而对野生动物进行繁育或科学研究。《野生动物保护法》在1988年通过初期便已确立“积极鼓励驯养繁殖野生动物”的制度。这项制度促进形成庞大的野生动物产业体系，立法的价值导向成为野生动物商业利用的重要动因。在鼓励政策与利益驱使下，人们对野生动物不加区分地进行驯养，有人甚至以驯养繁殖为借口，大量捕捉野生动物进行驯养或买卖食用，致使野生动物保护行业乱象丛生，灰色地带明显。2016年修订《野生动物保护法》提出“保护野生动物栖息地”的同时，保留了野生动物商业利用的法律规定。

对野生动物进行商业利用，其实质违背了保护野生动物的初衷。对野生动物进行商业利用误导了公众对野生动物保护的理解和认知，加大了执法难度。保护优先并不意味着完全否定野生动物利用，其本意是指将野生动物的生态价

7　耿步健：《以重大疫情防控为问题域的生态环境治理观审思》，载《长白学刊》2020年第2期。

8　卢风：《论生态文化与生态价值观》，载《清华大学学报（哲学社会科学版）》2008年第1期。

值作为基准，将野生动物保护置于商业利用的优先地位，将野生动物的生态价值保护置于商业价值保护的优先地位。贯彻保护优先原则的《野生动物保护法》修订的方向和思路应是：对野生动物的利用应当限于公益范畴，如拯救极度濒危的物种、科学研究、公众教育；制度层面应完善野生动物栖息地保护制度、自然保护区生态补偿机制，野生动物危害致损补偿机制。

第二，将维护公共卫生安全纳入立法目的。自古以来，人类的祖先以驯养动物作为食物来源，逐渐探索适合人类生活与生存的重要体制。动物原本无野生与家养的区别。在漫长的物种进化过程中，一些动物被人类所驯化，成为供人类所豢养和役使的家养动物，另外一些没有经人工饲养而以原生态面目生活于自然环境中的各种动物就是野生动物。经过长久的进化，野生动物能与其身上携带的病菌、细菌和谐相处。而野生动物所具备的资源属性促使法律允许通过对其驯养、猎杀进行商业利用。人类的猎奇心理使得野生动物被端上餐桌的行为屡禁不止，存在危害公共卫生安全的风险。

维护公共卫生安全是典型的国家义务。新冠肺炎等流行性疾病产生和扩散往往都是由于社会原因，其应对也应当由政府提供公共卫生服务来实现。[9]政府提供公共卫生服务和防范公共卫生风险必须依赖制度才得以推行，而在有可能导致公共卫生风险领域的立法之中就应当贯彻预防公共卫生风险和保障公共卫生健康的理念。新冠肺炎疫情给我们敲响了警钟，有必要将保障公共健康和维护公共卫生安全的理念纳入《野生动物保护法》立法目的。野生动物保护和管理包括繁育、猎捕、运输、交易、利用等多个环节。环节之多，更容易产生公共卫生风险，对野生动物的保护应注重全过程，兼具保护与风险预防。在注重野生动物保护与管理的同时，应以风险预防原则贯穿野生动物管理和保护的全过程。保护与管理野生动物，维护生物多样性与生态平衡亦是在保护人类自己，《野生动物保护法》应通过构建完整的制度体系将野生动物保护纳入公共健康领域，将健康理念与元素融入环境治理的全过程，防止因野生动物的交易和食用可能造成的公共卫生安全风险。

（二）完善野生动物监管体制

《野生动物保护法》应明确和区分野生动物保护主管部门以及协管部门。现行法仅仅规定国务院林业草原主管部门主管陆生野生动物保护，而渔业主管部门主管水生野生动物保护工作。这一规定不精准，也没有涵盖所有野生动物监

---

9 陈云良、寻健：《构建公共服务法律体系的理论逻辑及现实展开》，载《法学研究》2019年第3期。

管部门，更未对主管部门和协管部门加以区分。《野生动物保护法》应明确野生动物主管部门与协管部门，可考虑将条文修改为“本法所称野生动物保护主管部门为国务院和县级以上地方人民政府的林业草原、渔业主管部门。国务院林业草原、渔业主管部门分别主管全国陆生、水生野生动物保护、管理等工作。县级以上地方人民政府林业、渔业主管部门分别主管本行政区域内陆生、水生野生动物保护、管理等工作”。在第二款增加协管部门的规定，可表述为“县级以上地方人民政府农业农村、自然资源、交通部门、市场监管等部门协同野生动物保护主管部门做好野生动物的保护和监督管理工作”。如此，既可以明确主管部门与协管部门的职责区分，也对两个主管部门做了明确区分。

野生动物监管体制的完善应通过完善立法构建野生动物联合执法体制。法律的生命在于实施，法律的实施在于监督。此次疫情暴露出我国法制体系的诸多短板和弱项，其中最突出的是对《野生动物保护法》《动物防疫法》《传染病防治法》等有法不依、执法不严、违法未究等问题。检验、检疫作为野生动物保护与管理的重要环节之一，在现有监管体制和执法体制下无法发挥出其重要性。以人工养殖动物的检验检疫为例，目前非国家重点的保护动物和不在任何名录里的“三无”动物，无论是野外捕猎的还是人工繁育的，均可进入各种市场，但所有进入市场的野生动物均要求有合格的检疫证明。野生动物联合执法应当在厘清各部门责任的基础上构建衔接机制，尤其要在动物防疫等环节实现联合执法。现行《野生动物保护法》中并未构建相关执法机制，可考虑修法时增设野生动物保护和管理的各部门联动协同机制；可适当提高“野生动物保护主管部门”在相关保护和管理中的优先性和前置性许可等权利，由“野生动物保护主管部门”发起联合执法。

（三）调整野生动物相关名录、制定禁食清单

就前文论及的野生动物保护立法理念而言，从应对和防范动物源疫情的角度来看，现行《野生动物保护法》所保护的野生动物类型有过窄之嫌，并没有详尽纳入所有应当受到保护的野生动物类型。现行《野生动物保护法》主要保护纳入《国家重点保护野生动物名录》（共二级）的野生动物。对于纳入《国家重点保护野生动物名录》的动物及其生境保护措施主要是禁止和限制性措施。现有的科学研究表明，蝙蝠、穿山甲以及獾等野生动物极有可能成为此次COVID－19病毒的宿主。然而这些携带传染病病毒的动物既未纳入《国家重点保护野生动物名录》，也未纳入《国家保护的有益的或者有重要经济、科学研究价值的陆生野生动物名录》以及大部分地方重点保护野生动物名录。因此，对于这些可能携带传染病病原的动物保护存在空白地带。

目前我国对游离于《国家重点保护野生动物名录》和各地方重点保护野生动物名录之外的普通野生动物如何进行保护并没有作出明确规定，这是一个制度短板和漏洞。“三有”标准（即“有重要生态、科学、社会价值的陆生野生动物”）之外的如野生青蛙、野兔以及野鸭等，这些动物身上往往也潜藏着大量病毒病菌，人类若食用，亦会危害身体健康。新冠肺炎疫情为我们提供了警示：易引起公共健康事件的动物被置于保护名录在外，当其经过非法买卖流进人类的餐桌，往往会引发重大的危害公共安全的事件。因此，扩大《野生动物保护法》的适用范围，更新野生动物保护名录应当成为保障公众健康的重要举措，应将《野生动物保护法》中的野生动物范围拓展至所有陆生、水生野生动物。考虑到所有野生动物的珍贵、濒危程度不同，生态、科学、社会价值不一，以及驯养繁育的复杂程度不同等因素，可以对《国家重点保护野生动物名录》和《地方重点保护野生动物名录》之内的动物和之外的动物实行不同的禁限制度，如此可以真正实现对野生动物的“分级分类保护”。

禁食野生动物固然是维护公共卫生安全的根本途径，但由于滥食野生动物的饮食文化，全面禁止食用全部野生动物的“一刀切”做法并不现实。为保障公共健康与安全，应将“三有”标准之外的普通野生动物分为可食用与不可食用类别，将可食用的野生动物限定在有限的范围内，以清单形式管理，建立“白名单”，清单之外的动物一律不可食用。现有野生动物采取名录的管理方式，可以对《国家重点保护野生动物名录》《人工繁育国家重点保护野生动物名录》以及《中华人民共和国缔结或者参加的国际公约禁止或者限制贸易的野生动物或者其制品名录》进行更新和整合，并将国家重点保护野生动物养殖的强制性要求适用到其他野生动物，根据不同的地区进行野生动物保护名录调整。调整名录应谨慎，一方面，在调整名录时应因时因地制宜，对于不同民族地区的原住民可以仍然保留部分基于传统风俗进行的野生动物利用活动或者传统中医药产业发展需要。另一方面，也应当对其进行相应管控，防止野生动物产业链或资本市场变相地向民族地区或山区、草原转移。

（四）严格法律责任

《野生动物保护法》涉及的法律责任类型主要为行政责任与刑事责任。行政责任主体主要是行政机关与违法者。一方面，针对行政机关的行政责任。《野生动物保护法》第一章、第二章和第三章中对应野生动物保护主管部门的行政责任有47项，但是这些行政责任并未在第四章“法律责任”中一一对应。行政监管部门渎职是野生动物保护工作失效的一个重要原因。《野生保护动物法》第四十二条规定了野生动物保护主管部门或者有关部门、机关不依法履行职责或滥用职权时，可对其责令改正，对相关人员给予相应的记过处分；构成犯罪的，依法追究刑事责任。但是，对于监管部门的渎职、失职行为，设置较轻的行政责任未能强化管理部门的责任主体意识，无法确保监管工作的有效开展。监管部门是确保野生动物保护工作有效开展的关键，许可证滥用、检疫遗漏等问题出现的主要原因即在于监管部门责任意识的缺失以及监管工作的不规范。环境行政处罚的规制功能应兼顾法律威慑、风险预防和生态恢复三个维度。[10] 为有效发挥行政机关对野生动物保护的监管作用，应严格规范相关监管部门的法律责任，设置较为严格的责任类型，督促管理部门切实担负起监管职责，对其违法犯罪行为依法进行追责。另一方面，针对违法者的行政罚款数额比较低，行政违法的责任明显轻微，违法成本低，对于野生动物违法者震慑力度小，无法起到有效制约违法行为的效果等问题，应通过科学论证提高行政处罚标准，提高行政相对人的违法成本。

在刑事责任方面，首先需要澄清的是环境刑法的立法理念。环境刑法的理念也与立法者侧重野生动物的经济属性或者生态属性直接相关。虚拟治理成本法通过考察人们为保护环境质量、治理污染物而支付的成本，估算环境质量变化的经济价值。虚拟治理成本法在环境刑事司法过程中的运用，与前文倡导《野生动物保护法》对野生动物生态价值的保护是一脉相承的。实际上，虚拟治理成本法指向生态利益，而目前主流的法理学或者立法指向环境和资源的财产利益，环境刑法将与野生动物保护相关的虚拟治理成本定性为财产利益或者公私财物是不恰当的。[11] 由于野生动物保护也是现代环境治理的领域，野生动物保护刑事立法应当兼具刑法的品格和促进环境治理的特殊性。既要坚持刑法总体谦抑，实行宽严相济的刑事政策，也要通过刑罚发挥刑事法律治理环境犯罪的功能和预防犯罪的机制。[12]

《刑法》分则第三百四十条、第三百四十一条分别规定了非法捕捞水产品罪，非法猎捕、杀害珍贵、濒危野生动物罪，非法收购、运输、出售珍贵、濒危野生动物、珍贵、濒危野生动物制品罪，非法狩猎罪。其中，对于非法捕捞水产品罪设置有期徒刑、拘役、管制或者罚金等责任类型，而对于涉及珍贵、濒危野生动物的违法猎捕、杀害等行为设置了五年以下有期徒刑、拘役以及罚金的责任类型，当情节特别严重时，处十年以上有期徒刑，并处罚金或没收财产。由此可见，该条法规重点在于保护珍贵、濒危野生动物，而对于涉及其他

---

10 谭冰霖：《环境行政处罚规制功能之补强》，载《法学研究》2018 年第 4 期。

11 李挚萍、刘畅：《虚拟治理成本法在环境刑事司法实践中的运用》，载《中州学刊》2019 年第 2 期。

12 焦艳鹏：《生态文明保障的刑法机制》，载《中国社会科学》2017 年第 11 期。

野生动物的违法并没有给予严厉的惩罚，且在犯罪情节较轻时仅对行为人处罚金刑，量刑较为轻缓，不足以震慑违法犯罪者。为了使得《野生动物保护法》与其他法律相衔接，可考虑在刑法修正案中修改相应刑法条文，协调行政责任与刑事责任的种类，将非法猎捕、收购等罪名的保护对象扩展至有重要生态、科学、社会价值以及其他野生动物，加强惩罚力度，提高监管部门履职能力。

同时，为提高行政机关的依法行政能力和有效发挥刑事司法的功能，可考虑发布野生动物保护相关的指导性案例与推广公益诉讼。目前，我国司法实践中关于野生动物保护的指导性案例仍较少，通过发布指导性案例可以明晰野生动物保护过程中的难解之问，如人工养殖的技术问题，以及检验、检疫的归属部门等问题。环境公益诉讼亦是人们行使监督权的主要工具。通过发布野生动物相关的公益诉讼指导性案例能够促进环保组织提起环境公益诉讼。捕杀、猎杀野生动物的行为既破坏了国家野生动物资源和生态环境，也造成了国家自然资源损失，使得社会公共利益受到严重侵害。在打击野生动物违法犯罪行为的同时不能忽视对环境公益的维护。无论何时何地，公众参与监督在环境保护中都不应当缺席。

结语

野生动物的生态属性与经济属性决定了其与人类生活具有非常密切的关联，与动物和谐相处应成为人类社会可持续发展的必然要求。野生动物保护也是推进国家治理体系和治理能力现代化的重要环节，野生动物保护立法和实施是构建现代环境治理体系的重要领域。[13] 完善《野生动物保护法》的立法目的，有助于培育人们的绿色消费观，促进人类社会的绿色发展。[14] 完善我国现行《野生动物保护法》的基本方向是关注公共健康、食物安全以及与此相关的动物来源性问题。[15] 防控新冠肺炎疫情和预防今后可能产生的动物源性疫情风险，有必要从立法、监管体制和制度层面对《野生动物保护法》加以完善和提升。

我们需要的是一部真正意义上的“野生动物保护法”，而不是一部“珍稀野生动物保护法”，或者一部“野生动物（资源）利用法”。概言之，基于上述“野生动物保护法”的定位，《野生动物保护法》的理念应加以升华，将维护公

13 石佑启、杨治坤：《中国政府治理的法治路径》，载《中国社会科学》2018年第1期。

14 尤喆、成金华、易明：《构建市场导向的绿色技术创新体系：重大意义与实践路径》，载《学习与实践》2019年第5期。

15 Yangzi Sima and Siobhan O'Sullivant, *Chinese Animal Protection Laws and the Globalisation of Welfare Norms*, International Journal of Law in Context, 2016, p2.

共卫生安全和保障公众健康作为立法目的，在整部立法中贯彻保护优先和风险预防原则；在制度层面应明晰野生动物监管部门及职权分工，调整完善各类名录、制定禁食清单、强化检验检疫监测；严格行政和刑事责任，提高行政责任的罚款数额，优化野生动物相关罪名和刑法条款，推动野生动物相关公益诉讼与发布指导案例，通过行政和刑事责任约束和威慑野生动物违法行为。面对疫情暴发的局面，应当加快《野生动物保护法》修改，有利于及时总结疫情应对的经验教训，对当下野生动物保护法律体系的缺口进行填补，建设“健康中国”与“美丽中国”。

网络谣言犯罪的刑法规制研究

——以突发公共事件网络谣言为视角

王彩虹　侯智颖*

【内容提要】网络谣言借助互联网打破了时空局限，尤其在突发公共事件中，网络谣言加剧社会恐慌，加大社会治理成本，极易引发群体性事件，造成严重的社会危害。本文以新冠肺炎疫情为背景，从突发公共事件网络谣言的刑法规制原则、法律规定及司法认定标准等方面，探讨对网络谣言犯罪的刑法规制。

【关键词】突发公共事件　网络谣言　刑法规制

新冠肺炎疫情发生以来，公众对疫情信息的关注度持续高涨，形形色色的疫情信息涌动、起伏、对冲、反转，世卫组织称为“信息疫情”。与疫情相关的海量信息中，有相当一部分是谣言。移动传媒时代，谣言借助社交媒体，甚至“跑”得比病毒还要快，被称为“病毒式传播”，影响巨大。

一、突发公共事件网络谣言及其社会危害

（一）网络谣言及其传播特点

“谣言是最古老的传媒”，早在文字产生之前，谣言就借助人们面对面的传播而广泛扩散。网络谣言是以人们所感兴趣的事件或者事物为内容，产生和传

---

* 王彩虹——广州市人民检察院检察委员会专职委员，二级高级检察官；侯智颖——广州市人民检察院四级高级检察官。

播在互联网这样一个特殊的环境中且未经证实的信息。[1]互联网时代，网络平台门槛低、速度快、信源广泛等特点使得网络信息传播迅捷多变、覆盖面广，较之传统媒介更具冲击力、影响力、震撼力，随着网络3.0时代和自媒体时代的到来，网络谣言的传播速度和影响范围已经到了令人震惊的地步。从2003年非典、2008年汶川地震，到2011年动车事故、2015年天津爆炸案，再到此次新冠肺炎疫情，突发公共事件中谣言的编造和传播多半由网络发起和扩散。网络谣言不仅打破了时空的局限性，更进一步超越了传统谣言的规模，具有传播速度快、影响范围大，传播途径广、扩散渠道多，迷惑性强、辟谣难度大等特点。

（二）突发公共事件网络谣言的社会危害

网络谣言就像是"癌症"，在不断传播中破坏和摧毁人们的正常生活。此次新冠肺炎疫情暴发以来，各种谣言始终如影随形，涉及疫情的方方面面，如病毒宿主、死亡人数、传播途径等，以至于美国《华盛顿邮报》感叹"新冠病毒快速传播，虚假信息亦然"。谣言大规模扩散，将引起较大不良影响，甚至有可能危害社会稳定。

压缩权威信息的传播空间。"谣言动动嘴，辟谣跑断腿"，谣言对社会舆论的错误导向，使得官方正规渠道的信息传播和可信度大大降低。公共事件发生后，公众普遍产生迫切的信息需求，而由于公共事件高度的信息不对称，官方信息、权威媒体未必能够第一时间把信息公布于众，即使能够及时公布，信息量也不能满足公众的全部需求。以此次疫情为例，新冠病毒是此前从未出现的病毒，全球顶尖专家夜以继日研究攻克新冠病毒，但其背后仍有很多未解之谜。但从第一例新冠肺炎病例出现以来，一些半真半假的消息甚至赤裸裸的谎言就开始在社交媒体上大量涌现。一方面，大大增加了公共事件治理的成本；另一方面，使得政府的公信力在社会公众心中受到挑战和威胁。

破坏正常社会秩序。社会舆论能够引导社会行为，尤其是在突发公共事件中，社会大众对涉及个人和社会安全的危机事件更是高度关注和重视，网络谣言在传播过程中往往具有煽动性，通过捏造事实、搬弄是非扰乱社会秩序，容易使大众产生恐慌心理，破坏正常的社会公共秩序。如2003年非典时期，相关谣言在各大网络平台上蔓延，其中白醋、板蓝根等普通物资从日常的几元哄抬至上百元甚至上千元，造成了社会秩序的混乱。

1　黄乃巢、黄娴：《网络传播中的"谣言现象研究"》，载《情报理论与实践》2004年第6期。

二、突发公共事件网络谣言犯罪的刑法规制

鉴于公共事件网络谣言的社会危害，必须进行有效的打击和控制，这对维护正常的社会秩序有重大意义。当然，并非所有的网络谣言均应受到刑法规制，作为保障社会的最后一道防线，刑法的介入有其原则和限度，只有当网络谣言具有社会危害性、违反了刑事法律规定且应当受到刑罚处罚，才能够作为犯罪处理。

（一）突发公共事件网络谣言刑法规制的基本原则

一是刑法谦抑性原则。刑法谦抑性原则，是指刑法应依据一定的规则控制处罚范围与处罚程度，即如果存在其他法律能够规制违法行为、保护合法权益，就不要将其规定为犯罪；如果通过较轻的制裁方法能够规制犯罪行为、保护合法权益，就不要规定较重的制裁方法。[2]刑法的介入范围和介入程度，应建立在该类行为的违法构成要件的基础之上，综合考虑各类法律措施的有效性，在注重有效性的前提下坚持刑法谦抑性原则。[3]刑法谦抑性原则同样适用于网络谣言的刑法规制。网络平台具有开放性的特征，如果对于网络言论的法律规定过于严格，既不符合网络舆论的内在特性，更有悖于我国公民言论自由的基本权利。但是，言论自由不是无限制的，发表言论的同时不得侵犯国家利益、社会公共利益、他人合法权益。刑法对网络谣言进行规制，根本目的在于保障公民的言论自由。我们一方面要坚持刑法制定和适用的谦抑性，另一方面也要承认刑法的最后保障性。刑法谦抑性原则保障了网络空间的言论自由，具有合理性，在言论自由与秩序规范之间达到动态平衡，这既是人权保障的基本要求，也是实现司法公正之必然选择。

二是罪责刑相适应原则。现代社会网络谣言的内容与类型多种多样，不同种类的网络谣言针对的对象和相应的社会危害性也有所区别，因此刑法规制也相应不同。根据网络谣言所针对的犯罪客体的不同，可分为侵犯国家利益的网络谣言、侵犯社会公共利益的网络谣言以及侵犯他人利益的网络谣言。其中社会危害性最大的是侵犯国家利益的网络谣言，那么行为人应承受的刑罚应当最重。对侵犯社会公共利益的网络谣言，则依据其社会危害性的大小进行考量。公共事件网络谣言侵犯的往往是国家利益及社会公共利益，因此行为人应当承担相对严厉的刑罚，才能做到重其重、轻其轻、罚当其罪。

三是预防与打击并重原则。网络犯罪手段更新、辐射更广、危害更大，由

---

2 张明楷：《论刑法的谦抑性》，载《法商研究（中南政法学院学报）》1995 年第 4 期。

3 刘守芬、叶慧娟：《网络越轨行为犯罪化的正当性探讨》，载《网络法律评论》2005 年第 1 期。

线下的“一对一、一对有限”变成“一对多、一对无限”，网络上的危害行为可能会不断被复制和继续传播，尤其是在突发公共事件中，现代传媒方式不受时空限制，且具有极强的交互性，互动传播中形成网状传播结构，产生几何级数裂变的立体传播效果。如果坚持打击实害犯的立法观念，会导致惩治的时间节点过于滞后。鉴于此，《刑法修正案（九）》增加了4个网络犯罪专有罪名，分别是拒不履行信息网络安全义务罪、非法利用信息网络罪、帮助信息网络犯罪活动罪、编造、故意传播虚假信息罪，通过立法将预备行为实行化、帮助行为正犯化，体现了“打早打小”的刑事政策，更有利于发挥刑法的一般预防功能，防范网络犯罪，维护社会秩序。

（二）突发公共事件网络谣言刑法规制的法律规定

刑法及相关司法解释，构成了我国网络谣言犯罪刑法规制的现实状态。目前我国刑法对网络谣言的规制涉及15个罪名，分布于6个章节之中。根据最高人民法院、最高人民检察院、公安部、司法部《关于依法惩治妨害新型冠状病毒感染肺炎疫情防控违法犯罪的意见》，对于突发公共事件网络谣言的刑法规制，主要涉及下列罪名：

表1　突发公共事件网络谣言的刑法规制罪名

罪名	罪状	刑法及司法解释
编造、故意传播虚假信息罪	编造虚假的疫情信息，在信息网络或者其他媒体上传播，或者明知是虚假疫情信息，故意在信息网络或者其他媒体上传播，严重扰乱社会秩序	《刑法》第二百九十一条之一第二款
寻衅滋事罪	编造虚假信息，或者明知是编造的虚假信息，在信息网络上散布，或者组织、指使人员在信息网络上散布，起哄闹事，造成公共秩序严重混乱	《刑法》第二百九十三条第一款第四项 《最高人民法院、最高人民检察院关于办理利用信息网络实施诽谤等刑事案件适用法律若干问题的解释》（法释〔2013〕21号）
煽动分裂国家罪或者煽动颠覆国家政权罪	制造、传播谣言，煽动分裂国家、破坏国家统一，或者煽动颠覆国家政权、推翻社会主义制度	《刑法》第一百零三条第二款、第一百零五条第二款
拒不履行信息网络安全管理义务罪	网络服务提供者不履行法律、行政法规规定的信息网络安全管理义务，经监管部门责令采取改正措施而拒不改正，致使虚假疫情信息或者其他违法信息大量传播	《刑法》第二百八十六条之一

三、突发公共事件网络谣言犯罪的司法认定

（一）网络谣言发布与传播者的刑事责任

上述罪名中，前三项罪名的主体均是网络谣言的发布者与传播者，客观上均实施了造谣行为。界定网络谣言的发布者与传播者的刑事责任，要从以下方面进行分析：

一是造谣行为。“谣言的内容只是造谣行为在影响程度和影响范围上的参考，造谣行为的构成要件才是刑法学研究的合理模型。”[4]造谣行为包括编造以及传播行为。编造的基本含义是捏造，即把客观上不存在的事件或者事物通过虚构特征、描述细节等行为将假象展现给他人。[5]而传播是个中性的词，是行为人对客观信息的传递和推送，其中信息可能是真实的，可能是虚假的。主观上，编造和传播行为均需要以“故意”为要件。就编造行为而言，网络谣言对现实生活的危害本质在于网络谣言在民众中的扩散，故单纯地编造而尚未进行传播的谣言并不会造成非常严重的社会影响；就传播行为而言，刑法并不处罚对谣言内容的无知者，而只是针对明知或者应知是谣言还恶意传播的行为人。[6]因此，编造、故意传播虚假信息罪的编造行为一定是一种以传播为目的的编造，而虚假信息的传播者也必须具备“明知是虚假信息”这一主观要件，不以传播为目的的编造虚假信息和以提醒、警告为目的而转发虚假信息的行为人不宜动辄加以刑法的规制，这是刑法谦抑性原则的体现。刑法谦抑性原则还体现在对“虚假信息”的认定上。互联网的发展使得任何普通大众都可以通过网络发布信息，而个体用户发布、转发消息，往往无法核实消息来源，也不会遵循客观、公正和平衡等新闻准则。只有信息基本属实，发布者、传播者主观上并无恶意，客观上并未造成严重的危害，即使和客观事实有一定出入，刑法也理应保持宽容态度。比如此次新冠肺炎疫情期间，对于“吸烟喝酒防肺炎”等谣言，应当予以正确引导，不宜进行法律惩戒。《关于依法惩治妨害新型冠状病毒感染肺炎疫情防控违法犯罪的意见》亦明确规定：“对于因轻信而传播虚假信息，危害不大的，不以犯罪论处。”

二是危害结果。编造、故意传播虚假信息罪规定了“严重扰乱社会秩序”和“造成严重后果”两个量刑幅度，网络造谣型寻衅滋事要求“造成公共秩序严重混乱”。因此，编造、故意传播虚假信息罪和网络造谣型寻衅滋事分别是危

---

4 于志刚：《虚拟空间中的刑法理论》，中国方正出版社2003年版，第47－48页。

5 于志刚：《传统犯罪的网络异化研究》，中国检察出版社2006年版，第189－191页。

6 张智辉：《试论网络犯罪的立法完善》，载《联合大学学报（人文社会科学版）》2015年第4期。

险犯和情节犯，只有当网络谣言引起了现实的危险或者现实的后果，才能够作为犯罪处理。随着信息网络的发展，人们越来越多地借助网络平台作为沟通交流的场所，故司法解释明确了网络空间属于公共场所，但网络空间秩序并不属于公共秩序的范围。根据侵犯的法益不同，网络犯罪主要分为两种，第一种是侵犯社会公众现实权益的犯罪，如利用网络实施的盗窃、诈骗犯罪等；第二种是侵犯网络自身安全的犯罪，如破坏计算机信息系统罪等。网络造谣型寻衅滋事属于第一种，其所侵犯的法益是现实社会中的公共秩序，即网络造谣行为只有以网络为媒介对现实社会产生了危害后果，扰乱了现实社会的公共秩序，才能以寻衅滋事罪定罪处罚。如被称为“打击网络造谣第一案”的“秦火火”案，法院判决书认定：秦某在7·23动车事故善后处理期间，编造政府机关天价赔偿外籍乘客的信息并在网络上散布，该虚假信息被转发11000次，评论3300余次，不仅造成网络空间的混乱，也在现实社会引发不明真相群众的不满，扰乱了政府机关的善后工作，秦某的行为足以认定为造成公共秩序严重混乱，符合寻衅滋事罪的构成要件。由此可见，网络谣言犯罪必须对现实社会产生危害后果。

三是造谣行为与危害结果间的因果关系。移动传媒时代，人人皆媒体，谣言散布传播的过程不仅仅以讹传讹，还可能三人成虎，如同雪球越滚越大，导致网络造谣行为和危害结果的因果关系难以认定。有学者认为，谣言所引发的危害属于编造、故意传播虚假信息的超客观要素，正如丢失枪支不报而引发的后果是行为的超客观要素一样。[7]从哲学的角度因果关系上来看，若没有行为人起初对虚假信息的捏造，也不会有后续虚假信息的扩散和波及，[8]但从刑法规范学意义上来看，行为人起初的造谣行为未必和后面所有危害状态的导致都具有因果关系。[9]谣言的内容在传播和扩散过程中本身就容易变异，因此不能把谣言引发的一切后果都归结到谣言传播者身上。如果不对造谣者和危害结果在刑法上的因果关系加以限制，就容易扩大网络造谣行为的打击面，造成严重的罪刑不均衡。[10]因此，行为人原则上只对自己传播或者扩散的虚假信息承担责任，对于其他传播者对谣言的二次加工和传播，原则上不承担责任，除非从行为人传播的虚假信息内容本身，按照常识常理常情就能够推定信息的外延以及信息扩展和变化趋势。以第二批《全国检察机关依法办理妨害新冠肺炎疫情防控犯

---

7 廖斌、何显兵：《论网络虚假信息的刑法规制》，载《法律适用》2015年第3期。

8 王健著：《网络法的域外经验与中国途径》，中国法制出版社2007年版，第68－76页。

9 时延安：《以刑罚为何威吓诽谤、诋毁、谣言？——论刑罚权对网络有害信息传播的干预程度》，载《法学论坛》2012年第4期。

10 张巍著：《涉网络犯罪相关行为刑法规制研究》，法律出版社2003年版，第93－96页。

罪典型案例》中的辽宁省鞍山市赵某某涉嫌编造、故意传播虚假信息案为例，2020年1月26日，赵某某为满足虚荣心，扩大网络影响力，将自己身着警服的照片设为微信头像，同时将微信昵称设为“鞍山交警小龙”，并在微信朋友圈发布信息称：“鞍山交警小龙温馨提示大家！今天鞍山市城市公交车！全部停运！从明天开始长途客运站停止营运所有长途汽车！今晚我值班由我带队出去执勤！今晚从半夜12点开始！由我带队在鞍山所有的高速公路口全城封闭！所有的车辆不准进入我们鞍山！”并配发多张警察执勤图片。该条信息发布后，被多名网友转发至朋友圈和微信群，大量市民向相关部门电话咨询，鞍山市交通管理局接听95人次，鞍山市8890民生服务平台接听24人次，“110”接警中心接听78人次。该案例中，赵某某编造、故意传播封城消息时，能够预见该消息会导致大量市民咨询甚至出城的后果，影响疫情防控工作的正常秩序，涉嫌编造、故意传播虚假信息罪。但若有人在该信息的基础上加入虚构死亡人数等内容再次进行传播，由此产生的相应扰乱公共秩序的结果则与赵某某编造封城消息的行为不具有因果关系。

（二）网络谣言发布传播平台的刑事责任

网络谣言发布和传播需要借助特定的网络平台作为网络服务提供者（ISP），它们为广大公众提供了进入网络社会的入口、发布各类言论的平台，其管理服务行为能对网络活动产生深入的影响，包括影响网络社会的安全、网络犯罪的预防、打击等。《刑法修正案（九）》增加“帮助信息网络犯罪活动罪”，网络服务提供商“明知他人利用信息网络实施犯罪，仍然为其犯罪提供互联网接入、服务器托管、网络存储、通信传输等技术支持，或者提供广告推广、支付结算等帮助，情节严重”，即构成该罪。

帮助信息网络犯罪活动罪的立法性质是帮助犯的正犯化。本罪的客观要件是“为其犯罪提供……帮助”，该客观要件的解释既包括对正犯行为的解释——“为其犯罪”，也包括对共犯行为的解释——“提供帮助”。就正犯行为而言，首先，由于共犯的违法性来源于正犯，因此正犯行为须已着手实施，并产生了法益侵害的风险或造成实害，否则单纯为尚未实施的网络犯罪行为提供帮助的行为不可能具有可罚性。其次，根据限制从属性说，正犯与共犯是不法（法益侵害行为）层面上的“共同”，因此不需要正犯实际上对不法行为有责（承担刑事责任），仅需要证明正犯实施了法益侵害行为即可，即使被帮助者不具有刑事责任能力或者未落网无法定罪，只要能够确认上下游不法行为的实施，就不影响本罪帮助行为可罚性的认定。最后，正犯侵害法益的行为不需要达到相应罪名成立的标准，即帮助行为可以在司法层面上单独设立相应的入罪数额或者情节。在提供帮助的内容上，微博、微信本身只是一个技术中立的平台，对ISP的责任规制往往采用事后“发现—删除”的处置规则，即所谓“避风港”原则。当网络服务提供商做到：（1）明确表示其平台空间是为言论发布用户所提供；（2）并未改变用户发布的言论内容；（3）不知道也没有合理的理由应当知道用户发布传播的是虚假信息即未经证实的“谣言”；（4）未从用户发布与传播谣言的过程直接获得经济利益；（5）在接到谣言违法举报或投诉时，及时应对，屏蔽或断开疑似谣言的链接防止其进一步扩散——即可免除其作为传播虚假信息帮助犯的刑事责任认定。

本罪成立的主观要件要求行为人主观上明知他人利用信息网络实施犯罪。刑法理论上一般认为，明知有两种，即刑法总则上的明知与刑法分则上的明知，前者是故意的一般构成要素，后者是故意的特定构成要素，只有存在刑法分则中的明知，才能断定行为人对行为的危害性质和危害结果存在明知[11]。在网络空间中，从事中立的业务行为者对他人利用自己的业务行为进行犯罪不具有认识，或者只具有概括性认识，这是中立的业务行为与犯罪的帮助行为区分的关键因素之一。与之相反，要成立犯罪帮助行为，要求行为人对他人利用其帮助行为进行犯罪活动存在明确性认识。具体到帮助信息网络犯罪活动罪的认定，要求提供帮助者对受帮助者的实行行为具有明确性认知。“明知”应当包括“知道”和“应当知道”，在具体的认定上，可以参照“红旗原则”，若网络谣言违法行为显而易见，“像红旗一样飘扬”，如出现在热门搜索、话题排行、网站主页等地，或被多次举报投诉——应认定网络服务提供商“明知”或者“应当知道”犯罪行为发生。具体而言，以下行为可以推定为“应当知道”：（1）违法行为已经受到行政处罚或监管部门已通知帮助行为人；（2）已接到网络用户的举报；（3）收取费用明显异常；（4）故意避开网络监管要求或采取技术规避措施；（5）从事专门用于违法犯罪的活动或者专门用于违法犯罪活动的程序、工具的。[12]此时网络服务平台有能力且应当负有一定义务作出适当举措，若仍然放任谣言继续传播即可能构成帮助信息网络犯罪活动罪。

习近平总书记在第二届世界互联网大会开幕式的主旨演讲中指出：“网络空间同现实社会一样，既要提倡自由，也要保持秩序。网络空间不是法外之地。”依法惩处网络谣言犯罪，有助于规范网络空间正常的传播秩序，从而更好地保护公民言论自由及维护社会稳定。

11　张明楷著：《刑法分则的解释原理》，中国人民大学出版社2012年版，第158页。

12　喻海松：《网络犯罪的立法扩张与司法适用》，载《法律适用》2016年第9期。

防疫执法的“实体公正”审查思路

刘小君*

【内容提要】新型冠状病毒肺炎疫情发生以来，各种关于防疫执法工作的负面新闻不时被曝光。网民对事件的评判往往聚焦在是否“公道”上，即执法人员的行为是否符合“实体公正”。部分事件偏离普通民众对“实体公正”的预期，严重影响了执法部门的执法公信力。本文结合多起正反两方面的执法案例，在分析现有案例中反映出的执法问题的基础上，探讨了确保防疫执法“实体公正”的“执法有据、执法有理、执法有度、执法有责”的审查思路。

【关键词】执法有据　执法有理　执法有度　执法有责

新型冠状病毒肺炎疫情发生以来，网络上每天都在更新海量的涉疫情防控的信息，尤其是一些与防疫执法工作相关的新闻，更是引发了全民关注。网络公布的有限信息、网民自身的知识、社会阅历背景及其认同的他人评论观点，构成了网民对相关事件进行评论的基础。决定着网民的评论导向的，往往是相关事件的“实体公正”，而不是程序上是否公正。如云南省大理市卫健局“紧急征用”口罩事件[1]，网民仅凭曝光的几份公文中载明的内容，就可判断出大理市

* 刘小君——广州市人民检察院第一检察部检察官。

1 2020年2月1日，大理市卫健局向云南顺丰速运有限公司大理分公司发出《暂扣通知书》，称为切实加强疫情防控工作，“拟对你单位承运的598箱无中文标识口罩实施紧急征用”。2月2日，大理市卫健局发出《应急处置征用通知书》，称依据《突发事件应对法》《传染病防治法》等规定，经大理市人民政府研究，决定由顺丰物流从云南省瑞丽市发往重庆市的9件口罩，依法实施应急征用。2月6日凌晨，网络上曝光多张大理市发出的《应急处置征用通知书》和多地政府发出的工作联系函。2月6日下午，云南省应对疫情工作领导小组指挥部对大理市“紧急征用”疫情防控物资一事予以通报批评。同日，大理市就扣留口罩一事作出回应，公开道歉，承诺放行未发放口罩，大理市卫健局局长杨砚池被免职。2月24日，云南省纪委监委发布处理决定，对5个单位、8名责任人进行问责处理。

拦截其他疫情严重地区政府紧急采购的疫情防护物资的事实，不用追问大理市卫健局的决策依据和过程，也不用考据公文所援引法律依据是否准确适当，就一致认为大理市卫健局的做法是错误的。因为政府以防疫名义，“紧急征用”其他疫情更严重地区政府采购的口罩的行为，哪怕稍用点处理邻里纠纷的智慧，都能明白这么做不“公道”。可见，无论某项防疫措施的出台程序是否规范，只要最终未能实现大众心目中的“公道”，就不能得到大众的支持和认可。所谓的“公道”，就是普通民众共同认同的，用于评判日常生活中是非曲直的一般道理和规则。一个事件处理得是否“公道”，往往只看结果是不是公平公正，也就是我们所说的“实体公正”。

如何确保防疫执法的“实体公正”？在法律框架内，要确保执法行为的“实体公正”就必须做到执法有据、执法有理、执法有度、执法有责。本文拟结合近期发生的多起正反两方面的执法案例，在分析现有案例中反映出的防疫执法问题的基础上，探讨确保防疫执法“实体公正”的“执法有据、执法有理、执法有度、执法有责”的审查思路。

一、要确保执法行为“实体公正”必须做到“执法有据”

执法有据是确保防疫执法工作“实体公正”的中心环节，也是社会主义法治的基本要求之一。要实现执法有据，要求执法人员在处理各种事务时，必须依照法律的规定办事，既要依照实体法的规定，又要依照程序法的规定，不得滥用国家权力。尤其是在疫情执法过程中，政府的决策与执法更应在现有法律规定的框架下开展。

目前曝光的案件中，防疫执法缺乏法律依据的情形主要有以下三种：一是法律依据适用错误；一些防疫执法行为表面上看，确已列出法律依据，但对照法条分析，却发现相关法条对该执法行为并不适用。如在大理市卫健局“紧急征用”口罩事件中，大理市卫健局发布的《应急处置征用通知书》中援引了《突发事件应对法》和《传染病防治法》。根据《传染病防治法》第四十五条规定，只有国务院才有权在全国范围或跨省、自治区、直辖市范围内征用物资，大理市政府本身不能援引该条规定，作出紧急征用的决定。而且该事件征用的是通过物流从瑞丽运往重庆的在途运输防疫物资，而不是大理市行政区域内的物资。大理市卫健局的征用行为显然缺乏法律依据。二是以政府公文直接强制适用行政处罚。如湖北省孝感市新型冠状病毒肺炎防控指挥部发布《17 号令：关于升级管控措施的通知》，要求：“所有城镇居民，必须足不出户，严禁外出；农村村民，严禁在村湾内闲逛、串门、聚集。……违反本令的，一律处十日以下治安拘留。”《治安管理处罚法》第五十条规定，拒不执行人民政府在紧急状态情况下依法发布的决定、命令的，处警告或者200元以下罚款；情节严重的，处5日以上10日以下拘留，可以并处500百元以下罚款。孝感市的居民若违反上述政府通知，应当根据《治安管理处罚法》规定的行政处罚裁量规则及当事人的行为情节等，依法裁量。政府通知等公文直接限定治安行政拘留的适用情形和处罚幅度，本身就是违法干预执法的行为。三是认定事实错误。对公民的个人行为而言，法无禁止即自由。任何执法行为必须以事实清楚为根本，法律没有禁止的事项，不得纳入执法范围。

因此，要做到防疫执法适用法律准确必须审查以下四点：一是执法权设定符合法律规定。"法无授权不可为"，现有法律法规的明文规定是执法权存在的依据和行使的边界。部分地方疫情执法时会紧急出台一些规范性文件，要审查其与上位法是否一致，是否在其立法权限范围内，不得以红头文件作为执法依据。二是执法主体符合法律规定。执法主体适格是准确适用法律的保障。执法权的授权或委托其他主体，均须有法律法规的明确规定。各种"临时工"执法现象，曾是执法公信力的致命伤。疫情防控工作的紧迫性，使得一线防控部门从多种途径抽调人员补充一线执勤力量辅助执法，并无不妥。但是要确保一方面这些辅助执法人员受到必要的执法技能培训，另一方面不具备执法资格的执勤力量不得作出影响公民基本权利的执法行为。三是执法内容符合法律规定。执法行为是维持社会正常秩序，对于哪些现象或行为属于执法范围，应有明确的法律规定。毕竟对于普通公民而言，"法无禁止即自由"。疫情期间，各地都从防疫大局考虑，出台了一些限制公民、企业活动的规定。对于违反或不遵守这些规定的个人或企业，有法律规定的，可以依法处理；没有法律明文规定的，应当以劝导为主，不可利用法条兜底条款的模糊规定，滥用执法权。四是执法程序符合法律规定。程序公正是实体公正的保障。虽然有时程序被异化成"走过场"，但任何有可能暴露在新媒体中的执法行为，程序不完整会加深对"实体不公正"的揣测。任何省略法定程序，或随意增加执法程序，都将导致执法行为的无效。

二、要确保执法行为"实体公正"必须做到"执法有理"

法的本质和目的在于维护公平正义，是国家主流价值观、社会公序良俗和个人行为准则的体现。普通民众作为旁观者，都有一套关于事件是非曲直的判断标准。正所谓"庶事理，公道立"[2]。单一的事件处理得"有理"，有助于社会"公道"的树立。相反，若执法行为偏离普通民众对"公道"的预期，必然不能得到社会公众的认同。

2 参见《汉书·肖望之传》："如是，则庶事理，公道立，奸邪塞，私权废矣。"

目前曝光的案件中，防疫执法偏离“公道”预期的情形主要有以下三种：第一，执法理由不充分。如2020年2月5日，湖北省洪湖市市场监督管理局对洪湖市华康大药房涉嫌哄抬价格作出“没收违法所得14210元，罚款42630元”处罚的消息，引发广泛关注。华康大药房的哄抬价格，只是将进价0.6元每只的口罩卖到1元每只。洪湖市市场监管局回应称，该批次口罩没有中文标识，而且该药房违反两条规定：一是“公共卫生一级响应期间，与疫情相关的医用商品、防护消毒商品等一律不得涨价”；二是“所售商品无参照原价，购销差价额超过15%的，构成哄抬价格行为”。网民单凭1元每只的口罩单价，一边倒地对该执法行为表示不满。哄抬物价是投机商人牟取暴利的手段之一，直接损害消费者的利益，扰乱市场秩序。无论洪湖市市场监管局回应的理由如何充分，都不能有效证明华康大药房定价1元每只的口罩属于哄抬物价，因为该执法行为严重背离了公众对“公道”的判断[3]。第二，执法方式侵犯公民基本权利。如2020年2月13日，湖北省孝感市孝昌县一家三口在家打麻将，被工作人员辱骂并打耳光。如前所述，孝感市确已发布不得聚集的通知，但同一屋檐下的一家人在家打麻将是否属于禁止范围的问题，普通民众应该都不会发生误判。尽管事后披露更多诸如工作人员劝阻未果，村民还打了工作人员耳光等细节，村民有明显不配合防疫工作的行为，也不能弥补工作人员将居家打麻将认定为应当禁止的“聚集”所损害的“实体公正”。第三，不符合比例原则。如辽宁省大连市旅顺口区某邮政储蓄银行内一女子不戴口罩，不听银行人员劝阻，对民警进行辱骂耍横，被派出所依据《治安管理处罚法》第二十六条第四项规定“其他寻衅滋事行为”，处以行政拘留十日的处罚。疫情之下，戴口罩是政府提倡的个人预防措施，而不是公民义务。单是不戴口罩的行为，在排除其本人是病毒感染者的前提下，只是增加其本人感染病毒的风险，并不具有社会危害性，没有可责罚的必要性。执法机关利用法律的兜底条款，强行扩大适用范围，只会损害执法的公信力。

因此，要做到防疫执法符合普通民众认可的“公理”，必须审查以下三点：一是对事实性质的判断应当符合普通民众一般心理预期。执法人员应当保持对事件的中立观察者立场，不得将上级要求、个人偏见、执法对象“不给面子”等情绪因素，纳入事实判断中。事件性质的最终判断只能局限在证据能证明的事实及法律规定的框架内。如江西省丰城市一位老师因不戴口罩在小区空旷处

3　本案中洪湖市市场监管局所依据的《湖北省市场监管局关于新型冠状病毒感染的肺炎防控期间有关价格违法行为认定与处理的指导意见》（鄂市监竞争〔2020〕3号），已于2020年2月14日起不再执行。

跑步，被送洛市隔离14天，罚款1万元。河南省濮阳市一位村民因为不戴口罩，被工作人员用绳子捆绑在柱子上。重庆市有人因为聚集打麻将被游街示众。这些事件都远超出了普通民众对“实体公正”的预期。二是相同事件相同处理。好的案例能增强社会民众对相关法律规定所确立的“公理”的认可，也给同样事件的处理模式提供了样板。如广州市海珠区保利天悦居民余某某在家人已确诊新冠肺炎的情况下，拒不接受隔离诊治，导致6人被确诊感染新冠肺炎，12名物管人员和同栋住户被集中隔离医学观察。公安机关对余某某以涉嫌妨害传染病防治罪立案侦查。深圳市宝安区瑞草堂药店，出售有明显污渍的N95口罩，一天卖出25800只口罩，公安机关以涉嫌生产、销售不符合标准的医用器材罪立案侦查。这些“执法有理”的案例在网络上的广泛传播，有效地巩固了普通民众的“公理”意识。三是宽严相济、过罚相当。每一个案件都要让人民群众感受到公平公正，必须兼顾执法的社会效果。对一些主观恶性大、严重妨害疫情防控和企业复工复产的违法犯罪行为要严厉打击；对主观恶性小、危害不大、依法可不予处罚的，要以教育为主。执法措施的种类与轻重幅度选择应与相关行为的事实、性质、情节及社会危害程度相当。如上海市某社区租客尚某属于从重点疫区返沪人员，正处居家隔离中。为早日复工，尚某说服房东为其提供“未离开上海”的假证明，以骗取小区的临时通行证，被居委会工作人员识破并报警。派出所民警对尚某的处理结果为“即日起重新居家隔离14天”。办案民警充分考量了事件的起因与造成的后果，一方面要对尚某及有类似逃避隔离想法的人起到警示作用，另一方面又不能苛责当事人复工心切的实际情况，遂采用了延长居家隔离的方式，体现人性化执法带给全社会的温度。

三、要确保执法行为“实体公正”必须做到“执法有度”

执法有度，是指执法行为应当与治理相关执法问题的实际需要相匹配，尽可能最小限度地减损、限制公民、法人和其他组织的权益。疫情防控期间，一些地方为了及时有力地阻断疫情传播的渠道，特别是一些疫情严重的地区采取了一些严格的管理措施，在一定程度上有效地控制了疫情的蔓延。但也出现了一些“一刀切”“简单化”的过度执法行为，未能获得群众的理解和配合，成为全民关注的焦点。

过度执法主要有以下四种情形：一是防疫执法主体泛化。部分参与一线防疫的工作人员，不分所属部门，不问执法依据，不管执法权限，对不服从其指令的人员，一律采取强硬措施。如网传郑州市某家属区物业人员让业主举手表决不让住在该小区的两名医务人员进入小区。该小区物业与小区业主之间只是物业服务合同关系。小区物业人员借防疫为名，滥用《物业管理条例》上“双半数同意”条款为医护人员回小区设限，俨然扮演起了执法者的角色，任意限制居民合法权利。又如，河北省沧州市一位老人出门上厕所没戴口罩，路遇巡逻人员。巡逻人员当场就宣布要将其“强制隔离十五天”。引发网络质疑后，当地政府网信办回应，称工作人员将该村民带到镇卫生院进行健康检查，确定其并未发烧后，对其进行了说服教育，由该村村干部送回家。二是防疫措施与防疫目标不平衡。如一些非疫情区域（未有疑似或确诊病例的村、屯），地处偏远山区，当地政府不考虑实际情况，一律封闭，甚至采取村道堆土的“硬核封路”，严重影响当地百姓正常生产生活，民众普遍抵触情绪较大。三是行政审批过于谨慎，缺乏效率。如在各种防护物资紧缺的情况下，湖北省仙桃市只批准10家公司生产医用防护服。而当地生产各类应急防护物资的企业有上百家，这些企业主要是外贸企业，未取得医疗器械生产许可证、医疗器械产品注册证，所生产产品不能在国内销售。又如，浙江商人赵普洲于2020年1月底在柬埔寨金边收购了一家口罩厂，准备把生产的口罩全部低价送回国内用于抗击疫情，但需要办理各项证照，还不具备生产和销售条件。四是人为增设过多无实际意义的行为限制或准入门槛。如各地复工所要求提供各种证明，有返岗人员为办“返程证明”，两天在各部门之间跑了十几趟，还按照要求“冒险”去医院拍了CT。有小区要求返程人员再次返回老家的社区开具一个“没有接触武汉返回人员、疑似病例、确诊病例的密切接触者”的证明，否则不让进。而老家的社区则拒绝开具证明，原因是“我们无法证明你要的证明”。这些证明并不能提升防疫效果，只是各级执法人员和防疫工作人员推诿扯皮的幌子。

可见，过度执法不仅浪费执法资源、损害执法公信力，还不当侵犯了公民的基本权利，影响了抗击疫情工作的社会认可度。因此，要确保防疫工作的“执法有度”必须审查以下三点：一是科学评估执法措施的必要性。在出台各种管制措施时，要充分考虑该措施对防疫工作的必要性及对社会民众生产生活影响的最低限度，不可以“严防死守”为名，出台一些“一刀切”“简单化”的管制措施，严重影响社会民众正常生产生活秩序。如戴口罩问题，国家卫健委发布的《预防新型冠状病毒感染的肺炎口罩使用指南》中明确指出，在人员密集的地方要佩戴口罩。广东省政府发布的通告明确指出，进入公共场所应当佩戴口罩，公共场所经营者、管理者对未佩戴口罩的人应当予以劝阻，不听劝阻的由主管部门依法处理。可见对于戴口罩，是以劝导为主[4]。广州市目前各区采

4　《广东省预防新型冠状病毒感染的肺炎口罩使用指引》和广东省新型冠状病毒感染的肺炎疫情防控指挥部办公室发布的2号通告指出，普通民众在室外通风处与其他人保持2米以上距离、通风良好的办公室、独处或家庭成员都健康的情况下不需要戴口罩。

取的各种管制措施，普遍充分考虑了居民的正常生活需求，以宣传教育为主，官方多次发布防疫指引，有效引导社会理性采取防疫措施。二是科学评估执法措施的适当性。在疫情紧急情况下，政府采取的执法措施必须与其所规制对象的实际情况、其所预期的管制效果相匹配。能用宣传教育解决的问题，不要轻易动用执法力量。能用批评教育、调解和解等缓和方式解决的问题，不要轻易上升到行政处罚、刑事责任的层面。坚持宽严相济，多一些柔性执法、说理执法和人文关怀，让防疫工作得到社会民众的普遍支持。如多起涉“三无口罩”的执法案例显示，各地执法部门均有将“无中文标识”的口罩定性为“三无”产品，轻则施以行政处罚，重则以销售伪劣产品罪、生产、销售不符合标准的医用器材罪追究刑事责任。实际上部分无中文标识的口罩都是商家从国外通过各种途径带进来的合格产品，顺利进入市场能在一定程度上缓解当时的口罩危机[5]。按照我国法律规定，合格的口罩必须有生产许可证、检测合格证等硬性要求，然而这些在国外检测合格可以上市的口罩，用来缓解普通民众日常出行的燃眉之急，应该是没有社会危害性的。对经检验合格的口罩，允许上市交易，比“一刀切”地予以禁止，更符合“实体公正”的社会需要。因此，对于普通案件，不能生搬硬套法条规定，更应从公共利益最大化的角度，考虑执法措施的“度”。应把有限的执法资源用在对社会影响更严重的案件上，如借防疫物资紧张而小额高发的电信网络诈骗案件、新冠肺炎确诊、疑似患者危害公共安全案件及妨害传染病防治案件等。三是科学评估执法措施的节约性。任何防疫执法措施虽然都能找到其存在的理由，但过度执法不仅起不到理想作用，反而会引发社会对这些执法措施的全面质疑。能用简单措施解决的问题，就不要设置复杂的程序、规矩，执法行为最终追求的应该是以最少的行为成本实现最理想的执法效果。如面对口罩防护服等物资供应紧缺的问题，广东省开设绿色通道，采取无纸化网上即时受理、先审批后审核、指定专人全程跟进等方式及时保障应急所需。目前广东省防护口罩生产企业，从2020年1月下旬的2家上升至217家，生产量从每年不足10万个，增长至现在每天超过2000万个；消毒液企业从10家增加至66家，生产量从500吨提升到3100吨，紧缺的局面得到较大改善。又如，佛山市政府于2月18日率先出台关于失去企业有序复工复产的十条指导意见，取消以疫情防控限制企业复工复产的审批、备案等行为，企业复工复产无须批准、无须签订承诺书，不得要求返岗员工提供健康证明。2月25

5　全国普遍“一罩难求”的局面迟迟未能有效缓解。广州“穗康”小程序预约口罩的中签率才6%－8%，即口罩供应量有超九成的缺口。广州中大附六医院的医生甚至自行研发制作一次性无纺布口罩。

日，广东省政府宣布，将返粤复工人员居家隔离 14 天的范围控制在“来自疫情地的返粤人员”，允许非疫情地返粤人员在 14 天内正常上下班。这些便民利民措施的出台，在有效防控疫情的同时，将对企业复工复产的影响降到最低限度，全面展现了政府社会治理精准化的效能。

四、要确保执法行为“实体公正”必须做到“执法有责”

执法有责，是指执法部门及执法人员对其作出的执法行为，应当承担过错责任。执法行为直接影响法律法规的贯彻执行、社会秩序的维持及公民基本权利的保障。执法人员因故意或重大过失造成的执法随意、执法不力、执法不公及执法错误，轻则侵害公民的基本权利，造成恶劣的社会影响，重则影响政府公信力。问责是全面从严治党的应有之义。及时有效的责任倒查机制和追究机制，是对执法公信力的有力保证，有效地将执法人员及执法行为约束在法律规定的框架之内。

因此，强化问责机制，确保“执法有责”要做到以下四点：一是问责要精准。问责不是简单平息事件的社会影响，其价值在于通过责任追究，让公职人员牢固树立“有权必有责、失职必问责”的权责意识。精准问责，就是要在事实调查清楚的基础上，依法依规厘清问责范围及相应的问责方式。精准问责，既能有效处理公职人员滥用公权力、庸政、懒政等问题，又能保护依法履职的公职人员免受不实揣测、诬告。二是问责要从严。“动员千遍，不如问责一次”。问责从严，是唤醒公职人员责任意识，激发其履职担当的利器。如广州市疾控中心干部陈某东伙同他人贩卖口罩事件[6]，广州市纪委监委迅速介入调查。虽然最终调查结果显示，陈某东并未利用职权倒卖单位口罩，但其作为疫情防控一线工作的疾控中心工作人员，利用个人身份影响和工作便利违规售卖口罩，造成严重不良影响。广州市纪委监委于 2020 年 2 月 10 日发布通报，给予陈某东降低岗位等级处分，由专业技术 6 级降为专业技术 7 级，违纪所得被收缴。三是问责要及时。疫情发生以来，各种与疫情有关的执法事件都会在网络媒体上快速传播。执法监督部门必须及时快速作出回应，才能正确引导舆论走向，杜绝舆情危机的扩散。对涉政府部门、公职人员的舆情事件，尤其是引发负面舆情

6　2020 年 2 月 3 日，网传一名身穿医护工作服的男子通过微信朋友圈，以 5 元每只的价格倒卖医用外科口罩谋利。2 月 4 日，广州市纪委监委迅速组织调查。经查，广州市疾控中心突发公共卫生事件应急处理部副主任陈某东，伙同社会人员黄某某通过微信售卖口罩，由黄某某负责在外地进货和发货，陈某东利用其疾控中心医师的身份和人脉资源推销口罩。截至 2 月 6 日，陈某东售卖口罩个人获利 2.056 万元。

的执法过错事件，要一查到底，及时回应公众质疑。如广州市海珠区居民余某某妨害传染病防治案[7]，从知悉余某某等人核酸检测阳性至所有密切接触人员全部集中隔离，仅持续了四天，不仅余某某本人被刑事立案调查，广州市纪委对 13 名相关责任人员分别作出书面检查、诫勉谈话、警告处分、记过处分、调整岗位等处理。整个事件处理及时，未形成网络负面舆情，未导致群体性上访事件。四是问责要公开。将问责方法、程序、结果等事项，及时通过适当方式向社会公开，主动将问责工作置于社会监督之下，确保问责结论经得起社会质疑和历史检验。如湖北省各级纪委监委机关已对湖北省红十字会、武汉市政府办公厅、发改委、统计局、黄冈市等多地多部门公开问责，至今至少有 59 名调整职务或受到党纪政务处分的党员干部的姓名及处理细节对外公开。

针对网络上不断曝光各种防疫工作人员粗暴执法、过度执法的新闻，各地已在迅速调整各自治理理念和治理措施。公安部强调，“疫情防控严禁过度、粗暴执法”。湖北省出台通知要求，对生产经营疫情防控紧缺物资中的产品标识不规范等轻微违法行为，实行审慎监管，一般不予行政处罚。浙江省、湖南省等地明确规定，“不得随意限制群众正常出行，不得擅自升级管控措施”；河南省要求，“严禁‘一刀切’禁行、劝返外地车辆”；山东省要求，坚决纠正“一刀切”式封路测温正常快速放行。防疫执法的“实体公正”，正逐渐成为各地政府防疫执法的价值导向。“奉法者强则国强，奉法者弱则国弱”[8]。全面依法治国是国家治理的一场深刻革命，必须厉行法治。善法之下更须良治。法治建设水平的提高，关键在人，尤其是领导干部法治思维的增强和依法办事能力的提高。每一起执法事件的“实体公正”，都是普通民众关注的焦点，更是政府公信力建设的着力点。

---

7 余某某的岳父、岳母、妻子及儿子自驾从武汉出发，途经江西接上余某某，于 2020 年 1 月 24 日抵达广州。其岳父、岳母于 26 日出现发热症状，27 日晚就医并接受隔离治疗，29 日确诊新冠肺炎。1 月 30 日，余某某等三人核酸检测结果为阳性。余某某拒不按海珠区疾控中心要求提供家庭地址和接受隔离治疗，导致家庭及同栋住户共 6 人被确诊感染新冠肺炎，12 名物业管理人员和同栋住户被集中隔离医学观察。

8 见《韩非子·有度》。

论谣言的行政法界定与规制原则

马火生*

【内容提要】 公众的社会生活中存在各类谣言，谣言对公众社会生活造成了极大困扰，我国民事、行政、刑事法律规范都对谣言进行了规制，国家机关对于谣言的打击主要集中在行政方面，因此，厘清谣言的行政法界定与规制原则有重要的实践指导意义。本文对《治安管理处罚法》第二十五条规定的散布谣言行为从主体、主观、行为和后果四个方面进行了具体的界定，并分析了如何通过《治安管理处罚法》所确立的行政法原则进一步指导和规范行政机关对散布谣言行为的规制。

【关键词】 谣言　行政处罚　行政法原则

谣言，特别是网络谣言，对我们的社会生活造成了极大的困扰，具有社会危害性，包括侵犯个人及单位名誉、误导民众、引发群体性恐慌、扰乱社会秩序、损害政府形象和危害国家安全，需要我们通过法律规范对谣言进行有效的规制。我国民事、行政、刑事法律规范在规制谣言上是不同的，在民事领域，只要民事主体认为谣言侵犯了其权益，就可以对造谣、传谣者向法院提起侵权之诉，实行不告不理原则；在行政法领域，散布虚假信息故意扰乱公共秩序的，由行政机关进行行政处罚；在刑事领域，具有严重社会危害性并明确触犯《刑法》规定的谣言才列入犯罪的范围，由司法机关追究刑事责任。鉴于刑事政策的谦抑性，实践中，国家机关对于谣言的打击大部分是通过行政处罚进行的，因此，明确行政法领域关于谣言的界定与规制原则具有重要的实践指导意义。

---

* 马火生——广州市政府法制研究中心副主任，北京大学法学硕士。

一、谣言的行政法界定

“谣言”是我们生活中经常使用的词语，什么是谣言？在《辞海》中，谣言是指“虚构不实的传闻”，在《现代汉语词典》中，谣言是指“没有事实存在而捏造的话”。在不同的研究领域，谣言有不同的含义，可以分别从社会学、传播学、历史学等方面各自进行解释。在法学研究领域，学者已进行了长期的研究和归纳，“关于谣言定义有广义和狭义两种类型：广义的谣言侧重的是谣言未经证实，真实性尚待有关部门和个人的澄清；而狭义的谣言指的就是故意捏造的虚假不实消息”。[1]

我国法律法规中有直接使用“谣言”的规范，如《刑法》第一百零五条、第三百七十八条和第四百三十三条，《治安管理处罚法》第二十五条，《电信条例》第五十六条，《互联网上网服务营业场所管理条例》第十四条，《计算机信息网络国际联网安全保护管理办法》第五条等。我国法律法规除了直接使用“谣言”这个词语以外，还有很多未直接使用“谣言”但和谣言相关的法律法规规范，如《侵权责任法》中关于用谣言诽谤他人的规定，以及《刑法》中关于捏造并传播虚假信息类犯罪的规定。虽然我国法律法规关于谣言的规范较多，民事、行政和刑事法律规范都有涉及，但我国法律法规并未明确解释和界定“谣言”这个名称的具体内涵和外延。

在行政法领域，《治安管理处罚法》第二十五条规定：“有下列行为之一的，处五日以上十日以下拘留，可以并处五百元以下罚款；情节较轻的，处五日以下拘留或者五百元以下罚款：（一）散布谣言，谎报险情、疫情、警情或者以其他方法故意扰乱公共秩序的……”该条规定是行政法律规范规制谣言的最主要依据。从该条规定出发，对谣言的行政法界定主要包含以下四个方面：

（一）主体：个人或单位

实践中，编造、传播谣言的主体主要是个人，关于单位是否可以构成散布谣言行为的主体问题，有学者认为“本项规定的行为主体是达到责任年龄且具有责任能力的公民”。[2]但根据《治安管理处罚法》第十八条“单位违反治安管理的，对其直接负责的主管人员和其他直接责任人员依照本法的规定处罚”的规定，单位显然也可以成为散布谣言的主体，实践中也存在大量单位散布谣言的案例，特别是在市场竞争领域。例如，2015 年 6 月，广州番禺某公司为营销

1 张莎：《关于网络谣言的法律规制》，西北大学 2014 年硕士学位论文。

2 安建主编：《中华人民共和国治安管理处罚法释义》，法律出版社 2005 年版，第 60 页。

推广其微信公众号，散布番禺区百越广场等地连续发生青年女性被挖内脏抛尸恶性案件的谣言，公安机关依法对公司负责人陈某等 3 人进行行政处罚。单位通过集体决策并以单位名义进行散布谣言的，应当根据《治安管理处罚法》第十八条规定认定单位是违反治安管理规定的主体，只是根据该条规定仅对其直接负责的主管人员和其他直接责任人员进行处罚，因此，《治安管理处罚法》第二十五条规定关于散布谣言的行为主体包括个人和单位。

关于未达到责任年龄的人和精神病人是否能成为谣言主体的问题，需要区分行为主体与责任主体两个不同概念。《治安管理处罚法》规定不满十四周岁的人和不能辨认或者不能控制自己行为的精神病人违反治安管理的，不进行处罚，但这并不影响不满十四周岁的人和不能辨认或者不能控制自己行为的精神病人成为散布谣言的主体，实践中也存在这种情况。《治安管理处罚法》对未达到责任年龄的人和精神病人编造、传播谣言的行为实际上进行了法律上的否定，定性为违反治安管理的行为，但其因为承担责任的能力有所欠缺，由行政机关责令监护人严加管教。因此，未达到责任年龄的人和精神病人可以成为散布谣言的行为主体，但不是责任主体。

（二）主观方面：故意

要界定行为人是否“故意”，需要深入考察行为人内心世界的动机，包括目的、看法、意志等，这无疑是非常困难的。在实践中，散布谣言的动机非常复杂，主要有三种心态：第一种是怀有应受道德谴责的恶意心态，如针对个人的报复、妒忌、不正当竞争等个人欲念，针对社会的仇官、仇富、博出名、无事生非、唯恐天下不乱等畸形心理，针对国家的颠覆国家政权、破坏社会制度、扰乱军心等不良企图；第二种是愚昧无知、不负责任的随意心态，如道听途说、爱传热闹、不明真相的传播；第三种是怀着有利他人、有利社会、有利国家的出发点，但实际上对信息理解有误、信息掌握不全面、误以为真而进行传播的行为。因此，关于“谣言制造和传播的目的就是制造恐慌和混乱”[3] 的概括是不全面的。

要界定“故意”，还要清楚“故意”的具体指向是什么，是指行为人对传播行为的明知，还是指行为人扰乱公共秩序的意图。在我国《治安管理处罚法》《行政处罚法》等相关行政法律规范中，并未明确解释和规定什么是“故意”。鉴于《治安管理处罚法》与《刑法》是密切衔接的，对散布谣言行为是适用《治安管理处罚法》还是适用《刑法》，主要取决于行为的危害后果，因此，笔

3　马静：《关于网络谣言的案例分析》，兰州大学 2013 年硕士学位论文。

者认为，《刑法》第十四条关于“故意”的规定对《治安管理处罚法》中界定“故意”具有借鉴意义，即“故意”是指行为人明知自己的行为会发生危害社会的结果，并且希望或者放任这种结果发生。“故意”包含两个要素：一是意识因素，即行为人明知自己的行为会发生危害社会的后果，需要注意的是，这里的“明知”既包括明确知道，也包括推测知道，即知道可能会发生危害社会的后果，并不确信会发生；二是意志因素，即行为人希望或者放任这种结果发生。

从以上分析来看，认定《治安管理处罚法》第二十五条的“故意”包含两个条件：一是行为人明知自己传播的信息会扰乱公共秩序，或者可能会扰乱公共秩序；二是行为人希望或者放任扰乱公共秩序结果的发生。以上两个条件缺一不可，因此，“故意”既指对传播行为的明知，也指行为人扰乱公共秩序的意图。在实践中，以下两种情形不应当认定为“故意”，一种是行为人对传播无意识的行为，如个人电脑、手机的自动转发；另一种是怀着利他心态而传播信息的行为，行为人对掌握的信息信以为真，并认为该信息是有利他人、有利社会或者有利国家的，并不希望也不放任扰乱公共秩序结果的发生，不具备故意中的意志因素。

需要注意的是，没有恶意的故意也可以构成散布谣言的行为，不能以行为人对信息内容真假的明知作为判断是否故意的标准。如行为人明知传播的信息内容是虚假的，仍进行传播，属于恶意心态，其希望扰乱公共秩序的结果发生；但行为人如是愚昧无知、不负责任随意传播心态的，其心理不属于恶意，也不确定信息是否真实，只是未尽合理审慎的注意义务就将信息随意传播，意识上是知道自己的行为可能会扰乱公共秩序，意志上是放任扰乱公共秩序结果发生。以上两种都属于散布谣言的“故意”，但“故意”并不等同于“恶意”，不能以不知道信息内容是虚假的作为免予追责的理由。

（三）行为：散布虚假信息

1. 散布

《治安管理处罚法》第二十五条规定中的“散布”，是指向多数人扩散传播。这里的多数人对象既可以是特定的，也可以是不特定的。在QQ空间、微信朋友圈、微信群中散布谣言，其传播对象是特定的，而在微博、论坛、贴吧中散布谣言，其传播对象则是不特定的，无论对象是否特定，只要向多数人扩散传播谣言，即可认定为散布谣言。目前实践中已经有很多在微信朋友圈、微信群传播谣言被治安管理处罚的案例，因此，关于“谣言必须是在不特定公众之间传播的不实信息”[4]的观点是无法成立的。需要注意的是，《治安管理处罚法》第二十五条规定中“散布谣言”和“谎报险情、疫情、警情”是既有区别又有联系的两类不同行为，向社会公众谎报险情、疫情、警情属于散布谣言的一种，只是向某个国家机关谎报险情、疫情、警情的，因不存在向多数人散布的情况，则不应认定为散布谣言，但故意扰乱公共秩序的，也属于应当进行治安管理处罚的行为。

如何界定“多数人”？是只要向他人传播谣言就应当进行处罚，还是传播对象达到一定人数才应进行处罚，《治安管理处罚法》并未明确。最高人民法院、最高人民检察院的司法解释曾明确诽谤信息被转发500次可作为出罪入罪的标准[5]，但该司法解释中规定的500次不能作为行政处罚的标准。在“散布谣言”的认定上，明确“多数人”的具体数字，虽然有利于执法，但无论标准是多少，都会带来公平性和科学性的问题。笔者认为，认定“多数人”，可以结合扩散传播效果进行具体判断。如传播谣言仅仅是两人或少数人的私密对话并未扩散的，影响较小，无须进行行政处罚；但是两人或少数人的私密对话，最后演变为谣言被广泛传播扰乱公共秩序的，则应当对私密对话的谣言传播主体进行行政处罚。

2．虚假信息

谣言是指虚假信息，还是指未经证实的信息，学界存有争议。“谣言的本质在于其虚假性。”[6]“要将一条信息认定为谣言，该条信息必须是能够被证实的虚假信息，如果对该信息无法证实真假，就不能认定其为谣言。”[7]“网络谣言是指利用信息网络媒介所传播的对公众感兴趣的事物、事件或问题未经证实的表达或诠释，与虚假信息存在着本质的区别。”[8]需要指出的是，最高人民法院微信公众号的文章也认为“法律上对谣言表述为虚假信息”[9]，说明实践中我国法律工作者是将谣言界定为虚假信息的。

“虚假”不是主观判断，而是客观界定，即虚假信息中的“虚假”并非指行为人认为其虚假，而是谣言内容的非客观性、非真实性。行为人认为该信息内容真实而传播，但实际上是虚假的，可构成散布谣言；行为人认为该信息内

---

4 刘鹏：《网络谣言界定及法律规制》，载《学术界》2016年第4期。

5 《最高人民法院、最高人民检察院关于办理利用信息网络实施诽谤等刑事案件适用法律若干问题的解释》（法释〔2013〕21号）第二条规定“同一诽谤信息实际被点击、浏览次数达到五千次以上，或者被转发次数达到五百次以上的”构成情节严重，应当追究刑事责任。

6 刘鹏：《网络谣言界定及法律规制》，载《学术界》2016年第4期。

7 郑洁：《治安管理处罚中谣言的法律界定》，郑州大学2018年硕士学位论文。

8 贺星霖、罗树志：《法律规制下网络谣言的界定》，载《湖南行政学院学报》2016年第3期。

9 唐兴华：《治理有关新型肺炎的谣言问题，这篇文章说清楚了！》，载微信公众号“最高人民法院”，2020年1月28日。

容虚假而传播，但实际上是真实的，则不构成散布谣言。另外，行政机关对行为人传播的信息暂时无法证实真假或者不可能证实真假的，也不能界定为虚假信息。“传播未经证实的消息，这种行为也极有可能产生一定的社会危害性，但这并不表示在该消息被证实或证伪之前，可以直接适用有关规制谣言的法律规定。法律的适用必须以充分客观的事实作为前提和依据，未经证实的消息是一种典型的事实模糊或不清，如果管理者仅以此为依据即对传播者予以规制或处罚，并不具有充分的事实依据。”[10]

对信息“虚假”的认定，应当注意区分事实描述和时政评论、学术观点、个人猜想、改善意见、批评建议等的区别。事实描述是对客观事物过程、结果的介绍，而谣言是编造、歪曲、篡改的事实描述，是否客观，可以检验。例如，传播某市发生重大责任事故并死亡 × 人的信息，该信息是否虚假，具有可检验性。而时政评论、学术观点、个人猜想、改善意见、批评建议等带有强烈的个人情感和倾向，受知识、阅历影响，是公民行使言论自由的表现，其结论并不一定都是正确的、真实的，不能以其“不正确”“虚假”的特征作为构成散布谣言的认定标准。例如，甲散布现在经济形势向好，股市将会上扬的消息；乙散布减少国有企业更有利于社会发展的消息；丙散布某市政府官僚主义严重的信息；丁散布地球将在某年某月某日灭绝的消息等。

对信息“虚假”的认定，还应当注意正确把握信息的虚假程度和虚假部分。现实生活中，谣言大多数都是真假掺杂在一起的，那么，是否传播的信息中只要有一点虚假或者有一部分虚假就认定为散布谣言呢？“有一定的事实根据但与事实并不完全相符的信息不属于虚假信息。”[11]这种观点显然是与实践脱节的，对于真假掺杂的信息，不能认为全都是谣言，也不能认为都不构成谣言。真假掺杂的信息是否能构成谣言认定中的“虚假信息”，应当根据该信息所传播的主要意思进行确定，正如马克思主义哲学所述的，把握事物性质，应当把握事物的主要矛盾和矛盾的主要方面。例如，甲传播了一条某市发生一起死亡 30 人的重大生产安全事故的信息，但实际上只死亡 25 人，那么该条信息的主要意思是发生重大生产安全事故并死亡人数较多，与事实基本一致，虽然人数上有偏差，但不影响整个信息的中心意思，不应认定为甲传播谣言。如甲传播一条某市发生重大生产安全事故造成死亡 100 人，但实际上只死亡 25 人，那么这条信息的主要意思将与事实明显不一致，事实是一般生产安全事故，而这条信息中是重

10　刘鹏：《网络谣言界定及法律规制》，载《学术界》2016 年第 4 期。

11　孙万怀、卢恒飞：《刑法应当理性应对网络谣言——对网络造谣司法解释的实证评估》，载《法学》2013 年第 11 期。

大生产安全事故，且一般人的注意力将会集中在死亡人数100人上面，与实际情况明显偏离，因此，应当认定为甲传播了谣言。

对“虚假”的认定，在行政管理中，应当由行政机关进行举证，这与民事领域的举证责任是不同的。在民事诉讼中，谁主张谁举证，如甲发布一条某明星包养情人的信息，该明星提起侵权之诉后，该条信息的真实性应当由发布者甲进行举证，而不是由该明星证明自己没有包养情人，如甲不能证明该信息是真实的，则应当承担法律责任。而在行政管理中，行政机关作出行政行为应当有明确的事实依据和法律依据，证明行政行为合法性的责任由行政机关承担。例如，甲发布一条某官员有几十套房产的信息，行政机关如认为甲散布谣言并对甲进行行政处罚，那么该官员有几十套房产的信息是否真实，不应当由甲进行证明，而是应当由行政机关证明该信息的虚假性。

（四）后果：扰乱公共秩序

我国传统法学理论认为公共秩序是指：“社会公共生活依据共同生活规则而有条不紊进行的状态，既包括公共场所的秩序，也包括非公共场所人们遵守公共生活规则所形成的秩序。”[12]也有学者认为：“公共秩序是指公众生活的平稳与安宁。”[13]公共秩序、社会秩序、公共利益等概念都是我国法律法规中经常使用的抽象概念，是指法律所保护的权益范围。对公共秩序的研究和界定是一个庞大的课题，本文不再展开，仅使用传统法学理论对公共秩序的界定。

那如何认定《治安管理处罚法》第二十五条规定的“扰乱公共秩序”呢？有学者认为：“一是具体的网络信息是否作为直接原因引发了群体性事件等对现实秩序造成影响；二是具体的网络信息是否在公众中造成了恐慌，打破了正常社会生活的安宁，对公众的日常生活造成了不良影响。至少符合上述条件之一的，才可能被认定为扰乱了公共秩序。”[14]实际上，本条规定是否需具备公共秩序被扰乱的结果，存在两种截然不同的解释：一是行为标准，只要行为人有故意扰乱公共秩序的散布谣言行为，就应当进行行政处罚，无论是否造成扰乱公共秩序的结果；二是结果标准，行为人有故意扰乱公共秩序的散布谣言行为，还必须造成实际上扰乱公共秩序的结果，才可以进行行政处罚。具体采用哪一种标准，我们应当从立法原意进行解释。

从法律规范的词义表述进行分析，《治安管理处罚法》第二十五条使用了

---

12 高铭暄主编：《新编中国刑法学（下册）》，中国人民大学出版社1998年版，第808页。

13 孙万怀、卢恒飞：《刑法应当理性应对网络谣言——对网络造谣司法解释的实证评估》，载《法学》2013年第11期。

14 张新宇：《网络谣言的行政规制及其完善》，载《法商研究》2016年第3期。

“散布谣言……故意扰乱公共秩序”的表述，这里的“扰乱公共秩序”是用来修饰“故意”的，是指行为人“故意”的内容，意思就是只要行为人有扰乱公共秩序的故意并散布谣言的，就可以按照这条规定进行处罚，因此，行为标准更加符合《治安管理处罚法》第二十五条的词义解释。如果第二十五条使用“故意散布谣言，扰乱公共秩序”的表述，则是结果标准。《治安管理处罚法》第二十九条第四项“故意制作、传播计算机病毒等破坏性程序，影响计算机信息系统正常运行的”则明显是结果标准，说明立法者对行为标准和结果标准是有注意区分的，这也验证了第二十五条使用的是行为标准的表述。立法者采用了行为标准，说明散布谣言的行为对法益的侵害既包括实际损害，也包括抽象危险。立法者认为即使没有实际上的损害后果发生，但散布谣言的行为也构成对公共秩序扰乱的危险，这种危险是很可能发生的，应当将其列为法律追责的范围，目的是有效制止这种危险行为，避免危险发生。例如，在武汉新冠病毒疫情中，有人散布了“2月25日起，所有商场和便利店关闭14天，如隔离效果好，将再延长14天巩固效果”的谣言，武汉市政府及时进行了辟谣，没有造成公众恐慌和抢购物资。这种谣言具有扰乱公共秩序的危险，如不是官方辟谣，这种危险就会转化为巨大的实际损害，因此，应当对该散布谣言行为进行行政处罚。在行为标准中，并不是没有行为后果，法律将该行为所造成的抽象危险也视为一种法律后果，因此，《治安管理处罚法》第二十五条采用行为标准与“行为—后果—责任”的法律逻辑并不相悖。

综上所述，《治安管理处罚法》第二十五条规定的“扰乱公共秩序”并不需要进行后果上的认定，行为人只要具备扰乱公共秩序的故意并进行散布谣言就可以进行治安管理处罚，但并不是说执法者完全不考虑扰乱公共秩序的结果，扰乱公共秩序造成实际严重后果的，可作为行政处罚自由裁量的重要因素。

二、谣言的行政法规制原则

前文虽然对谣言在行政法领域如何界定进行了初步分析，但是从实践经验来看，对谣言的行政法规制绝不是简单的事情。公安机关对于谣言如何界定以及如何处罚散布谣言的行为常常标准不一、处理混乱，造成这种现象的主要原因有以下三点：一是构成散布谣言行为的“故意”“虚假”和“扰乱公共秩序”等条件本身难以把握，不同的执法者有不同的理解；二是在很多重大突发事件中，为尽快启动响应机制，行政机关根本没有按程序执法和没有按标准确定谣言，只是根据行政命令简单粗暴地压制言论；三是机械教条式执法，忽略结合行政法基本原则进行执法，“不少执法人员往往重视与执法有关的具体法律规范的适用，忽略行政法基本原则的正确理解和适用，造成执法上的不当和偏差，影响执法的效果。因此，行政法基本原则对于指导基层执法实践具有现实意义”。[15]

行政法基本原则是指导和规范行政行为的基础性法则，是行政法基本价值和理念的集中体现，贯穿于行政法的具体规范之中。就《治安管理处罚法》而言，其所规定的基本原则是指导第二十五条适用的基础性法则，是行政机关在规制散布谣言行为时应当贯彻落实的指导思想。因此，仅仅根据第二十五条完成对谣言的行政法界定是不够的，行政机关还应当将《治安管理处罚法》的基本原则贯彻落实到具体的谣言执法行为当中，才能更加准确理解和适用，才符合《治安管理处罚法》的立法目的和价值观念。因此，我们有必要厘清行政机关对于谣言规制的行政法原则。

（一）合法性原则

合法性原则是法治政府建设和全面推进依法行政的首要要求，是指行政机关应当依照法律法规行使行政职权和从事行政管理活动，核心主旨是“法无明令不得行”。具体到涉及谣言规制的行政法律规范，合法性原则体现在《行政处罚法》第三条和《治安管理处罚法》第二条、第三条。[16]规制散布谣言行为在贯彻落实合法性原则时应当注意以下几点要求：第一，对散布谣言行为主体的行政处罚只能由法定主体即公安机关依照法定权限作出，其他主体不得对散布谣言行为作出行政处罚。第二，公安机关应当依照《治安管理处罚法》第二十五条规定进行处罚。在违法行为认定上，主体、主观、行为和后果四个条件都应当符合法律规定。在处罚种类上，第二十五条规定的是罚款、拘留，不得处警告和吊销公安机关许可文件的处罚。在处罚幅度上，罚款在500元以内，拘留在10日以内。第三，公安机关应当严格按照《治安管理处罚法》第四章规定的法定程序进行。

（二）比例原则

比例原则是行政合理性的具体体现，“适用比例原则时，要求在合法的前提下，先考察手段的适当性，再考察手段的必要性，最后还必须考察此手段实现的

---

15 程蕊：《行政法基本原则视角下基层公安执法行为辨析》，载《法制与社会》2019年第19期。

16 《行政处罚法》第三条：“公民、法人或者其他组织违反行政管理秩序的行为，应当给予行政处罚的，依照本法由法律、法规或者规章规定，并由行政机关依照本法规定的程序实施。没有法定依据或者不遵守法定程序的，行政处罚无效。”《治安管理处罚法》第二条：“扰乱公共秩序，妨害公共安全，侵犯人身权利、财产权利，妨害社会管理，具有社会危害性，依照《中华人民共和国刑法》的规定构成犯罪的，依法追究刑事责任；尚不够刑事处罚的，由公安机关依照本法给予治安管理处罚。”第三条：“治安管理处罚的程序，适用本法的规定；本法没有规定的，适用《中华人民共和国行政处罚法》的有关规定。”

目标价值是否过分高于因实现此目标所使用的手段对人民权利的损害价值”。[17]《治安管理处罚法》第五条对比例原则作出了规定，即治安管理处罚要与违法行为的事实、性质、情节以及社会危害程度相当。公安机关在对散布谣言行为进行治安管理处罚时贯彻比例原则应当注意以下几点：第一，散布谣言行为人主观上是恶意，又造成严重危害后果的，应当从重给予处罚；第二，行为人主观上没有恶意，即属于愚昧无知、不负责任的随便传谣心态的，虽然造成严重危害后果的，可以酌情从轻处罚；第三，行为人主观上有恶意，但没有造成严重危害后果的，可以酌情从轻处罚；第四，行为人主观上没有恶意，也没有造成严重危害后果的，应当考虑不予处罚。对于散布谣言的治安管理处罚中，对较轻的行为给予重罚和对较重的行为给予轻罚，都是不符合比例原则要求的。

（三）程序正当原则

程序正当原则，是指行政机关在作出行政行为和在行政管理活动中，特别是对行政相对人作出行政处罚时，必须遵循正当、公开的程序。《行政处罚法》第四条规定行政处罚遵循公正、公开的原则，《治安管理处罚法》第五条也规定实施治安管理处罚，应当公开、公正。在规制散布谣言行为的治安管理过程中，遵循程序正当原则的要求为：第一，公安机关应当向社会公众公开执法依据、执法程序、执法标准等；第二，对散布谣言行为人作出处罚的，应当告知相对人处罚的事实、依据和理由；第三，执法人员与散布谣言行为人有利害关系的，应当进行回避；第四，保障行为人的程序性权利，包括行为人有权对处罚决定进行陈述和申辩；行为人对2000元以上的罚款可以要求听证；行为人对处罚决定不服的有权申请复议和诉讼；公安机关违法造成行为人损害的，行为人可以申请赔偿；第五，同类案件应当适用同一标准，不偏袒，不偏私。

（四）尊重和保障人权原则

我国《宪法》第三十三条规定，国家尊重和保障人权。《治安管理处罚法》第五条落实了宪法的规定，实施治安管理处罚，应当尊重和保障人权，保护公民的人格尊严。在《治安管理处罚法》中，尊重和保障人权的原则具体体现在以下方面：一是对未成年人、精神病人、盲人或者又聋又哑的人等特殊群体进行了特别规定；二是保障行为人陈述、申辩和法律救济的权利，公安机关不得因为行为人的陈述、申辩而加重对行为人的处罚；三是公安机关及其人民警察

---

17 岳光辉：《论比例原则在〈治安管理处罚法〉中相关强制措施的适用》，载《湖湘论坛》2007年第6期。

办理治安案件，禁止对违反治安管理的行为人进行打骂、虐待或者侮辱；四是严禁刑讯逼供或者采用威胁、引诱、欺骗等非法手段收集证据。对散布谣言行为的治安管理处罚同样适用以上尊重和保障人权的具体规定。

（五）教育和处罚相结合原则

《治安管理处罚法》第五条第三款规定：“办理治安案件应当坚持教育与处罚相结合的原则。”教育与处罚相结合原则是指“违法事实已经构成治安案件的基础上，教育是前提，处罚是一般结果，教育是贯穿处罚决定和处罚执行整个过程的手段，通过教育与处罚达到教育本人、其他公民、法人和其他组织自觉守法的目的”[18]。教育是为了实现法律规范的特殊预防功能，让行为人认识错误、避免再犯；处罚是为了实现法律规范的报应功能和一般预防功能，是对行为人违法行为的惩戒，并警示社会公众自觉守法。具体到谣言的规制问题上，如行为人散布谣言的违法事实成立的，不能仅仅处罚了事，还应当在行政执法过程中对行为人进行教育，实现法律规范的特殊预防功能。需要注意的是，治安管理处罚中的教育是以存在处罚为前提的，如治安案件存疑，尚无法认定行为人违法事实的，或者认定了行为人不构成散布谣言的，公安机关不能对行为人单独进行治安管理上的教育。

18　邓波、毛鹏举：《〈治安管理处罚法〉中教育与处罚相结合原则的涵义思辨》，载《消费导刊》2009 年第 6 期。

新冠肺炎疫情冲击背景下贸易调整援助的法律思考

张　建*

【内容提要】 新冠肺炎的全面爆发对我国企业的进出口贸易形成了严重冲击，尤其是部分国家的进出口管制措施对于我国出口导向型的中小外贸企业造成了贸易损害。对此，以援助为手段、以调整为目标的贸易调整援助机制在这一背景下具有独特的制度优势，能够发挥贸易救济功能。相较于美国、韩国、欧盟等域外国家或地区的贸易调整援助立法，我国应立足国情，以中小企业的恢复与调整为着眼点，综合运用财政援助、技术援助、市场援助等多重举措推动企业复工复产。

【关键词】 贸易调整援助　新冠肺炎疫情　中小企业　贸易救济

一、新冠肺炎疫情对国际经济贸易的冲击

2020年，新冠肺炎疫情的暴发与蔓延，使世界各国政府、医疗机构、社会公众进入全球抗疫、严阵以待的特殊时刻。与此同时，不容否认的是，疫情也对世界各经济体的商贸发展造成了程度各异的不利影响。作为经济联动效应的直接后果，经贸冲击从国内市场扩散至国际市场、从商品市场延伸至股票市场，广泛波及贸易、投资、金融等各领域，强化了经济增长的下行压力。尤其是，居民消费水平因防疫管控而受限，从事交通、餐饮、旅游等服务业的企业收益

---

* 张建——首都经济贸易大学法学院讲师，最高人民法院研修学者，法学博士，主要研究领域：仲裁法。本文为国家社科基金项目“自贸区纠纷解决机制创新与临时仲裁的制度构建研究”（项目编号：18CFX083）的阶段性成果。

状况不甚理想。因销售端需求下降，劳工多被要求居家隔离，工商业生产状况及就业水平亦陷入堪忧境地。突如其来的疫情打乱了部分企业的经营计划，业务中断直接提升了资金压力并使之陷入困境。相比于大型企业、国有企业，中小企业、民营企业更是首当其冲，据悉，已有相当一部分中小企业在疫情的直接冲击下降薪裁员，甚至破产倒闭，进入清算状态。[1]

除了经济方面的直接冲击之外，从另一角度看，疫情造成的冲击还来自有关国家人为制定的贸易政策。2020 年 3 月，先后有 20 多个国家和地区对中国货物贸易采取过度的管制措施，重点限制或禁止从我国进口活体动物、动物制品，限制对华出口口罩、防护服、消毒液等重要防疫物资。与此同时，部分区域经济一体化组织限制对区域以外的特定进出口。例如，欧盟委员会于 2020 年 3 月 15 日发布实施条例，宣布对抗击新冠疫情的部分防护物资实行出口管制。根据该条例，除非获得成员国主管机关的批准，禁止向欧盟以外地区出口护目镜、面罩、口罩、防护服、手套等物质。再如，粮食的国际贸易也受到了疫情的影响，主要小麦面粉出口国哈萨克斯坦已禁止出口小麦面粉，越南暂停签署新的大米出口合约，塞尔维亚禁止出口葵花籽油，俄罗斯也表示将每周评估情况，决定是否实施出口禁令。这一系列出口管制措施虽然并非仅针对我国，但是客观上仍然使我国的进出口贸易受到冲击，加重了我国参与国际经贸交往的负担，必须尽快寻求解决方案，探讨应对出路。

笔者认为，在全球化时代下兴起的贸易调整援助制度（Trade Adjustment Assistance，以下简称 TAA），有别于传统的贸易救济措施，以补偿贸易损害、促进产业升级调整、提升企业竞争力为目标，其在疫情防控时期应发挥更大的价值。在全球抗疫背景下，评估并思考贸易调整援助机制的时代价值和制度功能，对于经济平稳运行、补偿贸易损害、维护商业秩序具有现实意义。

二、贸易调整援助在缓解疫情冲击中的制度价值

起源于美国的贸易调整援助制度，最初是作为美国推行自由贸易政策的配套产物而出现的。自 20 世纪 60 年代发展至今，经过半个多世纪的实施与完善，贸易调整援助现已充分涵盖产业援助、企业援助、工人援助、农民援助、社区

1　2020 年 2 月，清华大学经济管理学院、北京大学汇丰商学院联合 995 家中小企业进行调研，数据显示：67.1% 的企业账上现金余额可以维持 2 个月，85.01% 的企业最多可以维持 3 个月，只有 9.96% 的企业能维持 6 个月以上。参见杨秀红：《85% 中小企业现金难撑 3 个月，自救他救合力应对疫情大考》，载财经杂志网，https://mp.weixin.qq.com/s/MiwxtP3Ut5v-bFUvboKXEA，最后访问于 2020 年 3 月 27 日。

援助等多种类型。从世界范围来看，TAA主要是针对本国国内受到进口冲击的企业提供技术或资金等各方面的支持。然而，在贸易自由化条件下，企业因自由贸易所遭受的损害既包括积极损害（即自由贸易引发的冲击），也包括消极损害（即贸易壁垒引发的损失），既涵盖进口冲击所致竞争损害，也涵盖出口受阻所致滞销损害。鉴于此，新时代的TAA应当具备更完善的制度内涵，将各类贸易损害都纳入其中予以权衡救济。2017年，上海市商委会、上海自贸区管委会联合发布《中国（上海）自由贸易试验区贸易调整援助试点办法》（以下简称《试点办法》），该办法最鲜明的特征之一是明文规定了我国出口型贸易企业的出口产品在目标国家受到贸易摩擦及其他壁垒影响时，也可申请援助，从而改变了过往其他国家对受损企业贸易救济的不足，实现了“一体两翼”的全方位制度架构。

具体而言，引入贸易调整援助机制，对于缓解疫情对国际经贸的冲击、重塑并稳定外贸秩序具有以下制度价值。

首先，通过采取必要的援助措施，可以对因疫情而遭遇进出口贸易损害的国内企业、产业提供贸易救济，使自由贸易的整体趋势不致因疫情防控形势下的“封国封城封路”措施而阻断。

其次，贸易调整援助实质是一种以贸易救济形态呈现的开放补偿机制。就企业援助而言，TAA旨在通过分析企业在贸易自由化过程中的优劣势，制定相应的调整建议书，帮助企业提高竞争力，且政府将为企业执行经营调整计划提供部分资金支持。就工人援助而言，TAA旨在对下岗或失业工人提供再就业培训或求职津贴，借助于发放重新安置费、提供培训、收入支持、医疗保险税收优惠等手段，激励并推进工人重新寻求其他工作岗位，对优化人力资源配置大有裨益。

最后，据报道，此次我国遭受疫情冲击最严重的主要是第三产业。2020年新冠肺炎疫情与2003年非典疫情时期相比，第三产业在全国经济结构中的重要性早已今非昔比，2003年第三产业在中国经济结构中的贡献率仅有39%，而2019年第三产业的贡献率已达到59.4%，消费产业的GDP贡献更是超过78.5%。[2]如果不对受损产业及时提供必要的贸易调整援助，不仅将扭曲产业结构的正常形态，也无益于中国经济体制的优化。

---

2 宋向前：《离破产只剩90天，投资人疾呼：救救中小企业》，载全景财经网，https：//finance. sina. cn/fund/jjgdxw/2020－02－01/detail－iimxxste8089591. d. html？vt＝4，最后访问于2020年3月29日。

三、贸易调整援助制度构建中的主要问题

（一）贸易调整援助的立法授权

在WTO法律框架体系内，并没有明确规制贸易调整援助的相关文件，相关联的制度主要是2005年WTO《香港部长宣言》确立的促贸援助项目，但该制度适用的目标是帮助发展中国家，特别是最不发达国家，增强它们所需的供给能力和与贸易有关的基础设施建设。简言之，促贸项目是为了使国家有能力实施WTO各协定并从中获益以及扩大它们的贸易，这与针对国内因贸易自由化而遭遇损失的企业、工人、农民的TAA项目并非同一概念。2011年，商务部办公厅颁布《关于加强商务领域法治政府建设工作的通知》（商法字〔2011〕54号），其中要求商务部公平贸易局、产业调查局、条法司重点探讨并研究出台贸易调整援助等相关制度。

（二）援助工作的负责机构

贸易调整援助制度的高效运转不仅依赖于立法的支持，还需要必要的运作机构开展具体的工作。以美国为例，美国商务部下设的经济发展局（Economic Development Administration，简称EDA）专门负责援助资格认定与援助方案的审批。为保证运行效率，美国商务部在全国各地区设立了11家贸易调整援助中心（Trade Adjustment Assistance Center，简称TAAC）帮助企业向EDA申请援助资格、制订和执行经营调整计划。以此为参照，我国的企业贸易调整援助制度应当主要由商务部贸易救济调查局负责。具言之，我国的商务部贸易救济调查局是在原公平贸易局与原产业损害调查局的基础上合并而成，其在“两反一保”等贸易救济措施的产业损害调查、企业损害认定、进出口贸易异常状况监测及产业竞争力评估方面积累了较为丰富的经验，这对贸易调整援助的展开具有直接的帮助。不过，如果允许受损企业直接向商务部递交申请，不仅会使商务部面临大量的无效申请，而且会耗费大量的人力、物力、财力资源。基于此，我国也可考虑在各地区设立相应的中心，直接与企业接洽，并初步审查申请人是否具备援助资格、相关经营调整计划是否具备可行性，由此便可过滤掉一些无效的援助申请，从而在整体上提升贸易援助工作的效率。事实上，在我国商务部主持制定的2008年《贸易调整援助暂行办法（草案）》中，已经明确将贸易调整援助的申请步骤区分为省级地方商务主管部门的初步审查与商务部的最终批准两个环节，省级商务主管部门在一定程度上充当了地方贸易调整援助中心的角色，这有利于优化援助流程、提升援助效率，使企业尽快步入调整轨道，

经过先期筛查避免不适格企业的援助申请长期积压，以防对商务部援助工作的整体展开形成迟滞和拖缓等不利效果。

（三）贸易调整援助的适用对象

贸易调整援助制度的核心功能在于对国际贸易自由化中遭受损失的主体提供援助，以促使其通过开展结构调整、产业升级、生产转移等手段，恢复国际竞争力、实现自我改善。但是，对于这一制度的受助对象，各国立法存在明显的差异：经过长期的立法演进，美国形成了全面涵盖产业、企业、工人、农民、社区的贸易调整援助立法；欧洲的全球化调整援助基金着眼于解决因自由贸易、资本流动、全球金融危机等引致的大规模失业现象，其申请者仅限于失业工人，而非企业或产业；韩国的贸易调整援助制度主要惠及受到国际贸易不利影响的农民、渔民；日本的贸易调整援助制度聚焦于衰退产业及困难行业的政策扶持。就其差异产生的原因而言，这与各国的经济产业结构是密不可分的，即各国的经济发展状况和支柱型产业有别，这决定了贸易调整援助的适用对象各有侧重。

对于我国而言，构建贸易调整援助制度必须首先解决援助对象涵盖哪些主体这一基本问题。相比之下，2008年《贸易调整援助暂行办法（草案）》将因进出口竞争而遭受不利影响的企业与产业作为援助对象，2017年《中国（上海）自由贸易试验区贸易调整援助试点办法》则将援助对象限定于因受国际贸易环境变化影响而造成贸易竞争力下降、员工流失的企业，并没有将产业纳入援助的范畴。可以发现，学理上对于将企业作为援助对象基本形成了共识，而对于产业的援助还有待进一步辩论。产业一词更多出现在经济学意义上，既可用以泛指国民经济中各个具体产业部门，如工业、农业、服务业，又可指代更具体的行业部门，如钢铁业、纺织业、食品业、造船业等。在法律意义上，尤其是在贸易救济视角下，国内产业主要指代国内同类产品或者直接竞争产品的全部生产者，或者其总产量占国内同类产品或直接竞争产品全部总产量的主要部分的生产者。

根据《反倾销协定》第四条规定，国内产业一词指的是同类产品的国内生产者全体，或指总产量构成同类产品国内总产量的一个主要部分的国内生产者。可见，要确定国内产业，须先确定“同类产品”，国内相关产业指的是生产与被调查的进口产品在物理属性及功能上基本一致的进口国本国产品的产业。划分“同类产品”的最基本的要求是：要有基本相同的物理、化学或技术性能，与用途相比较，物理、化学性能是划定产品、范围的决定性标准，标准是概括的，只需要基本的性能一致即可。

相较之下，企业一词更多的是针对个体而非全体，其不仅包括公司，也包括合伙企业、个人独资企业等经济形态。在构建贸易调整援助立法的过程中，需要以内外一致、无歧视的标准对待国内的各类企业主体，无论内资企业抑或外资企业，在具备法定资格、符合法定要件的情况下均应有权申请援助。此外，鉴于中小企业相比于跨国公司和大企业而言，在信息、技术、人才、市场、融资方面存在明显的劣势，且中小企业在应对国际竞争、遭遇国际贸易损害时自我调整能力相对较弱，因此应将中小企业作为贸易调整援助的重点对象。[3]

（四）贸易调整援助的审批要件

如前文所述，贸易调整援助形成的大背景是全球化与自由贸易加剧了输赢两家的利益分层，因此需要政府介入，从贸易受益者手中分取一部分收益用于补偿和协助那些因国际贸易而失业的工人以及因贸易受损而亟待调整的企业。那么，政府应当在何时以及在何种条件下针对何种主体提供援助，就成为必须解决的先决问题，这一问题亦可概括为援助申请人的审批标准问题。部分国家援助立法的运行实践为我们提供了经验与启示，以韩国为例，韩国的贸易调整援助制度确立于2006年，相关立法为了应对韩国因对外签署自由贸易协定而引发争论，援助项目的实施与运转被视为韩国自由贸易协定政策的组成部分。韩国立法者颁行贸易调整援助制度的初衷是期望其能够成为救济贸易自由化受害者的有效途径，然而据实证研究显示，这一立法通过后10年之间却只有82个企业成为受益者。如果说，在TAA项目引入初期其利用率低尚可归因于社会公众对这一制度不够了解，那么，在后期这一制度仍然只具有较窄的受众，则在于其严苛的主体资格审查条件与较为复杂的申请程序。可见，如何设定资格审查工作的标准，是关系到制度准入的"门槛"问题，也是立法者必须谨慎论证的问题。

贸易调整援助的审批工作具体区分为申请者的资格认定阶段与援助方案的制订与实施阶段。在明确某类主体属于前述的援助对象后，申请人需要提供证据材料以证实自己在国际贸易中遭遇了损害。换言之，如果查明某一国内产业或国内企业因同类产品的进口增加而遭受损害，即可启动援助程序。关于进口产品对国内产业影响的调查包括对影响产业状况的所有有关经济因素和指标的评估，包括销售、利润、产量、市场份额、生产力、投资收益或设备利用率实际和潜在的下降；影响国内价格的因素；对现金流动、库存、就业、工资、增长、筹措资金或投资者能力的实际或潜在的消极影响等。事实上，法律条款很难对损害指标的清单作穷尽性列举，这些因素中的一个或多个未必能够给予决

3　陈业宏、黄媛媛：《中小企业贸易调整援助制度的构建》，载《现代经济探讨》2012年第11期。

定性的指导。所谓的负面影响，需要达到一定的程度方可认定为损害。在经济运行中，产业受到的影响应该是动态的，因此要以法律规定的要件来界定。

在审查相关企业是否因贸易自由化遭受损害时，可以采取以下标准将损害的认定固化下来：其一，企业中大量或相当一部分工人已经离职、失业或面临离职风险，这是考虑到离职率与企业的经营状况相关联，无论是员工主动请辞抑或被用人单位裁员撤职，如果达到了规模较大的幅度，都属于损害的外在表现；其二，在特定的期间内，企业的利润明显下降，或者企业的生产量、销售额等呈现出严重的下降趋势；其三，进口同类或直接竞争产品或服务的增加“重要地促成了”上述情况的发生，即损害与进口增加直接具备因果关系。只有在认定进口增加、贸易损害、因果关系后，相关机构才可认定申请者的援助资格。

在获批援助资格后，申请人需要结合自身的发展状况制订相应的经营调整计划，该计划获批后，申请人才可获取援助措施的支持。根据2008年《贸易调整援助暂行办法（草案)》，商务部及省级地方商务主管部门在对企业的经营调整计划进行审查时，须重点考量以下方面：其一，援助计划是否经过了充分合理的调查与研究、论证与分析，并且该计划能够实质地促进该企业的经济调整；其二，援助计划是否适当考虑了该企业内工人的利益；其三，援助计划是否表明企业将充分利用自有资源实现该企业的进一步发展。

四、我国为应对疫情冲击采取的贸易调整援助措施

（一）对内援助

当前，在应对疫情冲击背景下，我国已经初步启动了促进企业恢复生产、保障企业经营的有关计划，采取组合拳方式综合运用多重手段开展贸易调整援助。具体而言，有关援助措施可以从对内对外两个视角进行阐析。早在2020年2月，国务院总理李克强在召开国务院常务会议时，就决定阶段性减免企业社保费和实施企业缓缴住房公积金政策，多措并举地进行稳企业、稳就业。[4] 首先，政府阶段性地减免了部分企业养老、失业、工伤保险单位缴费，以减轻疫情对企业特别是中小微企业的影响，使企业恢复生产后有一个缓冲期。同时，2020年6月底前，企业可申请缓缴住房公积金，在此期间对职工因受疫情影响未能正常还款的公积金贷款，不作逾期处理。与此同时，各地政府也出台了相应的

---

4 李润发：《国务院常务会：阶段性减免企业社保费、实施企业缓缴住房公积金政策》，载中国政府网，http：//www. gov. cn/guowuyuan/2020 – 02/18/content_ 5480639. htm，最后访问于2020年3月27日。

中小企业支持政策，如苏州市人民政府颁行的《关于应对新型冠状病毒感染的肺炎疫情支持中小企业共渡难关的十条政策意见》亦推出了各项具体的企业发展优惠举措。其次，政府立足重点，突出抓好稳就业这一“六稳”的首要任务。抓紧出台科学分类、切合实际的复工复产防疫指南，指导各地合理确定复工复产条件，取消不必要的保证金，加快落实已出台的财税、金融等支持政策。最后，从保障民生、促进再就业的角度，政府推出有关举措应对“用工荒”“裁员潮”，及时将受疫情影响的就业困难人员纳入就业援助范围，确保失业保险待遇按时足额发放。支持疫情严重地区开发临时公益性岗位，运用失业保险基金向失业人员发放失业补助金。

在企业的贸易调整援助资格认证申请及经营调整计划获批后，企业可聘请非政府机构提供以下援助：生产制造中的认证、工艺改进、技术方法及标准咨询；营销环节的市场调查、营销策略、客户服务分析、出口咨询；办公自动化、电子商务、制造系统、客户程序、电子数据交换等科技援助；工人转岗和再就业培训；贸易救济法律咨询。

（二）对外开放的基础上进行必要管制

2020年3月，国家主席习近平同志在G20领导人应对新冠肺炎特别峰会上发表了题为《携手抗疫　共克时艰》的讲话，其中着重提出：各国应该联手加大宏观政策对冲力度，加强国际宏观经济政策协调，防止世界经济陷入衰退。就国内而言，实施有力有效的财政和货币政策，有利于维护全球金融市场稳定，维护全球产业链供应链稳定。就国际而论，中国将加大向国际市场供应原料药、生活必需品、防疫物资等产品，坚定不移扩大改革开放，放宽市场准入，持续优化营商环境，积极扩大进口，扩大对外投资，为世界经济稳定作出贡献。[5]疫情的冲击早已跨越国界，是需要全世界共同积极应对的重要难题，在各国命运休戚与共的背景下，构筑壁垒、加严管制并非明智之举，唯有联合起来共同发力，减免关税、取消壁垒、畅通贸易，才有可能重振世界经济复苏士气。

当然，我国的对外开放并非毫无底线。在全球防疫形势下，鉴于部分外国歧视性地针对我国采取关于进出口限制的贸易壁垒措施，我国亦可从制度层面予以有力回击。事实上，2019年12月，中国人大网已公开发布《出口管制法（草案）》，向社会征求意见，这标志着我国第一部出口管制单行立法已经蓄势待发。该草案首次在立法层面规定了国别及黑名单管制清单制度，全面提升了出

5　吴蕴聪：《坚决打好新冠肺炎疫情防控全球阻击战》，载《中国青年报》2020年3月27日，第1版。

口许可管理制度，引入了全面管制原则，明确了视同出口、再出口等重要概念，合理地规制了哪些主体在符合什么资质条件的前提下可以向谁出口哪些商品的问题。这部立法一旦付诸施行，亦可较好地回应有关国家在防疫时期对我国开展的进出口管控，形成有效的反制，从而打通出口壁垒或构建进口屏障，为国内企业的生产经营提供较好的贸易环境，客观上起到贸易调整援助的效果。

结语

当下，新冠肺炎疫情正在世界范围快速蔓延，不仅严重危害世界公共卫生安全，还对全球经济、金融、政治产生巨大负面影响。面对这一全人类的共同危机，没有任何一个国家可以独善其身。考虑到疫情对经济发展和进出口贸易所带来的冲击，对外应及时采取有效的财政和货币政策，保障全球供应链安全、稳定，维护全球金融稳定，促进世界经济尽快复苏；对内则应推动产业结构调整，在疫情防控过程中，受冲击最严重的主要集中于出口导向型的中小外贸企业，为了全力降低疫情对经贸秩序造成的损害，推动落实中小企业贸易调整援助机制的出台，从产业、劳动技能、管理、市场等方面及时促使中小企业作出人事、财物和制度的调整，对于复工复产、保障就业具有重要作用。我们有理由期待，经过合理的调整和适当的援助，我国外贸企业终将摆脱疫情的不利影响，重新恢复竞争活力，重获正常的市场秩序，迎来更具竞争力的发展机遇。

实务研究

区块链智能合约的法律性质

刘 薇*

【内容提要】区块链智能合约是智能合约发展的第三阶段，同时也是区块链发展的第二阶段。区块链智能合约法律属性的探讨应以合同型智能合约为研究对象。在技术层面，智能合约去中心化、不可篡改和自动执行的技术特性使其外在与传统合同千差万别，但智能合约并非传统合同简单的代码化，而是人以代码对数字空间的行为内容加以规制与引导的方式，对其合同的本质应采取肯定的态度。

【关键词】区块链　智能合约　法律性质　合同

一、问题的提出

区块链信息技术作为信息技术飞跃发展的里程碑，同时也承载着人们对信息技术再次创新生活方式的期望。智能合约构建在区块链信息技术的基础之上，与传统的纸质合同、简单的电子合同有天壤之别，但是智能合约也具备合同的基础特征，因此在法学领域，对智能合约的法律性质有争议。《2018 年中国区块链产业白皮书》将智能合约定义为一种程序，而不是合同。[1]但有学者认为，既然智能合约具有合同的共同属性，就应该得到相应的法律保护。更有学者在此基础上进一步明确智能合约的合同分类，认为智能合约就是附条件合同。关于区块链智能合约法律性质的争论，其要点一言以蔽之，即区块链智能合约是否

* 刘薇——广东财经大学法治与经济发展研究所研究员、法学院副教授，硕士生导师，法学博士，主要研究领域：法社会学、司法学。本文为基金项目广东省普通高校人文社科研究项目“司法经验在法律适用中作用模式研究”（2012WYM_ 0072）的研究成果。

1 参见《2018 年中国区块链产业白皮书》，载中华人民共和国工信部信息中心网站，http://www.miit.gov.cn/n1146290/n1146402/n1146445/c6180238/content.html，最后访问于2020 年3 月20 日。

为合同法的调整对象，是否具有合同的法律性质。本文对此展开讨论以推动区块链智能合约在司法实践中的应用。

二、智能合约是区块链的核心技术

（一）区块链智能合约的内涵

智能合约，是指由区块链技术衍生出的一种以代码表示的“承诺”，可直接控制数字资产交易的代码程序。[2]就信息技术层面而言，它是一套可自动执行的代码指令。与一般代码指令不同的是，它承载着数字资产，并能以合同的形式用于商事交易，可被广泛应用。智能合约基于区块链而衍生，当然具有区块链技术的基本属性，即去中心化、开放性、不可篡改并可自动执行等。

虽然智能合约的“合约”二字与“合同”有相似之意，但其含义并非等同。合同是指当事人之间设立、变更、终止民事法律关系的协议。在此，合同是狭义的合约，合约可以包含合同。智能合约涉及的不仅是民事法律关系，其还可以包含行政法律关系；不仅与私法挂钩，也涉及公法领域。由此可见，智能合约并非如其表面含义易于理解，因为自身功能强大，其内涵也被广泛讨论。

（二）智能合约的发展历程与分类

区块链技术的发展从比特币虚拟资产的“点”阶段跃级至智能合约的“线”阶段。智能合约的发展也并非一直与区块链技术发展相重合，其拥有自身的发展路径。智能合约的发展特点具有“由合到分”的特点，即经历了由“中心化”到“去中心化”的发展历程。[3]计算结构去中心化是指不存在某个足够大的力量去改变交易结果或信息的控制中心。信用结构去中心化是指节点之间自由独立连接，无须第三方提供担保就能保证交易安全。以下可从物理结构、运算结构和信用结构这三个方面进行对比阐释（如表 1 所示）。

1. 单片机时代

单片机采用的是最简单的逻辑运算公式，对硬件的要求不高，集成电路芯片即可。单片机的智能合约同样具有不可篡改、自动执行以及执行过程无须人的介入等特征。并且，这一类型的智能合约现在已经被广泛应用，最为典型的是自动贩卖机。单片机的智能合约采用的是 If（True）Then Output 布尔逻辑运

---

2 柴振国：《区块链下智能合约的合同法思考》，载《广东社会科学》2019 年第 4 期。

3 王潺、杨辉旭：《智能合约的私法挑战与应对思考》，载《云南社会科学》2019 年第 4 期。

算条件判断的验证模块。如投币且选择特定产品类型就是 If 条件，确定后产品弹出则是 Output 的自动执行过程。单片机时代的智能合约一般是狭义的智能合约，即普通合同。自动贩卖机中商品的陈列和价格的列明即合同成立过程中的要约行为，消费者投资、选择产品并确认则是承诺，产品的弹出则是执行，这就是最简单也是应用最普遍的智能合约。如果自动贩卖机出现故障，将导致消费者投币却没有产品弹出。消费者可以选择拨打公司售后服务热点、寻找其他中介机构——如消费者协会或者司法机关进行救济。救济途径需要人的介入，这是与区块链智能合约最为明显的区别，因此智能合约发展的开端需要中心化。物理结构、运算结构和信用结构均具有中心化的特点。

2. 服务器时代

智能合约的服务器时代仍然采取 If（True）Then Output 布尔逻辑运算条件判断模式，但是在物理结构上已经发生变化，主要以中央服务器为主，部分适用简单的单片机。其应用主要是证券交易所的集中竞价系统，其服务器结构可能是云计算，也可能是单片机，但是始终存在一个控制中心。因此，在物理结构上服务器时代的智能合约可以是“中心化”也可以是“去中心化”。参与这个过程的各个计算机彼此信任，具有信用机构中心化的特点。另外，在控制中心可以修改交易记录，其运算机构依然具有中心化的特点。最典型的例子包括银行账本的错误记载可通过银行的内部数据库进行修改；教学系统内部后台的控制中心能够修改学生、教师自身登记错误的信息；电商平台通过后台控制中心对交易账单进行更改价格等。现在各行各业普遍使用的就是服务器时代的智能合约。

3. 区块链时代

区块链智能合约是通过交易时间戳将交易记录不断延伸形成证明的链条，链条中没有能够集中的所谓中心，形成的记录更不可能更改。基于区块链的公钥和私钥技术而具有匿名性。私钥则成了唯一的标识。除此之外，无法追溯交易者的真实身份。运算结构依旧采用 If - Then 的条件逻辑判断，此发展阶段的智能合约已经上升到“面”的层面，逻辑运算的覆盖面非常高。智能合约从合意到执行均能独立完成，可以不迟延地自动强制执行，所以无须第三方的介入或者提供保证。执行结果往往因为追溯成本过高或者私钥匿名性高导致技术上难以进行，所以智能合约一旦达成，不能篡改也难以撤销。由于上述特点，目前不能广泛应用该智能合约。并且，在区块链智能合约中，没有计算机构的中心，节点之间是平等且自由链接，所以呈现扁平化和分散化的特征。由此可以得出区块链智能合约所塑造的代码空间具有完全自治性。

表1　智能合约发展历程与分类

	物理结构	运算结构	信用结构	发展趋势	典型例子
单片机时代	中心化	中心化	中心化	“点”	自动贩卖机
服务器时代	中心化或者去中心化	中心化	中心化	“线”	电商内部数据库
区块链时代	去中心化	去中心化	去中心化	“面”	以太坊

（三）区块链智能合约的运行过程

就信息技术而言，智能合约的运行过程大体包含三个步骤：第一，共同合意制定智能合约。交易发起人即缔约方提前设计一套适合交易的编程代码脚本，设定合同条款、执行规则、触发条件即相应的履行行为，明确各方权利义务关系，将合约内容文本进行代码程序化。第二，将智能合约进行节点传播与存储。即智能合约经缔约各方以私钥签署后附上区块时间戳，使其成为区块链的一部分。附上区块链时间戳的过程就是进行节点传播与存储的过程。一旦附上时间戳则不能更改或者删除，具有不可逆性，但是缔约方可以通过制定新的智能合约达成新的合意而覆盖之前的合约。第三，等待约定条件达成后自动执行合约内容。届时区块链会对智能合约进行实时监控，基于事件触发机制原理，一旦约定条件成就即激活和执行该合约。[4]如果该智能合约被成功执行则意味着交易已经完成，就会被移出区块；未执行的合约则会继续存在于该区块中直至被成功执行或者被新的智能合约覆盖。从法律的角度分析，类比传统合同可将其归纳为合约生成、合约发布和合约执行。[5]

（四）区块链智能合约的应用

以太坊是相对于比特币具有更多功能的公共区块链平台，并不是具体的应用方向。如前文所述，合同只是智能合约其中的一个表现形式，但它又是智能合约应用最广泛的形式、最典型的存在形态。目前常见的可应用智能合约的行业也有许多，如金融服务业、交通运输行业、制造业、医疗行业、网络传播行业等。金融服务行业与智能合约联系最为紧密，因为区块链自动执行的前提是缔约方在区块链存储虚拟财产，而区块链又是承载虚拟财产的重要载体，因此缺少了现实控制的环节，更有利于区块链自动执行。例如，在证券交易中，最频繁的就是股票基金买卖行为，涉及大量资产的转移，这也是业务中的重要环

4　陈吉栋：《智能合约的法律构造》，载《东方法学》2019年第3期。

5　蔡一博：《智能合约与私法体系契合问题研究》，载《东方法学》2019年第2期。

节，业务量大花费时间多，转移次数越多风险越高。利用区块链技术恰好可以瞬间转移财产而提高效率，避免人为错误操作的风险；在财产保险中，满足设定的保险条件就可自动执行；在交通运输环节，如果交通发生延误，即可自动触发保险智能合约，迅速赔付；订单完成即可根据智能合约出具发票无须缔约方另外花时间主动申请发票，并且相应发票开具后可自动触发单位的报销系统，差旅费用可迅速报销到账不迟延；在网络传播行业，网络小说作者可以在小说内设智能合约，满足预先设定的定价就可以阅读。

除了上述商事交易合同可适用智能合约以外，在制造业领域，智能合约可以取代目前的供应链，提单、产地证明和质量控制可一体化管理；在政府政务中，可以使用智能合约进行电子投票、证件办理、信息公示、津贴发放等社会服务；在公司治理中，可将股权、公司结构编进代码，利用智能合约进行管理，可有效减少小股东权益难保障的现象。

三、区块链智能合约本质之争

从字词含义来看，虽然“合约”与“合同”具有某些相同的含义，但是智能合约与合同可适用的环境毕竟不同，不能一概而论。

（一）智能合约的合同属性理论之争

郭少飞主张“新主体说”，以公权力主体作为法律关系的主体者，该使用的法律为公法；如果对任何人均适用，则为私法。对智能合约进行公法私法区分才能具备探讨其合同法的意义。因为智能合约并非与民事合同相关，不能简单地将两者画上等号。如果含有企业管理之目的，如设定表决方式、治理机制等，饱含组织性，此时智能合约不能称之为法律合同，只能作为去中心化的自治组织。[6]换言之，作为管理工具的智能合约则没有合同属性探讨的必要性。针对区块链智能合约的私法性质，学术界对此主要存在两种观点：否定说和肯定说。

1. 否定说

否定说认为，智能合约去中心化的显著特征使司法机制无法介入，缔约方没有寻求法律救济的可能，不受法律约束，那么也就不能被法律所涵盖。既然私法不予认可，则合同法无法承认其合同属性。但是，智能合约采用的是去中心化的结构设计，就智能合约设计的初衷而言，其追求的是机器执行的绝对效力并非法律效力。这一学说观点具有明显的滞后性，只从技术原理分析智能合约，未从法律角度考虑智能合约的构成要件，直接否定其合同属性。虽然否定

6 郭少飞：《区块链智能合约的合同法分析》，载《东方法学》2019年第3期。

了智能合约的合同属性，但是又未具体指明智能合约的私法属性，显然该学说不具科学性、不够严谨。

2. 肯定说

肯定说认为缔约方选择智能合约是希望合同能够有效被执行，是对法律效力的加强，对当事人意思表示的维护和对诚实守信原则的支持，应当肯定智能合约的合同属性。也有学者认为智能合约的不可篡改性削弱了合同的自由原则。[7]可以推测，此种观点是对智能合约运行机制的误解。虽然智能合约不可篡改，但是其能够作出新的智能合约覆盖旧的合约，这与合同补充协议的原理一致。因此，合同自由原则是有效维持的。那么，只要具有合同的法定要件，就应当视为合同。

根据区块链智能合约的特点以及在各领域中的应用，肯定说更具合理性。区块链智能合约的应用在交易方面最为广泛，若否定其合同性质，则大大降低了效力，并可能损害法律的包容性，反而增强了法律的滞后性。

（二）智能合约的合同性质分析

肯定说的合理性如何展开分析呢？判断智能合约的合同属性，需要首先将其与传统合同进行对比分析，判断两者间的异同，才能更有利地论证智能合约是合同的观点。

1. 智能合约订立过程与合同无实质差别

从法律的层面进行分析，智能合约的订立过程也是需要经过要约与承诺的过程，这与传统方式的合同并无实质性差别。然而，智能合约并不是传统方式订立合同简单的代码化。传统合同只是包含承诺的协议，而智能合约则是既包含承诺，同时也执行承诺，这是两者的本质区别。同时，两者又密切相关，智能合约是一个预先存在协议的互联网执行程序，协议内容和执行方式的选择也是根据合同法作出的，与合同一样具有合意基础。智能合约并非在区块链上贸然产生的，是经由人的选择作出的，是人以代码的方式对数字空间的行为内容加以规制与引导，从某种意义上来说，智能合约是传统合同内容的数字表达。[8]两者既有本质区别又有联系，所以两者不是简单的等同关系，智能合约具有合同属性，但它又不是通常意义的合同本身。

合同的订立须经过意思表示行为进行磋商，从而达到意思一致的效果。虽然工信部发布的《2018年中国区块链产业白皮书》不认为智能合约是合同，但

7 郭少飞：《区块链智能合约的合同法分析》，载《东方法学》2019年第3期。

8 柴振国：《区块链下智能合约的合同法思考》，载《广东社会科学》2019年第4期。

是这一定义似乎不够全面，其主要是从信息技术的角度定义智能合约，认为智能合约是一种程序代码，并未从法律的角度深入分析智能合约性质。虽然智能合约是区块链代码，但它的确承载着缔约方的意思表示或合意基础。具有资产处理性质的智能合约，在满足特定条件的情况下便会将资产转让给另一方，这样的约定与传统法律合同的资产处分合同在“合意基础”上有何差异？显然，在这一点上两者无异。契约原则应当适应信息技术的发展，应当以包容的态度来应对挑战，否则法律的滞后属性只会越发凸显。

智能合约的缔约过程确实包含要约和承诺的环节。经发布的智能合约可被认定为是要约。[9]自动贩卖机在法律上能够被认为是要约，那么，同样具有自动执行性质的区块链智能合约经发布后也应当被认为是要约。智能合约的发布方式是将其投置于区块链，以非以对话的形式发出要约。以非对话的形式向相对人发出要约，采用的是到达主义。根据《民法总则》第一百三十七条的规定，数据电文进入相对人系统时生效。那么，具有数据性质的智能合约也可参照这一规定，即当程序代码发布到区块链时可认为进入了相对人可了解知悉的范围。综上，将智能合约发布在进入对应区块链的时间节点应当认为是要约生效时间。

智能合约的承诺方式为被要约人用私钥盖上时间戳。有学者认为承诺的方式是意思实现，即执行代码的运行是被要约人对要约人的承诺。[10]实则不然。意思实现是实行行为，而合同法所讲的承诺是意思表示行为。承诺作出即缔约双方达成一致合意。因此，该观点坚持智能合约的承诺为意思实现的观点有待夯实。在传统民事法律行为中，确实存在以实际履行的方式补正合同，但是在区块链的环境下却无法采取此种方式，因为智能合约执行的前提是触发特定事项、激活执行代码。执行的前提是存在有效的智能合约。如果不存在已经达成一致合意的智能合约，作为意思实现的执行代码自然也就不会自动执行。如果设定了远期执行期限的智能合约，此时智能合约已经有了合意基础，却因为“意思实现”尚未兑现而认为此时不存在承诺。存在合意基础的合同，却因为不能马上执行而没有承诺，这完全不符合法学原理。这足以反证“承诺的方式是意思实现”的错误，而缔约方最后运用私钥盖上时间戳才是符合合同法关于承诺的规定。

2. 智能合约补充协议可达到修改合同目的

智能合约的“不可撤销”并非绝对不可撤销。有学者认为智能合约一旦成

9 陈吉栋：《智能合约的法律构造》，载《东方法学》2019 年第 3 期。

10 陈吉栋：《智能合约的法律构造》，载《东方法学》2019 年第 3 期。

立，将不可撤销。[11]还有学者则认为，智能合约一旦履行，将不可撤销。[12]前者认为智能合约成立后至约定事项触发之前也是不可撤销的，后者则认为触发事项进入执行阶段才不可撤销。两者相比，后者更为合理。在此基础上有学者作出补充，认为智能合约的不可撤销性并非绝对。[13]传统合同的可撤销是指单方可行使合同撤销权，智能合约的不可撤销性是指单方不可撤销。因为在区块链代码程序中，智能合约是缔约方达成共识的基础，已经形成合意，如果要撤销合同，也必须由当事人达成“撤销合约”的合意。

智能合约不可以单方撤销，但可以双方合意撤销合同。那么同样的道理，智能合约不可单方修改合同，但可以合意修改合同。缔约方在后一个区块形成新的合意，成立新的智能合约内容，覆盖前一个区块的智能合约，这既可以达到变更合同的效果，也可以在区块上留痕。[14]如此，前后区块的链接才是区块链。综上，智能合约的不可篡改是指进入自动执行程序后不可更改和撤销，但是从宏观的角度而言，智能合约的不可篡改特性不具有绝对性，技术提升更不会威胁当事人的意思自治。

3. 违约救济同样需要法律规制和司法介入

基于区块链代码程序的智能合约虽然高效便捷，但并非在所有方面都能如意和灵活处理。代码程序的设计同样由人来操作，同样存在出错的风险。机器会折旧，代码会出错，信息世界也会产生垃圾，所以智能合约同样需要法律规制。网络并非法外空间，同样需要法治。[15]对于“代码即法律”等观点，笔者不敢苟同。区块链智能合约现在只是处于初级发展阶段，很多方面都需要探索。代码是法律的代理人，不是法律的终结者。[16]代码是虚拟世界的法治工具，并非排挤法律的借口。有学者认为智能合约既不是有名合同，也不属于无名合同，所以合同法无法将其涵盖。[17]其实不然，智能合约是合同在区块链领域中合同存在形式的别称，对特定智能合约具体类型的判定还得看智能合约标的性质。如果智能合约的内容是买卖，当属有名合同中的买卖合同。综上，智能合约依然可受现行法律的规制，更应由合同相关法律来调整。

---

11 柴振国：《区块链下智能合约的合同法思考》，载《广东社会科学》2019年第4期。
12 郭少飞：《区块链智能合约的合同法分析》，载《东方法学》2019年第3期。
13 吴烨：《论智能合约的私法构造》，载《法学家》2020年第2期。
14 蔡一博：《智能合约与私法体系契合问题研究》，载《东方法学》2019年第2期。
15 Solon Barocas & Andrew D. Selbst, Big Data's Disparate Impact, 104 Cal. L. Rev. 671 (2016).
16 王潺、杨辉旭：《智能合约的私法挑战与应对思考》，载《云南社会科学》2019年第4期。
17 吴烨：《论智能合约的私法构造》，载《法学家》2020年第2期。

（三）智能合约的合同类型比较分析

1. 智能合约与电子合同

智能合约是用计算代码起草具有设立、变更和终止权利义务关系的指令，使得合同能够被计算机读取。电子合同，是电子商务合同的简称，是缔约方通过信息网络达成的设立、变更、终止民事权利义务关系的协议。电子合同是信息技术于合同领域的简单应用，将合同简单电子化。因此，电子合同不能被计算机读取，只能由人在电子介质上读取并操作。受技术限制的影响，电子合同的应用范围比智能合约狭窄。

就其发展历史而言，智能合约正经历着电子合同曾经经历的法学学理探讨，两者均是伴随信息技术而诞生的新技术模式的应用。通过对比可发现两者虽不同，但是合同型智能合约依然与电子合同具有共同的特征，即技术方式不同，但法学原理相同。

从运行机制和功能上看，合同型智能合约像是将这种电子化的文义合同代码化，即电子合同的晋级版本。[18] 首先，智能合约的自动性与电子合同的自动订立系统有相似之处，均需要在签约前进行合理磋商，均需要通过要约和承诺的法律方式进行；不同点在于智能合约没有控制中心，而电子合同有。其次，两者在身份识别和权属确认上也有相同点，都是通过特定技术手段完成虚拟世界与物质世界的连接，确认参与方的唯一真实身份。只是两者采用的技术手段不同，智能合约采用的是公钥与私钥的技术，电子合同则采取电子签名。真实身份确认技术的不同只是代表了信息技术的进步，这并不能改变智能合约的性质。在要约生效时间节点上，两者均采用到达主义标准，智能合约是进入对应时间线的区块链，电子合同则是进入相对人的系统。在执行程序中，电子合同依然需要传统实体的第三方介入或者提供担保，其只是纸质合同在存储介质上的转变。但是，智能合同不同，它是能够被计算机自动读取并执行的电子指令。

自动执行性是智能合约与电子合同之间最大的区别。有学者曾以“kindle买书”这个例子举证区分电子合同与智能合约的这一区别。如果购买者用kindle购买电子书，签订的是电子合同，交易系统将会把书传输到相应的账户和设备，并会自动划扣款项。如果缔约方对这次购物不满意可以申请退款。因此，此时交易还处于“进行中”，尚未结束，购买者正在向卖方付款，卖方还未收到款项。如果采用智能合同进行交易，由于其自动执行性，购买交易行为能够快速被执行完毕。此时购买者要回款项操作的是要求“归回”款项，而不是以退款

---

18 蔡一博：《智能合约与私法体系契合问题研究》，载《东方法学》2019年第2期。

的方式阻止卖方受领[19]。所以，如果说电子合同是传统合同的量变，而智能合约则是传统合同的质变。

表2　智能合约与电子合同异同分析

	智能合约	电子合同
订立过程	均要经过合理磋商、要约和承诺等过程	
	没有控制中心	有控制中心
身份识别与权属确认	公钥和私钥技术	电子签名
要约生效时间	智能合约进入对应时间线的区块链	电子合同进入对方系统的时间
执行程序	自动执行	依靠实体第三方

2. 智能合约与附条件合同

有学者认为智能合约在私法概念里应当是附条件的格式合同。[20]这种观点是将执行智能合约的触发条件与附条件合同的概念相混淆。首先，附条件合同所指的条件是合同的附属内容，但是智能合约中的触发条件（如付款条件、发货条件）是合同自身的内容，两者的性质不同。其次，附条件合同如果所附条件是生效条件，条件成就之前合同的效力是不确定的。假设智能合约只有触发执行的条件，没有附生效条件，此时智能合约只是普通的合同，不是附条件合同。待该智能合约加上生效条件，此时的智能合约才能称为附条件的智能合约。综上，智能合约与附条件合同虽然相似，但并不相同，智能合约能否被称为法律上的附条件合同取决于该智能合约是否附生效条件和解除条件。

四、区块链智能合约法律应对策略

除了通过立法途径来为智能合约创设更多的保障，更应当从现行法律规制上考虑如何规范智能合约的法律行为。电子合同是传统合同在虚拟世界的表现形式，那么智能合约是传统合同在代码程序中的表现形式，并且升级成为具有自动执行性能的合同。那么，法律制度应如何对区块链智能合约进行规制调整呢？

19　Vitalik Buterin, Ethereum White Paper: A Next Generation Smart Contract & Decentralized Application Platform，载 https://github.com/ethereum/wiki/wiki/White－Paper，最后访问于2020年3月20日。

20　蔡一博：《智能合约与私法体系契合问题研究》，载《东方法学》2019年第2期。

（一）始终贯彻私法核心原则

规范智能合约必须遵循诚信原则。诚信原则是私法领域的王牌，是对当事人信赖利益的保护。人们选择智能合约是对其“自动执行”特性的技术信赖，是对区块链自治机制的制度信赖。无论是制度信赖还是技术信赖，均是智能合约的核心，对此更应完善信赖保护机制，彰显商事外观主义的秩序价值。诚信原则的贯彻则更有利于当事人信赖利益的保护。从微观的角度而言，可自动执行的智能合约似乎排挤了法律规制。但是从宏观的角度而言，毕竟与现实世界交互，司法救济当然不可或缺，智能合约的意思自由应当是法治下的自由。

首先，应当明确缔约方信赖保护的范畴，如此才能具体适用诚信原则。智能合约的信赖保护，是为促进智能合约设计者、提供者等强势主体履行诚信原则，以最终完善与规范智能合约的交易秩序而存在。[21] 信赖利益不仅是以一方在合同履行过程中受到的实际损害为基础，还应当包括缔约过程中所隐含的交易收益，如此才能给予受损方最大的信赖保护，促进合同的缔结。所以信赖利益的保护范畴应当涵盖缔约过程中所损失的机会成本。

其次，引用默示条款完善私法救济途径。默示条款的存在目的是在当事人意思表示不完整时，法院可根据交易习惯或者基于自由裁量权，以公平原则与诚信原则衡量双方利益，追求一个公平的处理结果。智能合约是在先的缔约方提供已经设计完毕的代码合同，具有格式合同的性质，说明智能合约的设计者或提供者占据优势，属于强势的一方。如果没有引用默示条款，将会导致利益失衡而可能产生侵权的结果。引用默示条款则是给予弱势方寻求救济的制度保障。

（二）标准软法辅助私法硬法

以标准的软法来协助私法硬法，让标准成为信息代码程序世界的“法律”，这是属于主动适应技术的迭代更新。标准是在某领域经过多次使用而得到的，并经过公认机关批准，可重复使用的最佳秩序规范。区块链作为新技术的信息社会，与现实社会也是紧密相连的，同样需要法律规制。所谓标准只是协助法律在虚拟世界进行法律规制的工具，其本身不能替代法律。

标准追求的是科学的秩序，法律追求的是社会的秩序，两者并不矛盾。[22] 标准与法律可相互融合足以表明：标准是法治工具，是法律规范适用过程中的

---

21 吴烨：《论智能合约的私法构造》，载《法学家》2020 年第 2 期。

22 王潺、杨辉旭：《智能合约的私法挑战与应对思考》，载《云南社会科学》2019 年第 4 期。

具体化。智能合约的具体做法是，将公钥私钥等密码使用规则、逻辑运算、代码设计规则、通信借口等运算规则标准化。针对执行不可逆的智能合约，这样做可以将事后救济转换为事前预防，节省大量救济成本。将智能合约标准化让缔约方减少缔约风险，反而更能促进达成合意，成功交易。

（三）引入智能合约事前审核规则

引入智能合约事前审核规则的具体做法是将其纳入智能合约成立的形式要件。利用事前审查的方法，在智能合约只能增加行政审查程序，有助于采取足够的预防措施，防止利用智能合约进行违法交易。[23] 同样也能规范合同条款，减少不公平现象的发生。2016 年一个区块链平台去中心化投资基金自治机构（Decentralized Autonomous Organization，简称 DAO），被黑客盗取了价值 5000 万美元的加密货币，原因是在筹集资金之前 DAO 没有对投资者的财产进行保障。如果建立事前审核机制，在 DAO 推广之前就已经进行事前审核，加密货币被盗的负面事件可能就不会发生。

智能合约的参与者来自世界各地，都运用同一个区块链网络系统，发生风险的概率并不低。即使不采用行政事前审查的程序，也应当要求由平台供应者进行相应的事前审查工作。可采取增强其责任承担风险措施以达到确切落实的程度。对此，可适用避风港规则，在平台供应者被告知有违法事实并及时采取相应措施制止，则无须连带承担侵权者造成的损害赔偿责任。或适用《侵权责任法》第三十六条关于适用网络服务提供者的相关规定[24]，有效规范区块链智能合约的使用。

（四）推进协同监管体系建设

虽然现在智能合约尚未普及，但是区块链智能合约终将会成为交易的新兴模式并被普及。为了规范智能合约的推广与使用，应当建设相应的行业协会，采用协同监管的理念，推动监管体系的建设。增加注册要求和信息披露要求，如设置必要的、严格的准入门槛，要求企业或者个人缴纳一定的保证金，并对

---

23 夏庆锋：《从传统合同到智能合同：由事后法院裁判到事前自动履行的转变》，载《法学家》2020 年第 2 期。

24 《侵权责任法》第三十六条的内容对应《民法典》第一千一百九十五条。为更好地保护权利人利益，平衡网络用户和网络服务提供者之间的利益，《民法典》对网络侵权责任进一步细化：一是权利人需承担侵权的初步举证责任，并要以实名方式举证，便于网络服务提供者确认权利主体；二是完善了网络服务提供者的转通知规则，网络服务提供者应当及时转送通知并采取措施；三是对权利人错误通知的侵权责任予以明确，以避免权利人恶意举报造成的损害。

符合准入的单位颁发电子许可证，实现对区块链社区的透明化监管。[25] 另外，可优化“监管沙盒”的监管治理。监管沙盒是指为企业的创新及与创新相关的活动授权有限度的放松监管。作为具有创新性的区块链智能合约同样适用这一监管模式，但必须清晰明确有限放松的程度，并探索事前审查、事中检测与事后稽查处罚的新监管模式。[26]

结语

区块链智能合约可分为管理型和合同型，在司法领域，讨论合同型智能合约才有意义。虽然智能合约具有自动执行、去中心化与不可篡改的特性，但这些特性也具有相对性。并且这些特性均是在信息技术层面的总结，具有明显的技术性特征。就法律而言，区块链智能合约的最重要法律属性恐怕就是它的合同性质了。

25　李斌：《我国区块链技术的风险、监管困境与战略路径——来自美国监管策略的启示》，载《技术经济与管理研究》2020 年第 1 期。

26　吴桐、李铭：《区块链金融监管与治理新维度》，载《财经科学》2019 年第 11 期。

《国际贸易术语解释通则2020》内容演进及其对国际贸易之影响

郭　萍　许凯婷*

【内容提要】 随着改革开放日益深化，中国已然成为世界第二大经济体。庞大的贸易体量凸显了了解和熟悉相关贸易规则的重要性。国际商会出版的《国际贸易术语解释通则》是目前世界上接受程度最高、权威性最强的商事惯例，当事人订立国际贸易合同时经常援引相关贸易术语以规范买卖双方的部分权利与义务，因此研究学习该通则十分必要。2019年9月，国际商会公布最新修订的《国际贸易术语解释通则2020》（以下简称Incoterms 2020），并于2020年1月1日起正式生效。与《国际贸易术语解释通则2010》（以下简称Incoterms 2010）相比，新版规则在整体结构、费用分担、运输、保险等方面都有比较重要的变化和调整，为厘清买卖双方在风险转移和费用分担等责任方面提供更加具体的指导。通过对Incoterms 2020主要变化之处对国际贸易产生的积极影响和消极影响的分析，能够为我国从事国际商事活动的当事人提供参考和借鉴。

【关键词】 Incoterms 2020　国际贸易　货物运输

---

* 郭萍——中山大学法学院、南方海洋科学与工程广东省实验室（珠海）教授，博士生导师，最高人民法院国际海事法律研究基地（中山大学）执行主任；许凯婷——中山大学法学院2016级本科学生。本论文系中山大学2019年度高校基本科研业务费重大项目培育课题“粤港澳大湾区海事法律冲突与协调研究”（19wkjc01）阶段性成果。

引言

全球经济的持续发展使得货物贸易在空间和效率上大幅提升，复杂程度也随之增加。为便利当事人订立合同，减少误解和纠纷，国际商会于 1936 年首次编纂标准贸易术语供当事人选择，为反映国际贸易最新发展，迄今为止已修改 7 次。2019 年 9 月公布的 Incoterms 2020 已于 2020 年 1 月 1 日起正式生效。[1] 国际商会认为在货物销售合同中引用该规则，可以在风险、费用、运输和海关清关安排等方面清晰界定当事人相应的义务，从而减少潜在法律纠纷的可能性。[2]

（一）Incoterms 规则简介和历史沿革

国际贸易术语解释通则（International Commercial Terms，以下简称 Incoterms），是针对国际贸易中最常用的贸易术语进行解读的规则，由国际性民间组织——国际商会（International Chamber of Commerce）组织编纂和修订。[3] 目的是通过制定国际统一规则、指引和标准，促进国际贸易和国际投资的发展。[4] 目前 Incoterms 作为国际社会接受度最高、适用面最广的商事惯例之一，[4] 对电子商务、国际航运实务等行业均有重要影响[6]。

自 1936 年首次出版以来，国际商会分别于 1957 年、1967 年、1976 年、1980 年、1990 年、2000 年、2010 年出版修订版本，目的是适应商业实践中出现的重大变化，而非单纯方便用户使用。[7] 首版 Incoterms 规则关注大宗商品交易和船边交货，风险转移的分界点为货物“越过船舷”。第二次世界大战之后，国际铁路运输迅速发展，因此 1957 年 Incoterms 规则进行第一次修改时，增加 FOR

1　Incoterms ©是国际商会的注册商标，有关该商标正确使用规则可参见 https：//iccwbo. org/incoterms – copyright/。

2　中国国际商会/国际商会中国国家委员会组织翻译：《国际贸易术语解释通则 2020》，对外经济贸易大学出版社 2019 年版，第 1 页。

3　Jan Ramberg，“Incoterms © 2010” in Ingeborg Schwenzer，Yeşim M. Atamer and Petra Butler（eds），*Current Issues in the CISG and Arbitration*（Eleven International Publishing 2014）225.

4　Portia Ndlovu，*Incoterms* 2010：*A Consideration of Certain Implications of the Amendments to the Traditional Incoterms* 2000（2011）44（2）The Comparative and International Law Journal of Southern Africa 204.

5　谢石松：《国际私法学》，高等教育出版社 2017 年版，第 236 – 237 页；许中缘：《论商事习惯与我国民法典》，载《交大法学》2017 年第 3 期。

6　Warren B. Chik，“*Customary Internet – ional Law*”：*Creating a Body of Customary Law for Cyberspace. Part* 1：*Developing Rules for Transitioning Custom into Laws*（2010）26 Computer Law & Security Review 3，16.

7　Jan Ramberg，*ICC Guide to Incoterms 2010：Understanding and Practical Use*（International Chamber of Commerce 2011）8.

（Free on Rail）和FOT（Free on Truck）两个专用于铁路运输的术语。1967年版新增卖方负责送达货物的交易规则，1976年版则为航空运输新增术语FOB Airport。1980年版为解决集装箱运输下的货物交付问题，新增术语Free Carrier（Named Point）（指定地点货交承运人），该术语在1990年版中取缔此前适用于特定运输方式的术语，并修改为目前通用的术语FCA（Free Carrier：货交承运人）。同时，1980年版还为内陆运输增加术语CIP，与海运术语CIF相对应。[8]由此可见，Incoterms规则的历次修改都主要反映货物贸易尤其是运输环节的发展，以适应商业实践的变化。

Incoterms 2010的诞生则与前述规则变化的理由有所不同，修订的主要原因是2000年版规则不够清晰，实践中经常出现内陆运输选用海运术语等错误情形，因此Incoterms 2010将全部11个术语分为“适用于所有运输方式的术语”和“适用于海运和内河水运的术语”两类，前者主要用于制成品贸易，后者则多用于大宗商品交易。[9]采取此种分类的目的是让缔约当事人选择合适的贸易术语。

（二）Incoterms 2020修改背景及特点

自Incoterms 2010出版以来，国际贸易的规模和复杂程度进一步扩大和提升，国际形势的变化也使货物贸易面临的风险更加难以预料。最新修改主要考虑到国际社会对货物运输中的安全问题日益关注，根据货物性质和运输方式灵活安排保险的需要，以及FCA术语下银行在特定货物销售融资中对已装船提单的要求。[10]同时，Incoterms 2010并未明确规定多个承运人的识别问题，Incoterms 2020则在引言和相关用户解释说明中，明确规定了多个承运人存在的情况下使用不同贸易术语对货物交付时点可能产生的影响，以解决多式联运下承运人身份的识别问题。同时为了强调DAT和DAP在卸货责任上的区别，Incoterms 2020将以往的DAT（Delivered at Terminal：运输终端交货）修改为DPU（Delivered at Place Unloaded：目的地卸货后交货），并根据卖方责任从小到大的顺序，将DPU术语调整至DAP之后。

最新内容经修改后，适用于所有运输方式的术语有7个，分别为EXW（Ex Works：工厂交货）、FCA（Free Carrier：货交承运人）、CPT（Carriage Paid To：运费付至）、CIP（Carriage and Insurance Paid To：运费和保险费付至）、DAP（Delivered at Place：目的地交货）、DPU（Delivered at Place Unloaded：目的地卸

8 Ibid 8，10.

9 Ramberg（n 7）10.

10 中国国际商会/国际商会中国国家委员会组织翻译：《国际贸易术语解释通则2020》，对外经济贸易大学出版社2019年版，第1页。

货后交货）、DDP（Delivered Duty Paid：完税后交货）。仅适用于海运和内河水运的术语有4个，分别为FAS（Free Alongside Ship：船边交货）、FOB（Free On Board：船上交货）、CFR（Cost and Freight：成本加运费）、CIF（Cost，Insurance and Freight：成本、保险费加运费）。

修改后的Incoterms 2020使用说明更加细致，规则结构安排更为合理，更有利于当事人选用合适的贸易术语，更便利国际贸易高效有序进行。

作为广为接受的国际惯例，区别于我国签订的国际条约或国内法律法规，Incoterms规则不具有一般性的强制效力，除非当事人在合同中明确使用Incoterms规则术语或约定参照其规则，否则Incoterms规则并不必然在当事人之间产生约束力。

此外，Incoterms规则不能取代国际贸易合同本身。尽管Incoterms规则规定了许多买卖双方的权利义务，尤其是有关交货、风险转移、费用分担、运输、保险、进出口清关的一般规则，但是不包括国际贸易合同中有关商品描述、商品价格与支付、运输方式选择等核心内容，但是如果当事人在国际贸易合同中选定Incoterms规则，则无须对规则中涉及的具体事项再进行详尽的磋商洽谈，约定的Incoterms规则可以成为当事人洽谈的国际贸易合同中重要的组成部分。

作为国际商事惯例，Incoterms 2020版本既不影响旧版规则的效力，也不会完全取代旧版规则的适用。当事人有权决定在国际贸易合同中约定适用新版规则或某个旧版规则。如果当事人没有明确适用规则的版本，在新版规则生效之后采用标准合同范本的，默认适用最新版规则。[11] 因此若当事人意欲规避新版规则的适用，必须明确选择适用某个版本的规则，以免发生不必要的纠纷。

一、Incoterms 2020主要内容变化

通过对比Incoterms 2020和Incoterms 2010的内容，可以看出，2020年版本并非对2010年版本的实质性修改，既有结构框架方面的形式调整，也有术语内容方面的修改。主要变化表现在如下方面：规则结构调整、新增用户解释说明、运输安全义务和包装义务增加、链式交易范围扩展、当事人可使用己方运输工具安排运输、FCA增加载有已装船提单选项、CIP默认保险范围扩大、DAT术语调整为DPU。

（一）调整术语中针对具体事项的顺序

在保留原有每个贸易术语下都有10条分别规定买卖双方各项权利义务条文

11 Ramberg（n 7）17.

规定的传统的同时，Incoterms 2020 对条文规定的顺序和分类作了统一修改，便于当事人选择。

1. 交付和风险转移的条文内容在顺序上被前置

Incoterms 2020 将交货和风险转移的规定移到当事人基本的货物/付款义务之后，置于更加显著的位置；也间接说明在选择贸易术语时，当事人应当更加重视对交货和风险转移节点的规定，卖方将货物“交付”给买方的同时，风险随之转移。[12] 同时，有关许可证等清关手续的规定合并至 A7/B7 – 出口/进口清关项下，费用和通知等内容调至最后。修改前后各贸易术语下的规定排序如表 1。

表 1　Incoterms 2020 与 Incoterms 2010 规定排序对比

Incoterms 2020	Incoterms 2010
A1/B1 – 一般义务（General obligations）	A1/B1 – 一般义务（General obligations）
A2/B2 – 交货/提货（Delivery/Taking delivery）	A2/B2 – 许可证、授权、安检通关和其他手续（Licences, authorization, customs clearance and other formalities）
A3/B3 – 风险转移（Transfer of risks）	A3/B3 – 运输合同和保险合同（Contract of carriage and insurance）
A4/B4 – 运输（Carriage）	A4/B4 – 交货/提货（Delivery/Taking delivery）
A5/B5 – 保险（Insurance）	A5/B5 – 风险转移（Transfer of risks）
A6/B6 – 交货/运输单据（Delivery/transport document）	A6/B6 – 费用划分（Allocation of costs）
A7/B7 – 出口/进口清关（Export/import clearance）	A7/B7 – 通知买方/通知卖方（Notices to the buyer/Notices to the seller）
A8/B8 – 查验/包装/标记（Checking – packaging – marking）	A8/B8 – 交货凭证/交货证据（Delivery document/Proof of delivery）
A9/B9 – 费用划分（Allocation of costs）	A9/B9 – 查对 – 包装 – 标记/货物检验（Checking – packaging – marking/Inspection of goods）
A10/B10 – 通知（Notices）	A10/B10 – 协助提供信息及相关费用（Assistance with information and related costs）

12　中国国际商会/国际商会中国国家委员会组织翻译：《国际贸易术语解释通则 2020》，对外经济贸易大学出版社 2019 年版，第 14 页。

2. 各项费用统一规定于第九项费用栏目项下

Incoterms 2010 的费用散见于各术语下的不同规定，除了 A6/B6 – 费用划分之外，A8/B8 – 交货凭证/交货证据、A10/B10 – 协助提供信息及相关费用中都有涉及相关费用的规定，看起来比较凌乱。Incoterms 2020 则将各个术语之下涉及的所有的费用合并到第九项 A9/B9 – 费用划分中，删除其他规定中有关费用分担的表述，便于当事人了解该术语下买卖双方应当承担的全部费用。[13]

同时，除了 EXW 术语以外，凡涉及运输的术语均增加“提供运输/交货凭证的费用”内容，由负责提供凭证的一方承担；若一方由于进出口清关需要、运输安全等原因需要向另一方主张额外凭证的，费用由主张方承担。此外，买方费用划分中由于未及时通知卖方造成的额外费用被调至最后一项，意在突出其他费用的重要性。

3. 装运前检验事项统一调整至第七项出口/进口清关事项中

相比较于 Incoterms 2010 将装运前的检查事项（pre – shipment inspection）规定在 A9/B9 – 查对 – 包装 – 标记/货物检验项下，Incoterms 2020 将装运前检验统一调整至 A7/B7 – 出口/进口清关（Export/import clearance）项下，由负责出口清关一方负责装运前检验。此次修改是考虑到装运前检验的目的是使货物顺利装船运输，与清关义务关联更大。值得注意的是，实务中当事人为了节省运费或清关费用，可能选择多式联运等方式辗转多地运输，[14] 此时清关义务不限于当事人所在地即出口国和进口国，还包括过境国（country of transit）的清关，因此，若当事人选择了 F 组、C 组术语，卖方的交货义务在出口国完成，负责在出口国的装运前检验；而买方则要负责在过境国的装运前检验，因此买卖双方都可能需要承担装运前检验的责任，这是需要注意的一点。

（二）新增用户解释说明的内容

Incoterms 2020 将每个术语开篇的“使用说明”修订为“用户解释说明”。在 Incoterms 2010 中，使用说明主要包括术语适用的运输方式、术语的定义、风险转移的节点、使用建议、费用分担等。该部分引入的目的是使得用户准确高效地选择适合特定交易的贸易术语。[15] 然而，旧版使用说明相对简略，并未涉

---

13 中国国际商会/国际商会中国国家委员会组织翻译：《国际贸易术语解释通则 2020》，对外经济贸易大学出版社 2019 年版，第 14 页。

14 Jacek Zak and Barbara Galínski, *Design and Evaluation of Global Freight Transportation Solutions (Corridors): Analysis of a Real World Case Study* (2018) 30 Transportation Research Procedia 350, 356.

15 中国国际商会/国际商会中国国家委员会组织翻译：《国际贸易术语解释通则 2010》，中国民主法制出版社 2011 年版，第 9 页。

及出口/进口清关、多式联运中承运人的识别等具体问题，对于风险转移节点的表述也更倾向于让当事人在使用贸易术语时明确目的地，并未考虑到C组术语中风险转移和费用分担的节点不重合这一情况。因此，Incoterms 2020将使用说明扩展为更加详细的用户解释说明，从交货与风险、运输方式、明确约定目的地的必要性、出口/进口清关等方面明确解释该术语对解决各类实践问题的规定，并列出规则中的重要修订，以帮助用户准确、高效地选择合适的术语，并为相关合同争议提供解决方案或解释指南。[16]

（三）增加卖方运输安全义务和包装义务

受“9·11”恐怖袭击的影响，Incoterms 2010呼应各国对运输安全的重视，在A2/B2增加保障运输安全的清关手续，A10增加提供安全信息的规定，[17]以明确有关安全检查中产生的额外成本和费用的分担问题。[18]运输安全的义务在Incoterms 2020得以进一步增强，在A4/B4－运输中增加了卖方保证运输安全的义务，并在A7/B7－出口/进口清关、A9/B9－费用划分和A10/B10－通知中多次重申运输安全保证义务，并强调买卖双方均应遵守运输安全规定并协助对方提供必要信息，以保证货物安全送达目的地。

值得注意的是，在C组术语中，因为卖方须订立运输合同，卖方有义务遵守货物运至目的地过程中的所有运输安全要求，包括出口国、进口国和过境国，因此，选用CIF术语的卖方需留意并遵守运输路线包含的所有国家有关运输安全的要求，避免构成违约。但由于C组术语的交货均发生在出口国，货物在进口国的安全检验工作须由买方安排，因此卖方有义务协助买方遵守运输安全要求。而在D组术语中，因为卖方在目的地完成交货，卖方须遵守进口国的运输安全要求方可顺利交货，所以D组术语没有规定卖方协助买方遵守运输安全要求的义务。

除此之外，Incoterms 2020提升了卖方的包装义务。Incoterms 2010要求卖方在买方无特殊包装要求的情况下“可以（may）”以适合该货物运输的方式对货物进行包装；Incoterms 2020则改为“必须（must）”，将提供合适包装上升为卖方的义务。这一修改对于交货地和目的地不同的贸易模式非常重要，即在F组、C组术语下，因为风险在交货地转移至买方，若卖方包装不当导致货物在运输

16　中国国际商会/国际商会中国国家委员会组织翻译：《国际贸易术语解释通则2020》，对外经济贸易大学出版社2019年版，第20页。

17　姚新超、沈钧、左宗文：《国际贸易术语的新发展及其应用策略》，载《国际商务》2011年第11期。

18　辛柏春：《国际贸易术语的新发展及应当注意的法律问题》，载《北方法学》2013年第6期。

途中毁损的皆由买方承担，对买方极端不利。货物能否安全送达目的地与包装是否妥当具有密切联系，若合同仅约定采用水运方式，并未对防水包装事项作特别约定，则按照 Incoterms 2010，卖方不负有提供防水包装的义务。国际商会在2016 年出版的《国际商会指南：运输业与国际贸易术语解释通则 2010》中尝试强调货物必须以适合该货物的运输方式包装，[19] 但该指南对当事人不具有强制性适用的效力，[20] 因此 Incoterms 2020 的修改可以弥补 2010 年版本存在的不足，明确卖方提供适合于约定运输方式的包装义务，也能保障货物的安全运输需要。

（四）扩大链式交易适用运输方式的范围

Incoterms 2010 首次引入链式交易的术语，其出发点在于大宗商品在运输过程中通常被转售，形成一个运输途中的销售链条，此时作为中间商转售货物的卖方无法向买方履行“装运”货物的义务，因为货物已经在船舶上并处于运输途中，但是依然“取得货物”（procuring goods）并可以向买方“提供已装船的货物”。[21] 按照 Incoterms 2020 的解释，链式交易（string sales）是指交易链中的多层销售，在大宗商品贸易中尤为常见。[22] 有学者称其为路货贸易或连环贸易，即在海上货物运输过程中，卖方先将货物装上船舶，再寻找合适的买方，以出售尚在运输途中的货物，买方可能还会继续寻找新的买方，同一批货物在运输途中会几易其手。[23]《联合国国际货物销售合同公约》第六十八条对路货贸易作了规定。[24]

19　中国国际商会/国际商会中国国家委员会组织翻译：《国际商会指南：运输业与〈国际贸易术语解释通则© 2010〉》，对外经济贸易大学出版社 2019 年版，第 4、10、20、48、56、57、67、68 页。

20　同上注，第 1 页。

21　Incoterms 2010 的原文表述为：“In the sales of commodities, as opposed to the sale of manufactured goods, cargo is frequently sold several times during transit ‘down a string’. When this happens, a seller in the middle of the string does not ‘ship’ the goods because these have already been shipped by the first seller in the string. The seller in the middle of the string therefore performs its obligations towards its buyer not by shipping the goods, but by ‘procuring’ goods that have been shipped. For the clarification purposes, Incoterms © 2010 rules include the obligation to ‘procure goods shipped’ as an alternative to the obligation to ship goods in the relevant Incoterms rules.”

22　中国国际商会/国际商会中国国家委员会组织翻译：《国际贸易术语解释通则 2020》，对外经济贸易大学出版社 2019 年版，第 32、42、50、59、66、73、82、90、97、105 页。

23　王淑敏：《Incoterms 2010：自由穿梭于国际贸易与运输之间的新规则》，载《中国海商法年刊》2011 年第 1 期；姚新超、沈钧、左宗文：《国际贸易术语的新发展及其应用策略》，载《国际商务》2011 年第 11 期。

24　《联合国国际货物销售合同公约》第六十八条规定，在途货物毁损灭失的风险在买卖合同成立时转移至买方，如果有关情况表明风险在货物交付给签发记载运输合同的文件的承运人时就转移给买方，则买方承担风险的时间点提前。如果卖方明知或应知在途货物已毁损灭失却隐瞒不报，风险仍由卖方承担。

但是,链式交易的重点在于转卖，涉及多个买卖关系，包括货物在海上运输途中转卖和货物在岸上的转卖两种情况，[25]而路货贸易仅关注货物在运输途中的销售，不一定涉及转卖问题，二者存在一定的相似之处，存在部分内容交叉，但并非相同概念。

Incoterms 2010 仅在适用于海运和内河水运的术语中明确使用链式交易的表述，如 FAS、FOB、CFR、CIF 等术语。但是 Incoterms 2020 则将链式交易的适用范围扩展到任何一种或多种运输方式的术语规定下，除 EXW 外，FCA、CPT、CIP、DAP、DPU、DDP 均在 A2/B2 - 交货/提货中增加这一销售模式。由此可见，新规则将链式交易扩展至所有与运输有关的术语可能存在两个原因：其一，在 FCA 术语下，链式交易十分普遍，甚至不局限于大宗商品交易；其二，大宗商品交易不再局限于海运，也可能通过跨国铁路运输或多式联运方式。[26]

按照有关学者的观点，链式交易中“取得货物”的含义是指卖方得到以该种方式交付货物的相关凭证以及凭证所代表的权利，并非表示卖方实际控制或收到了货物。[27]因此链式交易的特征之一为单据交易，由销售链始端的第一个卖方直接将货运单据交付销售链末端的买方，中间商几乎无须实际履行买卖合同项下的义务。[28]对此，有学者认为，中间商交付的运输凭证必须是赋予买方物权效力的凭证，如海运提单，一般的铁路运单或航空运单不能作为“取得货物”的凭证进行链式销售。[29]也有学者认为满足以下两个条件的单据即可用于链式交易：第一，单据具备货物所有权凭证性质或单据的转移可以推定为物权的转移；第二，单据可转让、可流通。因此，海运提单中的指示提单和不记名提单、铁路运输单据中的承运货物收据以及国际多式联运单据中的指示抬头或不记名抬头多式联运提单，均适用于链式交易。[30]

在 Incoterms 2010 引入链式交易规定时，有学者提出链式交易模式不能适用

---

25 聂开锦、周秉成：《对 2010 年国际贸易术语解释通则若干问题的质疑》，载《国际商务研究》2012 年第 2 期。

26 举例而言，中欧班列为用户提供整柜/散货铁路运输，运输范围包括欧盟全境，运输时间仅为海运的三分之一，http：//www. srtrains. com/，最后访问于 2020 年 2 月 21 日。

27 张丽英、刘佳：《析〈国际贸易术语解释通则© 2010〉的新发展及其背景》，载《法治研究》2012 年第 7 期，第 107 页；姚新超、沈钧、左宗文：《国际贸易术语的新发展及其应用策略》，载《国际商务》2011 年第 11 期。

28 姚新超、王丽婉：《试析 Incoterms © 2010 中的 THC 及链式销售》，载《对外经贸实务》2013 年第 4 期。

29 张丽英、刘佳：《析〈国际贸易术语解释通则© 2010〉的新发展及其背景》，载《法治研究》2012 年第 7 期。

30 韩军：《国际贸易在途货物链式销售适用条件的分析——基于 2010 国际贸易术语解释通则》，载《对外贸易实务》2013 年第 1 期。

于D组术语，因为D组术语的交货发生于目的港，货物在运输途中的所有权属于卖方，此时作为中间商的买方不能再进行链式交易。[31] 但 Incoterms 2020 在包括D组术语在内的一切运输方式允许进行链式交易，说明 Incoterms 2020 并未受货物是否实际发生权属转移的影响，只要中间商取得有关单据即可进行链式交易。可以预见到 Incoterms 2020 的修改对提升国际贸易效率有一定的促进作用。

（五）当事人可使用己方运输工具安排运输

随着货物贸易规模的扩大，实践中已经出现一些大型贸易公司开始使用自己享有所有权的运输工具将货物运至交货地，或自行安排从交货地到买方所在地的货物运输，从而节省与第三方承运人订立运输合同的费用。Incoterms 2020 及时反映了国际贸易实践的变化，在 EXW、FCA 的买方运输义务中，增加买方自付费用安排从指定交货地进行的货物运输，在三个D组术语的卖方运输义务中，也相应增加卖方可以自行安排货物运输的规定。

这一修改契合货物贸易的发展趋势，赋予当事人更大的选择空间，有利于当事人根据实际情况灵活安排货物运输方式，以完成己方的运输义务。

（六）对几组术语具体内容的修改方面

1. 增加 FCA 术语买方指示签发载有“已装船”提单选项

载有“已装船”提单是指海运承运人签发提单时标注货物“已装船”，以证明货物已经装载至船上准备运输。此类提单通常为银行托收或信用证交易所要求。[32] 按照《跟单信用证统一惯例》第二十条至第二十二条的规定，海运单据（提单、不可流通的海运单、租船提单）均需注明货物已装船，才能作为议付行付款的运输凭证。倘若买方安排的后续运输中涉及海运，卖方向议付行交付运输单据时可能被要求提交海运单据，此时提单须标有“已装船”才符合《跟单信用证统一惯例》的要求。然而在 FCA 术语下，卖方将货物交给买方指定的承运人即完成交货义务，此时货物可能尚未装船，承运人没有义务向卖方签发已装船提单，使得实务交易面临困境。因此 Incoterms 2020 在 FCA 第六项涉及运输/交货凭证下新增附加选项，允许买方指示其承运人在货物装船后向卖方签发已装船提单；卖方有义务通过银行向买方交付货已装船的提单。但 Incoterms 2020 在引言中强调，尽管有此内容变化，但是并不改变卖方在 FCA 术语

---

31 韩军：《国际贸易在途货物链式销售适用条件的分析——基于2010国际贸易术语解释通则》，载《对外贸易实务》2013年第1期。

32 中国国际商会/国际商会中国国家委员会组织翻译：《国际贸易术语解释通则2020》，对外经济贸易大学出版社2019年版，第16页。

下不承担订立运输合同的义务。[33]

这一修改主要是为了满足国际支付的有关规定，但并非FCA术语中的一般义务条款，必须经当事人特别约定时方可生效。[34]

2. 扩大CIP术语保险风险范围

要求卖方订立保险合同的术语只有CIP和CIF，前者适用于所有运输方式，后者仅适用于海运和内河运输。此前卖方在这两种术语下只需订立符合《协会货物保险条款》条款（C）的保险内容即可，Incoterms 2020则将CIP术语下的保险要求提升至《协会货物保险条款》条款（A）范围。

《协会货物保险条款》是由伦敦保险协会制定的，条款（C）只承保两类货物毁损灭失的风险：一是因火灾或爆炸、船舶搁浅、沉没或倾覆、陆运交通工具倾覆或出轨、船舶等运输工具发生碰撞、在避难港紧急卸货所造成的损失；二是共同海损、抛弃货物所造成的损失。[35]条款（A）则承保约定的除外责任以外的所有风险，除外责任包括：一般除外风险、船舶不适航或运输工具不适合运营、战争风险以及罢工风险，因此条款（A）类似于承保几乎一切风险。[36]在讨论修改商议Incoterms 2020条款时，许多人支持将卖方的保险义务扩至条款（A）的风险范围，但也有一些人，特别是参与海运大宗商品贸易的，仍坚持维持条款（C）的风险范畴。[37]因此作为妥协，Incoterms 2020只在适合任何运输方式的CIP术语中扩大了卖方的保险义务，卖方原则上须投保与条款（A）或相同级别的保险，但允许当事人特别约定投保更低层次的保险条款，而在涉及海运方式的CIF术语中没有作任何变动，以满足保护海运大宗商品交易卖方的利益。

新规则对C组术语进行区分处理的原因与前文提及的链式交易密不可分。根据国际商会对Incoterms 2010的解读，大多数链式交易发生在海运中，因此在CIF术语下，仅要求卖方提供最低险别的原因在于卖方无法预知后手买方对保险方面有何要求，[38]若买方只要求投保条款（C）确定的最低风险，考虑到大宗商品交易数量和金额庞大，要求卖方原则上一律投保条款（A）涵盖的风险，

---

33 中国国际商会/国际商会中国国家委员会组织翻译：《国际贸易术语解释通则2020》，对外经济贸易大学出版社2019年版，第16－17页。

34 FCA Incoterms 2020 B6：如果双方已如此约定，买方必须自担费用及风险，指示承运人向卖方出具载明货物已经装载的运输单据（如已装船提单）。

35 《协会货物保险条款（C）》。

36 《协会货物保险条款（A）》。

37 中国国际商会/国际商会中国国家委员会组织翻译：《国际贸易术语解释通则2020》，对外经济贸易大学出版社2019年版，第17－18页。

38 Ramberg (n 7) 35.

不但保费会增加，还会导致卖方的货物交易成本负担增加。然而，条款（C）的风险通常并不包括货物被污染、包装破损或海水倒灌等海运中较为常见的风险，因此平安险也可能不完全适合链式交易的货物。[39] 因此 Incoterms 2020 将链式交易扩展到所有运输模式，并将 CIP 术语下的保险范围提升至条款（A），目的是让当事人可以根据实际情况，有更大的选择空间以灵活安排保险事项。[40]

之外，CIP 多用于制成品（manufactured goods）交易，而 CIF 多用于大宗商品交易，制成品的价值往往比较高，因此使用风险涵盖范围更为宽泛的条款（A）更为合适。[41]

国际商会进行这一修改的另一目的是提醒买方注意 CIF 术语下的保险仅为最低险别，买方可以同卖方约定更为合适的投保要求；若货物并非通过水路运输，也可以直接选择 CIP 术语。需要注意的是，此次修改使卖方在 CIP 术语下的默示保险义务提升，若卖方想降低该项义务，应当与买方在合同中明示约定更低险别，或直接选择 CPT 术语以规避保险费用问题。

3. DAT 术语修改为 DPU

DAT 和 DAP 是 Incoterms 2010 新增的两个术语，取代旧版 DAF（边境交货）、DES（目的港船上交货）、DEQ（目的港码头交货）和 DDU（未完税交货）四个术语，意在配合自由贸易区、保税区、电子商务的发展，从而可以将 D 组术语扩展至陆港、海港和空港。[42] 但从语义角度看，运输终端（Terminal）和特定地点（Place）并非互相排斥的概念，特定地点也可以包含运输终端，将二者作为对立概念并命名术语欠妥。而且从规则对上述术语的界定看，DAT 与 DAP 的关键区分点在于前者要求卖方完成卸货义务，后者只要求卖方将货物运至目的地准备卸货，卸货与否是区分两个术语的根本。因此，Incoterms 2020 将 DAT 术语修改为 DPU（Delivered at Place Unloaded），以强调卖方的卸货义务，使两个术语的区分更加明显，并将该规则下特定运输目的地的表述修改为“地点”（原为“运输终端”）。此外，鉴于 Incoterms 2010 将 DAT 术语顺序排在 DAP 之前，违反了卖方义务从小到大的排序原则，因此 Incoterms 2020 对此进行了顺序调整，以使得规则的逻辑结构更加合理。

---

39 Ibid.

40 中国国际商会/国际商会中国国家委员会组织翻译：《国际贸易术语解释通则 2020》，对外经济贸易大学出版社 2019 年版，第 1 页。

41 Jonas Malfliet, *Incoterms 2010 and the Mode of Transport: How to Choose the Right Term*, https://biblio.ugent.be/publication/1212622/file/1212631.pdf, accessed 17 March 2020.

42 王淑敏：《Incoterms 2010：自由穿梭于国际贸易与运输之间的新规则》，载《中国海商法年刊》2011 年第 1 期。

二、Incoterms 2020 对国际贸易的影响及其分析

（一）对国际贸易的积极影响

1. 用户解释说明内容的细化有利于减少纠纷和争议解决

Incoterms 2020 在用户解释说明中明确回应很多实践问题，并详细介绍该术语涉及的重点、新增内容以及适用规则时的各方立场，因此当事人在适用 Incoterms 2020 时应当重视用户解释说明的内容，以便于正确理解术语含义，审慎选择合适的术语。对当事人而言，如果能够正确理解和适用适当的贸易术语，不仅能有效减少实务纠纷，提高国际贸易争端解决的效率；对于法官或仲裁员而言，也可以提供术语理解和解释的依据，以正确适用和解决千变万化的贸易实践问题。[43]

2. C 组术语有助于承运人识别和明确风险转移问题

在 F 组和 C 组术语中，卖方将货物装上船、交付承运人或交由承运人处置时风险转移至买方，因此承运人的识别问题对于风险转移的节点确定十分重要。这取决于不同术语中对交货节点的规定。

在 F 组术语中，FCA 的交货节点为卖方将货物装上买方提供的运输工具或在卖方运输工具上做好卸货准备并交由买方指定承运人处置，[44] FAS 为卖方将货物置于买方指定的船舶旁边，[45] FOB 则为卖方将货物置于买方指定的船舶上。[46] 可见 F 组术语下的承运人均由买方指定，其身份识别并不困难，因为卖方在 F 组术语中不承担运输义务，即使在到达交货地点前，卖方雇用其他承运人运输货物，货物未交付买方指定的承运人前，交货尚未发生，风险也尚未转移。只有当事人精确指明交货地点，卖方在该地点将货物交给买方指定的承运人时才完成交货义务。

而在 C 组术语中，因为买卖双方只明确了运输目的地，与卖方交货地往往不一致，若双方没有约定具体交货地点，根据 Incoterms 2020 的规定，卖方“货交第一承运人”即可。例如，买卖合同约定 CIF 南安普顿 Incoterms 2020，假设卖方所在地为香港，卖方可能出于运费成本考虑，在香港先将货物交付给从事香港至上海港的支线船舶承运人，支线船舶承运人将货物从香港运至上海港后，再由远洋船舶运往英国南安普顿。因此货物的实际运输路径为香港—上海—南

43 中国国际商会/国际商会中国国家委员会组织翻译：《国际贸易术语解释通则 2020》，对外经济贸易大学出版社 2019 年版，第 20 页。

44 FCA Incoterms 2020 A2. 3.

45 FAS Incoterms 2020 A2.

46 FOB Incoterms 2020 A2.

安普顿，这里会涉及支线船舶承运人和远洋船舶承运人。如果根据 Incoterms 2020 的规定，风险在货交第一承运人时转移给买方，即货物在香港交付给支线承运人时，风险就已经转移给买方。[47] 虽然根据 Incoterms 2020 CIF 术语 A4/B4 – 运输要求的规定，卖方承担订立运输合同并将货物运至目的地的义务，若第一承运人未将货物交付给第二程承运人或未订立相应运输合同将货物送达目的地的，即使风险已转移给买方，卖方仍然负有对买方交付义务的责任。[48] 若货物在上海港联运交接时发生灭失，而卖方或第一承运人已经订立将货物运至目的地的运输合同，该损失仍然由买方承担。

有学者曾经指出，根据 Incoterms 2010 的定义，似乎规则提及的承运人仅限定在缔约承运人，排除了《汉堡规则》《鹿特丹规则》等公约确认的实际承运人或者海运履约方的情形，与国际惯例和运输实践操作严重脱节，既增加了运营商识别承运人的难度，又不利于国际运输实务的开展。[49] 鉴于存在上述问题，Incoterms 2020 删除有关承运人的定义，指明当事人没有订立联运合同时，风险在货物交付给第一个承运人时即转移，而不论该承运人在运输合同之下的身份是缔约承运人抑或实际从事运输的承运人，在一定程度上回应了学者对旧版规则的批判。

3. EXW 中货物装载的风险由买方承担

在 EXW 术语中，卖方承担的义务最小，只需将货物在卖方所在地交由买方处置即完成交货。Incoterms 2020 规定，货物装载到买方运输工具上的风险也由买方承担。[50] 因此，买方在选择 EXW 术语时应格外谨慎，衡量己方是否愿意承担较重的义务，如欲规避装载风险，买方可选择 FCA – 卖方所在地术语。

FCA 术语下货物应当交给买方指定的对象，双方约定的交货地点可能是卖方所在地，也可能是双方约定的其他地点。因此 Incoterms 2020 特别指出，当约定地点是卖方所在地时，卖方将货物置于买方安排的运输工具时即完成交货义务；而约定交货地点为其他地点时，卖方将货物送达指定地点并做好卸货准备时即完成交货。[51]

在 EXW 术语中，卖方无须承担装载风险。使用 FCA 卖方所在地术语时，卖方须承担一次装载风险；若 FCA 交货地为其他地点，卖方无须承担交货地卸

---

47 CIF Incoterms 2020 用户解释说明第七条。

48 CIF Incoterms 2020 用户解释说明第四条。

49 姚新超、沈钧、左宗文：《国际贸易术语的新发展及其应用策略》，载《国际商务》2011 年第 11 期，第 39 页。

50 EXW Incoterms 2020 用户解释说明第五条。

51 FCA Incoterms 2020 用户解释说明第一条。

货和装载的费用以及相应风险。

4. 交货、风险转移与费用划分的关系更加明确

适用 Incoterms 规则最应重视的是交货、风险转移和费用划分的节点区分，Incoterms 2020 更加重视提醒当事人留意上述有关节点，并在用户解释说明中增加相关内容予以强调，以免当事方产生不必要的纠纷。

总体而言，交货点和风险转移点始终重合，二者是一体两面的关系，卖方一旦履行交货义务，风险即转移给买方，因此买方应当重视 Incoterms 规则中有关交货的规定，并及时为货物投保以规避运输途中的风险。在 E、F、D 组术语下，费用划分点与交货和风险转移点重合，在使用上述三组术语时，买卖双方应当关注选择的贸易术语后添加的地点即为交货、风险转移和费用划分的节点，并适时安排有关运输和保险事项。

与其他三组不同，C 组术语下相关费用划分点与交货点和风险转移点并不重合，与贸易术语后添加的地点也不重合。C 组术语中添加的地点往往是运输目的地，因此卖方承担货物运至目的地的运输费用，但风险在货交第一承运人时即转移给买方，因此买方承担货物运输途中的风险。对买方而言，如果希望由卖方承担运输途中的保险费用，可以选择 CIP 和 CIF 术语；如果选择 CPT 和 CFR 术语，则意味着买方需要支付货物运输途中的保险费用。

5. 自行安排运输的规定有利于当事人降低运输成本

Incoterms 2020 增加了当事人可以使用己方运输工具安排货物运输的选项，意味着当事人不再局限于与第三人订立运输合同，可以安排自己公司拥有的车队或船队进行货物运输，以确保最大限度的盈利空间。

如果当事人自行安排货物运输，一定程度上还有利于提高运输效率。因为在选择第三方承运人时，货主需要考虑承运人的时间安排；如果货量较小还需要与其他货物拼箱运输，降低了物流周转效率。当事方自行安排运输还可减少等待运输的时间。在一份针对欧洲与中国服装贸易运输模式选择的案例分析中，有学者对比了六种运输安排，其中就包括“铁路 + 公路（买方自主运输）”的选项。[52] 结果表明“铁路 + 公路（买方自主运输）”的模式是最为快捷的方式。[53]

虽然当事人有了自主选择安排运输的权利，但是如果买方对货物运输有特

---

52 该批货物为服装，出发地为中国青岛，目的地为波兰罗兹。六种运输组合分别为：1. 海运 + 海运 + 铁路 + 公路；2. 海运 + 海运 + 公路；3. 海运 + 公路；4. 铁路 + 公路；5. 铁路 + 公路（买方自主运输）；6. 航空 + 公路。See Jacek Zak and Barbara Galínski, *Design and Evaluation of Global Freight Transportation Solutions (Corridors): Analysis of a Real World Case Study* (2018) 30 Transportation Research Procedia 356, 357。

53 Ibid 361.

别要求，或者希望卖方使用特定的运输方式时，根据 Incoterms 2020 的规定，仍然需要当事双方在合同中予以明确约定。

6. 保险义务表述内容的调整有利于当事人自担风险

Incoterms 2020 删除了部分术语中协助对方购买保险义务的文字表述，如 C 组术语删除买方的协助义务，D 组术语删除卖方的协助义务。这一修改有利于提醒当事人注意在不同术语下的风险分担，即 C 组术语中买方是承担运输风险的一方，而 D 组术语中卖方承担该风险，有关当事人应当自行投保而不是寄希望于对方协助己方投保。

值得注意的是，即使是存在协助义务的规定中，Incoterms 2020 在表述上也作了部分调整，强调协助义务方只对己方掌握的信息有提供义务，而非有义务为对方提供有关购买保险或安排运输所需要的一切信息。这些文字表述方面的微调，一方面平衡了双方的权利义务关系，有利于明确当事人的义务范围，另一方面也可以减少不必要的纠纷。

（二）对国际贸易的消极影响

1. 链式交易适用范围扩展后风险转移问题仍未明确

在 Incoterms 2010 引入链式交易后，有学者指出该规则并未明确链式交易中的风险转移原则。[54] 对此，Incoterms 2020 未作任何修改，可以推断链式交易的风险转移与一般交易并无不同。

根据《联合国国际货物销售合同公约》第六十八条的规定，对于在运输途中销售的货物，从订立合同时起，风险就移转到买方承担。但是，如果情况表明有此需要，从货物交付给签发载有运输合同单据的承运人时起，风险就由买方承担。有学者指出，该公约关于风险在货交承运人时转移给买方的情形，主要指含有保险条款的合同，如 CIF 术语及类似交易情况下。[55] 因此链式交易的买方在订立 CIF 合同时取得了回溯保险的利益（retroactive insurance），若不允许货物风险转移的时间点回溯至交付承运人之时，而仍然坚持根据该公约第六十八条订立合同时才转移风险至买方的，将与买卖合同中 CIF 术语有关保险的条款规定相冲突。[56] 因此在使用 CIF 或 CIP 术语进行链式交易时，根据《联合国国际货物销售合同公约》的规定，风险转移时间点回溯至货物交付给承运人时，

54 王淑敏：《〈2010 年国际贸易术语解释通则〉与〈销售合同公约〉货物风险转移原则的牵连性与独立性》，载《法学杂志》2012 年第 8 期。

55 Pascal Hachem, "Article 68" in Ingeborg Schwenzer (ed), *Schlechtriem & Schwenzer: Commentary on the UN Convention on the International Sales of Goods (CISG)* (4th edn, OUP 2016) para. 9.

56 Hachem (n 55) para. 9.

恰好与 Incoterms 规则有关风险转移的原则保持一致。也许是基于这一立场，才使得 Incoterms 2020 对链式交易下的风险转移问题保持沉默。

然而，在不涉及保险的其他术语下，如实践中广泛适用的 FOB 术语之下，《联合国国际货物销售合同公约》第六十八条的例外规定恐怕无法适用。[57] 因此，若当事双方选择了 F 组术语或 CPT/CFR 术语等，风险在货交承运人或置于指定船舶上时即发生转移；选择 D 组术语时，风险在货物送达目的地时转移，这些情形都将与《联合国国际货物销售合同公约》第六十八条规定的“订立合同时转移风险”的一般立场存在冲突。

因此在 F 组术语，CPT、CFR 术语以及 D 组术语中，能够明确链式交易下的风险转移时间点能够与《联合国国际货物销售合同公约》中有关风险转移的时间保持协调，以保护当事人的利益。

2. 集装箱称重费用如何分担仍然未作出规定

2016 年 7 月 1 日起，根据《国际海上人命安全公约》(简称 SOLAS) 第二条规定，集装箱运输中托运人有义务对已包装的集装箱称重，承运人需如实记载核实集装箱总重量（VGM），否则集装箱不得装于船舶。在 Incoterms 规则修订讨论中，起草小组认为该规定会带来额外的称重费用，问题过于复杂，因此并未在新修订规则中对此予以明确。[58] 因此，当事人仍然需要在合同中明确约定称重费用的划分，否则容易产生纠纷。

根据 SOLAS 的规定，承担称重义务的是托运人，但是并没有对托运人予以界定。按照我国《海商法》第四十二条的规定，托运人包括与承运人订立运输合同的人，实践中通常称之为缔约托运人，还包括将货物交给承运人的人，实践中通常称之为实际托运人。[59] 因此，若当事人选择 FOB 术语时，卖方是将货物交付给承运人的实际托运人，而买方是订立运输合同的缔约托运人，双方均符合我国《海商法》有关托运人的定义，此时到底应该由哪一方负担称重费用，需要在买卖合同中予以明确。

3. FOB 术语仍未与集装箱运输实践相协调

FOB 是 Incoterms 规则中最为常用的术语，按照 Incoterms 2020 的内容，其交货点和风险转移点为卖方将货物“置于船舶之上”。然而在集装箱货物运输十分

57 Ibid.

58 中国国际商会/国际商会中国国家委员会组织翻译：《国际贸易术语解释通则 2020》，对外经济贸易大学出版社 2019 年版，第 15 – 16 页。

59 《海商法》第四十二条第三项：“‘托运人’是指：1. 本人或者委托他人以本人名义或者委托他人为本人与承运人订立海上货物运输合同的人；2. 本人或者委托他人以本人名义或者委托他人为本人将货物交给与海上货物运输合同有关的承运人的人。”

普遍的当下，许多卖方将货物运至港口集装箱货物堆场等待装箱，或者将货物交由货运代理公司安排装箱，卖方对货物失去控制的时间早于 FOB 术语规定的交货节点，但卖方可能误以为己方已完成交货义务。货物运至堆场至装箱后置于船舶上的这段时间，卖方已经丧失对货物的控制，如果在此期间发生货物灭失、损坏，风险仍然由卖方承担的话，似乎对卖方而言不公平。[60] 有学者认为，在集装箱运输和 FOB 术语共存时可能存在责任空白和保险空白，使用 FCA 术语则可避免这个问题，[61] 因为 FOB 术语下卖方不承担保险责任，卖方不是买方订立的保险合同的受益人，即使买方购买保险产品也不会考虑卖方的损失，同时由于货物仍未“交付”买方，买方对该段期间的货物没有保险利益，保险合同也不会覆盖这一区间。[62]

鉴于集装箱运输的普遍性，当事人在使用 FOB、CFR、CIF 等术语时应当意识到卖方货交承运人不等于 Incoterms 规则规定的“交货”义务的履行，货物在集装箱堆场至货物装运上船期间存在责任空白，应当在买卖合同中明确该段区间的责任分担。实践中，卖方也可以选择以 FCA 术语替代 FOB 术语，因为根据承运人的要求，卖方将货物交付给集装箱堆场或者码头的，视为将货物交付给承运人，满足 FCA 术语下交付义务，从而减少己方风险。由于 FOB 是专用于海运和内河水路运输的术语，因此如果当事人选择海上运输，需要特别留意该术语可能带来的责任空白问题。

结语

Incoterms 2020 回应了国际贸易中一些现实问题，通过修改规则或增加用户解释说明等方式增加贸易术语的实用性、可操作性。形式上，Incoterms 2020 将规则内部结构进行适当调整，突出交货和风险转移的重要性，并将所有费用合并至一条规定中。从内容上也分别针对不同术语作了调整，如增加 FCA 术语下承运人签发已装船提单选项，将 CIP 术语默认的保险风险范围扩大，允许当事人使用自己的运输工具安排运输，要求卖方遵守运输安全及包装货物的义务，将链式交易扩展至海运以外的其他所有运输方式等。

我们在肯定和认同 Incoterms 2020 对国际贸易产生的积极影响基础上，不能

---

60 Ramberg（n 7）8; Roberto Bergami, *Incoterms 2010: The Newest Revision of Delivery Terms* (2012) 15 (2) Acta Universitatis Bohemiae Meridionales 33, 37.

61 Reannon Hemmings, *Is the ship's rail really significant?* (2005) 2005 Nordic Journal of Commercial Law 1, 7.

62 Jan Ramberg, *ICC Guide to Incoterms 2000*, (International Chamber of Commerce 1999) 26.

忽视该规则存在的一些不足，仍然需要国际贸易合同当事方在合同中进一步细化和明确，尽量避免因合同约定不明造成不必要的纠纷，从而保障国际贸易秩序和交易的顺利开展。

夫妻债务案件的共同诉讼类型研究

周　虹　王　铮*

【内容提要】 我国现行婚姻法规范中未对夫妻连带债务与共同债务进行区分，笼统使用“共同债务”这一术语具有较强的误导性。共同债务与连带债务在债务本质属性、外部清偿顺序、内部追偿关系上存在诸多不同，因此应将夫妻债务类型划分为基于夫妻双方合意的连带债务、基于日常家事代理的共同债务、基于夫妻共同利益而负担的共同债务三类。夫妻连带债务案件的诉讼标的并不同一，且不具有一体事实查明的实践需要，其诉讼形态应确立为普通共同诉讼；在夫妻共同共有中，夫妻每人的权利都会及于所有共同财产，是对一种抽象份额的享有，债权人若想实现自身权益执行夫妻共同财产，需向夫妻双方一并主张权利，因而夫妻共同债务的诉讼形态应确立为固有必要共同诉讼。

【关键词】 夫妻共同债务　夫妻连带债务　必要共同诉讼　普通共同诉讼

一、问题的提出

长期以来，夫妻债务问题与千家万户的切身利益密切相关，与经济社会的稳定发展休戚与共，引起了学术界、实务界的密切关注。然而，关于夫妻共同债务的讨论多集中于夫妻共同债务的认定与清偿等实体法问题，鲜见从程序法

---

* 周虹——西南政法大学诉讼法学专业博士研究生，广州市人民检察院二级高级检察官，主要研究领域：民事诉讼法学、司法制度；王铮——西南政法大学人民法庭研究中心研究人员，主要研究领域：民事诉讼法学。本文是西南政法大学2019年度科研创新项目“夫妻共同债务的执行问题研究”（项目编号：2019XZXS－055）的阶段性研究成果。

角度对该问题予以探析。是否所有夫妻债务案件均需夫妻双方参与审理？在债权人仅起诉配偶一方时，法院能否依职权追加另一方配偶参与诉讼？若不能，法院所作出的判决效力是否又会扩张至未被诉的一方配偶呢？这些问题的回答，都要根据夫妻债务案件的诉讼形态来作判断。此外，由于对夫妻债务案件的诉讼形态缺乏统一认识，在执行过程中同时产生了连锁反应，当债权人仅针对举债方配偶的法院生效裁判文书并请求法院执行时，若举债方的个人财产不足以清偿全部债务，是否可对夫妻共同财产强制执行亦困扰着执行部门，从而引发了夫妻债务问题的“执行难”，该执行难题的化解同样与夫妻债务案件诉讼形态的认定辅车相依。

基于上述问题意识，本文拟从三个方面展开分析：一是针对夫妻债务的传统认知进行省思，通过辨识共同债务与连带债务这两种多数人之债的异同，绘出夫妻债务的本质特性，从而走出将夫妻债务一概视为连带债务这一误区；二是依据《最高人民法院关于审理涉及夫妻债务纠纷案件适用法律有关问题的解释》（以下简称《夫妻债务解释》）的规定，结合夫妻债务案件的审判特点，进一步对夫妻债务进行类型化解构，为夫妻债务案件诉讼形态的解析提供实体法铺垫；三是在我国民事诉讼理论和制度谱系的语境中，将夫妻共同债务与夫妻连带债务案件与相恰的诉讼形态衔接，阐释其于相应诉讼类型轨道运行的合理性，构架一个符合夫妻债务案件审理逻辑的诉讼框架。

二、法定财产制视域下夫妻共同债务与夫妻连带债务的界分

现行婚姻法规范中使用的“夫妻共同债务”这一术语过于宽泛，未对连带债务与共同债务进行区分，具有较强的误导性。[1]更有传统观点将夫妻共同债务直接等同为连带债务，[2]不区分夫妻共同财产与夫或妻一方个人财产的清偿顺序，而将其一同作为清偿连带债务的责任财产，这种做法忽视了夫妻法定财产制这一夫妻共同债务的产生基础，也缺乏对非举债方配偶程序权益的保护，失之偏颇。实际上，域内外民事实体法学界对包括连带债务及共同债务在内的多数人之债已有较为深入的研究。连带债务，是指数个债务人基于连带关系，都负有清偿全部债务的义务，而且任何一个债务人清偿全部债务后，其他债务人

1　参见汪洋：《夫妻债务的基本类型、责任基础与责任财产——最高人民法院〈夫妻债务解释〉实体法评析》，载《当代法学》2019年第3期。

2　《最高人民法院关于适用〈中华人民共和国婚姻法〉若干问题的解释（二）》第二十五条第二款：“一方就共同债务承担连带清偿责任后，基于离婚协议或者人民法院的法律文书向另一方主张追偿的，人民法院应当支持。”可见，最高人民法院将共同债务认定为连带债务，并规定承担连带清偿责任。

的债务也随之被免除。[3]共同债务，是指数人共负同一债务，数名债务人必须共同履行其义务，同时以共同财产承担清偿责任的债务。[4]虽然两者都属于多数人之债的范畴，却泾渭分明，具体差异可从以下几个角度分析：

第一，债务的本质属性不同。夫妻共同债务的逻辑前提是夫妻共同财产制，各共同债务人应对全体债务负责而非对某一部分债务负责，债权人也只得向全体共同债务人主张权利方可产生相应的法律效果。史尚宽先生还指出："对于共同财产之强制执行，以有对于全体债务人之执行名义为前提"[5]，由此不难看出，共同债务在履行中具有强烈的不可分割的色彩。相比之下，夫妻连带债务是夫妻团体行为的法律后果，每个连带债务人都负有清偿全部债务的义务，债权人可选择向部分或全部连带债务人主张债权，当某一连带债务人履行全部债务时，便产生了债权全部消灭的效果。

第二，外部清偿规则不同。共同共有之债的对外效力较为特殊，即共同债务人首先应以共同财产对外承担责任，在共同财产不足以清偿全部债务时，各共同债务人是否需要以个人财产继续承担清偿责任，需要依据法律规定或当事人约定而定。[6]而连带债务并不区分各连带债务人财产清偿的先后顺序，数个债务人在同一连带债务中的履行亦无先后顺序，也就是说对于同一内容的给付，都负有全部清偿的义务。德国学界关于连带债务产生的条件便为"同一层次"说（Gleichstufigkeit），该学说认为只有数个相互间独立的债务处于同一层次的，或者说数个债务具有等值性时，数个债务方能构成连带之债。[7]

第三，内部追偿关系不同。对于连带债务来说，根据《民法总则》第一百七十八条的规定[8]，连带债务人在清偿了超出自己按照内部关系应承担的责任份额或全部债务后，该债务人便享有追偿权，有权向其他连带债务人按内部关系追偿。就共同债务而言，共同债务人对共同债务的分担依据其内部规则而定，并不当然享有追偿权。亦如我国台湾地区学者孙森焱先生所言："共同共有人间就共同共有债务之分担，依其共同关系定之。例如，约定共同财产制之夫妻则

---

3 参见王利明著：《债法总则研究》，中国人民大学出版社 2018 年版，第 179 页。

4 参见史尚宽著：《债法总论》，中国政法大学出版社 2000 年版，第 695－699 页。

5 史尚宽著：《债法总论》，中国政法大学出版社 2000 年版，第 695－699 页。

6 参见郑玉波著：《民法债编总论（修订二版）》，中国政法大学出版社 2004 年版，第 424 页。

7 See Münchener Kommentar/Bydlinski, 4. Auflage, München2003, §421, RdNr. 14/Soergel/Wolf, §421, Rn. 15. 转引自王利明著：《债法总则研究》，中国人民大学出版社 2018 年版。

8 《民法总则》第一百七十八条第二款："连带责任人的责任份额根据各自责任大小确定；难以确定责任大小的，平均承担责任。实际承担责任超过自己责任份额的连带责任人，有权向其他连带责任人追偿。"

依我国台湾地区‘民法’第一千零三十八条之规定。”[9]

基于上述对连带债务与共同债务的辨析，不难发现夫妻债务具有多样复杂性，不同类型的夫妻债务又具有不同特征，单纯将所有夫妻债务纳入“夫妻共同债务”这一概念的涵摄下，有以偏概全之嫌。连带关系所注重的是将夫妻双方的所有财产都纳入实现债权的责任范围，从而实现债权人的权利，然而夫妻法定财产制的重要作用便是将夫妻共同财产重构为特殊财产，用以维系夫妻这一共同体关系，在夫妻关系存续期间难以分割，很明显两者之间存在一定的紧张关系，因此应进一步深化探究夫妻债务的具体类型，为夫妻债务案件的诉讼形态研究提供实体支撑。

三、夫妻债务的类型化解构

学术界基于不同的视角，对夫妻债务进行了诸多不同方式的分类，本文持法教义学立场，对夫妻债务的整体分类框架尊重现有制度安排，依据《夫妻债务解释》的规定，将夫妻债务归纳为以下三类：基于夫妻双方合意的连带债务、基于日常家事代理的共同债务、基于夫妻共同利益而负担的共同债务。

（一）基于夫妻双方合意的连带债务

《夫妻债务解释》第一条[10]确立了“共债共签”原则，即夫或妻任意一方在婚姻关系存续期间内单方面对外承担债务，只有经过非举债方同意或进行追认，方可将此债务认定为夫妻债务。[11]《民法总则》第一百七十八条第三款[12]对连带债务产生的原因进行了明确，即法定的连带债务与意定的连带债务，与之相对，《夫妻债务解释》第一条所规定的是一种意定连带债务，是依托于双方共同的意思表示，即“当事人约定”产生的连带债务。以夫妻共同合意为标准认定的夫妻共同债务，应先从意思表示角度来判断夫妻双方是否均为合同的相对方，进而债权人可以向夫妻双方主张连带责任并以夫妻共同财产和个人财产作为责任财产清偿。[13]

事实上，此种夫妻连带债务的产生从一定程度上看与夫妻共同财产制的关

9 孙森焱著：《民法债编总论（下册）》，法律出版社2006年版。

10 《夫妻债务解释》第一条：“夫妻双方共同签字或者夫妻一方事后追认等共同意思表示所负的债务，应当认定为夫妻共同债务。”

11 参见叶名怡：《“共债共签”原则应写入〈民法典〉》，载《东方法学》2019年第1期。

12 《民法总则》第一百七十八条第三款：“连带责任，由法律规定或者当事人约定。”

13 参见缪宇：《走出夫妻共同债务的误区——以〈婚姻法司法解释（二）〉第二十四条为分析对象》，载《中外法学》2018年第1期。

联性较低，其源于夫妻团体行为产生的法律后果。在日常的民事活动中，多个民事主体亦可基于共同的意思表示与第三方产生相应的连带债权债务关系，制定该规范的目的主要是解决关于夫妻共同债务认定模式的论争。长期以来，社会各界对夫妻共同债务问题都给予了高度关注，讨论夫妻共同债务的实体及程序问题甚至成为一个现象级的话题，具有代表性的观点是《婚姻法》第四十一条[14]规定的“用途论”以及《最高人民法院关于适用〈中华人民共和国婚姻法〉若干问题的解释（二）》（以下简称《婚姻法解释（二）》）第二十四条确立的“共同债务推定论”[15]。在《婚姻法解释（二）》颁布后，“共同债务推定论”替代“用途论”成为夫妻共同债务的认定模式，但学界主流观点以及社会群体对此持批评态度[16]，有学者表示造成实践诸多问题的根源即在于“共债推定论”过分强调保护债权人，罔顾夫妻中未举债一方的利益，建议废除。[17]亦有观点认为《婚姻法解释（二）》第二十四条作出和《婚姻法》完全不同的规定，实质上是对立法的超越，[18]《夫妻债务解释》的出台实际上是废止了《婚姻法解释（二）》第二十四条“推定论”的适用，具有强烈的纠错寓意。

（二）基于夫妻共同利益而负担的共同债务

从体系化的角度来看，《夫妻债务解释》第二条[19]及第三条[20]以家庭日常生活需要为划分标准，超出家庭日常生活需要产生的债务认定应适用《夫妻债务解释》第三条，该条所确立的夫妻共同债务可以说是一种典型的夫妻共同债务。相比于《婚姻法解释（二）》第二十四条，《夫妻债务解释》第三条的一个显著

---

14 《婚姻法》第四十一条：“离婚时，原为夫妻共同生活所负的债务，应当共同偿还。共同财产不足清偿的，或财产归各自所有的，由双方协议清偿；协议不成时，由人民法院判决。”但本条对如何界定“夫妻共同生活”没有规定，对什么是“共同偿还”亦语焉不详。

15 “共同债务推定论”亦可称之为“时间推定规则”，具体内容可见孙若军：《论夫妻共同债务“时间”推定规则》，载《法学家》2017 年第 1 期。

16 社会上甚至出现了“反 24 条联盟”——《“反 24 条”联盟：近百妻子因前夫欠款“被负债”，结盟维权》，载澎湃新闻网，https：//www. thepaper. cn/newsDetail_ forward_ 1527334，最后访问于 2019 年 8 月 10 日。

17 参见叶名怡：《“共债共签”原则应写入〈民法典〉》，载《东方法学》2019 年第 1 期。

18 参见何丽新：《论非举债方以夫妻共同财产为限清偿夫妻共同债务——从（2014）苏民再提字第 0057 号民事判决书说起》，载《政法论丛》2017 年第 6 期。

19 《夫妻债务解释》第二条：“夫妻一方在婚姻关系存续期间以个人名义为家庭日常生活需要所负的债务，债权人以属于夫妻共同债务为由主张权利的，人民法院应予支持。”

20 《夫妻债务解释》第三条：“夫妻一方在婚姻关系存续期间以个人名义超出家庭日常生活需要所负的债务，债权人以属于夫妻共同债务为由主张权利的，人民法院不予支持，但债权人能够证明该债务用于夫妻共同生活、共同生产经营或者基于夫妻双方共同意思表示的除外。”

变化就是改变了“夫妻共债推定模式”，将债务用于夫妻共同生活或夫妻共同生产经营的证明责任转移至债权人，这里需要注意的是，对于夫妻共同生活或夫妻共同生产经营的证明，应综合相关家庭的收入水平、消费习惯以及当地经济的发展状况而确定，其应是一个“弹性标准”。

在夫妻法定财产制下，夫妻婚后所得财产尽归夫妻共同所有，这是现代社会强化家庭支撑功能的体现。“夫妻共同生活”是“共同偿还”的基础和原点，仅有夫妻身份而没有“夫妻共同生活”基础的债务，非举债方不存在“共同偿还”的必要。当债权人可举证证明夫或妻一方举债系用于夫妻共同生活或夫妻共同生产经营等符合夫妻共同利益的活动时，作为受益方的家庭理应对债务这一“消极财产”承担责任，反之对债权人的权益保障则过于苛责，不符合平衡视域下法的价值实现与整合。当然，如前所述，夫妻共同债务的责任承担并非夫妻双方以全部财产承担无限连带责任，实际上应以夫妻共同财产以及举债方的个人财产为责任财产承担清偿责任，而夫妻中的非举债方实际上只需以夫妻共同财产中的个人份额承担有限的清偿责任。

（三）基于行使日常家事代理权产生的共同债务

日常家事代理权，是指夫妻一方在因家庭日常事务而与第三人为一定的法律行为时，享有代理配偶他方的权利。[21]该制度起源于德国，在德国家庭法学界通常称之为“锁钥权”（Schlüsselgewalt）。《婚姻法》中并没有相关条款明确规定该制度，其是由《最高人民法院关于适用〈中华人民共和国婚姻法〉若干问题的解释（一）》第十七条所确立的。按学术界传统观点与司法解释制定机关的观点，日常家事代理权行使之债应为连带债务，夫妻双方需共同向交易相对方承担连带责任。[22]《夫妻债务解释》第二条便是根据上述法律规范并参考学术界通说所作出的规定，其再次申明在法定财产制下，或在约定财产制下但交易相对方不知该约定的，以个人名义为家庭日常生活需要所负的债务，夫妻双方应承担连带责任。[23]但笔者认为，在区分夫妻共同债务与夫妻连带债务的逻辑前提下，日常家事代理权行使之债的性质仍有待商榷。

从比较法角度来看，多个立法例规定了夫妻双方并不必然对日常家事代理

21　参见史浩明：《论夫妻日常家事代理权》，载《政治与法律》2005年第3期。

22　具体观点参见程新文等：《〈关于审理涉及夫妻债务纠纷案件适用法律有关问题的解释〉的理解与适用》，载《人民司法（应用）》2018年第4期；马忆南、杨朝：《日常家事代理权研究》，载《法学家》2000年第4期。

23　参见程新文等：《〈关于审理涉及夫妻债务纠纷案件适用法律有关问题的解释〉的理解与适用》，载《人民司法（应用）》2018年第4期。

权行使之债承担连带责任，[24] 较有代表性的规范还有欧洲家庭法协会（Commission on European Family Law）所创立的欧洲家庭法范本《欧洲家庭法原则》（Principles of European Family Law），其将夫或妻一方为合理的家庭日常生活需要所负的债务、抚养子女产生的费用认定为夫妻共同债务，[25] 并以夫妻共同财产及举债方个人财产承担清偿责任。[26] 鉴于夫或妻一方行使日常家事代理权同样是出于夫妻双方共同利益的目的，有着维系家庭正常生活、保障夫妻共同体之功能，亦应将其归为夫妻共同债务，以夫妻共同财产优先受偿。[27]

四、夫妻共同债务案件的诉讼形态分析

因夫妻共同利益而负担的共同债务和行使日常家事代理权产生的共同债务在裁判程序中的区别并不明显，在接下来的论证当中将其统一进行考究。夫妻共同债务是以夫妻共同财产以及举债方个人财产为责任财产清偿是其区别于连带债务的显著特征。共同债务的本质特性决定了该债务并非对于单个债务人，而是对于全体债务人成立，[28] 债权人若想实现自身权益，执行夫妻共同财产，便须取得对夫妻二人的执行名义，这就要求债权人起诉时需要将夫妻双方列为共同被告，也只能在夫妻共同财产执行完毕后才能要求执行夫或妻的个人财产。

在必要共同诉讼识别标准问题上，学术界主要存在两种路径，一种是以“是否具有合一确定判决的必要性”作为识别标准，该识别标准将必要共同诉讼的适用限缩于“基于实体法要求而具有合一确定判决必要性”以及“基于诉讼法要求而具有合一确定判决必要性”这两种情形；[29] 另一种是传统的以“诉讼标的同一”为识别标准，此种方式依据《民事诉讼法》第五十二条之规定，以

---

24 例如，西班牙要求基于行使日常家事代理权产生的共同债务以夫妻共同财产及夫妻一方的个人财产清偿，配偶负补充责任；针对“必需品理论”（与日常家事代理制度相类似）的法律效果，部分美国州采用债务人配偶负补充责任模式。

25 See Principles Of European Family Law Regarding Property Relations Between Spouses 4：40 Community debts：The community debts are (b) debts incurred by one spouse in order to meet the appropriate family needs; (c) debts related to the maintenance of children.

26 See Principles Of European Family Law Regarding Property Relations Between Spouses 4：42 Recovery of community debts (1) Community debts can be recovered from the community property and from the personal property of the spouse who incurred the debt.

27 有观点认为日常家事代理制度与当代婚姻强调的精神相左，且与《夫妻债务解释》第三条之规定有重叠之嫌，应予废除（王战涛：《日常家事代理之批判》，载《法学家》2019 年第 3 期）。笔者认为该观点有一定可取之处，但鉴于本文是以程序法适用为基点，因此仍在既有的制度内展开论证。

28 参见夏江皓：《论中国民法典夫妻共同债务界定与清偿规则之构建》，载《妇女研究论丛》2019 年第 4 期。

29 参见卢佩：《多数人侵权纠纷之共同诉讼类型研究》，载《中外法学》2017 年第 5 期。

诉讼标的同一或同一类为基准，将共同诉讼形态划分为必要共同诉讼与普通共同诉讼。夫妻共同债务产生的逻辑前提是夫妻共同财产，夫妻双方对共同财产的所有形式为共同共有，其每个人的权利都要及于所有共同财产，双方实际上是一种抽象份额的享有，而非具体对特定物的享有，夫妻双方应具有共同的权利义务关系。这样来看，债权人与夫妻双方具有同一的法律关系，同时法院判决的既判力同样会及于夫妻二人，这种权利义务的不可分性使得夫妻共同债务案件在实体法上具有了合一确定判决的必要性，也就是说夫妻共同债务案件应确立为必要共同诉讼形态。

按照民事诉讼法学理论，以“共同诉讼之必要”以及“合一确定之必要”为标准，又将必要共同诉讼划分为“固有必要共同诉讼”和“类似必要共同诉讼”[30]。前者必须以所有共同诉讼人一并实施诉讼为必要，而后者并不以所有共同诉讼人一并实施为必要。在夫妻法定财产制下，夫妻可以视为一个高度集中的情感及财产共同体，当对共有财产设置负担或处分时，需有共有人共同之意思表示，夫妻双方也共同享有并需共同行使诉讼实施权，若夫妻双方未能一并参与诉讼，系对一方实体及诉讼权利的侵蚀，因此应将夫妻共同债务案件的诉讼形态确立为固有的必要共同诉讼，最高人民法院也强调需要通过审判程序来确认未举债的夫妻一方承担民事责任。[31] 在固有必要共同诉讼中，若债权人未一并起诉夫妻双方，应当认定被告方当事人不适格，换言之，被诉配偶一方并不单独享有诉讼实施权，在德日等大陆法系国家，法院通常会以起诉不合法为由驳回债权人的起诉。

五、夫妻连带债务案件的诉讼形态分析

现有的关于连带责任的诉讼形态的观点可谓百家争鸣，大体上可以归纳为固有必要共同诉讼说、类似必要共同诉讼说、普通共同诉讼说三种。固有必要共同诉讼说以一次性纠纷解决以及事实查明的必要性角度为理论基点，认为连带责任诉讼中需采用固有必要共同诉讼形式，要求全体当事人共同参与，进而查清案件的纠纷事实及各责任人责任承担的方式，以符合诉讼程序作用的方向；[32] 类似必要共同诉讼说是建立在连带债权人选择权的基础上，在此种观点看来，债权人可自主地选择向部分或全部连带债务人主张权利，这与类似必要共同诉

30 参见段文波：《德日必要共同诉讼“合一确定”概念的嬗变与启示》，载《现代法学》2016年第2期。

31 《最高人民法院关于依法妥善审理涉及夫妻债务案件有关问题的通知》第二条：“保障未具名举债夫妻一方的诉讼权利。在审理以夫妻一方名义举债的案件中，原则上应当传唤夫妻双方本人和案件其他当事人本人到庭……未经审判程序，不得要求未举债的夫妻一方承担民事责任。”

32 参见彭熙海：《论连带责任案件的诉讼形式》，载《法学评论》2012年第3期。

讼制度中的诉讼选择权相适应；普通共同诉讼说则依托于民事诉讼法基础理论，从法教义学的角度来论证，认为连带责任的诉讼标的并不同一，且不存在既判力的扩张，因此与必要共同诉讼制度原理不能相融，仍应坚持普通共同诉讼的制度定位。[33]

学界对连带责任诉讼形态的研究多尝试以统一范式来匹配连带责任的纷杂情形，但都存在难以避免的局限及缺漏。在我国的立法规定中，连带责任散见于《民法总则》《产品质量法》《公司法》等多个部门法中，尤其是《侵权责任法》中更是规定了多种适用连带责任的情形。寻本溯源，连带责任仅是实体法对于民事主体权利义务的一种静态责任分配结果，而民事诉讼裁判程序则是实现这一静态结果的动态过程，因而不同连带责任的实体法规范适用都应有不同的程序规则与之匹配。现阶段来看，以抽象化、统一化的制度模板难以与多样的实体规则相适应。

相比于其他连带责任成因，夫妻连带债务中的连带责任亦有其独特属性。一方面，确立夫妻双方需承担连带责任无须以复杂的事实认定为前提。以“共同加害”行为为例，法院可能需要经过一系列复杂的事实分析处理过程，方能对共同侵权人的加害行为进行认定，进而判定侵权人承担连带责任，在此种情形下，共同被告具有一定的共同参与诉讼之必要性。反观，《夫妻债务解释》第一条所确定的夫妻连带债务，是基于夫妻双方共同签字或者夫妻一方事后追认等夫妻双方共同的意思表示所形成的，因此在夫妻双方是否需要承担连带责任这一事实认定上法院多不需进行精细化作业。从笔者在裁判文书网选取的部分适用《夫妻债务解释》第一条进行裁判的案例[34]来看也可以印证这一点。在法院审理进程中，往往是将债务是否成立、有效等与债务本身有关的问题作为争议焦点，而就夫妻是否需承担连带责任的问题上，法官通常在查明夫妻双方是否具有共同意思表示后即可作出判断，这一事实认定的过程较为简单。另一方面，夫妻连带债务中夫妻双方的追偿权与普通连带债务有一定差异。《民法总则》规定以责任大小来确定连带责任人的责任份额，并规定超额承担责任的享有追偿权，然而夫妻作为特殊的社会共同体，情感属性是其相对其他经济体显著的区别，若非出现离婚等其他确需分割夫妻共同财产的特殊情形时，赋予夫妻双方追偿权在实践操作中并不具有可行性，因而夫妻连带债务在连带责任份额上通常不具有即时认定的必要。

由此观之，夫妻连带债务案件仍应确立为普通共同诉讼形态最为妥帖：首

33　参见任重：《民事诉讼法教义学视角下的“执行难”：成因与出路——以夫妻共同财产的执行为中心》，载《当代法学》2019 年第 3 期。

34　参见浙江省安吉县人民法院（2019）浙 0523 民初 2649 号民事判决书、浙江省缙云县人民法院（2019）浙 1122 民初 2362 号民事判决书、山东省惠民县人民法院（2019）鲁 1621 民初 2015 号等。

先，以民事诉讼法学基础理论为依托，《民事诉讼法》第五十二条以诉讼标的是否同一将共同诉讼分为必要共同诉讼与普通共同诉讼，在夫妻连带债务案件中，债权人对夫妻双方均享有请求权，且每个请求权之间相互独立，由此产生的法律关系亦有多个，因而夫妻连带债务案件中具有两个同类的诉讼标的，可以说夫妻连带债务案件适用普通共同诉讼制度有着坚实的学理基础并符合我国程序法律规范的规定。其次，以司法裁判的现实需要为考量，如上所述，由于夫妻连带债务属于意定连带债务，法官在判定夫妻需承担连带债务这一问题上，不需要进行复杂的事实认定，因此有观点质疑普通共同诉讼制度规定无法解决连带责任案件的事实认定问题，在此类案件中并不能成立。最后，以实现诉讼效率价值为进路，还有观点认为普通共同诉讼的适用不利于纠纷的一次性解决、从而影响诉讼效率。可以说，在追求一次性纠纷解决、彻底性定分止争的理念影响下，使得必要共同诉讼在司法实践中逐渐趋于泛化，也体现了我国必要共同诉讼中带有较强的职权主义色彩，[35]实际上这种价值追求严重妨碍当事人的诉讼自主性，桎梏了当事人处分权的行使，与实体法原理、诉讼法原理均相悖。同时，适用必要共同诉讼将所有债务人拖入诉讼进程与提升诉讼效率并不具有当然因果关系，甚至还可能因人数过多而拖延整体的诉讼进程。在笔者看来，对此类案件的审理，应充分尊重实体法赋予债权人的选择权，令其选择最佳受偿方式，以便更快实现案结诉息。需要进一步申明的是，夫妻连带债务案件中，若债权人想对夫妻共同财产进行执行，其仍应取得对夫妻二人的执行名义，也即需要将夫妻二人一并起诉，当然这与普通共同诉讼制度和夫妻连带债务的衔接并不冲突，可以说系债权人的诉讼策略问题。

结语

学界关于民事案件应适用何种共同诉讼类型的研究极多，学者多次尝试将一种诉讼形态适用于一类庞大的民事案件类型，然而结果总是不尽如人意。实际上，不同责任形态的实体法规范适用可有不同的程序规则与之匹配，同一责任形态中具有不同特征的案件类型同样可以适用不同的程序规则。聚焦夫妻连带债务及夫妻共同债务案件，二者都有其自身典型的特点，这些都应在此类案件诉讼形态的确立中予以考量。尽管本文尝试为夫妻债务案件精确匹配对应的诉讼形态，但由于民事诉讼审判实践、法律制度规定、民事诉讼法学理论三者之间存在一定冲突，文中提出的范本难免具有一定的局限性。笔者期待这样的探索能起到抛砖引玉的效果，为学界今后关于此类问题的研究提供有益参考。

35　参见蒲一苇：《诉讼法与实体法交互视域下的必要共同诉讼》，载《环球法律评论》2018年第1期。

论公共法律服务考评体系与定价体系的契合

杨 凯 郑振玉 王丽莎*

【内容提要】 公共法律服务的推进不但是落实公共服务均等化、法律面前人人平等的重要措施，同时也是创新社会治理的新途径。在目前政府购买公共法律服务的实践中，出现的典型问题是缺乏定价体系与服务质量考评体系，制约了公共法律服务质量的提升。本文根据不同公共法律服务的特点，提出了相对应的服务质量考评标准。同时，从成本核算的角度，通过引入服务难度系数与服务质量系数，构建政府购买公共法律服务定价的基本思路，即 $C=(m\times H+P)\times D+Q$，实现服务质量考评体系与定价体系的对接与契合。

【关键词】 公共法律服务 政府购买服务 定价标准 定价规则 服务质量考评

数据来源于武汉市江汉区联合调解中心，通过对其工作人员访谈得到。

引言

2014 年司法部相继出台了《关于推进公共法律服务体系建设的意见》（司

---

* 杨凯——华东政法大学中国法治战略研究中心司法学研究院研究员，主要研究领域：诉讼法与司法制度、公共法律服务与社会治理、法治发展战略；郑振玉——司法部公共法律服务管理局发展规划处处长，主要研究领域：公共服务与公共法律服务；王丽莎——南方航空公司（西安）法律事务部法务专员，主要研究领域：民事诉讼法学、公共法律服务。本文为司法部 2017－2019 年两年期重点项目“公共法律服务体系建构及其评价标准研究”（2017SFB1006）的阶段性研究成果。

发〔2014〕5号）（以下简称5号文）以及《关于推进公共法律服务平台建设的意见》（司发〔2017〕9号），由此掀开了在全国范围内布局面向全体公民提供的公共法律服务的探索。司法部的5号文明确将法治宣传、法律援助、法律顾问、法律咨询、人民调解、鉴定及公证等项目纳入公共法律服务的范畴内，而且对服务对象扩展至全民，而非沿袭过去法律援助项目中将服务对象界定为满足一定条件的特殊及困难群体。在此种概念界定下，公共法律服务与传统意义上的法律服务的界限变得模糊，虽然也有学者认为公共法律服务不等同于专业的付费性质法律服务，但其并未说明二者在实质上有何不同。在公共法律服务的服务对象与范围被大幅度扩宽的背景下，以前只有付费才能享受到的稀缺性"法律资源"，现在即可免费享受。如此一来，服务需求必将大幅度上升，如武汉市江汉区联合调解中心成立的一个月内，就提供了3698件调解服务。[1]

面对如此大量的法律服务需求，政府直接提供服务的方式已经不再适合，而且法律服务具有极高的专业性，只有具备法律基础知识的专业人员才有能力提供有效的服务，政府单纯地依靠其工作人员远远无法满足公共法律服务的需求。在此背景下，通过政府购买服务的方式来扩大服务供给就显得尤为必要。例如，5号文明确了"要通过政府购买方式，向乡村（社区）选派律师或基层法律服务工作者担任法律顾问，以及引导律师积极参与信访、调解、群体性案（事）件处置和社区工作等公益法律服务"。

但是将政府购买服务的方式引入公共法律服务领域，在我国尚属于初步的尝试，在各地基层政府的实践中出现了诸多问题，并因此影响了公共法律质量的提升与可持续发展。本文将主要从政府购买公共法律服务的定价体系和质量考评体系两个方面分析目前存在的问题，并提出将二者进行对接的建议。

一、政府购买公共法律服务过程中存在的问题

（一）服务质量考评体系方面的问题

任何事情，缺乏检查与考核就等于管理的缺失。公共法律服务质量考评体系的缺乏，会使服务过程流于形式，无法提供有效的法律服务，这就与政府购买公共法律服务的初衷相背离。此外，对公共法律服务质量进行考评也是监督的重要手段，任何一种有生命力的制度模式必须有自我纠错能力，这种纠错能力产生的条件之一就是要有科学完善的监督制度。[2]

---

1 数据来源于武汉市江汉区联合调解中心，通过对其工作人员访谈得到。

2 项显生：《我国政府购买公共服务监督机制研究》，载《社会探讨》2014年第1期。

无论职业责任感多强的法律服务提供者，都需要全面合理的监督机制，若没有监督，服务提供者就会失去提升服务质量的动力，最终会导致公共法律服务的质量远远低于付费性的法律服务，公民将对政府提供的公共法律服务失去信心。因此，科学完善的服务质量考评体系，对于提升公共法律服务的质量、促进其可持续发展具有重要意义。笔者通过资料检索与实际调研，发现目前我国的公共法律服务质量考评体系主要存在以下三个方面的问题：

1. 公共法律服务质量考评体系的缺失

《关于推进公共法律服务体系建设的意见》“进一步提升法律服务质量”部分明确提出，要大力加强公共法律服务标准化建设和建立健全公共法律服务质量评价机制、监督机制、失信惩戒机制，推行岗位责任制、服务承诺制、首问负责制、限时办结制、服务公开制等各项制度，以此来促进公共法律服务质量的提升。但由于我国公共法律服务尚处于起步与尝试阶段，因此目前各地的重点研究内容为明确公共法律服务体系与内容，制定公共法律服务产品清单以及三大平台的建设，而对公共法律服务工作的质量与标准的考评、监督却缺乏相应的关注，这就直接导致了目前实践中大多数地区开展的各项公共法律服务工作没有一个完整的监督考评机制。

2. 公共法律服务质量考评标准具有片面性

由于目前公共法律服务的概念与体系缺乏明确的法律规范，因此不同地区开展的公共法律服务活动也具有非常大的差异性。因此，现有的考评体系也相去甚远。例如，义乌市司法局通过“义乌公共法律服务指数”来进行服务质量的考评，该指数从法律服务平台建设情况、目标完成情况和群众满意度三个方面对公共法律服务情况作出评估，以此来衡量义乌市公共法律服务体系的实施情况。该指数满分为100分，由进程指数、成效指数和满意度评价指数按照3:6:1的权重折算而成，其中进程指数是对实体平台、网络平台和工作机制建设三个方面进行评价，成效指数从基础工作和工作力度两个方面进行评价，群众满意度则是从服务质量、服务态度以及工作技能等情况进行评价。[3]前两个指数由司法局负责，而满意度测评则是委托第三方机构进行。该指数主要存在三个问题，首先，进程指数与成效指数是对司法行政部门部署公共法律服务工作情况的考核评价，不针对服务质量；其次，群众满意度评价在指数中仅占10%，比重过低；最后，群众满意度评价完全以公共法律服务的对象为评价主体，仅将服务对象的感受纳入考量，却未对服务过程和服务客观标准进行衡量。因此，仅以群众满意度作为服务质量的评价标准具有片面性，无法科学全面地反映出

3 吴小凡、王薇：《义务公共法律服务指数实践研究》，载《法治与社会》2017年第9期。

服务质量的高低。

3. 公共法律服务质量的考评标准未充分考虑法律服务的特点

法律服务具有极强的专业性，而且服务的主要内容是信息的提供过程，信息有可能与服务对象的预期出现差异。很多不具有法律基础知识的公民一旦得到的信息无法满足自己的诉求和心理期待，就会产生很大的心理落差，认为是提供信息的人缺乏能力，会将此种心理落差归因于较低的法律服务质量。但是从服务过程上来说，服务提供者完全按照标准完成了服务过程，服务质量并未出现任何瑕疵。

（二）定价方面的问题

俗话说，价格是交易的基础，无论是政府部门还是私人作为购买主体，最为核心的依然是价格问题。在政府购买公共法律服务过程中，定价过高，会导致财政负担过大；定价过低，服务提供者在提供公共法律服务过程中的各项实际成本无法得到满足，仅仅依靠其对法律行业的责任感和公益情怀，不利于培养长期稳定的供应商市场。那么政府到底应该以什么样的价格购买公共法律服务，或者说定价应该以什么作为依据，采用何种定价规则？遗憾的是目前学术领域均缺乏对定价方面的研究。目前各地政府购买公共法律服务定价实践中，主要存在以下四个问题：

1. 缺乏公开的定价规则与科学合理的定价依据

价格的确定作为政府购买公共法律服务的核心环节，在理论和实践领域内均未引起足够的重视，很多省市购买公共法律服务的定价也直接以财政预算作为依据。同时，当前政府在购买公共法律服务方面也缺乏与定价相关的政策规范，导致各地政府在购买服务过程中并没有一个明确公开的服务定价规则，服务价格或补贴金额不以成本测算作为基础，价格未与服务的内容和要求联系起来，导致政府购买价格非常不合理。此外，政府购买公共法律服务的价格是如何制定出来的，其制定的依据是什么，为什么要这样制定，也往往不对外公开甚至不存在，最终的购买价格很可能是政府部门的工作人员一拍脑袋就决定出来的，与公共法律服务质量如此密切的定价过程存在如此之高的随意性和不确定性，既不利于提高政府财政资金的使用效率，又不利于构建良好的公共法律服务供需环境。

2. 购买价格过低，未认可法律服务的专业价值

由于受到财政预算的约束，目前各地政府对参与公共法律服务的专业人员支付的补贴金额非常低，如厦门市同安区2014年为法律顾问提供的补贴仅为每人每年2000元，但是服务对象众多、服务内容繁杂、耗费时间较多，在服务过

程中还涉及交通费用、误餐费用、通信费用以及印刷费等各项实际支出，即使在不考虑参与者的机会成本（即用提供公共法律服务的时间和精力去从事其他活动所能获得的收益）的情况下，政府的补贴金额也过低，这就导致很多法律顾问参与公共法律服务的动力不足。例如，四川省法缘律师事务所律师唐隆茂在采访中回答："担任村（社区）法律顾问作为一项公益服务，我们愿意参与。但许多事务并不是打个电话能够解决的，从市区到村里，开车需要大约两个小时，交通、通信及误工费用，以及时间成本，都需要律师个人来承担。对于依靠时间赚取收入的律师来说，特别是许多年轻律师来说，如果基本的保障跟不上，只能是有心无力。"[4] 由于法律服务具有非常强的知识密集性，即人力成本在总成本中所占比例非常高，因此，政府在购买法律此种专业性程度非常高的服务时，若未对其专业价值予以认可，只考虑伙食、交通等物质性补贴，则无异于让法律专业人员以不合理的低价提供服务，从实质而言，是打着布局公共法律服务和政府购买服务的幌子，剥削着法律专业人员，此种带有剥削性质的合作模式不可能具备稳定性和长久性。

3. 现有的定价体系缺乏分级定价

所谓分级定价是指针对不同资历与能力的公共法律服务提供者设置不同标准的购买价格，如工作一年的律师助理和工作五年的执业律师，从实质来讲二者提供的法律服务质量并不相同，而且二者的工资收入水平也不相同，即二者的单位时间人力成本并不相同。法律服务作为专业性与实践性都非常强的一种服务，其质量高低完全取决于服务提供者的能力高低，而且资历越高、工作年限越长，其服务能力越强，服务质量也越高。但是目前的定价体系针对所有的服务提供者采用相同的补贴标准，并未针对服务能力加以差异化对待，无法体现公平性与合理性。因此，针对专业能力不同的公共法律服务提供者设置不同标准的补贴，不但能体现公平性，而且有利于吸引和激励更高水平的法律专业人士参与到公共法律服务建设中来。

4. 现有的定价体系缺乏服务质量的激励机制

在目前的实践下，定价体系未能与服务质量建立联系主要体现为两种情形：一种情形是缺乏服务评价，即只要公共法律服务过程结束，就意味着服务提供者必然能拿到政府支付的全额补贴，是否达到服务要求以及被服务者的满意度则均未被纳入考虑，这就会导致公共法律服务的过程不受监督，无论提供服务质量的好坏，政府都要"埋单"。如此一来，公共法律服务沦为一种华而不实的

---

4 吴忧、刘宏顺：《法律顾问到田间，如何留得住》，载《四川日报》2018 年 2 月 28 日，第 011 版。

形式，无法真正满足公民在法律方面的需求，这就与政府之所以大力发展公共法律服务的初衷相背离。另一种情形是将服务的预期结果与服务质量等同，即只有在达到预期的服务结果时，才认为服务质量高。例如，在调解类服务中，将是否成功化解矛盾纠纷作为支付补贴的唯一依据，缺乏对服务过程的考核，导致在很多客观难度较大的案件中，即使服务提供者高标准地完成了相关工作要求，但依然无法化解矛盾，从而无法得到补贴。存在此问题的根本原因，一方面是法律服务本身具有很强的差异性，对其进行标准化的难度较高，政府部门难以制定出具有普适性的公共法律服务质量与考核标准；另一方面是针对各项公共法律服务制定复杂的考核评估体系，需要司法行政部门耗费更多额外的资源，在目前各地定价体系均未与服务质量建立联系的大环境下，且无中央层面的文件对此进行指导和要求，自然也就无法引起司法行政部门的重视。

（三）定价体系未与服务质量考评建立联系

根据对武汉市江汉区政府购买公共法律服务实践情况的实际调研发现，部分基层司法所的确存在对律师提供调解、咨询等服务质量的考核评价体系，但并未将考核结果与定价付费体系对接起来，即考核评价体系与定价体系二者是相互独立的，服务质量考核结果并不会影响服务提供者所能得到的补贴金额，如此一来，高质量的法律服务提供者付出了更多的时间和精力，却与低质量的提供者得到相同的报酬，在经济理性人的原理下，高质量的提供者会降低自己在服务过程中所投入的时间成本，最终产生“劣币驱逐良币”的现象。

其实，政府通过向社会力量购买服务，不仅是为了培育丰富的供应商市场，完善公共法律服务的供给力量，同时也是为了降低成本，提升财政资金的使用效率。这就必然涉及对所购买服务进行质量和绩效评价的问题，即服务提供者是否按照标准提供了有效的法律服务，以及服务质量的高低。此外，针对所购买的专业性服务，不仅要有考核评价，更要将评价结果与定价付费体系联系并对接起来，服务质量越高，则所支付的补贴也越多，这样就能形成一种正向反馈循环，促进公共法律服务质量的提升。

二、公共法律服务考评体系与定价体系缺乏的原因分析

（一）建立公共法律服务质量考评体系的难点

1. 法律服务具有过程性与结果的不确定性

法律服务本质上是一种咨询服务，以专业信息的提供为核心，服务的实质是信息的提供过程。目前的服务质量考评体系大多以服务结果和群众满意度为

导向，而忽视了法律服务的过程性这一核心特征。此外，很多法律服务的结果受到多种因素的影响，这就导致服务结果往往具有不确定性。例如，有些法律服务项目可以将是否满足服务对象的需求作为服务质量的衡量标准，如在法律咨询中，服务提供者是否解答了公众的法律疑问，提供了相关的法律信息，可以作为服务质量高低的判断标准；而在调解项目中，决定调解是否成功的因素非常多，即使服务提供者按照服务要求高质量地完成了法律服务，在当事人心态发生变化的情形下，调解协议依然无法达成。而且有些案件本身的调解难度非常大，是否能够调解成功不单单取决于公共法律服务质量的高低。

2. 法律服务差异性大，标准化与统一化管理难度高

正如前文所述，不同种类的法律服务差异性非常高，从服务项目本身的客观难度到对服务提供者的能力要求，再到服务流程，作出标准化、统一化管理的难度非常高，无法将所有的公共法律服务项目均纳入统一的考评标准。因此，需要结合不同公共法律服务项目的特点，为每一类项目设置单独的考评体系，并与定价体系建立联系。

（二）建立定价体系的难点

1. 公共法律服务成本的精确核算困难

在成本核算中，实际消耗的物力、自然资源等成本比较容易核算，一般采用历史成本法或者重置成本法均可，但是由于人力成本的价格没有一个统一规范的市场标准，具有非常大的差异性，因此在人力成本方面尚无统一的核算方法，这就给公共法律服务的成本核算带来了一定的客观困难。同时，公共法律服务成本相比于传统的政府采购（如材料、工程等）具有其客观上特有的核算难点：一是律师等法律专业人士的收入状况差异化程度非常高，若针对具体的服务提供者进行单独、精准的核算，则政府部门需要承担的工作成本会大幅度上升。二是不同类型的公共法律服务难度并不相同，需要服务提供者耗费的时间和精力也不相同，若采用相同的定价标准，则无异于未考虑到服务难度，有失公平。三是不同服务中涉及的物质成本的差异性较大，作统一化处理的难度较高。例如，通信费、印刷费用和交通费用，随着具体服务内容的不同，有些服务中相关资料非常多，则实际支出的印刷费用高，而有些服务中可能并不会涉及印刷费用。

2. 不同种类的服务项目差异性大

不同类型的公共法律服务难易程度差异较大。典型的公共法律服务，如法律咨询、法治宣传、人民调解、法律援助等，虽然服务对象均相同，但是由于涉及的内容差异性较大，因此服务的难易程度也各不相同，对服务提供者的专

业能力和经验的要求也不尽相同。例如，由于法治宣传（如举办法治文化讲座、沙龙等）与公证服务尚未涉及具体的纠纷，而且内容往往比较基础性、大众性和流程化，对专业知识和经验的要求有限，因此服务难度也相对较低。法律咨询中，无论是非诉性的咨询还是诉讼阶段的咨询，由于已经涉及具体的或者潜在的法律纠纷，因此服务难度相较于法治宣传、公证等程序性服务要更高。人民调解服务中，由于涉及的纠纷范围非常广泛，小到家庭邻里矛盾，大到投资合作经营，服务难度无法统一化设定，而要根据调解案件的具体类型进行判断。而律师参与信访案件的化解以及突发性事件的公共法律服务则属于服务难度最高的类型，主要有以下三个方面的原因。首先，信访类案件涉及的人员范围相对比较广泛，而且往往采取信访途径的当事人，已经穷尽了其他救济途径，因此抵触情绪较高，这就对调解人员的法律专业能力、实践经验和沟通能力等综合素质都提出了较高的要求；其次，突发性事件相对比较紧急，时效性要求较高，需要公共法律服务人员在短时间内给出合理的法律意见与解决方案；最后，信访类纠纷的化解，往往需要公共法律服务人员进行长时间、不间断调解与出具法律意见，因此对服务人员的专业能力、经验、身体素质、沟通等综合能力都提出了较高的要求。

三、公共法律服务定价体系与考评体系的对接

（一）考评体系的构建思路

1. 调解服务类的考核标准和实施办法

调解类公共法律服务考核考评有平时考核和年终考核。平时考核是所有的调解案件都要进行的考核，由自我评审、回访评审和审核员评审三个部分按照2:4:4的分值构成；每个调解案件结束后两周内将调解卷宗包括自我评价表和回访评审表，由江汉区司法局内部的审核员进行评审，并考虑回访评审和自我评审做出审核员评审结果。年终考核是抽查考核，由专家组评审，由司法局根据当地公共法律服务活动的开展情况，拟从本年度内已结案的调解案件中抽选10%的案件进行专家组评审，考评内容按照调解卷宗、调解工作和群众评价5:1:3的分值构成。同时考虑自我评审、审核员评审和回访评审确定考评等级。

平时考核包括自我评审、回访评审和审核员评审。自我评审是每个调解案件卷宗中应附有调解员对自己在本案中表现的自我评价，包括卷宗材料的完整程度，遵守工作纪律、职业道德的情况和工作经验总结。回访评审是调解员所在的主管单位对当事人进行回访，一是了解协议的履行情况，当事人的请求是否得到满足；二是听取当事人对调解员调解纠纷的意见、要求，了解调解员举

止是否得体、是否文明用语，服务态度是否热情，调解是否高效便民，调解过程中是否有上网聊天、打游戏、玩手机等与工作无关的行为，有无错误调解及激化现象，当事人是否对调解员进行过投诉等，把当事人是否满意作为对调解员考核的重要依据。审核员评审是审核员对每个已结案的调解卷宗的完整程度进行审查。调解成功的，查阅调解协议，看调解协议书是否列明当事人、争议事实、协商结果并写明日期；有履行义务的，看达成的履行方式、地点、履行期限是否有利于解决纠纷，是否存在明显损害一方利益的条款并结合调解效率和当事人的满意度进行评价，审核员评审表一并归档。

年终考核。每年十一月下旬由区司法局从各大律师事务所聘请有十五年以上工作经验的律师和本区联调中心负责人或调解委员会的负责人 5—7 人组成专家考评小组，对调解的案件评等级，并根据案件的法律效果和社会效果填写考评意见表，交于司法局一并存档。

调解工作考评总分为 100 分，考评结果分为四个等级：85 分及以上为优秀；75—84 分为称职；60—74 分为基本称职；60 分以下为不称职。如果发现以下情况，直接定为考评结果不合格：提交的结案卷宗不符合相关规定、经补正后仍不符合规定的；因调解员违法调解，被当事人投诉的；调解员私下向当事人索要好处的；拖延调解，或者没有在规定的时间内调解完毕。没有尊重当事人意愿，按自己的想法进行调解，或存在阻碍当事人以和解、诉讼、仲裁等方式解决纠纷；偏袒一方当事人，未保持中立，给当事人造成较大经济损失的；其他违反调解法律、法规和规章规定行为的。

2. 法律咨询服务类的考核标准及实施办法

法律咨询类考核考评有平时考核和年终考核。平时考核是指每个已结案的法律咨询案件均由司法局的审核员对卷宗材料、回访评审和自我评审作出评价，并形成审核员评审表，进行归档。自我评审是每个法律咨询案件卷宗中应附有工作人员对自己在本案中表现的自我评价，包括卷宗材料的完整程度，遵守工作纪律、职业道德的情况和工作经验总结。回访评审是法律咨询工作者所在单位对当事人进行回访，听取当事人对工作人员提供的咨询建议的意见，评估是否能解决问题。了解工作人员举止是否得体、是否文明用语，服务态度是否热情，处理问题是否高效便民，提供咨询过程中是否有上网聊天、打游戏、玩手机等与工作无关的行为，有无误导当事人的情况，当事人是否对工作人员进行过投诉等，把当事人是否满意作为对调解员考评的重要依据。审核员评审是司法局的审核员对每个已结案的法律咨询卷宗的完整程度进行审查。结合咨询案件的卷宗情况、咨询意见，以及当事人投诉情况对案件进行评价总结，一并归档。年终考核是专家组评审，每年十一月下旬由区司法局从各大律师事务所聘请有十五年以上工作经验的律师、有经验的公证员、司法鉴定员或调解委员会的负责人5—7人组成专家考评小组，根据当地公共法律服务活动的开展情况，拟从本年度内已结案的法律咨询案件中抽选10%的案件进行专家组评审，具体由司法局办公室牵头，法律事务管理科组织，聘任的专家小组依据法律咨询工作考核考评细则进行，同时考虑自我评审、考核员评审和回访评审确定最终的考评等级，并根据案件的法律效果和社会效果填写考评意见表，交司法局一并存档。

法律咨询工作考评总分为100分，考评结果分为四个等级：85分及以上为优秀；75—84分为称职；60—74分为基本称职；60分以下为不称职。法律咨询服务工作者有下列情形之一的，直接评价为不称职：因法律咨询工作人员违法提供咨询，当事人进行投诉的；法律咨询工作人员私下向当事人或者其亲属索要财物或其他财产性利益的；因法律咨询工作人员的错误意见误导当事人，使当事人遭受重大损失的；不及时向当事人提供咨询意见的。

3. 法治宣传服务类的考核标准及实施办法

法律宣传类服务工作要符合以下标准：宣讲人或相关单位在进行市民法治讲堂前认真备课，制作课件并报普法宣传机构留存；法律宣传课件内容符合普法需求且通俗易懂；宣讲人在进行法律宣传时能够以案释法，使群众对相关法律有一定的了解。

法律宣传工作的考核考评由司法局协同其辖区内的司法所共同完成。考评结果由两部分组成，一是调查问卷，二是审核员评审。调查问卷是每个季度最后一个月的中下旬，由普法宣传机构所在地的司法所通过走访调查其所在地的居民主要对法治宣传的次数、内容的可接受度等法治宣传工作进行调查并结合实地检查、体验相关设施的方式对普法宣传工作作出评价。审核员评审是每次法律宣传结束后，进行法律宣传的宣讲人或宣讲单位将法律宣传的课件附件提交给司法局备案，司法局审核员根据该宣讲课件以及对调查问卷的评估，确定此次法律宣传的评审结果。

4. 法律顾问服务的考核考评标准及实施办法

法律顾问服务要遵循以下标准：在从事法律顾问工作中遵守宪法、法律、法规、规章和行政规范性文件规定，遵守职业道德、执业纪律和行业规范；提供的法律咨询意见符合法律规定。

法律顾问工作业绩考核内容主要包括在从事法律顾问工作中遵守宪法、法律、法规、规章和行政规范性文件规定，遵守职业道德、执业纪律和行业规范的情况；因从事法律顾问工作受到行政奖惩、行业奖惩的情况；担任法律顾问的履行职责的情况；建立法律顾问业务档案，保存完整工作记录的情况等。

法律顾问的考核是年终考核，每年的十一月中下旬由区委法治办、区政府法制办和区司法局负责组织成立全区法律顾问工作考核领导小组，领导小组组长、副组长由区分管领导兼任，成员单位由区考评办、区综治办、区人大法工委、区委法治办、区政府法制办、区司法局、区财政局、区审计局等单位组成，对全区党政机关及事业单位的法律顾问工作进行考核考评。

5. 应急事项法律服务

律师事务所应党委、政府的要求，参与应急事项法律服务时，应符合下列要求：提供的意见和建议符合法律和政策规定；参与协商时公平、公正，平等维护各方的利益。

应急事项法律服务结束后由党委、政府对律师事务所服务工作的社会效果和影响进行考评，应急事项法律服务和评审结果一并归档并将副本交由司法局保存。

其他公共法律服务的各项工作的考评总分为100分，考评结果分为四个等级：85分及以上为优秀；75—84分为称职；60—74分为基本称职；60分以下为不称职。在上述其他公共法律服务中，工作人员有下列行为的，考评结果为不称职：因工作人员在工作过程中有违法行为，被服务对象进行投诉的；工作人员私下向被服务对象或者其亲属索要财物或者其他财产性利益的。

（二）定价体系的构建思路

1. 基础性成本：公共法律服务参与者支出的实际成本

基础性成本是整个定价体系的基础，由服务提供者所支出的实际成本构成，主要包括人力成本和物质成本。人力成本（以H表示）以本地区不同职业法律从业者的平均工资作为核算依据，并结合提供者的资历进行分级定价，具体核算在下文“分级定价”部分详细阐述。物质成本是服务过程中实际支出的各项物质与资源成本，根据与服务时间的关联度大小，将物质成本分为固定费用（以F表示）和期间成本（以P表示），与服务时间关联度不大的为固定费用，而与服务时间密切相关的为期间成本。其中，固定费用包括印刷费、通信费，由于上述两种费用涉及金额相对较小，采用精确核算的效益成本比不高，因此建议采用定额的方式核算，即对服务过程中的印刷费、通信费进行调研，选取一个平均使用量作为代表。期间成本（P）主要包括伙食费、住宿费和交通费，采用当地普通公务人员的标准。

综上，基础性成本 = （H + P） × D（服务时间） + F，其中P的具体值需要根据是否涉及住宿费用而变动，涉及住宿的情形下，交通费用只核算一天。

2. 分级定价：以公共法律服务参与者的资历为依据对人力成本进行调整

分级定价主要是针对人力成本H，法律服务作为一种专业性较强的服务，不能笼统地采用一个平均成本来计算，由于不同资历与等级的服务提供者提供的法律服务质量不同，因此需要考虑服务提供者的经验成本，可以考虑以工作年限为依据，将公共法律服务提供者分为不同等级，同一等级内采用该工作年限下人员的平均工资来作为人力成本的参考值。

3. 分类定价：通过服务难度系数对基础性成本进行调整

如前所述，不同种类的公共法律服务难度不同，也就决定了服务提供者需要耗费的精力不同，因此，需要根据服务难度的高低，将不同种类的公共法律服务分为不同的类型，并对不同类型的公共法律服务设置不同的难度系数，从而实现对人力成本的进一步调整。例如，法律宣传尚未涉及具体纠纷，而且服务流程标准化程度高，因此属于难度最低的简易型服务；法律咨询涉及具体纠纷，因此属于难度中等的基本型服务；信访纠纷化解以及突发性公共法律服务时效性要求高，而且往往涉及当事人数量较多，因此属于难度最高的综合型服务；调解服务的具体内容不同，服务难度相差较大，因此不宜设置统一的服务难度系数，建议根据案情，将具体的调解服务划归至上述类型中的某一种，如治安类调解、邻里纠纷类案件的调解，就可以归为简易型服务，采用较低的服务难度系数，而当事人众多、涉及集资、征地类的纠纷则可以归为综合型服务，采用较高的服务难度系数。经服务难度系数 m 调整后的定价公式为（$m \times H + P$）$\times D + F$，其中 $m > 1$。

（三）定价与考评体系的对接机制

在以上定价体系下，价格尚未与服务质量考评体系联系起来。因此，建议通过引入服务质量补贴（以 Q 表示）与公共法律服务质量考评结果进行对接，既可以吸引更多优质的法律专业人士参与公共法律服务，又可以促进公共法律服务质量的提升。具体而言，可以为公共法律服务质量的四个考评结果（优秀、称职、基本称职与不称职），设置不同的服务质量系数，被评价为优秀和称职的参与者，将会得到以日均人力成本为基数计算的服务质量补贴，其余两种则只能得到经过服务难度系数调整的基础性补贴。具体计算公式为 $Q = n$（服务质量系数）$\times H$，其中服务质量系数的取值，可以根据不同地方的财政预算并结合实际调研获得。综上，经过服务质量补贴系数调整后的总成本 =（$m \times H + P$）$\times D + F + Q$，其中 $Q = n \times H$。

粤港澳大湾区刑事司法管辖制度研究

暨南大学法学院课题组*

【内容提要】粤港澳大湾区刑事司法管辖问题已成为跨境办理刑事案件的拦路虎之一，与建设粤港澳大湾区发展战略的要求极不适应。基于当前形势下签署区级刑事司法协助协议较为困难的现状，可以选择跨境电信诈骗案这类三方能够形成打击共识的刑事案件作为切入点，尝试签署专项工作协议，构建司法管辖冲突解决相关机制，努力在解决类案司法管辖冲突问题上取得共识，不断推动完善区际刑事司法管辖制度，为立法解决区际刑事司法协助问题奠定良好制度基础。

【关键词】刑事司法管辖　冲突解决　现实问题　完善路径

一、问题的提出

自“一国两制”方针实践后，香港、澳门特别行政区回归已逾二十年，我国已基本形成“一国、两制、三法系、四法域”的司法现状。随着二十年多来的不断交流和融合，内地与香港、澳门特别行政区经济、社会交往越发密切，由此产生的法律纠纷相应增多，跨境刑事犯罪也日益猖獗。但是，受法律制度差异的影响，跨境办理刑事案件颇为困难，刑事司法管辖问题成为跨境办案的拦路虎之一，与当前我国建设粤港澳大湾区发展战略的要求不相适应。

---

* 暨南大学法学院课题组成员：梁玉霞——暨南大学法学院/知识产权学院教授；杨萌——暨南大学法学院副教授；李涛——广东省人民检察院一级检察官；蒋训毅——暨南大学法学院讲师。本文系全国人大常委会香港、澳门基本法研究项目“粤港澳大湾区刑事法律适用与司法管辖研究”（项目编号：JBF201912）的阶段性成果。

粤港澳大湾区刑事司法管辖冲突，是指犯罪嫌疑人、被告人、被害人、证人以及犯罪预备地、实施地、结果地和销赃地等因素中，分别涉及粤港澳其中两地或者三地的刑事案件[1]，并由此产生的案件办理各个环节司法管辖权的冲突。由于粤港澳三地法律规定不同，在是否构成犯罪、量刑轻重、诉讼权利保障等方面都可能发生冲突，犯罪人甚至可能会在作案时故意制造管辖冲突。例如，犯罪分子实施电信诈骗犯罪地在香港，诈骗对象在内地，犯罪结果发生地在内地，诈骗所得通过网络流向香港，位于内地的被害人报案后，公安机关经过网络技术侦查手段确认犯罪嫌疑人在香港，但因为内地侦查人员不能跨境执法，所以只能是望“港”兴叹。随着《粤港澳大湾区发展规划纲要》的出台，粤港澳地区法治化建设发展必将更趋深入，三地司法互助的深度和广度需求都会大大增加，探索和完善粤港澳大湾区刑事司法管辖制度是大势所趋，刻不容缓。

二、粤港澳大湾区刑事司法管辖现状及困境

（一）粤港澳大湾区刑事司法管辖现状

从目前粤港澳大湾区刑事司法管辖制度现状来看，内地与港澳地区在刑事司法互助方面还存在制度化空白，在管辖问题上的表现不尽如人意。截至目前，内地与港澳之间仍未签署区际刑事司法协助协议，内地检察机关与港澳地区刑事司法协助工作主要依据2000年发布的《最高人民检察院关于进一步规范涉港澳个案协查工作的通知》，仍停留在“个案协查机制”阶段，在涉及管辖等有关案件具体问题处理时，往往八仙过海，各显神通，不仅工作缺乏规范性，浪费宝贵司法资源，而且使得案件结果难以保证，缺乏可预判性[2]。

最高人民检察院和澳门检察机关早在2009年就已开始商讨《内地与澳门特别行政区关于刑事司法协助安排》，2013年最高人民检察院会同全国人大法工委、最高人民法院、公安部和国务院港澳办组团赴香港，与香港特区政府保安局和律政司方面就《内地与香港特别行政区关于刑事司法协助的安排》启动了首轮磋商[3]，可惜均未能达成最终协议。值得一提的是，大陆与我国台湾地区司

1 陈曾侠：《“一国两制”下粤港澳互涉刑事案件管辖与司法协助探讨》，载《政法学刊》1996年第4期。

2 陈雷：《我国区际刑事司法合作的实践与发展》，载《国家检察学院学报》2013年第5期。

3 详见最高人民检察院办公厅2017年7月25日《对十二届全国人大五次会议第9192号建议〈关于内地与香港特别行政区订立刑事司法互助协议的建议〉的答复》。

法协助制度化建设已迈出实质步伐，海基会和海协会作为两岸代表于2009年4月26日签署了《海峡两岸共同打击犯罪及司法互助协议》，粤港澳地区理应有更新、更大的突破。

（二）粤港澳大湾区刑事司法管辖面临的困境及原因

1. 司法体制差异是导致区际司法管辖冲突的根本原因

如前所述，内地与港澳台地区属于“一国、两制、三法系、四法域”，司法体制差异以及法域的不同，导致对刑事犯罪行为的定性有着不同理解和认识，这是产生区际司法管辖冲突问题的根本原因。例如，在当前个案协查机制下，港澳地区执法机关仅对非法入境的内地犯罪嫌疑人给予司法协助，对于本来是港澳居民或者后来取得港澳居民身份的嫌疑人，一般不予以协助，出现了司法管辖冲突。简言之，就是：内地想管管不了，港澳能管也不管。

造成这种情况的主要原因在于：第一，内地与港澳地区并无刑事司法协助协议。例如，1999年修订的香港特别行政区《刑事事宜相互法律协助条例》第三条第一款明确规定“该条例不适用于香港与中华人民共和国的任何其他部分之间在刑事事宜上的协助的提供或取得”，导致在立法层面缺乏处理司法管辖冲突的依据；第二，内地与港澳地区在限制人身自由司法制度方面存在较大差异。在刑事案件办理过程中，港澳地区限制人身自由需要获得法院许可，法官根据侦查机关提供的证据作出判断，如果无法形成内心确信，则不能先行羁押审讯，这与内地刑事案件侦查模式有着较大差异，在采取强制措施问题上难以达成一致，间接影响到管辖冲突问题的解决；第三，地区司法现状和文化传统不同产生的司法互信阻力。

2. 财产保护制度差异是影响区际司法管辖问题的重要因素

当前，港澳地区对私有财产的保护制度相对完善，当内地对所管辖的案件提出有关涉案财产问题的司法协助时，基于对居民财产权、隐私权的保护，若未获得有关权益人或法院的授权，司法协助效果难以保证，财产保护制度的差异成为影响管辖冲突问题解决的一大因素。例如，打印银行流水、查询房产信息等内地常用的调查措施，在香港还须取得当事人的授权，在实践操作中让内地调查人员颇为头疼。

从现实三地间涉案财产流向来看，内地是资金严格管控的区域，而港澳地区却有其自身资产易于流动的特点。香港特别行政区作为自由港、金融中心，资金容易成为中转站流向国外。澳门特别行政区的博彩业是其支柱产业之一，资金容易通过赌场洗白。港澳地区的资产流动特点，决定了跨境刑事犯罪案件中，赃款赃物的流向大多是从内地流向港澳[4]，这也是很多犯罪嫌疑人喜欢携款潜逃港澳的重要原因。内地司法执法机构迫切需要对潜逃港澳地区的经济犯罪分子明确司法管辖权，并果断采取查封、冻结、扣押等措施，而财产保护制度的差异一定程度上阻碍了双方对管辖问题的沟通协商。

3. 缺乏共识是区际司法管辖冲突问题较难解决的主观原因

粤港澳地区在法律制度、人权观念、司法理念上存在较大差异，导致在面对司法管辖冲突时很难找到“求同存异”的大前提。目前，内地与港澳地区尚未签署区际刑事司法协助协议，暂时未能对区际司法管辖冲突问题达成制度化解决共识。而缺乏共识反过来又影响到相关理论研究的深入和司法实践的开展，进而影响到整个粤港澳地区司法协助制度的构建和推动。

20 世纪 80 年代末，检察机关开创了与港澳地区个案协查机制先河，屡有合作成功的经验，但始终未能上升到法律法规层面，在解决内地与港澳管辖冲突问题上办法不多。在检察机关自侦部门未转隶之前，负责内地与港澳刑事案件协查的机构主要是最高人民检察院，其中职务犯罪个案协查占据了协查案件的绝大部分。国家监察委成立后，由国家监察委主要负责反腐败刑事司法协助工作和国际合作，目前监察机关和检察机关都处于职能调整后的适应期，如何各方合力用好个案协查制度，解决好司法管辖冲突问题，努力寻求新的合作共识，是亟须解决的重大命题。

4. 理论研究与实务经验的不足对解决冲突问题有客观影响

广东地区虽然较早便与港澳地区就职务犯罪案件开展互利互惠司法合作，但从严格意义上讲，粤港澳地区刑事案件的个案协查，是在香港、澳门回归中国后才开始全面实施的。由于实务经验较少，而且不善于总结经验做法以制度化形式固定，关于区际司法管辖理论的研究较为薄弱。由于缺乏理论研究和相关培训，许多内地司法人员只懂得一地管辖案件办理程序和规定，不懂港澳司法体制和管辖规定，往往不能站在对方法域理念和规定上思考管辖问题，不利于办案工作的开展。

其实，现实中并非缺乏司法实践的机会。据近三年来刑事司法协助案件数据统计，中国内地每年平均发生 100 余宗涉港澳刑事案件，其中涉及管辖权冲突的案件占比约 1/4。一方面跨境犯罪案件日益增多、案件复杂程度越来越高，另一方面四法域之上没有更高位阶的法律法规进行统筹，无法在法律层面上解决管辖权冲突问题。近年来发生的“李育辉案”“周正毅案”“何兆领案”等热

---

4 陈晖：《内地与港澳跨境洗钱犯罪的刑事司法协助问题》，载《西南政法大学学报》2005 年第 5 期。

点案件，反映出管辖权冲突问题不容忽视，相关理论研究亟待深入。

三、以类案办理为视角探索解决区际刑事司法管辖冲突问题

笔者认为，基于当前形势下签署区级刑事司法协助协议较难实现的现状，可以先从解决区际刑事司法管辖冲突问题上打开突破口，选择某一类三方能够形成打击共识的刑事案件为切入点，在司法管辖冲突问题上取得共识，然后再铺开适用到所有刑事案件管辖冲突问题的解决上，逐步完善粤港澳大湾区刑事司法管辖制度。在类案切入点的选择上，跨境电信诈骗案是一个很好的选择，理由如下：

（一）跨境电信诈骗案粘连性强，有合作基础和成功经验

粤港澳地区是跨境电信诈骗案件的重灾区，不仅数量多、涉及面广，而且粘连性和关联度强，有大量合作基础和成功经验。根据广东省公安厅公布的数据显示，2017 年广东省反诈中心受理的香港市民电信诈骗案比 2016 年上升 37.2%，协助香港警方开展紧急支付、冻结涉案账户 384 个，涉案金额逾 7000 万元。同一时期，香港警方办理电信诈骗案 716 宗，其中 589 宗成功行骗，占比 82%，损失金额高达 1.97 亿港元。据澳门司警局公布的数据显示，仅在 2018 年上半年，跨境电信诈骗案由 2017 年同期的 431 起上升至 514 起。高速增长的电信诈骗案让粤港澳地区加强刑事司法协作的需求日益迫切，三地人民呼声强烈。

目前，广东省公安厅已上报公安部，积极协调香港警方，共商建立“粤港跨境反诈平台”[5]，为解决跨境电信诈骗案司法管辖冲突问题创造有利条件。值得一提的是，大陆与台湾地区的刑事司法协助已有成功合作的参考模式，两岸自签订《海峡两岸共同打击犯罪及司法互助协议》后，双方指定联络人协调开展司法协助工作，大陆可根据案件需要，由大陆司法机构对口台方开展刑事司法协助，案件较多的省份还可开放二级联络窗口。2016 年最高人民检察院已授权广东、福建、上海、江苏、浙江、重庆等省级检察院开展对台司法互助二级联络窗口试点工作。海峡两岸司法互助模式运作以来运行顺畅，有较为成熟的、可资借鉴的经验，“粤港澳跨境反诈平台”的建立同样值得期待。

（二）跨境电信诈骗流动性强，对研究管辖问题具有代表性

跨境电信诈骗案涉案人员以及赃款一般由内地流向港澳，尽快逃离诈骗受害者司法区域是这类案件的一大特点。通常受害者为内地人时，被诈骗的钱财

5 详见广东省公安厅答复广东省政协委员陈丹丹《关于建议粤港警方携手在大湾区进行电骗作案手段揭秘巡回宣讲办展的提案》。

会快速通过地下钱庄流向港澳，而港澳地区受害者的资金，则会反向流向内地账户。由于电信诈骗不需要接触被害人，一般犯罪嫌疑人与被害人也会处于不同区域，正是因为这种涉案人员及赃款流动性特点，客观上迫切需要解决司法管辖权问题。选择跨境电信诈骗案作为推动解决区级司法管辖冲突问题的切入点，具有典型性和代表性，能够充分发挥“以点带面”的作用。

（三）跨境电信诈骗涉及管辖问题多，作为蓝本的可参照性强

办理跨境电信诈骗案需要司法协助的工作内容较多，作为探索司法管辖问题的蓝本可参照性强。例如，跨境电信诈骗案往往涉及犯罪嫌疑人、被告人与被害人相分离，犯罪行为实施地与结果地不一致的情况，侦查管辖权问题凸显；跨境电信诈骗案是典型的涉财型犯罪，涉案财物的查封、冻结、扣押等问题是破案及挽回损失的关键，对确认管辖权问题十分迫切；电信诈骗犯罪手法基本上被粤港澳三地都认定为犯罪行为，对社会危害性的认识基本一致，在犯罪行为打击上能够取得共识，而且已经有了成功合作的先例。选择跨境电信诈骗案作为解决司法管辖冲突问题的蓝本，参考意义更强，容易成为处理所有跨境刑事案件司法管辖问题的基本参照。

四、以类案为视角完善区际刑事司法管辖制度的路径设想

目前，内地与港澳地区在跨境电信诈骗案办理中已有良好合作基础，在当前我国区际刑事司法协助法尚未出台[6]和全国区际刑事司法合作协议难以一步到位的情况下，先从办理跨境电信诈骗案件切入，在司法管辖问题上进行充分沟通并达成共识，进而探索构建区级刑事司法管辖冲突解决机制，伺机再以立法的形式加以确认，不失为一条务实的路径。笔者结合工作实践，提出完善区际刑事司法管辖制度的路径设想。

（一）先行签署刑事类案司法管辖冲突解决专项协议

以跨境电信诈骗案作为切入点，尝试由中央机关与港澳特区政府共同签署粤港澳区级司法管辖冲突解决专项协议。具体来讲，内地司法机关可与港澳特区政府相对应部门，在职权范围内签订类案司法管辖冲突解决专项协议，作为签署区级司法管辖冲突解决专项协议的铺垫或试点。例如，可考虑由内地最高

6　2018年10月26日我国公布施行《国际刑事司法协助法》，旨在加强刑事司法领域的国际合作，有效惩治犯罪。但目前关于内地、香港地区、澳门地区、台湾地区的区际刑事司法协助工作尚未出台专门立法。

人民法院与香港、澳门高等法院签署跨境电信诈骗案刑事判决司法互认协议，解决“一案重复审”的管辖权冲突问题；可考虑由内地最高人民检察院与香港律政司、澳门检察院签订关于跨境电信诈骗案公诉检控的互助安排协议，解决“一案重复诉”的管辖权冲突问题；可考虑由内地公安部与香港保安局、澳门保安司签订关于跨境电信诈骗案件的侦查互助安排协议，明确在一般情况下，这类案件应采取属地管辖原则，在特殊情况下通过协商也可以根据属人管辖原则行使管辖权，从而有效解决管辖权冲突问题。

此外，从办案操作便利的角度出发，还可以考虑由最高人民检察院、公安部特别授权广东省人民检察院、广东省公安厅与港澳地区相关执法部门签订相关协议[7]，这样的协议更具有针对性、操作性和现实意义。在签署司法管辖冲突解决专项协议的基础上，再考虑如何进一步推动签署《内地与香港特别行政区关于刑事司法协助的安排》《内地与澳门特别行政区关于刑事司法协助的安排》。根据《香港基本法》第九十五条和《澳门基本法》第九十三条规定，港澳特别行政区可与全国其他地区的司法机关通过协商依法进行司法方面的联系和相互提供协助，有法可依，于法有据。因此，完全可以先在粤港澳地区签署刑事类案司法管辖冲突解决专项协议，等到时机成熟之时，再扩展到内地所有地区、所有刑事案件。

（二）将构建刑事司法管辖冲突机制作为重要基础

构建刑事司法管辖冲突机制，是签署刑事类案司法管辖冲突解决专项协议的重要基础。专项协议的内容应当是三方都接受和认可的内容，是经过司法实践充分检验的。笔者认为，可以围绕管辖冲突解决原则、解决模式、具体解决方法三个方面展开，具体来讲包括以下内容：

1. 明确粤港澳三地司法管辖冲突解决的基本原则。粤港澳地区都属于中国领土，涉及的司法管辖冲突问题是同一主权国家内部司法问题，因此应当明确以维护国家主权统一、尊重他方法域为三方司法管辖冲突解决的基本原则，以“一罪不再罚”“一罪不两诉”等作为解决管辖冲突的具体原则，作为解决区级司法管辖冲突问题的基本准则。

2. 明确粤港澳三地司法管辖冲突解决基本模式。解决粤港澳地区司法管辖冲突必须确立基本的操作模式，才能确定三方协商的基础，有效节省沟通成本。在跨境电信诈骗案中，涉及三方司法管辖冲突时，应以属地管辖原则为主，以属人管辖为辅。在特殊情况下可以通过协商，允许对方法域根据属人管辖行使管辖权。

---

7 邹平学、冯泽华：《改革开放四十年广东在粤港澳法律合作中的实践创新与历史使命》，载《法治社会》2018 年第 5 期。

3. 明确粤港澳三地司法管辖冲突解决的具体方法。当适用属地管辖原则仍不能避免管辖权冲突时，必须明确一些具体解决冲突的规则方法。例如，对于跨境电信诈骗案件，可以案件侦破地司法机关管辖优先，也可以结合个案实际情况进行协商，移送主要犯罪地司法机关管辖。当犯罪预备地、实施地、结果地不一致时，可结合司法实务经验和操作惯例，以犯罪行为实施地优先于犯罪行为预备地、犯罪结果地优先于犯罪行为实施地的规则顺序，解决跨境电信诈骗具体个案的司法管辖冲突问题。

（三）将构建刑事司法协助缉拿及协查机制作为重点内容

协助缉捕、移送犯罪嫌疑人，以及查封、冻结、扣押及移交证物工作是区际刑事司法协助争议最大、难度最高的工作，也是解决刑事司法管辖冲突问题的关键之一。结合跨境办理电信诈骗案件实务经验，笔者提出以下设想：

1. 在缉捕、移送犯罪嫌疑人方面，依据属地管辖原则。在请求方提供犯罪基本事实证据和法律依据，并出具法律文书的前提下，协助方应当依据自己地区内法律缉捕案犯。若属于双方共同缉捕的犯罪嫌疑人，双方经协商可以在各自地区内缉捕，必要时请求方可派员到协助方地区内协助缉捕工作。被请求方本域居民涉嫌犯罪证据确凿、法律手续完备的，只要不损害被请求方重大利益和法律秩序，不应成为阻碍移送的理由，体现出维护国家主权统一、尊重他方法域的司法管辖冲突解决基本原则。

2. 在协助查封、冻结、扣押及移交证物方面，应以尽可能挽回被害人损失为原则。由于跨境电信诈骗中涉案资金转移快，在账户中停留时间短，必须尽快采取行动，以保证办案质量和效果，因此应当以案件侦破地司法机关管辖优先，按照犯罪行为实施地优先于犯罪行为预备地、犯罪结果地优先于犯罪行为实施地的规则顺序，约定工作流程及适用条件，迅速解决司法管辖冲突问题。必要时也可以经过高效协商，移送主要犯罪地司法机关管辖。一般情况下，只要请求方提供了基本的犯罪事实证据和法律文书，被请求方应当在72小时内按照本方程序规定采取查封、冻结、扣押手续。特别重大的案件，如涉案金额巨大、人数众多、影响恶劣，则可以要求被请求方在48小时内完成，用于作证的相关证物也应当一并移交请求方处理。

（四）将构建裁判互认及协调改进机制作为重要保障

构建粤港澳地区刑事裁判结果互认及协调改进机制，是完善刑事司法管辖冲突制度的重要保障。对于跨境电信诈骗案件，在裁判互认机制方面，内地与港澳地区可以通过签署协议的形式互认裁判结果，有效协助对方执行；在构建协调改进机制方面，内地与港澳地区经协商后可以成立协调机构，定期对跨境电信诈骗案件办理情况进行会商总结，对个案中遇到的问题及时进行研究和解决。具体来讲，应当重点把握好以下几个原则：

1. 互相信任原则。三方在思想观念认识上应当坚持互信，通力协作，尊重对方对刑事案件独立的管辖权。需要明确的是，粤港澳执法合作或者协助目的不是开展联合执法或者交叉执法，而是消除区域执法障碍、提高执法能力[8]。实现执法互认，有效解决司法管辖冲突问题，积极推进构建裁判结果互认及协调改进机制，才是三方执法合作应当重点讨论的内容。

2. 有利于打击犯罪原则。基于跨境电信诈骗案危害范围大，涉及普通群众多，在涉及司法管辖冲突时，三方都应秉承有利于打击犯罪的目标原则，积极挽回受害人损失。例如，在2002年4月29日澳门举行的"区际刑事司法协助法律研讨会"上，会议普遍认为，区际刑事司法协助应当包括协助刑事案件管辖移交、确认和协助执行刑事判决、协助赃款和赃物的保存和移交等重要内容[9]。

3. 协商优先原则。就粤港澳大湾区而言，"两制"虽造成了法律冲突，但"一国"则为这一冲突解决奠定了政治基础[10]。当遇到具体司法管辖争议问题时，应当优先协商解决，通过平等协商，共同寻找解决办法，达成共识，有效解决司法管辖冲突。

4. 先行立案原则。在双方都有权管辖处理的案件中，可以由先行立案的一方管辖处理，如果双方均已立案，则在各自管辖范围内通力协作，配合处理。以内地省级司法机关为合作主体，就局部区域的专项合作事务签订区际司法合作协议的模式在民商事司法协助领域早有先例[11]，粤港澳三方完全可以参考相关做法，针对打击跨境电信诈骗犯罪展开协商合作，签订相关协议，协商改进工作机制。

综上所述，以跨境电信诈骗案的办理为切入点和试验田，争取先行签署刑事类案司法管辖冲突解决专项协议，沿着构建刑事司法管辖冲突机制、刑事司法协助缉拿及协查机制，以及刑事裁判互认及协调改进机制的方法路径，以点带面，通过类案办理推动区际刑事司法管辖冲突问题的制度化解决。本文抛砖引玉，期待引发粤港澳大湾区刑事司法管辖制度问题更深层次的研究与思考。

---

8 潘高峰：《构建加快推进粤港澳大湾区建设的法治保障》，载《湖北经济学院学报（人文社会科学版）》2018年第10期。

9 吕绍忠：《关于构建中国区际刑事司法协助的几点思考》，载《公安研究》2014年第5期。

10 肖玉杰、潘高峰：《论粤港澳大湾区府际合作治理中区际法律冲突的解决》，载《法学》2019年第3期。

11 钱伟：《论粤港澳跨境有组织犯罪区际侦查合作模式及原则》，载《中国人民公安大学学报（社会科学版）》2007年第2期。

检察视角下庭审实质化的实现路径

庞良程　黄洁梅*

【内容提要】庭审实质化离不开处于居中裁判地位的法官的主持推动，也离不开处于主角地位的控辩双方的配合推进。庭审是否实质化虽然呈现在法庭审理过程中，但关键性的因素往往在审前阶段。本文立足于广州市检察机关的实践探索，通过实证分析揭示实践中存在的阻碍实现庭审实质化的制约因素和深层原因，并借鉴域内外庭审模式变迁，探讨检察机关在庭审实质化改革中的定位、职责和改革进路。

【关键词】侦查中心主义　以审判为中心　庭审虚化　庭审实质化　检察主导

庭审实质化是“以审判为中心”的刑事诉讼制度改革的核心所在，要求刑事诉讼要坚持以庭审为中心，“保证庭审在查明事实、认定证据、保护诉权、公正裁判中发挥决定性作用”[1]。为推进庭审实质化，理论界和实务界均展开了探索。2015年3月31日全国第一个庭审实质化示范庭在成都市温江区法院率先落槌，2017年最高人民法院制定下发深化庭审实质化改革的“三项规程”，2018年最高人民检察院出台《公诉人出庭举证质证工作指引》，各地司法实务部门也在不断努力探索、建立符合本土司法需要的庭审实质化模式。然而庭审实质化究竟该如何实现，尤其是检察机关在此项改革中充当何种角色、如何推动，仍有诸多问题值得探讨、研究。

---

*　庞良程——广州市人民检察院第二检察部负责人、三级高级检察官；黄洁梅——广州市人民检察院第二检察部四级高级检察官。本文为广州市检察机关2019年度重点课题阶段性研究成果。

1　参见《中共中央关于全面推进依法治国若干重大问题的决定》，载《人民日报》2014年10月29日，第2版。

一、庭审实质化的内涵价值和司法现状

以审判为中心的刑事诉讼制度改革要求“诉讼证据出示在法庭、案件事实查明在法庭、诉辩意见发表在法庭、裁判结果形成在法庭”，实际上，这也是“庭审实质化”的内核所在。为实现这一目标，需要法官依法规范主持庭审，充分尊重、保障各诉讼参与方的权利，控辩双方就案件定罪量刑的有关内容展开充分举证、质证、辩论，使得法官主要通过庭审活动而非庭下活动形成对案件公正裁判的意见。

（一）庭审实质化改革的意义

一是有利于推动实现以审判为中心的刑事诉讼制度改革。“以庭审为中心”是“以审判为中心”的逻辑推演，因为刑事庭审“不仅决定着被告人刑事责任问题的最终结果，同时发挥着对于审前、审后程序的统领作用。”[2]而“以庭审为中心”必然要求庭审实质化，因为“司法的根本特性是判断性，司法判断的前提是亲历性，即亲身经历程序、直接审查证据，只有法庭审判能全面、有效地提供亲历性条件，使法官得到鲜活、丰富的案件信息，从而获得正确作出司法判断的基础和条件”。[3]反之，如以庭下阅卷的方式进行审判，将不可避免地陷入“侦审联结”与“侦查中心主义”的窠臼，且不能体现审判程序的优越地位和决定性作用。

二是有利于保障人权，实现刑事诉讼的程序正义和实体正义。《联合国公民权利和政治权利国际公约》明确提出各成员国在刑事诉讼中应当确保被告人享有获知被控事项的权利、不被强迫自证其罪的权利、获得律师辩护的权利等，[4]反映刑事庭审对于人权保障的重要意义。反思我国司法实践中发生的冤错案件，大多是无视程序要求、恣意行使权力、肆意侵犯人权的结果。只有在严密的司法程序控制下，才能有效防止司法专横，进而保障实体公正。而审判环节是程序公正的集中体现，形式主义的庭审将难以保障诉讼程序的公正，难以让庭审参与人感受到实体正义和实现结果公正，也就难以确立和维护法律权威。

三是有利于规范约束国家公权力的行使。庭审实质化的目的在于“突出审判对事实、法律和程序性争议的终局裁判地位”，通过贯彻直接言词原则推动四类人员出庭，更充分的庭审举证、质证和辩论，促进法官心证形成在法庭，从

---

2 步洋洋著：《刑事庭审实质化路径研究》，法律出版社 2018 年版，自序第 1 页。

3 龙宗智：《庭审实质化的路径和方法》，载《法学研究》2015 年第 5 期。

4 参见《联合国公民权利和政治权利国际公约》第十四条。

而解决司法实践中长期存在的庭审虚化问题，克服“侦查中心主义”下辩护权受限制、控辩不平等的弊端，使得法庭真正成为揭示事实真相和保障人权的“场域”，同时“通过对庭审中暴露的控方瑕疵施以程序性制裁，使其承担指控不力的法律后果，加强对侦查行为、起诉行为的反向制约和引导，以此完成对‘流水作业式’的线型诉讼结构均衡”，[5]反过来倒逼公检法司自觉提升能力，规范行使公权力。

（二）当前我国司法实践中刑事庭审的现状

笔者从广州地区近年来适用普通程序办理的不认罪或重大、疑难、复杂的刑事案件中，随机选取了100个案件进行庭审录像观摩。除了量刑程序虚化、当庭认证和宣判率低等问题以外，从检察履职角度考察主要存在以下问题：

1. “四类人员”出庭率低。仅以宣读方式出示言词证据，言词证据、鉴定意见中的矛盾难以暴露，也就难以发挥庭审发现案件疑点、证据问题、消除争议、查明事实的功能。刑事诉讼法增加证人作证的相关规定后，证人出庭率虽有所上升，如广州地区证人、鉴定人出庭率从原来的0.61%上升至3%左右，[6]但依然存在专家类证人（鉴定人、专家证人）出庭相对容易、事实类证人（目击证人、侦查人员）出庭困难的问题。在有四类人员出庭作证的庭审中，也容易出现出庭证言不稳定或作证效果不理想等状况，加大庭审结果的不确定性和起诉风险。

2. 举证效果不佳。当前的刑事审判往往庭审时间短，而庭后阅卷、制作法律文书周期较长。为满足法庭对庭审效率的要求，公诉人大量使用批量举证、打包出示、选择性宣读等示证方式，可能影响证据的全面性和理解的准确性。实践中，有些公诉人僵化理解举证顺序，机械按照刑事诉讼法规定的证据种类的顺序进行举证，证据内部逻辑不清晰，庭审效果不佳，且极少进行实物举证。在课题组随机选取的100个普通程序案件中，有实物举证的仅3件，采用PPT多媒体示证的仅9件。

3. 质证、辩论不充分。受文化程度和法律知识限制，被告人难以充分理解证据承载的信息并进行有效的质证和辩论。即使有辩护律师，在不能确保“一证一质”、关联性和证明力未能被充分揭示的情况下，法庭质证往往流于形式，导致辩方质证意见采纳率不高。实践中，当控辩双方在法庭调查环节就证据的证明力问题进行辩论时，合议庭往往以“留待法庭辩论阶段发表”为由制止。

---

5 哈腾：《庭审实质化的检察应对》，载《商丘师范学院学报》2018年第8期。

6 《广州出台规定，把保护机制贯穿办案全过程，为证人出庭打消顾虑》，载微信公众号“广州政法”，2019年8月4日。

但出于庭审时间的考虑，控辩双方在辩论阶段通常只能“就案件适用法律和案件事实是否清楚的总体情况发表意见，难以再有充足时间就个别证据进行质证性辩论”，“最终可能的结局就是对某些证据的证明力质证不足”。[7]同时，由于控辩双方乃至法官庭审能力的欠缺，尤其是交叉询问、讯问的规则尚未明确建立、经验不足，庭审辩论的对抗性不强，有效性尚需提升。

二、庭审虚化问题产生的根源

（一）现实因素：案多人少

刑事案件发案率居高不下，案多人少几乎是每个基层法院面临的共同问题，特别是一些经济较发达的地区。不断向上攀升的犯罪率和有限的司法配置之间的矛盾让很多基层司法工作人员压力重重，如果进行“实质化”审理，庭前准备工作量的增加和庭审效率的下降将使案多人少的矛盾更加突出。并且，庭审时空的有限性使得部分有意义的案件信息在一次庭审中不能反映出来，从而需要多次开庭而降低审判效率。在案多人少矛盾难以调和、案件负担重的情况下，无论是法官还是检察官都自然更倾向于采取简化办案流程的方式来“挤”时间、“压”工作量，从而抑制了推动庭审实质化的积极性。

（二）制度因素：侦查中心主义未完全扭转

虽然庭审实质化要求具有实质性或决定性的庭审活动必须而且只能在庭审过程中展开，不能在庭外或庭下解决。实践中不少司法人员依然奉行“案卷笔录中心主义”，法庭审理并未发挥查明和认定事实的作用，而是沦为侦查结论的“转换器”。以非法证据排除制度为例，虽经刑事诉讼法确立，但其启动和实质排除依然存在较多掣肘，笔者随机选取的 100 个案件中仅有 9 例提出“排非”申请，法院启动“排非”程序的仅 3 例，成功“排非”的仅 1 例。由此反映出侦查、检察、审判三机关之间依然存在“协调配合有余、监督制约不足”的制度惯性，使得司法人员对于侦查机关提取证据存在天然信任感，“对侦查的偏向性与可错性也较能容忍，以致侦查结论及其依据常被照单全收，庭审形式化也就不可避免”。[8]一些公诉人轻信侦查机关的证据以及侦查结论，在庭审时出现被动局面，甚至出现“意外”判决。

---

7 龙宗智：《庭审实质化的路径和方法》，载《法学研究》2015 年第 5 期。

8 龙宗智：《庭审实质化的途径和方法》，载《法学研究》2015 年第 5 期。

（三）理念因素：传统刑事诉讼制度价值取向的影响

经过 1996 年和 2012 年两次刑事诉讼法修订改革，我国刑事审判制度的“审问制”色彩逐步淡化，并一定程度上引入当事人主义的“抗辩制”形式，但强职权主义情结仍然浓厚，传统刑事诉讼制度的价值取向依然影响着刑事审判的基调。一是片面强调打击犯罪的目的。在我国传统和现实的司法语境里，有着重视打击犯罪、维护统治的深厚渊源，司法机关以打击犯罪为己任，对于保护被告人程序权利远不如发现案件事实来得重要，在长期的司法实践中，更多表现为重“打击”而轻“保护”。二是过分追求“客观真实”。“事实清楚、证据确实充分”的有罪证明标准主张“客观真实”，而不愿承认“法律真实”，不愿使用国际上普遍采用的“排除合理怀疑”或一些大陆法系国家使用的“内心确信”标准，将“确定无疑”“排他性”“唯一性”等作为证明标准[9]，导致裁判者审查证据时对真实性、相关性的要求往往高于核实证据的合法性和可采性。但证据矛盾普遍存在，尤其是庭审实质化场景下证据矛盾越发突出，公诉方面临的指控压力和法官精准辨别证据矛盾的难度也就更大，因此避免证人出庭、避免控辩双方激烈交锋、避免证据矛盾被辩方过度放大成为避免动摇证据体系和内心确信的最好选择。司法人员对于庭审不可控性和低效率的担忧，客观上成了庭审实质化的阻力。

（四）控辩审三方驾驭实质化庭审的能力有待提高

以审判为中心的诉讼制度和实质化的庭审并不是法官的“独角戏”，而是一种“建立在控、辩、审三方良性互动基础上，高度重视和强调司法技术的庭审制度设计，它要求控、辩、审三方都要具备较为高超的诉讼技艺”[10]。但目前控、辩、审三方的司法技术和诉讼技艺与庭审实质化的需求之间仍有差距。就控方而言，一些公诉人僵化理解举证顺序，机械按照证据种类举证，举证逻辑不清晰。

三、加快推进庭审实质化的检察进路

（一）理念层面：检察机关在庭审实质化中的定位和立场

在“侦查权、检察权、审判权三者横向关系之中，唯独检察权覆盖刑事诉

9　龙宗智：《印证与自由心证》，载《法学研究》2004 年第 2 期。

10　龙宗智：《庭审实质化的路径和方法》，载《法学研究》2015 年第 5 期。

讼各个阶段”，检察机关通过承担决定追诉与否与繁简分流的职能，发挥着既衔接侦审、又阻断侦审的功能，因此“检察权的价值转向对庭审实质化的实现至关重要”。[11] 以审判为中心的刑事诉讼制度改革以及伴随的庭审实质化改革，必然涉及庭审中诉讼角色的重新调整，尤其是出庭支持起诉的检察官在法庭上的定位问题。

问题之一：检察官是否仅仅是犯罪的追诉人？世界各国均公认检察官的义务是“客观公正”，而非一味、单纯地追诉犯罪，我国《检察官法》也明确规定检察官必须“尊重和保障人权，既要追诉犯罪，也要保障无罪的人不受刑事追究”。这一立场决定了检察官在庭前和出庭支持公诉时履职的基本态度和方式方法，包括坚持司法官不偏不倚的角色定位，审查案件时不轻信侦查证据、重视听取当事人和辩护律师意见，庭审时对于被告人无罪、罪轻的证据也应出示或说明，以及更加充分地认识辩护职能的发挥对庭审实质化的重要性，以更加平等的姿态尊重辩护律师行使法定诉讼权利并采纳其依法提出的合理意见等。

问题之二：庭审应由法官主导还是检察官主导？“审判长在庭审中履行的是指挥庭审的职责”，所谓“沉默的法官、争斗的当事人”，[12] 在现代对抗式的庭审模式下，法官的角色应当是客观、中立且被动消极的庭审主持者和居中裁判者，而非积极的主导者。庭审实际上是公诉机关证明犯罪和说服法官的过程，“检察官既不是一个偏袒者，也不是一个超然的法守护者，而是案件结果的塑造者”。[13] 法庭审理由检察机关提起公诉而启动，法官只能围绕起诉书指控的犯罪事实在法庭上查明真相，法庭举证由检察官主导，辩护人也只能围绕检察官的指控发表质证、辩护意见，法官再根据抗辩情况作出裁决。随着人民群众对司法产品质与量的要求日益提升，检察机关有必要启动“供给侧改革”，以更加积极主动的姿态投入庭审实质化改革，主动进化诉讼构造，承担并发挥好审前及庭审主导责任。

（二）实践层面：检察机关推进庭审实质化的广州样本

近年来，广州市检察机关以重大疑难复杂案件的庭审为切入点，探索实质化庭审的“广州模式”。如被最高人民法院选为全国首个“三项规程”示范观摩庭的谭玉成非法持有毒品案，被告人提出排除非法证据申请后，公诉人围绕

---

11 卫跃宁：《庭审实质化的检察进路》，载《中国政法大学学报》2016 年第 6 期。

12 张军：《关于检察工作的若干问题》，载《人民检察》2019 年第 13 期。

13 ［德］托马斯·魏根特：《检察官作用之比较研究》，张万顺译，载《中国刑事法杂志》2013 年第 12 期。

证据收集合法性问题展开调查核实，自行补充侦查收集了大量证据，庭审时以多媒体示证方式予以分组出示，并通过申请体检医生、侦查人员出庭作证，有力回应了关于证据合法性的质疑。法庭在调查开始前认定本案证据收集合法，并当庭宣判被告人谭玉成构成非法持有毒品罪，判处有期徒刑十五年，多次宣称被刑讯逼供的被告人谭玉成当庭表示服判、不上诉。该案是检察机关发挥审前和庭审主导作用的典范，被最高人民检察院和中央电视台选为重点宣传的典型案件，并于2019年被评为首届全国法院“百场优秀庭审”。2017—2019年，先后通过李某故意杀人、田某某故意杀人、谢某某故意杀人三宗由广州市人民检察院检察长和广州市中级人民法院院长同堂办理的命案庭审，发挥“两长”示范效应，带头践行庭审实质化，采取原物出示现场物证、播放监控视频、PPT出示书证等方式，在可视化立体化示证、鉴定人和侦查人员出庭作证、理性回应辩护体系等方面展开了积极探索，积累了“广州经验”。

同时，司法理念的更新和推广不能靠单纯的说服教育，而应辅之以科学合理的配套机制设计，包括改革检察机关内部的考评标准，连接庭审实质化的顶层设计与基层实践，并与考核排名、级别晋升、荣誉评比等相关联，以实实在在的“获得感”激励引导检察一线办案人员转变理念、积极推动庭审实质化改革。为此，广州市检察机关在推进以审判为中心的诉讼制度改革过程中，积极探索检察机关参与推动庭审实质化的路径，在总结实务经验教训的基础上，于2018年12月出台《庭审实质化检察工作指引（试行）》，设置配套《庭审实质化检察核心指标体系》，摒弃“头痛医头、脚痛医脚”的改革措施，借由检察职能的重新定位，从强化诉前主导、审前过滤、庭审指控三个维度引导两级检察机关加大落实庭审实质化的力度，将庭审实质化的具体指标量化、细化。由两级院刑检部门每月上报核心数据，并对相关案件的办理情况、成效作出说明，运行一年来效果良好。

（三）模型构建：发挥检察机关诉前主导、审前过滤和庭审主体作用

1. 强化诉前主导，从源头上提高庭审证据质量。（1）完善检察机关提前介入工作机制。结合重大疑难案件办理推动形成检察机关介入侦查、引导取证的常态化工作机制，引导侦查人员依法全面、及时、客观地收集固定证据，推动侦查工作从“抓人破案”向“证据定案”转变。（2）健全补充侦查引导和说理机制。加大继续侦查和退回补充侦查文书的说理力度，推广适用规范的补查文书格式模板，逐项列明补查事项、理由和要求，保证补充侦查质量和效率。（3）构建多层次的监督体系。根据侦查行为违法程度的不同，分别采取发出《侦查活动监督通知书》、约谈侦查人员和办案单位负责人、发出《纠正违法通知书》、

更换办案人、制发《检察建议》、立案侦查违法犯罪行为等不同的监督措施，推动实现侦查规范化。（4）善用自行补充侦查权。对于涉及非法证据排除、侦查活动涉嫌违法、补充侦查不积极、案件关键证据存在重大分歧或疑问矛盾等情形的案件，由检察官自行调取、核实关键证人证言和相关书证物证。（5）建立定期通报机制。认真总结侦查取证的普遍性、关键性问题，采取联席会议、签订纪要、案件质量分析报告等方式，及时向侦查前段传导证据标准，推动转变侦查模式，提高侦查水平。

表1　广州市检察机关2019年庭审实质化运行数据[14]

诉前引导监督						
指标项目	提前介入	补充侦查引导说理	约谈、通报	制发纠正违法通知书	制发检察建议	自行补充侦查
总数（件）	245	625	38	86	77	192

2. 强化审前过滤，为实质化庭审奠定基础。转变过度依赖言词证据的司法惯性，加大对鉴定意见、勘验检查笔录、视听资料和电子数据等技术性证据的审查运用力度。（1）认真审查挖掘在案客观性证据蕴涵的证明价值，及时发现和收集潜在客观性证据，坚持客观性证据优先运用原则、口供的客观性检验原则和客观性证据相互印证原则，构建以客观性证据为核心的证据组合体系。（2）加强证据合法性审查，对于非法证据和瑕疵证据争取第一时间发现、第一时间排除或补正，加强应对程序性辩护的实战演练和能力考察。（3）认真核实犯罪嫌疑人的辩解，虚心听取辩护律师的意见，以辩护思维审视公诉思维，最大限度降低诉讼风险。（4）高度重视同步录音录像审查工作，与刑事执行部门建立重大案件侦查终结前讯问合法性核查制度的衔接工作机制，提高非法证据发现的及时性和有效性。（5）对于证据、程序方面确实存在难以补救的问题案件，敢于坚持原则，发挥不起诉决定的程序性制裁功能。（6）推行亲历性审查模式，改变传统“坐堂办案”的书面阅卷模式，通过走访复勘案发现场、实地调查复核疑点证据、直接接触当事人、召开诉前会议等方式，“动态”审查在案证据和发现证据问题。（7）健全多元化案件处理机制，完善审前检察权主导的分流机制，扩大适用认罪认罚从宽制度，逐步扩大速裁程序、简易程序的适用范围，推进案件繁简分流，为庭审实质化创造条件。

14　该数据根据广州市检察机关每月上报的庭审实质化核心指标数据台账统计。

表2　广州市检察机关2019年庭审实质化运行数据[15]

审前把关过滤												
指标项目	运用客观证据解决重大疑难案件	非法证据排除	重大瑕疵证据补正	同步录音录像审查	司法亲历性审查	当面听取律师意见	诉前会议	追诉漏犯	追诉漏罪	重大事实改变	改变定性	不诉
总数（件）	49	8	29	15	81	605	5	207	129	32	445	1989

3. 强化庭审指控，推动建立法官主持、检察主导、平等对抗的实质化庭审模式。

（1）法庭调查的实质化。一是建立繁简结合的法庭调查程序。适应多层次诉讼体系需要，以有利于证明公诉主张为目的，“根据案件的不同种类、特点和庭审实际情况，合理安排和调整举证顺序”[16]，使合议庭成员能够通过听证全面了解与定罪量刑有关的证据信息，形成裁判基础。对于控辩双方不存在争议的侦查事实、证据以及辅助事实、证据，允许批量举证、打包出示，经控辩双方确认后将无争议的侦查证据直接转化为庭审证据；对于存在争议的事实、证据应采用直接言词方式进行调查；对于影响定罪量刑的主要证据，应当重点举证并一证一质；对于重大复杂以及多罪名、多被告人的案件，应通过庭前会议明确举证方式，展示举证提纲以便辩护律师提前做好质证准备。二是采用立体式的证据展示方式。对存在争议的物证采用原物、原件展示、识别的方式进行调查，以更有效地判断其真实性、证明力。推广应用出庭一体化平台，充分运用多媒体示证方式、关键物证当场展示、重大案件当庭播放视听资料等“看”“听”结合的立体化示证手段更高效地展示证据锁链，加大庭审举证的技术含量，“更有利于保障其他诉讼参与人的知情权和质证权，也更有利于法官快速了解举证思路和证据状况”[17]。三是大力提高“四类人员”的出庭率。司法人员应认识到证人出庭不是单纯地对控诉方的挑战，同时也是对被告人“翻供”的一种克制。当然，为避免证人出庭证言改变影响定罪，公诉方应在庭前对证人作证的自愿性和真实性进行核实，并提前做好应对。要完善证人保护制度，积极建立证人出庭风险评估机制，细化和落实证人保护职责，加强对证人法定保障措施的监督，加强证人服务和心理疏导。2018年9月广州公检法司联合出台

15　该数据根据广州市检察机关每月上报的庭审实质化核心指标数据台账统计。

16　详见《人民检察院公诉人出庭举证质证工作指引》。

17　王涛：《庭审实质化进程中的多媒体示证》，载《人民检察》2016年第8期。

的《关于证人保护的规定（试行）》，针对侦查阶段、审查起诉阶段、审判阶段不同的证人保护措施进行细化规定，构建了系统化、合理预期性的证人保护措施。如侦办阶段的保护措施包括“变更住所和姓名”“证人个人情况和证言材料单独立卷”“对证人询问的视频音频资料进行技术处理”“给出庭证人安排专门通道”等，并明确证人保护经费保障以及案件诉讼阶段转换的衔接机制，确保证人保护无缝衔接、规范运行[18]。

表3　广州市检察机关2019年庭审实质化运行数据[19]

庭审指控应对						
指标项目	庭前会议	非法证据问题的庭审应对	证人、鉴定人、专家证人出庭	多媒体示证	侦查人员出庭	技侦证据审查运用
总数（件）	65	5	41	30	2	5

（2）法庭辩论的实质化。一是落实律师权利保障制度。司法人员应真正树立控辩平等理念，将诉辩对抗与协作贯穿在案件审查的每一个环节。进一步提高刑事案件律师辩护率，继续扩大强制法律援助辩护的范围，从目前的无期徒刑、死刑案件扩展到可能判处七年有期徒刑以上刑罚的案件。二是科学设置法庭辩论规则。在法庭调查举证质证阶段专门设置“小辩论”环节，允许诉、辩双方针对单个证据或证据群组的客观性、合法性乃至相关性即证明力发表意见并展开质证性辩论，以保障控、辩双方有更直接、更充分的机会向法庭发表质证意见。确保控、辩双方在法庭辩论的“大辩论”环节的首轮辩论中全面阐述自己的意见，原则上法官不限制时间、不轻易打断，保证控、辩双方能充分发表意见，之后再引导双方围绕全案证据体系、事实认定、法律适用和量刑情节等争议焦点展开辩论。构筑“隔离墙”，“明确要求控、辩双方的所有意见都必须当庭发表，规定控、辩双方的意见和观点均以庭审笔录载明为准，未经庭审笔录记载者，不得作为裁判依据”，真正做到“控辩意见发表在法庭”。[20]

结语

实质化的庭审机制要真正发挥功能，除了审判方式本身的改革，立法层面如证人出庭作证义务和交叉询问规则等方面的建立完善以外，还涉及控、辩、裁

18　《细化过程保护打消证人出庭顾虑》，载《法制日报》2019年10月17日。

19　该数据根据广州市检察机关每月上报的庭审实质化核心指标数据台账统计。

20　万毅、赵亮：《论以审判为中心的诉讼制度改革——以C市法院“庭审实质化改革”为样本》，载《江苏行政学院学报》2015年第6期。

三方诉讼能力的养成。就公诉人而言，既要主动适应平等武装的控辩模式，也要增强主角意识，加强庭审实务技能的业务培训和实战演练，发挥庭审主导作用，积极履行说服法官的义务。而如何完善出庭绩效考评体系，引导检察官提升出庭公诉能力，依然是值得探讨的命题。此外，在广州市检察机关试行前述庭审实质化指标体系的过程中，也呈现出部分指标数值高（如当面听取律师意见、补充侦查引导说理）、部分指标数值偏低（如约谈通报、诉前会议）的现象，反映开展相关工作的难易程度和动力不一，有必要据此设定不同的权重加以引导，逐步提升指标体系考察的科学性、准确性和有效性，以更好地推动庭审实质化改革落地。

民间音乐改编作品抄袭的认定

——从《月亮之上》歌曲侵犯著作权纠纷案谈起

张　娜*

【内容提要】为促进文化传播，我国鼓励对民间音乐进行改编。司法实践中，先后改编自同一民间音乐的两首音乐作品，由于相似性比例较高，经常诉讼抄袭，引发纠纷。解决此类纠纷，需要从民间音乐改编作品的特点入手，对传统判定抄袭的“接触＋实质性相似”进一步细化，防止法院差异化判决，避免阻碍民间音乐的改编和传播。接触是抄袭认定的前提，接触的认定是间接的和推定的，在民间音乐改编作品抄袭认定过程中，公共在先作品的举证责任应由涉嫌侵权人承担，潜意识的抄袭行为属于接触推定的特殊情形。改编作品之间实质性相似的认定宜采用微观比较，同时兼顾音乐作品本身的特点以及对音乐表达的重要性来综合判断是否存在抄袭。

【关键词】民间音乐　改编作品　抄袭　接触　实质性相似

一、问题的提出

党的十九届四中全会指出：“发展社会主义先进文化，激发全民族文化创造活力。”中国有五千年的文明积淀，各民族聚居生活，孕育了丰富的音乐作品素

---

* 张娜——首都经济贸易大学法学院讲师，法学博士，主要研究领域：知识产权法、国际经济法、公司法。本文系 2018 年国家社会基金一般项目“应对国际贸易知识产权制度变革的中国方案研究”（项目编号：18BFX219）的阶段性成果。《月亮之上》歌曲侵犯著作权纠纷案，历经两审，详见北京市海淀区人民法院（2007）海民初字第 22960 号民事判决书和北京市第一中级人民法院（2008）一中民终字第 5194 号民事判决书。

材。民间文学艺术作品是中国重要的传统文化资源，是对抗西方知识产权霸权主义的有力武器。[1] 为了促进民间音乐的进一步传播、发展，法律允许公众对民间音乐进行合理改编和使用。现实中，常常存在两首歌曲改编自同一民间音乐，导致两首改编作品的相似度很高，先后改编作品之间诉讼抄袭经常发生。[2] 我国鼓励对民间音乐进行改编，这就需要对民间音乐改编作品之间的抄袭[3] 认定进行归纳总结，防止法院的差异化判决，避免影响对民间音乐的改编和传播。在《月亮之上》歌曲侵犯著作权纠纷案中，《敖包相会》的词作者和曲作者的合法继承人向法院提起诉讼，认为《月亮之上》的间奏中有六小节音乐与《敖包相会》前六小节音乐相同，《月亮之上》对《敖包相会》的使用未获得许可，构成侵权。案件经历了两审，一审法院认为不构成侵权；二审法院持不同意见，认为构成侵权。现有《著作权法》以及修订草案送审稿[4] 都未在立法中规定抄袭的判定方法，法官判案过程中多采用“接触+实质性相似”进行判案。由于理论界对于音乐作品的抄袭并没有切实可行的判断标准，司法实践中也未凝练出科学可靠的裁判方法，抄袭作为定性的说法，具体判断因人而异，就会出现同一事实不同判决。实践中，会导致作品的使用和再创作受到限制。民间音乐是中国音乐的创作源泉之一，为保证音乐产业的健康发展，鼓励创新，促进文化传播，有必要对民间音乐改编作品之间的抄袭判定进行深入研究。

二、民间音乐改编作品侵权判定的考量因素

民间音乐改编作品侵权判定，涉及改编作品的保护范围和原则。民间音乐改编作品与民间音乐表达的主题往往相同，即思想相同，而法律对民间音乐改编的方式、范围等又无相关规定。现实中存在多个改编者运用同一民间音乐进行二次创作的情况，虽然客观上这样的创作有利于我国文化的发展繁荣，但民

---

1 张娜著：《TRIPS－plus 造法问题研究》，中国政法大学出版社2015年版，第188页。

2 除了《月亮之上》歌曲侵犯著作权纠纷案之外，还有《十送红军》歌曲侵犯著作权纠纷案，北京市第一中级人民法院（2005）一中民终字第3447号民事判决书；《刘三姐》戏剧侵犯著作权纠纷案，广西壮族自治区高级人民法院（2005）桂民三终字第7号民事判决书；《蟒蛇传》滇剧侵犯著作权纠纷案，云南省昆明市中级人民法院（2004）昆民六初字第9号民事调解书等案件。戏剧作品虽然不同于音乐作品，但戏剧作品中包含乐曲，且改编自同一民间文艺作品的两部戏剧作品发生抄袭的诉讼和民间音乐改编作品抄袭诉讼的产生，是同样的问题。本文只聚焦于民间音乐改编作品抄袭的研究，不讨论戏剧作品。

3 1990年，我国颁布《著作权法》时，将抄袭与剽窃并列为著作权侵权行为。虽然现行《著作权法》删去了抄袭，但我国法律上认为抄袭与剽窃行为实质含义相同。

4 《著作权法》修改草案，详见 http：//www.ncac.gov.cn/chinacopyright/channels/483.html，最后访问于2019年12月25日。

间音乐改编作品如果出现雷同，该从哪些方面入手判断是否存在侵权？

（一）民间音乐改编作品的保护现状

1. 民间音乐保护困境不影响民间音乐改编作品的保护

对于民间音乐来说，我国著作权法认为应当加以保护[5]，但缺乏具体的、可操作的保护办法。比如，民间音乐的权利主体不明确，改编人获得许可再进行改编，在实践中很难操作。这主要是因为民间音乐不同于著作权法所规定的音乐作品。一方面，民间音乐不断变化。民间音乐通过口耳相传，没有复制到固定的载体上，具有不确定和随意变化的特点。由于理解程度不同，民间音乐的不同演唱者，演唱的内容可能不同。[6]即使同一演唱者在不同情境中，演唱的内容也可能不同。另一方面，民间音乐难以确定作者。有学者建议，民间艺术作品应作为“作者不明”的作品进行保护。[7]实践中，对于民间音乐的保护，即使有主体提起诉讼，最终裁判结果也仅要求注明其来源，即将民间音乐署名为某某（地区）民歌。[8]民间音乐的著作权人不同于著作权法中规定的一般意义上的著作权主体，属于某一区域内的群体，其保护与著作权法规定的其他作品相比相对较弱。司法实践又给出导向，对于民间音乐的利用，只要求注明来源即可。但民间音乐改编作品不同于民间音乐，改编行为利用了民间音乐中受保护的内容，但与一般意义上的复制不同，改编后的作品增加了新的内容，从而整体上使得改编作品与民间音乐有了实质性差异。改编作品是具有独创性的新作品。改编作品的创作是基于受著作权保护的作品，改编作品的创作应当获得原作品权利人的许可。[9]即使民间音乐的保护困境造成民间音乐改编，获得事前许可很难实现，但基于民间音乐改编的作品，属于著作权法保护的范畴，这就导致基于同一民间音乐先后改编创作的不同作品之间，由于相似比例较高，诉讼抄袭经常发生。

2. 民间音乐的主题不应受著作权法保护

美国版权法确定“思想—表达”二分法的原则[10]后，随着《与贸易有关的知识产权协定》被国际社会普遍接受，该原则明确规定著作权的保护，仅保护

5　《著作权法》第六条。

6　张娜：《论民间音乐的著作权保护》，载《法律适用》2018 年第 16 期。

7　崔国斌：《否弃集体作者观：民间文艺版权难题的终结》，载《法制与社会发展》2005 年第 5 期。

8　《乌苏里船歌》侵犯著作权纠纷案，北京市高级人民法院（2003）字高民终字第 246 号民事判决书。

9　张今：《民间文学艺术保护的法律思考兼评乌苏里船歌案》，载《法律适用》2003 年第 11 期。

10　《美国版权法》17 U. S. C. §102（b）。

思想的表达，不延及思想本身。[11] 该原则被各国法律广泛认可。针对不同的作品，思想与表达亦有所区别。在判决音乐作品是否构成实质性相似时，在裁判论理过程中，法官总是强调歌曲表达的主题相同。[12] 比如，民间音乐《韩秀英》与其改编作品《敖包相会》和《月亮之上》，都以爱情为主题。对于怎样区分作品的思想和表达，美国著名法官汉德曾提出，“以摘要层次法区分思想和表达，并认为在一个具体的层面上，作品可以得到保护，但我们将作品的情节层层剥离，这样它就越来越接近思想，当抽象到一定的层次，它就会回归为一个具有普遍性的模式，作品超越次临界点的内容将不再受到保护”。[13] 但是法律无法自行确定何为“一定的层次”，又何为“普遍性的模式”，区分思想和表达是法官个人的价值判断。司法实践中，法院把表达相同音乐主题作为抄袭认定的考量因素，但对于民间音乐改编作品来说，民间音乐及其改编作品表达的主题往往相同，所以仍应沿用“思想—表达”二分法的原则，民间音乐主题作为思想，不应作为著作权保护的论理依据，应当保护民间音乐改编作品的表达。

（二）判断音乐作品侵权的原则

1. 侵权判定应注重音乐作品有限的独创性表达

音乐作品一般较为短小，总体时长为三分钟到四分钟，一般分为三段到四段，无论歌词还是乐曲都有前后重复的特点，所以每一首歌曲的独创性表达非常有限，大概就是五十秒。同时创作乐曲可运用的音符也相当有限。因此，音乐作品的抄袭判定应重视有限的独创性表达部分。比如，在《月亮之上》歌曲侵犯著作权纠纷案中，法院认为原告曲作者对《敖包相会》整体上作出了独创性贡献，对涉案六小节音乐而言，进行了实质性的改编，具有独创性，故对此六小节音乐曲段享有著作权。[14] 此外，法官应该关注的是作品中的表达性要素，而不是作品所体现的技术要素。比如，在可口可乐公司《真我》广告歌曲侵犯著作权纠纷案[15] 中，虽然歌词“当那太阳升起的时候”比广州太阳神集团公司广告歌多了“那”和“时候”，但“那”字处于最弱拍，不具有明显的区别意义，

---

11 《与贸易有关的知识产权协定》第九条第二款。

12 《新套马杆》歌词侵犯著作权纠纷案，广州市中级人民法院（2014）穗中法知民终字第 289 号民事判决书。《十送红军》歌曲侵犯著作权纠纷案，北京市第一中级人民法院（2005）一中民终字第 3447 号民事判决书。

13 Nichols v. Universal Pictures Corp. 45 F. 2d 119（1930）.

14 《月亮之上》歌曲侵犯著作权纠纷案二审，北京市第一中级人民法院（2008）一中民终字第 5194 号民事判决书。

15 可口可乐公司《真我》广告歌曲侵害著作权纠纷案，北京市高级人民法院（2000）高知初字第 19 号民事判决书。

对主题乐句的相同没有太大影响。"时候"二字的时值虽有区别，但不能改变该句的音乐形象。技术上的处理不能使歌词获得独创性。同样在《月亮之上》歌曲侵犯著作权纠纷案中，涉案间奏音乐用蒙语哼唱，翻译成汉语，其内容为"十五的月亮升上了天空，为什么旁边没有云彩"，曲调歌词与原告歌曲的起始句完全一致。

2. 侵权判定应注重音乐作品的特点

音乐作品不同于著作权法规定的其他作品，有其独特之处。判断侵权时，应结合音乐作品的特点，如旋律、节奏、和声等。音乐作品的重要部分，第一句和贯唱句以及抄袭部分是否连成完整的乐句等。首先，音乐作品的创作离不开旋律、节奏、和声甚至编曲的组合。所以无论在国内还是在国外，音乐的旋律、节奏、和声等都是判断音乐作品抄袭的重要因素。比如，在可口可乐公司《真我》广告歌曲侵犯著作权纠纷案[16]中，音乐的起音、起句、弱起的节奏，旋律的走向、重复模仿的句式和词曲的结合等，均是判断抄袭的因素。此外，对歌词侵权的判定不能局限于简单的文本比较，而是要结合音乐的曲调、节奏综合判断。这也是法条规定的"带词的音乐作品"应有之义。[17]其次，音乐作品的第一句和贯穿始终的贯唱句，一般是音乐作品最具特色和独创性的部分，若与这些独创性乐句相似或雷同，一般会被认定为侵权。比如，同样在可口可乐公司《真我》广告歌曲侵犯著作权纠纷案中，一般来说，歌曲作品的第一句中的歌词和乐曲，会给人以最深的印象，其产生的结果不言而喻，涉案作品与原告作品的第一句[18]歌词和乐曲几乎完全一样，这便成了法官认定侵权的重要因素。同样，在《月亮之上》歌曲侵犯著作权纠纷案中，涉案作品也是使用了原告歌曲的前六小节音乐，即起始句，被认定为侵权的。最后，音乐作品抄袭的侵权判断要根据具体情况确定。比如，在《十送红军》歌曲侵犯著作权纠纷案中，需要判断抄袭音乐小节的独创性部分是否构成一个乐句的情况，因相似的独创性表达不能构成一个完整的乐句，法官最终判定不构成侵权。

三、民间音乐改编作品之间的"接触＋实质性相似"判定

因我国尚未出台民间文学艺术作品的具体保护办法，改编民间音乐是否要

---

16 可口可乐公司《真我》广告歌曲侵犯著作权纠纷案，北京市高级人民法院（2000）高知初字第19号民事判决书。

17 《著作权法实施条例》第四条第三项规定："音乐作品，是指歌曲、交响乐等能够演唱或者演奏的带词或者不带词的作品。"可见音乐作品包括带词的歌曲和不带词的乐曲。英国和印度法律规定音乐作品仅限于乐曲，歌词不属于音乐作品，详见《十二国著作权法》，清华大学出版社2011年版，第225、568页。

18 原告音乐作品的起始句由两小节音乐构成。

事先获得许可，法律上也无明文规定。先后改编自民间音乐的改编作品，因相似度较高，判定在后改编作品是否抄袭了在先改编作品时，可以分两步：一是判断被控侵权作品与在先改编作品是否存在接触；二是判断被控侵权作品与在先改编作品，是否构成部分实质性相似。

（一）民间音乐改编作品之间接触的判定

1. 民间音乐改编作品之间接触存在的证明

接触存在要求证明，涉嫌侵权人有合理机会或合理可能看到著作权人的作品。接触的证据可以是直接的，如将作品直接送给侵权嫌疑人或与侵权嫌疑人有密切关系的主体。在《请不要对我说 sorry》歌词侵犯著作权纠纷案[19]中，被告作为原告之后第二个接受委托进行歌词创作的人，直接接触过之前原告创作的歌词。但在多数情况下，接触的证据是间接的，需要综合考虑各个间接证据来推定“接触的存在”。

首先，需证明改编作品先后完成创作，这样才存在接触的可能。一般要求在先改编者有证据证明，涉嫌侵权人的作品晚于在先改编的作品产生，需要确定一系列事件发生的时间链条。比如，载有涉案作品的公开出版物的出版时间、基于作品发生的交易时间，抑或作品完成的时间等。穷尽原告和被告可提供的事实证据链条，认定改编作品创作的时间。比如，在《月亮之上》歌曲侵犯著作权纠纷案中，《敖包相会》的创作、发行均早于被诉侵权歌曲。

其次，需证明涉嫌侵权人有合理渠道接触在先改编作品。要有证据证明在先改编作品已经广泛传播，涉嫌侵权人才有合理的渠道接触著作权人的作品。比如，在公开渠道发表，进入流行音乐排行榜[20]，发行拷贝数量及发行范围[21]，数字音乐的广泛传播和易于获取等。在先改编者可以通过证明自己的作品已经广泛传播，从而证明涉嫌侵权人有接触作品的合理可能性。比如，在《月亮之上》歌曲侵犯著作权纠纷案中，《敖包相会》在众多媒体公开发表，同时作为电影的主题歌曲广为传播。而且《敖包相会》的词曲作者和《月亮之上》的表演者同是蒙古族，都曾居住在同一地域，都接触过蒙古族民歌《韩秀英》，先后改编的两首音乐作品之间亦有合理的接触渠道。

最后，存在接触的认定不取决于证据优势，而是理性人的合理推定。接触的证据并不是通过证据优势证明接触存在或不存在，而是正常的理性人是否能

---

19 《请不要对我说 sorry》歌词侵犯著作权纠纷案，北京市朝阳区人民法院（2013）朝民初字第02543号民事判决书。

20 Abkco Music, Inc v. Harrisong Musics, Ltd., 722 F. 2d 988, 997–99 (2d Cir. 1983).

21 Cholvin v. B. & F. Music Co., 253 F. 2d 102 (7th Cir. 1958).

认为，涉嫌侵权人在创作自己的歌曲之前，有合理机会接触在先改编者改编创作的歌曲。[22] 比如，在《滚滚长江东逝水》曲谱侵犯著作权纠纷案[23] 中，原告主张，其参加由被告作为编委以及大赛评委的比赛，并将曲谱寄送给大赛主办单位，认为被告利用职务之便，占据了自己参赛作品曲谱的手稿。虽然在该案中，著作权人提供了存在接触可能的证据，但涉嫌侵权人提供了大赛主办单位的证明，证明涉嫌侵权人虽然担任编委，但不参与日常工作，也未参加大赛评审工作，所以未曾接触涉案作品。当原告和被告证据相悖，对于接触的判断，不宜取决于谁提供的证据存在优势，而需要理性人的合理推定。

2. 民间音乐改编作品之间推定接触存在的举证责任

在司法实践中，对于接触的认定，先是通过事实证据发生的时间链条证明改编的先后时间，然后判定是否存在接触的可能。接触是抄袭认定的先决条件，只有存在接触，抄袭才有可能。是否存在接触至关重要。对未接触在先作品，独立创作的作品，即使与他人作品雷同，也不对他人著作权构成侵权。创作者只要证明自己独立创作完成作品，无须担心侵犯他人的在先权利。在音乐改编作品抄袭案件中，著作权人很难直接证明涉嫌侵权人接触过在先改编作品。[24] 在通常情形下，音乐作品抄袭的证据常常是推定的、间接的。实体法上，在改编自同一民间音乐的抄袭案件中，因为存在公共在先作品，改编作品之间必然雷同，或者说存在“惊人相似”，但不能因此推定改编作品之间存在“接触”的事实。程序法上，可以规定提供公共在先作品的举证责任在应诉一方，即涉嫌侵权人，以保证公平公正，符合效益效率需要。在《月亮之上》歌曲侵犯著作权纠纷案一审中[25]，被诉侵权一方提供了民间音乐《韩秀英》，证明《敖包相会》和《月亮之上》均改编自民间音乐《韩秀英》。如果对于著作权人来说，接触的证据是间接的、推定的，那么对于涉嫌侵权人来说，其创作过程中是基于哪部作品改编，就是直接的，易于举证。而且由涉嫌侵权人提供其接触的作品，也符合“谁主张谁举证”的证据原则和著作权民事纠纷举证责任分担的理念。[26] 由涉嫌侵权人提供在先公共作品来进行抗辩后，法官可以进一步对相关

---

22 Three Boys Music Corp. v. Bolton, 212 F. 3d 477 (9th Cir., 2000).

23 陈绍军、刘建章、王曙光:《〈滚滚长江东逝水〉版权纷争始末》，载《人大建设》2003 年第 10 期。

24 《请不要对我说 sorry》歌词侵犯著作权纠纷案，北京市朝阳区人民法院（2013）朝民初字第 02543 号民事判决书。

25 《月亮之上》歌曲侵犯著作权案一审，北京市海淀区人民法院（2007）海民初字第 22960 号民事判决书。

26 《最高人民法院关于审理著作权民事纠纷案件适用法律若干问题的解释》第十九条。

作品进行对比、裁判。

3. 民间音乐改编作品的潜意识抄袭是接触推定的特殊情形

接触推定的特殊情形，是存在潜意识抄袭行为。潜意识抄袭行为是指两首歌曲的对应之处相同，侵权不是故意为之，而是在潜意识情形下发生的，抄袭的是之前所听到的内容。潜意识抄袭行为也是美国汉德法官在判案过程中确认的，他认为“每一件事情都存在我们的记忆中某个地方。没有人知道什么东西可以唤醒它。一旦从表面上看，他人实际上使用了作品作为自己创作的来源，就侵害了作者的权利”。[27] 与《月亮之上》歌曲侵犯著作权纠纷案相似，美国也有个案例[28]，被告在诉讼中承认，他是原告的超级歌迷，收藏原告的全部音乐。虽然原告和被告的创作间隔二十年，不影响法官在判案时认定被告是潜意识抄袭了原告的歌曲。一旦认为存在潜意识抄袭行为，改编作品又是先后完成创作，不需要涉嫌侵权人存在主观故意，就可以推定存在接触。同样，在《月亮之上》歌曲侵犯著作权纠纷案中，被告主张，涉诉的歌曲间奏部分是在光盘录制过程中，由蒙古族歌手即兴哼唱出来的。涉诉的曲调是表演者在小时候学会的蒙古民歌的基础上，发挥演唱的。从被告的抗辩可以推断，表演者有接触在先作品的可能，只是接触间隔年代久远，致使表演者自己都没有意识到可能存在抄袭行为。潜意识的抄袭行为多被用于推定存在接触，特别是时间间隔较长的歌曲接触的推定，不需要涉嫌侵权人存在主观故意，但须结合其他间接证据一同推定接触存在。

（二）民间音乐改编作品之间实质性相似的判定

1. 宜采用抽象测试法判定民间音乐改编作品之间的实质性相似

实质性相似的判断方法包括普通公众测试法和抽象测试法，判断方法的不同，会影响作品的抄袭认定。针对两部作品是否构成实质性相似的问题，普通公众从整体上观察，会认为两部作品实质性相似，而采用抽象测试法，通过微观比较，可能认为两部作品相差甚远。虽然普通听众是音乐作品的最终消费者，普通听众的选择决定着音乐作品的实际市场价值，但是在发生民间音乐改编作品抄袭时，采用普通听众测试法来判断，势必无法保护改编音乐作品的独创性表达部分。在改编作品源于同一民间音乐，改编作品之间存在惊人相似或相似度很难判断的情况下，不宜适用普通听众测试法，宜采用抽象测试法。因为抽象测试法注重对比作品的具体要素，同时强调实质性相似仅指作品表达要素的

---

27 Fred Fisher, Inc. v. Dillingham, 298 F. 145 (1924).

28 Three Boys Music Corp. v. Bolton, 212 F. 3d 477 (9th Cir., 2000).

相似。

抽象测试法，即“抽象—过滤—比较”三步测试法，也称微观比较法。[29]在作品之间存在惊人相似或相似度很难判断的情况下，仅靠普通公众的听感，难以得出准确的结论，需要对作品进行划分，并作细致的比对分析，比对作品的各具体要素，强调实质性相似仅指作品表达要素的相似，而不是思想要素的实质性相似。抽象测试法一般采用专家判断，适用于逐字复制或主题相同的情况下，对音乐进行逐节比对，剔除非独创性表达，仅仅分析独创性表达部分是否构成实质性相似。在《月亮之上》歌曲侵犯著作权纠纷案中，二审法院通过歌曲比对，最终改判侵权。理由如下：一是《月亮之上》使用的六小节音乐，是原告的独创性表达。《敖包相会》涉案六小节音乐，与民间音乐《韩秀英》的对应六小节并不相同，除第三小节完全相同外，其他各小节具有显著差异，具有独创性。二是《月亮之上》与《敖包相会》构成实质性相似。将涉案六小节音乐，与《月亮之上》的对应六小节相比，曲调基本相同。所以《月亮之上》的间奏未经许可，使用了《敖包相会》中的涉案六小节音乐。

2. 民间音乐改编作品之间实质性相似部分所占比例不影响侵权认定

音乐作品直接复制，必然导致两部作品一模一样，这不是改编作品判断实质性相似的范畴。在司法实践中，法官很容易受实质性相似比例的影响，抄袭内容占侵权作品内容或在先作品内容的多少，往往成为法官判定侵权的理由。原则上，侵权内容占原告作品比例的多寡，不应影响侵权的认定结果。如果被抄袭的内容本身具有独创性，即使被告抄袭的部分再少，创作的部分再多，也不应该影响抄袭的认定。在民间音乐改编作品抄袭中，涉嫌抄袭的部分往往占整首歌曲的比例较小，但不影响侵权认定。比如，在《月亮之上》歌曲侵犯著作权纠纷案中，实质性相似的部分仅为六小节音乐；在《十送红军》歌曲侵犯著作权纠纷案中，实质性相似的部分仅为四小节音乐；在《请不要对我说 sorry》歌词侵犯著作权纠纷案中[30]，抄袭的歌词仅涉及“请不要再对我说一声 Sorry”和“不要说 Sorry 说惭愧”两句歌词，它们共同的特点是抄袭部分在整个乐曲中占比较少，但不影响侵权判定。

在判断改编在后的作品与改编在前的作品是否存在实质性相似时，对比的范围应仅限于在先改编作品的独创性表达的部分。比如在《十送红军》歌曲侵

29 梁志文：《版权法上实质性相似的判断》，载《法学家》2015 年第 6 期。

30 《请不要对我说 sorry》歌词侵犯著作权纠纷案，北京市朝阳区人民法院（2013）朝民初字第 02543 号民事判决书。

犯著作权纠纷案[31]中，《十送红军》和《送同志哥上北京》与民间音乐《长歌》相同的部分，不作抄袭判定。确定先后改编自民间音乐的改编作品之间相似的，需将作品分割，区分作品的思想和表达，再剔除和民间音乐相同的表达，对剩余的独创性表达进行比对。比如，在《月亮之上》歌曲侵犯著作权纠纷案中，先确定民间音乐和改编作品的完成时间，然后将民间音乐与在先改编的作品比对，确定在先改编歌曲的独创性表达，再将先后改编的歌曲就独创性表达部分进行比较。虽然实质性相似的独创性表达部分在整首歌曲中占比较少，但仍应当认定为侵权。

3. 民间音乐改编作品之间实质性相似的例外

合理使用作为实质性相似的侵权抗辩。[32]在音乐作品侵权案件中，涉嫌侵权人往往以抄袭部分所占比例较小，且非重要部分，以没有不合理损害著作权人的利益为由，进行抗辩。比如，在《月亮之上》歌曲侵犯著作权纠纷案的二审中[33]，涉嫌侵权人就以涉嫌抄袭部分所占比例较小，且源于民间音乐，主张合理使用，而非侵权。合理使用的抗辩不仅要考虑所用材料的数量，还应该考虑其质量和重要性。司法实践中，认定抄袭还应考虑实质性相似部分在音乐作品中的作用。比如，在《请不要对我说 sorry》歌词侵犯著作权纠纷案中[34]，涉嫌侵权只有两句歌词，其中一句“请不要再对我说一声 Sorry”，既包含歌曲名称，又在两个版本的歌词中重复使用，且在两个版本的歌词中均属于贯穿整首音乐作品始终的一句歌词，在整首音乐作品中不仅起到承上启下的作用，还起到了提纲挈领的作用。虽然该案中只有两句歌词相同，但不影响被认定为实质性相似。此外，对独创性表达的使用是否组成一个乐句，也即音乐抄袭保护的最小单位，不是某个音符、音节，至少应是一个完整的乐句。在《十送红军》歌曲侵犯著作权纠纷案中，被告歌曲和原告歌曲虽然存在四小节独创性音乐相同，但因其不在同一个乐句，法官最终认为不构成侵权。

综上所述，对于民间音乐改编作品的实质性相似认定，因民间音乐改编作品之间存在惊人相似或相似度较难判断，不宜简单采用普通公众的整体观测法，宜采用抽象测试法进行微观比较。只要发现有抄袭的内容，且抄袭的内容可以

---

31 《十送红军》歌曲侵犯著作权纠纷案，北京市第一中级人民法院（2005）一中民终字第 3447 号民事判决书。

32 李明德著：《美国知识产权法（第二版）》，法律出版社 2014 年版，第 373 页。

33 《月亮之上》歌曲侵犯著作权纠纷案二审，北京市第一中级人民法院（2008）一中民终字第 5194 号民事判决书。

34 《请不要对我说 sorry》歌词侵犯著作权纠纷案，北京市朝阳区人民法院（2013）朝民初字第 02543 号民事判决书。

连成一个完整的乐句的前提下，同时权衡抄袭内容在音乐中的重要程度和具体情形来认定侵权。比如，音乐的起始句、贯唱句和独创性表达使用的方式等。

四、民间音乐改编作品之间抄袭判定的建议

音乐作品的独创性表达有限。对于音乐作品的抄袭判定，首先，要区分思想和表达，著作权法仅保护音乐作品的独创性表达。其次，音乐抄袭认定需结合音乐的特点，剔除技术处理对相似判定的干扰，比如，旋律、节奏及和声，音乐的贯唱句、起始句等。对于民间音乐改编作品抄袭的认定，因存在公共在先作品——民间音乐，势必会导致先后改编自民间音乐的两首音乐作品存在一定程度的雷同，原则上先后改编者只要独立完成创作，其作品都受著作权法保护。但由于改编作品都是基于民间音乐再创作，其独创性表达较少，简单认定存在抄袭，会影响针对民间音乐的再创作，阻碍民族文化繁荣和传播。所以针对民间音乐改编作品抄袭的认定，宜细化接触、实质性相似的判定，同时要兼顾音乐本身的特点来判断，具体建议如下：

一是对于接触的认定，首先，要依据证据时间链条，确认改编作品完成的时间不同，在先改编者才能主张，在后改编者在创作时有接触其作品的可能。其次，要综合考虑各间接证据，推定涉嫌侵权人有合理渠道接触在先改编作品。最后，潜意识的抄袭行为因无主观恶意，要结合其他间接证据一道证明接触存在。

二是对于实质性相似的认定，由于各改编作品同源自民间音乐，相似度较高或相似度难以判断，宜采用抽象测试法判定实质性相似。针对在先改编作品的独创性表达，不管占整首歌曲的比例多少，只要相同就应认定实质性相似。但是否构成侵权，还要结合音乐的特点来判断，比如，是否构成一个完整的乐句，以及是否是在先改编作品的重要组成部分，以此来综合考虑判定构成侵权与否。

综上，改编自同一民间音乐的作品，在后改编的作品只要是独立完成的创作，不存在接触的可能，就应当受到著作权法的保护，原则上不需要在先改编者许可。反之，存在接触的可能，就需要获得在先改编者的许可。对于在后改编内容的抄袭认定，因整体观感上相似或相似度较难判断，宜采用抽象测试法判断，剔除技术处理因素，结合音乐的旋律、节奏、和声等，以及独创性表达是否可以连成完整乐句，来综合判断是否侵权。

论效力性强制性规范的司法判断标准

姜耀庭　张永亮*

【内容提要】如何判断效力性强制性规范是学术理论和司法实践中的一个难题。效力性强制性规范的内涵与外延不清，势必影响法律适用的稳定性、持续性、可预见性，因此厘清效力性强制性规范的判断标准具有重要的理论价值和实践意义。

【关键词】效力性强制性规范　规范性质　法益类型　治愈可能性　违法后果

我国《合同法》第五十二条第五项规定，违反法律和行政法规的强制性规定的合同无效。自2017年10月1日起施行的《民法总则》第一百五十三条也规定，违反法律和行政法规的强制性规定的民事法律行为无效，但是该强制性规定不导致民事法律行为无效的除外。《最高人民法院关于适用〈中华人民共和国合同法〉若干问题的解释（二）》第十四条明确，《合同法》第五十二条第五项规定的"强制性规定"，是指效力性强制性规定。[1]但对于如何判断效力性强制性规范，在学术界和实务界仍存在争议。"虽然民法总则没有采纳效力性强制和管理性强制的概念，但只有违反法律和行政法规的效力性强制性规范才会导致法律行为无效的理念早已为学理和司法实践所接受，只是就效力性强制和管理性强制应当如何区分尚未形成统一的认定和裁量标准。"[2]

---

* 姜耀庭——广州市中级人民法院党组成员、副院长，二级高级法官；张永亮——广州市中级人民法院法官助理。

1 效力性强制性规范，又称"效力性强制性规定"，本文统称"效力性强制性规范"。

2 沈德咏主编：《〈中华人民共和国民法总则〉条文理解与适用（下册）》，人民法院出版社2017年版，第1019页。

合同效力直接关系到当事人之间的权利义务，直接关系到法院裁判的方向，而强制性规范是否为效力性强制性规范又决定了合同有效与否。效力性强制性规范的内涵与外延不清，势必影响法律适用的稳定性、持续性、可预见性，因此厘清效力性强制性规范的判断标准具有重要的理论价值和实践意义。关于效力性强制性规范的判断标准，学者们进行了各种有益的探索，提出了各种不同的判断标准，对指导司法实践具有重要的作用。本文结合学术界已有的研究成果，主张在司法实践中可以从规范性质解构、法益类型归属、治愈可能性研判、违法后果检视四个标准来判断效力性强制性规范，下文将围绕这四个标准进行探讨，希冀对理论和实践有所裨益。

一、规范性质解构

效力性强制性规范的上位概念是强制性规范，《民法总则》《合同法》等法律文本中采用的都是强制性规范的概念，判断效力性强制性规范的前提是判断该规范属于强制性规范，这是对规范的基本类别识别。判断强制性规范不能仅从形式上判断，还需要从规范强制力的实施进行实质判断。最后，在判断强制性规范的基础上，根据规范的强制时段是否为效力性强制性规范进行下一步斟酌。

（一）规范的类型识别

正如凯尔森所说，“法律秩序是一个规范体系”。[3] 法律规范按照不同的标准可以作出不同划分，科学的规范分类对于认识不同法律规范的功能和作用，进而准确地适用具有重要的意义。通常认为，法律规范按照规范内容的不同，可以划分为授权性规范与义务性规范；按照规范的明确程度不同，可以划分为确定性规范、委托性规范和准用性规范；按照规范有无强制力，可以划分为强制性规范和任意性规范。其中，强制性规范和任意性规范划分的背后体现的是公权力对于民事主体之间关系干预程度的不同。

强制性规范原则上不允许当事人自由选择适用，而任意性规范允许当事人通过约定选择其适用。任意性规范的核心理念就在于意思自治，因此在民事领域中的法律规范更多体现为任意性规范。“为贯彻合同自由原则，任意性规范在《合同法》中居于核心地位，《合同法》所确立的法律规则大多属于任意性规范”。[4] 强制性规范要求当事人必须依照法律法规的要求作出或不作出一定行为，

---

3 凯尔森著：《法与国家的一般理论》，沈宗灵译，商务印书馆 2013 年版，第 173 页。

4 王轶：《论合同法上的任意性规范》，载《社会科学战线》2006 年第 5 期。

强制性规范存在于公法之中自不待言，但也存在于私法之中。判断一个规范属于强制性规范还是任意性规范，首先要从形式上看其是否具有强制的“意味”。

任意性规范充分尊重当事人的意思自治，形式上多表现为“当事人另有约定的除外”的规定。“在我国《合同法》上有不少的法律条文明确规定‘当事人另有约定的除外’抑或‘当事人另有约定或者另有交易习惯的除外’……如果某一个法律条文的后面有这样的一句话，这个条文所对应的法律规范肯定是补充性的任意性规范”。[5]比较典型的如《合同法》第二百二十五条关于租赁物收益的规定，该条规定了在租赁期间因占有、使用租赁物而产生的收益，原则上应归承租人所有，但是当事人另有约定的除外。而在规范表述上，强制性规范中则多存在“不得”“禁止”“必须”“应当”之类的表述，此类词语是判断强制性规范的一个重要标志，但并非采纳此类词语的规范一定属于强制性规范，如《合同法》第二百七十条规定，建设工程合同应当采用书面形式。虽然该条规范使用了“应当”的表述，但该条规范仅具有一定的倡导性质，而很难将其划入强制性质。因此，判断一个法律规范是否为强制性规范还要结合其他因素进行综合判断，最基本的就是规范强制力的实施。

（二）规范强制力的实施

如上文提到，强制性规范与任意性规范的根本区别就在于国家公权力对于民事主体之间关系的干预程度不同。因此，判断强制性规范无法脱离公权力与意思自治的基础关系。判断强制性规范中强制力的实施主要有两个层面：第一，规范是否具有行政机关的主动介入可能性；第二，介入的行政机关是否具有处罚（制裁）权。

首先，规范是否具有行政机关的主动介入可能性。强制性规范的核心就在于“强制”，而这种“强制”不能通过私人行为予以实施，而必须通过公权力行使。通过公权力对社会关系的介入来杜绝私刑的滥用，有利于法律秩序的维护和公民权利的保障，这也是文明社会通过法律控制社会秩序的必然。由于强制性规范的这种公权力“背书”，违反强制性规范则必有行政机关介入。而且从严格意义上讲，这种介入是指行政机关的主动介入，不同于公权力的被动介入，如人民法院对案件的受理。行政机关不存在主动介入可能性的规范，很难将其划入强制性规范之中。《合同法》第二百一十四条中关于租赁期限的规定，租赁期限不得超过20年，超过20年的，则超过部分无效，但行政机关不能够主动介入当事人之间的租赁关系并宣布超过20年的部分无效，这种不存在行政机关

5 王轶：《论合同法上的任意性规范》，载《社会科学战线》2006年第5期。

主动介入可能性的规范就不属于强制性规范。

任何一项蕴含强制“意味”的规范，对合同当事人来说，都是权利义务的对立统一，对一方为权利，对另一方则为义务，至少包括容忍义务。而“根据权利的作用，民事权利可分为支配权、请求权、抗辩权和形成权”。[6]租赁期限不得超过20年，超过部分无效，其规范意义在于当事人一方可援引其对抗对方的权利主张，一方要求继续履行超过20年的租赁合同，另一方可据此予以要求解除合同。此类行政机关不存在主动介入可能性的规范，应属抗辩权规范，即指对抗对方的请求或否认对方的权利主张的权利规范。诉讼中，一如对诉讼时效制度的审查，司法机关应秉持“无抗辩不审查”的立场。

其次，“每一种法律在某种意义上都具有一种法律制裁形式，而且制裁是每一法律体系和每一项法律规定的必要特征”[7]。在认定某一规范是否为强制性规范时，还应当考量介入的行政机关是否具有处罚（制裁）权。强制性规范的“强制”意味着如果当事人不履行该规范确定的义务，则必有行政机关予以处罚（制裁），否则便无强制意义。因此，一些虽有行政机关介入可能性但行政机关并无处罚（制裁）权的规范，应不属于强制性规范。如我国法律法规中关于备案的规定，在备案的法律关系中行政机关对没有备案的行为往往没有处罚（制裁）权，这类规范就不属于强制性规范。强制性规范要求介入的行政机关必然拥有处罚（制裁）权，而且是能够正当行使这种处罚（制裁）权。

（三）规范的强制时段

强制性规范是否为效力性强制性规范，最为重要的是确认规范的强制时段。如果强制性规范是事先规制，不允许当事人存在意思自治的可能性，那么往往就属于效力性强制性规范；如果强制性规范是事中和事后规制，如对于当事人履行行为的规制，那么该规范就不属于效力性强制性规范。

具体来说，规范的规制时段可通过对强制性规范的划分来认识。强制性规范分为义务性规范和禁止性规范，前者有“不得不为”的性质，一般表述为“必须”“应当”，后者有“不得为”的性质。不得不为的义务性规范正是当事人履行民事行为的前置条件，是法律、行政法规对民事行为的事先规制，因而涉及民事行为的效力问题。不得为的禁止性规范属于事中提醒和事中规制，主要涉及民事法律行为的履行问题，是对民事行为履行的条件、方式、时间等要

---

6 王利明著：《民法总则研究》，中国人民大学出版社2018年版，第420页。

7 ［美］博登海默著：《法理学——法律哲学与法律方法》，邓正来译，中国政法大学出版社2004年版，第362页。

素的规范。由于义务性规范属于积极提示，禁止性规范属于消极提示，立法者意思表示的容忍度是不同的，前者的提示是肯定明确的，因而是周延的，无选择的可能，后者的提示是否定模糊的，有时是不周延的，因而还有选择的可能。义务性规范不得排除适用或者选择适用，只能选择其一排除其他，但禁止性规范则可排除其一选择其他。根据规范的规制时段，效力性强制性规范往往存在于义务性规范之中。但如果禁止性规范没有选择余地时，也可以成为效力性强制性规范。

二、法益类型归属

法益可分为公共利益与私人利益，而不同的法律规范所保护的法益类型不同。因此，法益类型的区分可以为效力性强制性规范提供判断的标准，这是基于规范的目的论视角。一般认为，涉及公共利益的规范必为效力性强制性规范，而涉及私人利益的规范不属于效力性强制性规范，下文将对此进行详细解析。

（一）公益标准的基础分析

强制性规范系公权力对公民意思自治的干预，公权力对公民意思自治的干预应当有其正当性基础，亦即公权力行使的背后应当有其所保护的法益，因此，效力性强制性规范与公共利益存在着必然的联系。意思自治原则作为民事活动中的重要原则，允许当事人按照自己的意愿设定权利或承担义务，本不需要公权力的介入。但是，任何公民行使其权利都有其边界，当损害社会公共利益时，公权力必须予以干预。我国《宪法》第五十一条规定，中华人民共和国公民在行使自由和权利的时候，不得损害国家的、社会的、集体的利益和其他公民的合法的自由和权利。从法律体系的视角看，该条文为公权力干预公民意思自治提供了合法性依据，同时该条文也为公权力干预公民意思自治预设了前提，亦即只有当损害国家、社会、集体的利益或其他公民合法的自由和权利时，公权力才能够介入公民的意思自治。因此，损害国家、社会、集体利益等公共利益时，公权力必然需要介入并对该行为给予否定性评价，此时该规范涉及的合同必然无效。换言之，效力性强制性规范所直接保护的正是公共利益，涉及公共利益的强制性规范必定属于效力性强制性规范。

同时，从我国《合同法》中关于合同无效的规定来看，《合同法》第五十二条规定了合同无效的五种情形，前四项强调了对国家利益、集体利益、社会公共利益的保护。严格意义上讲，国家利益、集体利益、社会公共利益都应属于公共利益的范畴，其侧重保护的是不特定的多数人的利益。《合同法》第五十二条前四项规定了当事人以不同形式损害了国家、集体、社会公共利益的合同无效，而第五项则规定“违反法律、行政法规的强制性规定”的合同无效，二者无论是补充关系抑或并列关系，效力性强制性规范本身都与公共利益之间存在着无法切割的逻辑关联。“在多种字义上可能的解释之中，应优先考量有助于维持该规定与其他规定——事理上的一致性者。”[8]

从比较法上看，强制性规范作为公权力进入意思自治领域的通道，其立法目的本身就与公共利益密切相关，不同的立法例中也均都秉持损害公共利益的合同无效的理念，其所涉及的强制性规范为效力性强制性规范。最为典型的如《德国民法典》第一百三十四条的规定，该条明确规定法律行为违反法律上的禁止规定时无效，但法律另有规定的除外。“理论界和实务界在理解第一百三十四条的过程中，通常形成的结论是：违反强制性规范的合同‘原则无效，例外有效’，如果具体强制性规范没有明确规定‘合同无效’的法律后果，则需要结合立法目的加以分析。如果具体强制性规范旨在保护公共利益，则契约应为无效；如果具体强制性规范旨在保障私人利益，则契约应为有效。”[9]从《德国民法典》第一百三十四条的法律地位和功能角度来看，在判断效力性强制性规范时，应当结合立法目的来认识公共利益与效力性强制性规范的这种关联，这为我们判断效力性强制性规范提供了有益的参考。

（二）私益标准的判断原则

公民在行使其自由和权利时，不仅不得损害国家的、社会的、集体的利益，而且不得损害其他公民合法的自由和权利。在私法领域内，秉持着自愿、平等原则，涉及私人利益的规范不应当轻易认定该规范为效力性强制性规范，进而避免合同关系动辄无效，只有在极为特殊的情况下才可以主张该规范为效力性强制性规范。

因此，涉及何种私人利益的强制性规范属于效力性强制性规范的问题，需要结合其他因素予以判断。具体而言，第一，如果该强制性规范明确规定了损害私人利益则合同无效，那么该规范必定属于效力性强制性规范。第二，从国家与公民的关系角度来看，公民的基本权利是国家对于公民应承担的保障义务，公民的基本权利不受侵害是宪法作为国家根本大法的要义与核心。公民基本权利是由宪法规定的、公民所应当享有的根本性的权利，我国《宪法》规定了公民享有政治权利和自由、宗教信仰自由、人身自由权等公民基本权利。由于公

---

8 ［德］卡尔·拉伦茨著：《法学方法论》，陈爱娥译，商务印书馆2003年版，第205页。

9 刘凯湘、夏小雄：《论违反强制性规范的合同效力——历史考察与原因分析》，载《中国法学》2011年第1期。

民基本权利亦可能在私法领域内受到侵害，故在私法领域内亦应当坚持保护公民基本权利。“直观来看，作为公法权利的基本权利与民事法律行为之间并不存在逻辑上的关联性，但是，由于民事主体损害他人基本权利之可能性的现实存在，加之基本权利和公法性强制规范之间所存在的逻辑关系以及其相较于公序良俗原则之客观化塑造功能，基本权利就在事实上对民事法律行为之效力产生了涵摄影响。”[10]从这个意义上，当某一强制性规范直接关涉公民的基本权利，从利益类型上看虽然属于私人利益的范畴，但由于公民基本权利的功能地位，此类规范应属于效力性强制性规范。第三，比例原则的运用。比例原则源于行政法律关系领域，适用于所有的行政法律关系，是行政法律关系中一项重要的法律原则，其包含了妥当性原则、必要性原则以及相称性原则。在涉及私人利益的强制性规范判断时，亦可以通过运用比例原则在法益权衡中认识该问题，如从必要性原则来看，在涉及私人利益时，是否不得不认定合同无效，才能实现目的。如果可以通过其他方式实现目的时，则不应轻易认定规范属于效力性强制性规范。

当然，在适用此标准时有一预设前提，即应对“公共利益”和“私人利益”进行有效的区分，特别是对于“公共利益”的界定是不能回避的问题。对于何为“公共利益”，在不同的法律体系，甚至不同的法律关系中有着不同的内涵，涉及国家的、集体的利益理论上都应当属于“公共利益”。但在涉及效力性强制性规范的判断问题上，则应对“公共利益”秉持一种“谦抑”的态度，不应当随意扩大“公共利益”的范围，进而不轻易认定强制性规范为效力性强制性规范。这也是充分尊重意思自治、鼓励交易的应有之义。毕竟，“无效将使合同溯及自成立时起不发生当事人所预期发生的法律效果，这不但违背当事人的自由意志，而且影响了法律关系的安定性，妨碍了第三人的善意信赖或交易安全”。[11]因此，为了减少无效合同所造成的影响，防止“公共利益”的标准被滥用，将“公共利益”限缩在一定的范围内有其现实意义。

三、治愈可能性研判

合同效力的治愈是为了尊重当事人的意思自治，促进合同目的的实现而创设的一种制度。近代最早提出合同治愈的是德国民法，“肇始于 1900 年《德国民法典》的履行治愈规则，是指欠缺法定或者约定形式要件的合同因当事人履

---

10 刘志刚：《基本权利对民事法律行为效力的影响及其限度》，载《中国法学》2017 年第 2 期。

11 黄忠：《比例原则下的无效合同判定之展开》，载《法制与社会发展》2012 年第 4 期。

行的事实而补正地使本来无效的合同成为有效合同”。[12]合同效力的治愈又指合同效力的补正、补救，“合同效力补救是指当事人所签订的合同因违反了法律禁止性规定，导致合同不能满足有效条件，但当事人可以通过事后补正、实际履行、无效行为的转换和承认来使合同满足有效的条件，从而使合同有效”。[13]违反了效力性强制性规范，则合同必然无效，不存在治愈的可能性。反之，存在治愈可能性的规范则不属于效力性强制性规范。因此，可以从治愈可能性的角度判断效力性强制性规范。

（一）合同效力的治愈

无效合同自始无效，“由于无效合同从本质上违反了法律规定，因而国家不承认此类合同的法律效力。合同一旦被确认无效，就将产生溯及力，使合同自订立之时起就不具有法律效力，以后也不能转化为有效合同”。[14]无效合同系当然无效、确定无效、绝对无效，无效合同的本质是公权力对意思自治的干预，法院或者仲裁机构无须当事人申请，便可主动审查合同是否无效，其体现的是公权力与当事人之间的不平等法律关系。这种关系中原则上并不存在双方合意的余地，一旦违反法律法规，则不存在治愈的可能性。与之相对，有的部分违反法律法规的合同关系，并不需要公权力的主动干预，其是否无效取决于当事人申请。在某些合同要件存在违法时，可以通过当事人达成合意予以弥补。“民法基于立法政策考虑，依所欠缺生效要件的性质而区别对待。其所欠缺的要件属于有关社会公益，则使之当然无效；如仅关系当事人之间的利益，则使之可撤销；如仅属于程序上的欠缺，则使之效力未定，使有补正之余地。”[15]允许合同效力治愈亦是为了减少公权力对意思自治的过分干预，鼓励交易以促进社会经济发展。最高人民法院在一系列的司法解释中均吸纳了合同效力治愈的理论，如《最高人民法院关于审理商品房买卖合同纠纷案件适用法律若干问题的解释》《最高人民法院关于审理建设工程施工合同纠纷案件适用法律问题的解释》等司法解释中均有相关或相类似的规定。虽然不同的司法解释中，对于合同效力治愈的时点规定有所不同，但在允许合同治愈的理念上是相同的。

因此，可以从是否可治愈的角度来判断某一规范是否属于效力性强制性规范。属于效力性强制性规范的合同不应存在治愈的可能性，也即当某一强制性

---

12 王洪：《合同形式欠缺与履行治愈论——兼评〈合同法〉第36条之规定》，载《现代法学》2005年第3期。

13 杨佳、郑春玉：《论无效合同的效力补救》，载《前沿》2006年第9期。

14 王利明、房绍坤、王轶著：《合同法》，中国人民大学出版社2013年版，第120页。

15 梁慧星著：《民法总论》，法律出版社2011年版，第196页。

规范无法治愈时，其应属于效力性强制性规范，而存在治愈可能性的则不属于效力性强制性规范，治愈可能性包含履行治愈和时间治愈两个方面。

（二）履行治愈的可能

合同行为，在其签订时存在着违反强制性规范的情形，但是如果公权力对其有充分的容忍度，允许事后通过补救措施予以弥补其效力，其为履行治愈。其中，以资质类最为典型，当事人在签订合同时缺乏相应的资质，但是在一定的时期内能够补齐相应的资质，那么此时合同的效力能够得以治愈，如《最高人民法院关于审理建设工程施工合同纠纷案件适用法律问题的解释》中关于资质补正的规定。从规范的价值功能角度分析资质问题，本身属于行政管理的手段之一，其目的是加强对某一领域的监督和管理。就建设工程领域而言，对施工企业施行不同资质等级标准，其核心目的仍是确保工程质量。所以，在确保工程质量的前提下，承包人缺乏相应资质等级的应当给予其补救的空间。

此外，在合同不涉及公共利益的情况下，合同当事人已经履行完毕且不存在相互返还可能，合同不应当被认定无效，这亦是基于尊重当事人的意思自治和维护社会关系的安定性考量。从对公共利益的保护的角度看，损害公共利益的合同当然无效、绝对无效，任何时候都不应当存在治愈的可能。但是如果合同并不存在绝对无效的情形，且各方当事人均明确表示放弃主张合同无效的请求，此时已履行的合同并无认定其无效的必要性，可以通过履行治愈其瑕疵。在这种情形下，双方当事人愿意以自己的行为履行合同的义务，并且为对方所接受，公权力也就无须介入其法律关系。如此，该规范便存在着可治愈的空间，故该规范不应属于效力性强制性规范。所以判断一个规范是否属于效力性强制性规范，可以考量该规范是否存在履行治愈的可能，能够通过履行治愈的，则不属于效力性强制性规范。

（三）时间治愈的可能

同时，基于法律秩序的稳定性，合同行为已经履行完毕，各方当事人已经产生信赖利益，如果当事人在一定时间之后仍然可以随时基于违反强制性规范而主张合同无效，势必会导致合同效力长期处于不稳定状态，造成社会经济秩序的混乱，这并不利于维护社会整体利益，此时强制性规范亦不宜认定为效力性强制性规范，此为时间治愈。时间治愈的价值就在于稳定交易秩序，促进交易高效、便捷，其价值类似于时效制度。可以通过时间治愈的规范并非效力性强制性规范，因为绝对无效的合同并不会随着时间经过而变成有效。所以，从判断规范是否属于效力性强制性规范的角度来看，非效力性强制性规范可以存在时间治愈的可能。例如，关于合同法中的撤销权行使期限，很多国家和地区的法律中规定了撤销权应当在规定的期限内行使，否则撤销权消灭，合同应为有效。

根据我国《合同法》第五十五条的规定，撤销权的行使期限为从当事人知道或者应当知道撤销事由之日起一年内，如果当事人在一年内没有行使，那么撤销权消灭。合同无效与被撤销，其法律后果并无二致，当合同被撤销时，合同也被视为自始无效，《合同法》第五十六条规定了无效的合同或者被撤销的合同自始没有法律约束力。合同效力取决于当事人是否在规定的期限内行使撤销权，该期限即为治愈时间。撤销权属于形成权，如果权利人一直不行使其撤销权，那么会导致整个法律关系处于不稳定的状态，不利于维护社会整体利益，因此设定一定的行使期限促使权利人行使其权利是必要的。合同无效是公权力对公民之间法律关系的否定性评价，严格来讲，其应当有一定的时间限制。我国刑法中有追诉时效的规定，行政法领域亦有相应的规定，在不涉及合同侵害公共利益的前提下，作为否定公民之间法律关系的合同无效亦有其时效，超过该时效，合同应为有效。从时间治愈的角度来看，判断强制性规范是否属于效力性强制性规范时，因为存在时间治愈可能性的规范并不直接涉及合同无效，所以其在规范的判断上不属于效力性强制性规范。

四、违法后果检视

效力性强制性规范存在演变的过程，从“违法即无效”到效力性强制性规范，背后是公权力与私人自治相互关系的变迁。无论是“违法即无效”，还是效力性强制性规范都指向行为能否嵌入国家秩序之中的问题。如果一个行为无法正当、合法地嵌入国家秩序，那么该行为就是违法的，应该给予否定性评价。因此，违法后果判断也是效力性强制性规范的重要判断标准。

（一）“违法即无效”的演变

关于违反强制性规范导致合同无效，最早可追溯至罗马法。德国继受了罗马法的有关规定，如上文提到的《德国民法典》第一百三十四条规定，法律行为违反法律上的禁止规定时无效，但法律另有规定的除外。《日本民法典》亦有相类似的规定，注重于保护公共秩序和善良风俗，法律行为有违反公共秩序或善良风俗者，应当为无效。一般认为，日本民法对合同的效力认定亦经历了从“违法即无效”向尊重当事人意思表示转变的过程。而由于德国民法与我国台湾地区“民法”之间的历史渊源，所以《德国民法典》第一百三十四条规定对我国台湾地区影响很大，“台湾地区‘民法’第七十一条基本上就是《德国民法典》第一百三十四条的直译：‘法律行为，违反强制或禁止之规定者，无效。但其规定并不以之为无效者，不在此限’”。[16]

我国 1981 年发布的《经济合同法》第七条规定，违反法律和国家政策、计划的合同无效。当时虽然没有强制性规范的表述，但国家政策、计划等体现的正是国家公权力对于经济合同的强力干预，违法等于无效。在 1993 年修正的《经济合同法》中将第七条修改为“违反法律或行政法规的合同无效”。1999 年发布的《合同法》第五十二条第五项规定，违反法律或者行政法规的强制性规定的合同无效。在国际金融危机的大背景下，为了进一步鼓励市场交易，2009 年发布的《最高人民法院关于适用〈中华人民共和国合同法〉若干问题的解释（二)》第十四条明确规定，《合同法》第五十二条第五项规定的“强制性规定”，是指效力性强制性规定。[17] 效力性强制性规范与“国家政策”“计划”等表述存在着演变的过程，这也与我国从国家全面管制到公民社会成长的转型过程相契合。在国家全面管制时期，公权力强力干预私人自治，合同动辄无效。在公民社会成长、成熟起来之后，必然要对公权力可能影响私人自治的规范予以限缩，效力性强制性规范由此而来。“通过以上这样一个立法的历史沿革我们不难看出，我国关于违反强制性规定的合同效力问题的立法逐渐从计划经济时期的计划政策‘法力无边’，转变为越来越重视当事人的意思自治。立法者期望通过法律用语的转变缩小国家公权力对于私法自治领域的干涉范围，减少法院据以认定合同无效的规范范围。”[18]

（二）违法后果的区分

从强制性规范的立法发展脉络上看，“违法即无效”蕴含着公权力对于违反规定的合同效力的否定性评价，而伴随着公权力对于私人关系干预程度的减少，进而产生了对于强制性规范的限缩解释——效力性强制性规范。但公权力这种干预程度的限缩，并非意味着公权力彻底退出，只是以一种更为谦抑的态度呈现。法律的实施为公民的行为提供指引、评价、教育和预测作用，如果公权力对于某个行为施以否定性评价，那么就宣示了该行为在当下的法律秩序中是“违法的”。因此，根据法律规范的区分，考察违反强制性规范引致的违法后果，

16　苏永钦：《以公法规范控制私法契约——两岸转介条款的比较与操作建议》，载《人大法律评论》2010 年第 1 期。

17　董万程、王继君：《民法总则中的效力性强制性规定立法问题研究》，载《法律适用》2017 年第 11 期。

18　漆晓昱：《论违反强制性规定的合同效力问题——以合同法第五十二条第五项为中心》，载《私法研究》2012 年第 2 期。

进而确认效力性强制性规范。

法律规范从学理上可分为民事法律规范、行政法律规范和刑事法律规范。违反强制性规范引致的民事法律后果，因其仍属于私人自治领域，一般来说只有在一方当事人抗辩的情况下才会对合同效力产生影响。“因为《德国民法典》的整个体系中包含大量的私法自治的内容，所以，许多禁止规定并不在《德国民法典》中，而是在特别法中，这些特别法表现了立法者的经济和社会政治目的。”[19]因此，违法后果判断所指的法律规范应包含在行政法律规范或刑事法律规范之中。行政法律规范与刑事法律规范有着本质的区别，行政责任后果远轻于刑事责任后果，前者注重的是教育，后者注重的是制裁。违反规范仅需承担行政法律后果的，该规范一般不是效力性强制性规范。如《公务员法》第五十九条关于公务员不得违反有关规定从事或参与营利性活动的规定即属此类。公务员违反有关规定从事或参与营利性活动，会受到相应的行政纪律处分，但仍属于行政法律规范规制范围，并未上升到刑事制裁，故该规范不属于效力性强制性规范。

但如果违法后果有可能上升到刑罚制裁，从“出礼入刑”的角度看，属于效力性强制性规范的可能性较大。刑罚制裁乃是国家对于公民行为最为严厉也是最后的惩罚手段，代表着公权力在当下的秩序中对该行为的终极评价。尽管行为的发展有一个从量变到质变的过程，但在量变阶段，无论是进行民事法律规范的评价还是进行行政法律规范的评价，都不应存在肯定的余地，都应与刑事法律规范的终极评价保持一致。因此，违反刑法最终规制的行为必然无效，涉及的强制性规范亦应为效力性强制性规范。如《城市房地产管理法》第三十八条第二项关于司法机关依法裁定查封或者以其他形式限制房地产权利的房地产不得转让的规定。对于该条规定是否属于效力性强制性规范一直存在不同理解。实际上，《民事诉讼法》第一百一十一条明确规定了，诉讼参与人或者其他人有隐藏、转移、变卖、毁损已被查封、扣押的财产，或者已被清点并责令其保管的财产，转移已被冻结的财产的行为，人民法院可以根据情节轻重予以罚款、拘留，构成犯罪的，可以依法追究刑事责任。而《刑法》第三百一十四条亦明确规定了非法处置查封、扣押、冻结的财产罪，即当事人存在隐藏、转移、变卖、故意毁损已被司法机关查封、扣押、冻结的财产的行为，情节严重的，应处三年以下有期徒刑、拘役或者罚金。擅自转让被司法机关依法裁定查封或者以其他形式限制房地产权利的行为可能上升至刑事责任，是最为严重的法律

---

19 ［德］卡尔·拉伦茨著：《德国民法通论（下册）》，王晓晔、邵建东等译，法律出版社 2013 年版，第 589－590 页。

后果，所以该条款应当为效力性强制性规范。从民事、行政、刑事法律后果区分来看，刑罚作为最严厉的制裁手段，当某一行为发挥到极端，刑事法律规范对其予以否定性评价时，民事法律规范、行政法律规范评价必须与该评价相一致。而当刑事法律规范对该行为不作评价时，民事法律规范与行政法律规范评价可以不一致。根据违反规范所引致的后果不同，最终需要承担刑事法律后果的规范属于效力性强制性规范。

强制性规范作为调和国家管制与私人自治关系的条款，为公权力进入私人自治领域提供了一个渠道，正如有学者所言，“公法中的强制性规定像躲在木马里面的雄兵一样涌进特洛伊城，摇身变成民事规范，私法自治的空间，就在这样一种调整下随着国家管制强度的增减而上下调整”。[20] 正是强制性规范的这一功能定位为效力性强制性规范的判断预设了前提。判断某一规范是否为效力性强制性规范从规范性质、法益类别、治愈可能性、违法后果四个标准判断，其逻辑顺序为从规范性质的判断开始，考量规范所涉及的法益类型，检验规范是否存在治愈可能性，再到查寻规范引致的违法后果。通过这四个判断标准的逐步展开，最终对规范在当下法律体系中的标准意义予以认识。但是我们也要看到，某一规范是否为强制性规范以及是否为效力性强制性规范并非绝对不变的，会随着社会实践的不断发展，随着公权力与私人自治关系的不断变化，规范的性质也会发生改变。

20 苏永钦：《私法自治中的国家强制》，载《中外法学》2001年第1期。

破解“部分判决”制度的适用困境

甄雪皓*

【内容提要】适时裁判是民事诉讼程序效率的要求。司法资源稀缺性和司法需求扩张性之间的矛盾[1]是无法回避也无法彻底解决的问题，但可通过立法技巧或制度的完善等方式进行缓解。恰当适用“部分判决”可以提升司法效率，实现案件本身的“繁简分流”，避免诉讼过于迟延。但是由于立法上的漠视及制度本身的缺陷，导致该制度在司法实践中的精准化适用寥寥无几。面对一项存在缺陷但具有实用价值的制度时，我们不应因噎废食，而应通过精细化的设计去“盘活”制度本身。

【关键词】“部分判决”制度　适用　设计

完善纠纷解决机制的根本在于规范性、正当性的诉讼制度设计。在诉讼爆炸的时代，探求可有效缓解诉讼压力的诉讼制度具有现实意义。《民事诉讼法》第一百五十三条规定“人民法院审理案件，其中一部分事实已经清楚，可以就该部分先行判决”，该条文是我国对于部分判决制度的规定。设置部分判决的本意，是为了“使案件‘达到可以裁判的程度’的部分尽早结束真伪不明的状态，在法律上得到认定，以使当事人的权利及时得到救济，并避免诉讼的过分迟延”[2]。恰当适用部分判决制度可有效提高诉讼承载能力。通过对适用该条文的裁判文书进行类型化分析发现，在尊重立法原意的基础上准确适用部分判决制度的判决寥寥无几，实践中该条文的适用存在不同程度背离立法原意的偏差。该制度在司

---

* 甄雪皓——广东省广州市中级人民法院四级法官助理。

1 刘俊祥：《司法体制改革的四项重要使命》，载爱思想网，http：//www. aisixiang. com/data/79100. html，最后访问于 2020 年 8 月 13 日。

2 江必新主编：《新民事诉讼法理解适用与实务指南》，法律出版社 2015 年版，第 580 页。

法实践中长期被束之高阁。有必要进一步考量部分判决的制度价值，剖析部分判决制度被冷冻的根源，探析如何破解部分判决制度的休眠困境及适用异化。

一、部分判决[3]在司法实践中适用的现实图景

立法规范唯有诉诸司法实践方可体现其价值。以裁判理由中包含有“人民法院审理案件，其中一部分事实已经清楚，可以就该部分先行判决”为条件在裁判文书网上检索，2013年1月至2018年12月共有案例740篇。从类型化视角分析，呈现出两个特征，一是适用案由单纯化，二是适用方式混乱化。

（一）适用案由单纯化：以五类案由为主

从检索结果分析，适用部分判决的案由有二十几类。但案由类型分布集中，婚姻家庭及继承类纠纷、合伙协议纠纷、建设工程合同纠纷、机动车交通事故责任纠纷、借款合同纠纷五类案由合计占到了73%。

表1　适用部分判决条文的案由占比

案由	所占比例
婚姻家庭、继承类纠纷	27.22%
合伙协议纠纷	15.40%
建设工程合同纠纷	10.73%
机动车交通事故责任纠纷	10.58%
其他合同纠纷	8.55%
借款合同纠纷	7.47%
买卖合同纠纷	4.04%
租赁合同纠纷	4.04%
其他类型的侵权责任纠纷	2.64%
物权纠纷	2.33%
劳动争议	1.40%
生命权、健康权、身体权纠纷	1.24%
房地产开发合作经营合同纠纷	0.93%
其他	3.42%

3　检索结果包含了2012年修正前的《民事诉讼法》第一百三十九条及修正后的第一百五十三条。

在上述前五类案由中，除了建设工程类纠纷案件中，法院多会作出部分判决后，对于剩余部分继续审理之外，其他四种类型案件中对于部分判决的条文的适用似乎与部分判决的立法本意并不完全相关。如离婚案件中对于婚姻关系与财产分割分开处理的模式[4]，这在目前司法实践中被广泛采用，即使不引用部分判决的条文亦可作出相同处理。与其说是适用部分判决条文所作出的判决，不如说是特定类型案件处理的固有思路。

表2　适用部分判决条文最多的前五类案由的主要适用情形

案由	主要适用情形	剩余部分处理方式
婚姻家庭及继承类纠纷	（1）对于离婚案件中涉及的财产争议、债务争议，不在裁判离婚诉讼时一并处理；（2）离婚或继承类案件中可能涉及案外人部分的财产不予处理	告知当事人另行处理
合伙协议纠纷	合伙账目不清、清算陷入僵局的情况下，对账目清楚的部分，可按照合伙协议的约定或合伙人的出资比例先行确定该部分合伙财产的清算分割问题	清算后可另行主张权利
借款纠纷	对于已查明借款先行判决	对于无法查明部分告知当事人有新证据可另行主张
建设工程合同纠纷	（1）对于已查明的工程款先行判决；（2）先行判决解除合同；（3）先行判决施工方配合办理竣工备案手续	中止审理，对于有争议的部分待鉴定结果或者事实查清后再出具裁判文书
机动车交通事故责任纠纷	（1）对于侵权关系的成立先行判决；（2）就已发生的费用先行判决	对于尚不能确定的部分，如后期的康复费、长期护理费待发生后要求当事人另行主张

（二）适用方式混乱化：多数适用情形偏离立法原意

通过对适用部分判决条文的裁判文书进行类型化分析，可梳理出其适用主要集中于六种情形。而这六种情形中，除却“一案两书”类型之外，其他类型多与立法本意有所偏离。

4　蒋月：《夫妻财产争议与离婚案件拆分审判探析》，载《华东政法大学学报》2007年第6期。

1. “一案两书”型。此种类型是指在一件案件中就实体处理[5]作出两份以上的裁判文书。法院或是就合同效力等先决问题作出部分判决，或是就本反诉可为裁判的部分先行判决，或是就一个诉讼请求中已经查明的部分先行判决，基本出发点都是为了避免诉讼过于迟延。此种处理方式与立法本意契合。

表3　“一案两书”的典型情形

<table>
<tr><td rowspan="4">对案件中的先决问题先行判决</td><td>先行判决合同解除</td><td>陕西省宝鸡市中级人民法院（2015）宝中民二初字第00049－1号案中双方当事人就工程量和工程款均有异议，需核对或进行司法鉴定，审理周期长。为防止损失继续扩大，且原告起诉请求解除双方签订的施工合同，对合同的解除先予判决</td></tr>
<tr><td>先行配合办理竣工验收办案</td><td>（2015）民一终字第269号案中，最高院认为，竣工验收备案手续不能及时办理，已经影响到购房户办理产权证的权利。权衡各方利益，一审法院就此先行判决并无不当</td></tr>
<tr><td>先行办理股权变更手续</td><td>谢民视的原诉讼请求是判令张瑞昌支付股权转让款，而股权转让款的支付必须以股权转让行为得到审查批准机关的批准为前提。鉴于谢民视与张瑞昌之间订立股权转让合同的事实已查清，谢民视也已提出关于判令张瑞昌和金刚公司办理股权转让手续的诉讼请求，依法可对谢民视增加的这一诉讼请求先行判决[6]</td></tr>
<tr><td>先行就侵权关系的成立与否作出认定</td><td>北京市知识产权法院（2015）京知民初字第01943号民事判决书中对“侵权关系成立与否”先行依法审理，作出部分判决，判令被告停止侵权</td></tr>
<tr><td colspan="2">对本诉（或反诉）先行判决，反诉（或本诉）继续审理</td><td>吉林省长春市中级人民法院（2012）长民一字重第23－1号民事判决书：“因本诉部分事实已查清，根据《民事诉讼法》第一百五十三条的规定，本院就该案本诉部分先行判决。反诉部分，待鉴定意见出具后再行处理。”</td></tr>
<tr><td colspan="2">对一个诉讼请求中已经查清的部分先行判决</td><td>江苏省镇江市人民法院（2014）镇民初字第69号民事判决书中，法院认为双方对于被告欠付涉案工程地上15层工程进度款4880161元的事实，均无争议；对于被告欠付涉案工程中28号楼和31号楼地上20层的部分工程进度款3431487元的事实，业已查清。考虑到涉案工程施工、垫资的具体情况和本案审理、保全的实际情况，故决定对上述事实所涉及的工程进度款先行判决</td></tr>
</table>

5　不包括不涉及实体问题的“一案两书”，如就部分诉讼请求驳回起诉、就部分诉讼请求进行实体处理。

6　“谢民视诉张瑞昌、金刚公司股权纠纷案”，载《最高人民法院公报》2003年第1期。

2. “维持/改判 + 发回重审”型[7]。此类处理是指二审法院对于一审判决部分予以维持或改判，部分发回重审。此种处理思路颇值得借鉴。发回重审制度虽从程序上使当事人上诉权得以保障，却推迟了实体正义的实现[8]。利用部分判决制度，二审法院对于能够维持或者改判的部分予以直接处理，对于有必要发回重审的部分才发回重审，可有效缓冲上述诉讼效率与程序保障之间的矛盾。

3. “后发性请求”型。此种类型多发生在前文提到的机动车交通事故责任纠纷等侵权案件中，当事人起诉时，后续的医疗费、康复费等尚未实际发生，因此仅就已发生的费用先行处理，后续费用由当事人另行主张。这种处理思路符合《最高人民法院关于审理人身损害赔偿案件适用法律若干问题的解释》[9]的规定，但是此类情形也不属于对于部分判决制度的适用。

4. “证据不足 + 另行主张”型。此种类型是适用民事诉讼法部分判决条文最多的一类情形。此类案件对于证据不足部分的诉讼请求的处理方式分为两种，一种是直接驳回诉讼请求，告知当事人如有新证据，可另行主张；另一种是没有驳回诉讼请求，而是直接告知当事人如有新证据，可另行主张。这两种处理方式均与部分判决的立法本意不符。如果驳回当事人的诉讼请求，则意味着法院已经进行过实体审理，根据既判力原则，当事人不能就同一事实另行起诉。依据《民事诉讼法》第二百条规定，有新的证据，足以推翻原判决、裁定的，人民法院应当再审，即使判决后当事人有新的证据，其救济途径也应是申请再审，而非再次起诉。而如不驳回当事人的诉讼请求，直接不予处理，又有遗漏诉讼请求之嫌。

5. “不予中止/合并审理”型。案件处理过程中，当事人提出案件与另案有牵连，要求中止或者合并审理，在司法实践中并不罕见。如法院认为不应当中止或者合并审理，自当不予准许。这种情形似乎不应当属于适用部分判决的情形，但是笔者却发现，适用《民事诉讼法》第一百五十三条作为不予中止或不予合并审理的理由的裁判也绝非个例。

6. “调判结合”型。关于采取调解与判决相结合的方式进行进行审理是否应适用民事诉讼法关于部分判决的规定的问题，该条文中明确的是“先行判

---

7 此类案件也属于“一案两书”的特殊情况，即分别制作民事判决书与发回重审裁定书。

8 单人俊：《重复的意义：对民事诉讼二审发回重审制度的思考》，载《江西社会科学》2014年第8期。

9 《最高人民法院关于审理人身损害赔偿案件适用法律若干问题的解释》第十九条第二款：“医疗费的赔偿数额，按照一审法庭辩论终结前实际发生的数额确定。器官功能恢复训练所必要的康复费、适当的整容费以及其他后续治疗费，赔偿权利人可以待实际发生后另行起诉。但根据医疗证明或者鉴定结论确定必然发生的费用，可以与已经发生的医疗费一并予以赔偿。”

决”，调解不在该条的规范之内，因此并不应适用《民事诉讼法》第一百五十三条的规定论理，而应适用《最高人民法院关于人民法院民事调解工作若干问题的规定》第十七条第一款“当事人就部分诉讼请求达成调解协议的，人民法院可以就此先行确认并制作调解书”的规定。

二、部分判决制度适用的双重困境及成因

通过检视《民事诉讼法》第一百五十三条在司法实践中的适用的现实图景，笔者发现部分判决制度在司法实践中适用呈现双重困境：一是适用遇冷，长期处于近乎休眠的闲置状态；二是对条文的理解适用与立法本意存在偏差。大量长期未结民事案件中，不乏可适用部分判决的案件，但该条文却被束之高阁，甚至被异化为拒绝裁判的理由。适用部分判决的困境源于何处？

（一）部分判决适用双重困境——“闲置状态”与适用偏差

法律作为一门适用性学科，法律规范与司法裁判之间必然存在一条天然的“传送带”，进而保证大体每一项法律条款都能在社会生活中的“对当案件”上有所价值，此为立法的根本目的；现实却并非总能如愿，“传送带”的连接失灵业已成为常态。[10]

1. 困境之一：在司法实践中的闲置状态

部分判决制度在1982年民事诉讼法中就有规定，民事诉讼法历经几次修改均保留了相关条文。而裁判文书网上检索到的近十年来提到部分判决条文的判决书仅有几百件，这与浩如烟海的民事判决数量形成鲜明对比。而这几百件案件中，能够准确适用部分判决条文的更是寥寥无几。有学者称“部分判决制度的实际利用率几乎近零，在相当程度上形同虚设”[11]。由于部分判决是选择适用而非强制适用，因此实际使用率不高尚属正常现象，但如果实际使用率过低，使得制度本身处于形同虚设的状态，显然是一种反常现象。

2. 困境之二：适用偏差——异化为“拒绝裁判”的理由

“依据本条规定进行的先行判决并不是对全案作出的判决。没有判决的部分不是不管，而是仍然在审理中。”[12]但通过对裁判的类型化研判不难发现，除去“一案两书”型的裁判之外，其他类型对部分判决的适用是与立法本意有所偏

---

10 宋保振：《激活“休眠法条”的法律解释》，载《学术交流》2016年第6期。

11 占善刚、胡辉著：《民事司法的理论与实务》，中国政法大学出版社2016年版，第279页。

12 全国人大常委会法制工作委员会民法室编著：《中华人民共和国民事诉讼法解读（2012年修订版）》，中国法制出版社2012年版，第410－412页。

离的。

占比最高的“证据不足+另行主张”型裁判文书更是完全偏离了部分判决的立法本意。司法实践中遵循的思路为在部分案件事实暂时难以或无法查清的情况下，仅针对查清的事实部分进行判决，对剩余部分的诉讼请求予以驳回或不予处理，并在裁判论理部分告知当事人有充足证据后可以另行起诉、另案主张等。秉承此种思路使得部分判决制度异化成为法官“拒绝裁判”的理由。此种现象根源在于案件日益增多，功利性审结案件成为首要目标。遭遇复杂棘手案件时，“另案主张”“另行起诉”等成为回避矛盾的司法策略。此外，针对易带来信访问题的案件，通过明确“另案处理”“另行主张”等救济途径使当事人心理上更容易接受。[13]然而，如果允许当事人另行起诉，必然会增加当事人诉累、造成纠纷久拖不决，与“一次性纠纷解决”理念背道而驰。更为重要的是，此种处理方式并不具有正当性，如果每一名法官都以同样的原则处理，遇到疑难复杂、难以查明的问题都采取“击鼓传花”的方式告知当事人“另行主张”，如何“让人民群众在每一个司法案件中都感受到公平正义”，法官的担当精神又如何彰显？如此以往，必将损及当事人利益与司法公信力。

（二）部分判决制度适用的双重困境之成因

部分判决制度之所以在司法实践中处于闲置状态并存在适用偏差，一方面是由于立法上的模糊与淡化，另一方面是由于部分判决制度自身的固有缺陷。

1. 立法上的模糊化导致制度价值未被准确认知

虽然关于部分判决制度在1982年的《民事诉讼法（试行）》中就规定了，但至今也没有进一步作出明确规定，司法解释也无进一步解释。理论界对于部分判决多停留在知识性的介绍，对于具体运行机制缺乏深入研究。立法上的模糊化体现在两个层面：第一个层面即宏观层面，体现为对该条文本身的理解，究竟是指部分判决、中间判决或者是两者皆可涵盖？第二个层面即微观层面，体现为适用范围、既判力客观范围、可否上诉、诉讼费如何确定、剩余部分的处理等。第一个层面问题的答案是第二个层面问题的解决基础。

产生第一个层面问题的原因在于条文规定尚显简陋，使人产生部分判决与中间判决[14]的混淆，不乏学者将该条规定解读为中间判决[15]。从终结部分庭审

---

13 项延永、王华鑫：《多少个“另案处理”可以另案处理——我国民事诉讼请求的合并与分离机制的理性构建》，载《全国法院第二十六届学术讨论会论文集：司法体制改革与民商事法律适用问题研究》，人民法院出版社2015年版，第642页。

14 囿于篇幅所限，本文不对中间判决作过多论述。

15 王亚新：《民事诉讼的裁判：形式与效力》，载《贵州民族大学学报》2016年第4期。

与整顿审理的角度观察，部分判决与中间判决有相似之处，[16]但是它们在各自的适用范围内发挥不同的价值，部分判决更多地可在避免诉讼过分迟延方面发挥作用，而中间判决更多的是通过对先决事项进行确认而推进后续庭审进程。从通说来讲，该条文是指部分判决，而非中间判决。

对于第二个技术操作层面的问题，如适用范围、既判力客观范围、可否上诉、诉讼费如何确定、剩余部分的处理，更未有相关规定予以明确，因此部分判决制度在我国缺乏周全的可操作性。众多问题尚未明晰，一方面导致多数法官并未关注到该条文，另一方面即使法官关注到了该条文，也未能对其准确认知，多多少少会仅凭文意上的理解去适用，"创造性"地成为回避矛盾的利器，异化为"拒绝裁判"的理由。

2. 制度固有缺陷："一案两书"与矛盾判决

除却立法及理论研究不足之外，部分判决制度本身的固有缺陷也导致部分判决较少适用。缺陷之一在于"一案两书"，即适用部分判决，法官在一件案件中至少需作出两份裁判文书。作出部分判决后，诉讼尚未完全终结，案件亦不能算作结案，法定审限与案件数量的压力仍未消减，对法官来说缺乏激励机制。[17]因此，从主观状态考量，部分判决适用遇冷与法官嫌琐碎、怕麻烦的观念不无联系。从技术操作上来看，部分判决在不同审级法院的衔接过程中也会存在一些问题，部分判决与后续判决在一审法院是同一案件的先后判决，但是由于部分判决可单独上诉，因此在二审法院又将其作为一件单独的案件处理，这样便导致一审法院的同一案件对应二审法院的两件不同的案件。其实，解决这些问题的"技术性途径"并不见得有多复杂，消除人们在这些问题上的回避和漠视，比解决这些问题本身困难得多。[18]

部分判决制度的另一个缺陷在于产生矛盾判决的可能性。部分判决作出后，该部分就脱离了该审级。当事人针对部分判决提起上诉后，同一案件的不同部分将在不同审级法院中审理，如此可能导致不经济，也存在处理结果矛盾之危险。为避免矛盾判决，法官必须在作出部分判决之前，对全部案情和诉讼进程作出准确研判。以"先知的眼光"来辨别未来的可能矛盾[19]，需要对于诉讼标

16 段文波：《构建我国民事诉讼中间判决制度论——对德国和日本民事中间判决制度的借鉴》，载《政治与法律》2009 年第 10 期。

17 李磊：《一部终局判决研究——兼论我国民诉法第 139 条之完善》，载《湖北社会科学》2011 年第 9 期。

18 占善刚、胡辉著：《民事司法的理论与实务》，中国政法大学出版社 2016 年版，第 280 页。

19 ［德］奥特马·尧厄尼希著：《民事诉讼法（第 27 版）》，周翠译，法律出版社 2003 年版，第312 页。

的等理论熟稔于心，这对于法官的素质提出了很高要求。部分判决若适用不当，也会沦为瑕疵裁判。加之是否作出部分判决系由法官自由裁量，造成法官墨守成规、不愿涉险。

三、部分判决制度存在之必要性的重新审视

实证研究发现司法实践中在符合立法原意的基础上适用部分判决的裁判寥寥无几，立法上的模糊及制度本身的缺陷是导致此种现象的根本原因。部分判决制度长期处于近乎休眠状态，对该制度的存废有必要从制度价值本身重新考量。

（一）部分判决的制度价值

1. 程序之优化：避免案件无意义的停摆

程序价值是民事诉讼的内在要求，包括程序公正和程序效率等。在确保诉讼公正之前提下，程序效率追求的是适时审判和及时执行以节约诉讼成本。[20]确立部分判决制度的目的，在于为法院提供及时确认和实现当事人一部分合法权益或一部分当事人的合法权益的制度保障。此为部分判决最根本价值所在。而在案件需要中止审理的情况下，尤其是在需以另一案件的审理结果为依据或以另一程序（如评估、鉴定、审计）的完结为前提的情况下，案件通常会长期处于毫无价值的停摆状态。通过及时终结案件的部分审理，可以将案件中不需要中止审理的部分剥离出来，同时也为当事人在中止审理期间的诉讼行为作出指示。

2. 审理之整顿：调整诉讼走向

未适时使当事人预测法院的裁判内容或判断过程，致当事人未及时提出有利己资料或意见，这也被视为一种诉讼突袭。[21]部分判决有利于当事人调整攻击防御方法，预测诉讼走向，避免此种诉讼突袭。中间判决虽也能发挥类似功能，但由于我国尚未将中间判决纳入民事诉讼体系中，因此部分判决在一定意义上弥补了中间判决的缺位。通过部分判决对法律关系的成立、效力等作出认定，当事人可据此调整诉讼方向。部分判决对后续诉讼走向明确、直接的指引也提高了后续部分诉讼和解结案的概率。

3. 司法公信力之提升：缓解社会矛盾

“法官不仅要主持公正，而且要让人们明确无误地、毫不怀疑地看到是在主

20　邵明著：《民事诉讼法学》，人民大学出版社 2016 年版，第 23 页。

21　熊云辉：《论突袭性裁判》，载《法律方法》2014 年第 2 期。

持公正。”[22]群体诉讼案件牵涉利害关系多、诉求多元，稍有不慎，就会出现群体性闹访事件。法院站在裁判者的角度，承受压力较大。在适当的情况下作出部分判决，可为法院提供观察当事人对裁判结果的接受程度、验证审判思路正确性的时间缓冲阶段，防止群体当事人对法律的集体误读、对审判结果与其预期落差过大引发的群体过激反应。[23]通过部分判决分层次、有条理地解决矛盾争议，可使群体性纠纷逐步得到缓解，有效提升司法公信力。

（二）特定司法语境下的部分判决与可替代制度

为节约立法资源，如果特定问题依赖现有制度能够解决，就无须通过立法上的完善去构建一项新制度或者激活一项休眠制度。因此，有必要通过比较部分判决与其具有类似功能的制度在特定司法语境下的适用，进一步考量部分判决制度存在的必要性。

1. 合同解除语境下的法院斡旋与部分判决

在租赁合同等纠纷中，若当事人无意履行合同，解除合同是必然之举。但是当事人对于赔偿损失等合同解除衍生出来的请求通常存在不小的分歧，甚至有时也会涉及对装修等费用的评估。如果待全部事实厘清之后再作出解除合同的判决，往往会导致损失扩大。

在处理此类租赁合同纠纷案件时，法院也往往遵循着避免损失扩大的原则，在诉讼过程中及时组织双方进行场地交接，这不失为一种现实而合理的做法。但在判决作出前，法院针对场地交接等问题所作的斡旋、调解、动员等工作，不具有约束力及强制力。合理运用部分判决制度，将合同解除及返还租赁物等请求先行判决，既能避免因诉讼时间过久，当事人未及时交接租赁物导致的损失扩大，又能避免双方就分配扩大的损失所产生的争议。

2. 合同效力语境下的法官释明与部分判决

在当事人主张的合同效力与法院认定不一致的情况下，法官的释明权在一定程度上弥补了我国在没有答辩失权情况下规定举证失权所造成的诉讼标的和攻击防御方法无法确定的严重不足[24]。然而，运用释明而非裁判的方式就实体性先决事项进行认定，制度上难以自洽，效力上亦存有不确定性，救济途径也

22　［英］丹宁勋爵著：《法律的训诫》，杨百揆等译，法律出版社1999年版，第98页。

23　康宝奇：《专业化合议庭建设及类型化案件审判研究（第二辑）》，人民法院出版社2010年版，第251－252页。

24　傅郁林：《先决问题与中间裁判》，载《中国法学》2008年第6期。

不明朗。而在部分判决中，法院针对合同效力作出了终局性认定[25]，使得当事人可以合理预测诉讼方向，及时调整诉讼策略，避免无意义的攻击防御。

3. 侵权关系语境下的诉前行为保全与部分判决

知识产权侵权案件中，侵权数额往往较大，计算方式也比较复杂，审理耗时久。而侵权行为往往会处于持续状态，为避免不及时制止侵权行为而造成难以弥补的损害，当事人可以在诉前向法院申请责令停止有关行为的保全措施。但是由于诉前行为保全的特殊性，需要更严格的把关程序[26]，且当事人需要提供相应担保。而如果通过先行作出部分判决确认侵权关系的成立并判令停止侵权，其效力将不仅仅局限于执行力。被称为“互联网专利第一案”的搜狗诉百度专利侵权案件中，法院就先行就其中三起案件构成侵权作出先行判决，判令被告停止侵权，这被视为“符合知识产权诉讼规律的裁判方式改革”的一次有益尝试。[27]

四、激活休眠与矫正偏差：部分判决制度的精细化设计

部分判决制度的理念设计、功能价值符合司法改革目标，且现有制度也无法完全覆盖部分判决制度的功能，因此有必要通过精细化制度设计激活部分判决制度的休眠状态并矫正司法适用中的偏差。

（一）打破休眠僵局：明确部分判决适用前提

如前文所述，部分判决在司法实践中鲜为适用的原因之一在于立法规定的模糊性。部分判决固然具有避免诉讼迟延之功能，但由于必须综合考量诉讼成本、前后判决不会相互矛盾、预期审级不致缠绕等因素，部分判决的适用范围亦不能盲目扩大，只有在恰当的情形中适用部分判决才能在最大限度上发挥其功能。

《德国民事诉讼法》第三百零一条规定：“（1）在以一诉所主张的数个请求中的一个请求，或者一个请求中的一部分，或者在提起反诉后，只有本诉或反诉到作出终局裁判的程度的，法院应当以终局判决（部分判决）作出裁判。（2）法院依案件的程度认为不宜作出部分判决时，可以不作出部分判决。”[28]我

25　在此种情况下，需要以当事人提出与合同效力有关的诉讼请求为前提，否则无法适用部分判决。

26　王莉娟、谭筱清：《从知识产权禁令到行为保全制度的完善》，载《人民司法》2015 年第 5 期。

27　参见《搜狗诉百度“互联网专利第一案”一审：其中 3 案判停止侵权》，载澎湃新闻网，https：//www. thepaper. cn/newsDetail_ forward_ 2068892，最后访问于 2019 年 12 月 24 日。

28　丁启明译：《德国民事诉讼法》，厦门大学出版社 2015 年版。

国台湾地区“民事诉讼法”第三百八十二条规定：“诉讼标的之一部或以一诉主张之数项标的，其一达于可为裁判之程度者，法院得为一部之终局判决，本诉或反诉达于可为裁判之程度者亦同。”[29] 参照德国和我国台湾地区的立法例，部分判决的适用应满足以下前提：（1）诉讼标的或诉讼请求具有相对独立性，暂未查明的事实对已查明的事实认定及处理结果没有影响；（2）诉讼标的或诉讼请求部分审理结束，达到可裁判的程度；（3）其他部分的诉讼标的或诉讼请求未达到可裁判的程度，如其余事实一时难以查清或者需要以另案的审理结果、其他程序为依据，而另案或其他程序一时难以结束。尤其是在可能造成诉讼过分迟延的情形下，如中止审理、发回重审等，应当充分评估适用部分判决的可能性，考虑对于达到可裁判程度的诉讼标的或诉讼请求作出部分判决，仅对于剩余部分裁定中止审理或发回重审。

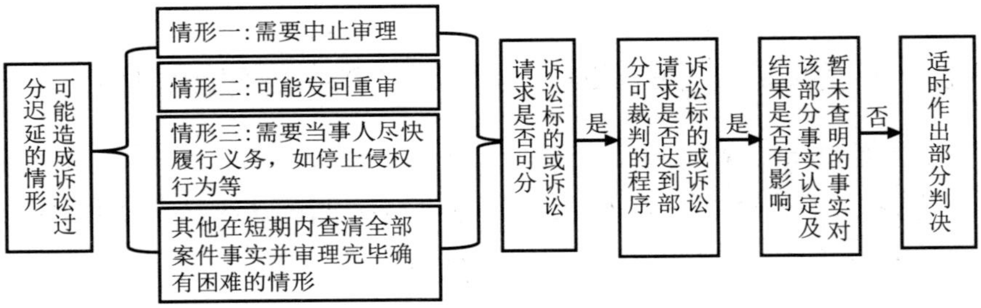

图1　适时作出部分判决的思维路径

（二）启动方式：赋予当事人适时裁判请求权

为提高程序效率、降低诉讼成本，要求法官承担“促进诉讼”职责与当事人承担“促进诉讼”义务，可以共同推动诉讼程序尽快顺畅运行。[30] 对于可作出部分判决的情形，法官可依职权作出，对此争议不大。需要讨论的是可否赋予当事人适时裁判请求权？答案应该是肯定的。首先，民事诉讼法虽属于公法，但民事纠纷源于私法领域，当事人对其权利有处分权，因此在民事诉讼进程中也应享有相应处分自由。民事诉讼的进行在一定程度上要服从这种要求。[31] 其次，部分判决最基础的功能在于避免因诉讼过于迟延而隐性地损害当事人权益，确保权利高效实现。权利高效实现作为司法公正的应有之意，其在司法程序上

29　资料来源于月旦知识库。

30　邵明：《民事诉讼法学》，人民大学出版社2016年版，第24页。

31　张卫平：《民事诉讼中止事由的制度调整》，载《北方法学》2018年第3期。

的要求即表现为当事人“适时审判请求权”之基本程序权。[32] 当然，允许当事人请求法院作出部分判决并不意味着法院必须依当事人的申请作出部分判决，最终是否作出部分判决仍应由法官裁量决定。

（三）矫正适用偏差：明确剩余部分的处理方式

当事人对于一审法院作出的部分判决可以提出上诉，这在实践中不存在争议。司法实践中对部分判决制度适用混乱的成因在于对剩余部分的处理模式。实践中对于剩余部分的处理大体上可分为两类：一是明确法院作出部分判决后，剩余部分继续审理；二是告知当事人另行主张。虽然《民事诉讼法》第一百五十三条对于剩余部分的处理未作出明确规定，但是从立法本意来看，对其余部分继续审理，另行制作裁判文书。因此，上述第二种处理方式实际上背离了立法本意，异化为拒绝裁判的理由，亦有遗漏诉讼请求之嫌疑。

为矫正司法实践中对剩余部分的处理偏差，应明确对于剩余部分继续审理。即作出部分判决后，不能终结全案诉讼，剩余部分应在法定审限内审结，如剩余部分的事实无法查明或仍未确定，应依据举证责任进行裁判，而不应告知当事人另行起诉。裁判生效后，如发生新的事实，根据民事诉讼法相关司法解释的规定，可另行起诉，不受重复诉讼的规制。但此时系形成新的诉讼，而非原诉讼之延续。

在裁判文书制作上，应严格依照最高人民法院关于诉讼文书的规范制作[33]，在其中明确对于其余诉讼请求继续审理；之后的裁判文书在案号后缀“之一”“之二”……以示区别。但正如前文所述，即使作出部分判决，案件也不算审结，因此对于法官来说缺乏激励机制。对此，建议优化法官工作量考核机制，在司法统计方面，将部分判决作为一件案件计算法官办案数量，引导法官适时适用部分判决。此外，在评价长期未结案的合理与否方面，也可将是否适时作出了部分判决作为考量因素。

（四）预留空间：裁判种类体系的完善

构建或完善一项制度时，不仅应从细微处着手，更要从体系考虑，为将来

32　唐力：《司法公正实现之程序机制——以当事人诉权保障为侧重》，载《现代法学》2015年第4期。

33　“鉴于……事实已经查清，根据《中华人民共和国民事诉讼法》第一百五十三条‘人民法院审理案件，其中一部分事实已经清楚，可以就该部分先行判决’之规定，本院对本案除了……以外（写明不作判决的诉讼请求）的部分先行判决，对其余诉讼请求继续审理，另行制作裁判文书。”参见沈德勇主编：《民事诉讼文书样式（上）》，人民法院出版社2016年版，第250页。

的制度预留出空间。除却本文上面所论述的直接原因之外，部分判决在我国适用较少的另一间接原因在于民事判决种类的单一性。德国、我国台湾地区民事判决种类规定包括终局判决、中间判决与补充判决等，这些判决种类与部分判决多少有着关联。对裁判种类的立法是一项技术性颇强的问题，与诉讼标的理论、既判力理论、争点整理程序有着千丝万缕的联系，而我国法学理论、法律条文、司法实践中对诉讼标的等理解与适用也并未统一，因此裁判种类立法也不可一蹴而就。相信随着我国民事诉讼标的理论体系的完善，裁判种类体系的构建也可得到统筹解决。

我国证券诉讼庭审方式的反思与制度完善

丁朋超　吴浩伟*

【内容提要】受制于我国证券交易和监管制度的固有缺陷，证券诉讼在我国呈逐渐爆发的态势，当前我国证券诉讼上诉、申诉率极高，其根本原因在于我国庭审方式存在严重的弊端。在证券诉讼中忽视审前程序功能的发挥、证券案件未经过争点整理以及法官在证券案件审理过程中不进行必要的释明和心证公开，构成我国证券诉讼庭审的常态。域外证券诉讼的庭审方式注重现代庭审理论的应用，并在此理论的指引下较好地实现了证券诉讼的快速、彻底解决。我国应在借鉴域外证券诉讼庭审方式的前提下，增设争点整理程序，明确法官行使释明义务和心证公开的方法，以此提升证券诉讼的审理质效。

【关键词】证券诉讼　庭审方式　争点整理　心证公开　法官释明

引言

随着经济的不断繁荣，当前证券交易呈现活跃的态势，如美国在2002年仅纽约证券交易所的证券交易额就达到10.3万亿美元，占全球证券交易量的77%。为切实保障投资者的合法权益不受侵害，保证证券市场的良好运行，美国在证券诉讼中设置"退出制"模式，并对证券诉讼的庭审模式进行了改良，

* 丁朋超——广东财经大学法学院讲师，法治与经济发展研究所研究人员，硕士生导师，法学博士后。主要研究领域：诉讼法学、司法制度；吴浩伟——广东财经大学法学院硕士研究生，主要研究领域：诉讼法学。本文系广东省普通高校人文社科研究项目"司法经验在法律适用中作用模式研究"（2012WYM_ 0072）的阶段性研究成果。

该模式已被不少国家所借鉴。目前，我国证券市场处于不断发展和壮大的过程中，根据中国证券登记结算有限公司最新数据显示，中国证券市场投资者数量在2019年7月新增超过108.49万人，截至2019年7月底，自然人投资者已超过1.55亿[1]。然而，由于我国证券制度设计存在固有的缺陷，证券市场中虚假陈述、内幕交易、欺诈客户等操作屡见不鲜。基于投资者维护自身权益的需求，近年来我国证券诉讼案件的数量呈现不断增加的趋势。笔者以“证券虚假陈述”[2]为关键词，通过中国裁判文书网以及威科先行数据库系统收集了2015年1月至2019年8月31日人民法院关于证券虚假陈述案件的裁判文书共15838份[3]，其中一审案件约11110份，二审案件约4532份，二审案件占收集案件的28.59%，再审占1.24%，由此可见，我国证券诉讼的上诉、申诉率相对较高。其根本原因在于我国庭审方式存在严重的弊端。例如，佛山电器照明证券虚假陈述案涉及成员较多，经历了一审、二审、再审，且该案件经过中级人民法院和高级人民法院的两次审理，对案件的基本事实却仍未查明，故本案再审裁定发回重审的原因在于原判决未对案件的基本事实进行审理和适用法律不适当[4]。可以看出，在人数众多、专业性强、案件复杂的证券诉讼案件中，案件庭审质量的高低直接决定了案件处理的质量和效率。由此可见，我国证券诉讼庭审方式的改革十分必要。本文即在检讨我国证券诉讼庭审方式存在问题的基础上，透析证券诉讼庭审方式的成因，进而结合域外先进经验对我国证券诉讼庭审方式进行了制度改进，以求教于大方。

一、我国证券诉讼庭审方式存在的问题及成因

（一）我国证券诉讼中庭审方式存在的问题

当前，我国证券诉讼遵循的依然是旧有的庭审方式，在旧有庭审方式的指引下，我国证券诉讼存在忽视审前准备程序、缺乏争点整理以及法官在证券案件审理过程中不进行必要的释明和心证等问题。

---

1 源自道琼斯全球资讯数据库。道琼斯全球资讯数据库是由美国道琼斯公司出品的实时全球资讯平台，内容涵盖全球五大洲，涉及各类金融市场，报道一切有可能影响经济的经济事件、政治事件、社会事件。

2 由于我国最高人民法院2002年颁布规定，仅对证券市场因虚假陈述引发的民事侵权案件予以受理，因此为了保证数据具有针对性，仅以“证券虚假陈述”为关键词，并整理相关数据。

3 实际上，证券虚假陈述案件的数量远不止这些，由于多种原因，司法裁判文书并未全面公开，且该数据剔除了适用特殊程序的案件。

4 《佛山照明证券虚假陈述案再起波澜》，载北大法宝案例库，http：//www.ledinside.cn/news/20150723－35730，最后访问于2019年11月30日。

1. 证券诉讼忽视审前准备程序的运用

在我国证券诉讼中，证券诉讼的审理方式与普通民商事案件的审理无异。按照案件审理的一般思路，某一案件系属法院后，应依遵“准备—审理”的程序进行，这也符合英国著名法学家乔洛威茨教授关于大陆法系“审前准备程序是庭审程序的必然延伸”这一判断，因为准备程序过程中“一贯性”和“重要性”的审查以及争点的固定和纯化均体现了对庭审内容的分担，这与英美法系国家将审前程序视为“为庭审做准备”的立法理念完全不同[5]。值得注意的是，虽然我国民事诉讼法对审前准备程序进行了规定，但在证券诉讼中，法官并没有依遵民事诉讼法关于审前准备程序的规定，实践中，法官更多地关注于审前的立案程序和证据交换制度，但并没有真正发挥庭审前准备关于固定案件争点和证据的功能，也无法发挥审前程序对案件“一贯性”和“重要性”的机理内涵，繁简分流的效果也就可想而知。

2. 证券诉讼缺乏对争点整理程序的运用

在当前我国的民事诉讼实务中，由于“案多人少”矛盾比较突出，有学者指出，导致我国“案多人少”矛盾的一个主要原因即争点整理程序的缺乏[6]。由于法官在庭审过程中并不重视争点确定，有些复杂性的案件甚至没有争点，因缺乏争点的有效指引，致使复杂案件庭审过程散漫化问题比较突出。即使有些法官对案件进行了争点整理，因不明晰争点整理对象及概念的指涉范围，也很容易产生将争点与待证事实相混淆的后果[7]。为解决我国民事诉讼法争点整理机制缺乏的问题，我国在2012年修订《民事诉讼法》时增加了争点整理的规定（可参见《民事诉讼法》第一百三十三条第四项之规定），2015年《最高人民法院关于适用〈中华人民共和国民事诉讼法〉的解释》（以下简称《民事诉讼法司法解释》）增加了4个条文，针对争点整理的具体运行方法作了规定。但问题是，司法解释将争点整理的范围仅仅限定在证据的整理，实际上争点整理不仅包括证据争点，还包括事实争点、法律争点等。立法指涉范围的错误，使得我

5 ［英］乔洛威茨著：《民事诉讼程序研究》，吴泽勇译，中国政法大学出版社2008年版，第126－127页。

6 章武生：《我国争点确定机制和庭审方式的反思与重构》，载《人民法院报》2016年7月15日，第5版。

7 笔者在长三角某法院调研时，与民一庭庭长进行关于争点整理的访谈时得知，该庭长践行争点整理多年，并结合自身的审判经验制定出关于争点整理的审判表格，一方面方便法官在庭审时引导当事人就争议的焦点进行辩论，另一方面可以培养法官的争点整理意识，提升争点整理的技巧。当然，在该庭长向笔者展示他制定的争点整理图表时，笔者发现，其实际上仅对法律争点进行了整理，而无证据、事实的整理，也即促成这种法律争点整理做法的背后实际上仍是“重实体轻程序”。但不可否认的是，仅仅是这种法律争点整理的做法，也会促成法官争点整理意识的强化、争点整理水平的提高。

国关于争点整理程序的制度规定存在较为明显的缺陷。这一立法缺陷在证券诉讼庭审带来的直接后果，即证券诉讼的案件争点并不明确，再加上法官争点整理技术的欠缺，法庭审理将大量的时间花费在不必要的证据审查上，当事人宝贵的辩论时间被不当挤占，法庭辩论不充分问题突出。[8]

3. 证券诉讼法官的释明义务行使能力欠缺且心证未公开

不当的释明必然会损害法官的中立地位，这里的不当不仅包括行使不充分，还应该包括行使过当。通过对调研样本的梳理笔者发现，在证券诉讼中，61.5%的当事人是自然人。由于多数自然人的法律知识，尤其是对证券诉讼相关的金融、法律、技术等方面的知识存在严重不足。若此时法官担心偏向一方当事人或者引起一方当事人的不满而不对专业性的问题，如当事人忽视的法律或者观点以及程序上的问题予以释明，就会导致当事人失去对该方面问题的辩论机会。由于没有切实的法律依据，法官在庭审的过程中很难把握释明的限度。有学者认为释明法官不仅包括事实问题，还包括法律观点[9]。除此之外，法官还难以判断在什么阶段、对什么问题释明，于是便选择了不作为。

法官阐明和心证公开息息相关，由于无法可依、法官角色的多元化、判后释法兴起等因素的影响，法官对心证公开存在不敢、不愿、不能等现象。尤其是在庭审过程中形成的法律观点、法律适用等不予以公开，仅希望通过判后释法的方式进行部分的心证公开，这明显有违裁判历时性的要求。如此一来，即使向当事人明晰了判决的理由，对法官裁判结果和当事人预期偏差的修正也是于事无补。例如，大连大福控股股份有限公司证券虚假陈述责任纠纷系列案的二审民事判决书中有这样一句叙述："一审判决认定事实与适用法律虽有瑕疵，但判决结果正确，应予维持。"判决书中认定的事实和理由是法官心证公开最基本的表现形式，如果连这个部分都无法使当事人了解法官的判决依据、法律适用等心证，就更不用说庭审过程中心证公开的程度了。

（二）我国证券诉讼庭审方式存在问题的成因

1. 相关法律规定不明确

通过检索相关法律笔者发现，我国现行法律对争点整理、释明义务、心证公开的规定均存在缺陷。例如，争点整理在民事诉讼中的条文规定仅有1项，释明义务和心证公开法律仅作了概括性规定，且没有法官违反释明义务和心证

8 章武生：《我国民事案件开庭审理程序与方式之检讨与重塑》，载《中国法学》2015年第2期。

9 杨严炎：《论民事诉讼突袭性裁判的防止：以现代庭审理论的应用为中心》，载《中国法学》2016年第4期。

公开的法律后果及救济错误，这就导致了法官在进行争点整理等过程中没有具体的法律依据，由此带来的后果即法官在从事上述事项时自由裁量权过大，制度使用规范性较差。虽然2015年最高人民法院对审前准备程序作了规定，试图明确法官归纳争议焦点的义务，但该规定的概括性特点突出，归纳争议焦点仅仅是点到为止，没有规定具体的操作方式。对释明义务的规定也只是存在于司法解释中，法律效力较低。虽然法律规定法官在必要的情况下行使释明义务，但若法官不当行使，法律并未给予当事人救济的途径[10]。

2. 现有诉讼审理不利于保护当事人的辩论权

早在民事审判方式改革之初，法院从"四步到庭"到"一步到庭"，其目的在于屏蔽法官先入为主的制度弊端，消除可能阻碍司法不公的"因子"，借此提升判决的公信力。实际上，由于"一步到庭"违反了案件审理的基本规律，这种审理方式在实施一段时间后即被抛弃，案件审理又回归到之前的"审前准备—庭审审理"的老路上。依据我国民事诉讼法的规定，当事人辩论权的保障最主要是在法庭调查和法庭辩论阶段，由此，多数法官认为，只要保证当事人在法庭调查和法庭辩论阶段的辩论权利，就符合了我国民事诉讼法关于保障当事人辩论权的要求。殊不知，由于我国法庭调查和法庭辩论的不当划分，加之案件缺乏有效的争点整理程序，致使庭审过程中审理了大量与案件无关的杂质，庭审时间被拉得过长，且当事人辩论时间被无端压缩[11]。据笔者调研发现，当事人辩论的时间一般不超过15分钟，超过半个小时的屈指可数。再加上2015年《民事诉讼法司法解释》对审理前准备的规定主要是为了方便法院的工作，而不是保护当事人的辩论权[12]，又使得当事人保障其诉权的要求被进一步冷落。

3. 新型庭审理论知识薄弱

从20世纪末开始，域外主要大陆法系国家或地区均对本地的庭审方式进行了较大幅度的改革。例如，德国在1977年通过引入斯图加特模式，实现了案件一次开庭审理终结的制度效果。之所以引进斯图加特模式，除了克服诉讼爆炸这一社会普遍要求之外，还在于防止突袭性裁判这一"司法之癌"的发生[13]。日本和我国台湾地区也分别于1996年和2000年在现代庭审理论的指引下，对庭审方式进行了大幅度改革。域外主要大陆法系国家或地区改革后的庭审方式大多注重争点整理的有效运行，并明确了法官的释明义务和心证公开（有些国家

---

10 韩红俊著：《释明义务研究》，法律出版社2008年版，第98页。

11 常怡编：《比较民事诉讼法》，中国政法大学出版社2002年版，第516－518页。

12 蒋惠岭、杨小利：《重提民事诉讼中的"庭审中心主义"——兼论20年来民事司法改革之轮回与前途》，载《法律适用》2015年第12期。

13 章武生：《庭审方式改革的目标与任务》，载《人民法院报》2015年5月29日，第7版。

如德国，立法虽然未明确法官在案件审理时应进行心证公开，但实践中大多数法官均采用暂定性心证公开的方式）。反观我国，大多数法官似乎更沉迷于传统的庭审方式，开庭审理程序按部就班，很少关注释明权心证公开、释明义务行使等庭审理论，更遑论对现代庭审理论的重视和应用。不仅是法官，还包括律师、法学教师等对庭审理论的个别问题都存在误解。例如，心证公开是否容易引起当事人与法官形成对立面、释明义务行使是否会导致公平性丧失等。再如，对突袭性裁判这一“司法之癌”的认识，不光是法官、律师对其不甚了解，对法学院大多数诉讼法教师来讲，这也是个非常陌生的词汇。实际上，这些问题都是由于我们对庭审理论知识不够了解所引发的。即使新一代的律师庭审观念有所转变，由于法律上缺乏程序保障措施，为了在庭审中不与法官形成对立面，他们也只能“顺从”法官的指挥。

二、域外证券诉讼的庭审制度与启示

（一）域外证券诉讼的庭审方式

1. 完备的审前准备程序

域外主要国家和地区的法院审理证券诉讼案件具有极高的效率，且当事人服判息诉率也很高。主要原因在于这些国家和地区的民事诉讼法均规定了完备的准备程序，且在证券诉讼案件中得到了较好的适用。需要指出的是，域外准备程序与我国的制度定位并不相同。随着金融市场的不断发展，疑难复杂的证券诉讼案件逐年上升，与之对应的民事诉讼结构也随之发生变动。美国的审前准备程序从传统单一的诉答程序经过四次改革，转变成如今的诉答程序、发现程序以及庭前会议三个方面。每个程序设置的目的不同，如庭前会议旨在协定争点范围、证据目录等事项。除此之外，庭前会议还有另一个功能即促进和解。据资料显示，美国民事证券诉讼纠纷案件大多数以和解结案[14]，所以庭前会议在解决证券诉讼案件中具有重要的地位。2005 年德国电信的美国股东向美国法院提起证券集体索赔诉讼，经媒体报道后，德国电信迫于美国司法体系的压力最终同意和解。虽然通过庭前和解可以提高诉讼效率，但是由于美国实行对抗制，法官处于绝对的中立地位，并不介入当事人之间的对抗。再加上证券诉讼审理期限较长，从而会出现证券诉讼案件中的首席律师为了节省时间以及获得高额的律师费与对方当事人恶意串通达成“虚假和解”的现象，损害投资者利益。为此，美国《民事诉讼规则》在修订过程中加强了主事法官的权力，同时

14　章武生：《我国证券集团诉讼的模式选择与制度重构》，载《中国法学》2017 年第 2 期。

赋权法官对证券集团诉讼和解案件进行主动审查。德国为了避免当事人滥用审前程序，导致整体审理时间拖延，于1977年修法时取消了审理前的准备程序[15]。但是边审理边整理争点的庭审方式显然拖延了整体的庭审时间，德国《民事诉讼法》在新近修法时将法庭审理分为审前准备和主辩论期日[16]。为充分进行审前准备，德国《民事诉讼法》还规定了书面准备程序（亦称书状先行程序）以及早期第一次准备期日，具体适用何种程序由审判长和独任法官根据具体的案件自由裁量[17]。谈到德国证券诉讼下的审前准备，不得不提2008年德国电信证券虚假陈述赔偿纠纷案。该案所涉及的投资人数高达1.7万人，这对法兰克福地区法院来说无疑是一个巨大的挑战[18]。据媒体报道，仅是原告的诉状和相关文书就占据了16米长的书架，该地区的法院选定典型原告后，在开庭审理前进行了列明所有争议点等前置准备程序，突出了审前准备程序在证券诉讼案件中的重要性[19]。日本法院受理证券诉讼案件相对于美国来说是极少的，但其适用的庭审方式仍值得借鉴。起初，日本在审理证券诉讼案件时也不区分审前准备程序和庭审程序，但在实务中这样的庭审方式必然产生弊端。根据现行的日本《民事诉讼法》，复杂案件由法院决定直接进入准备程序。日本的审前准备程序同样具有选择性，包括准备性口头辩论、辩论准备程序和书面程序三种，法官可以根据证券诉讼案件的具体情况对程序进行选择[20]。由此可见，在两大法系的审前准备程序中，法官介入的程度不同。美国审前准备程序实行当事人主义，这也是前期美国证券诉讼案件中大量出现“虚假和解”现象以及程序被滥用的原因之一。而德国和日本的审前准备由法官引导进行，实行职权主义。

2. 证券诉讼需借助争点整理的有效运行

证券诉讼案件作为现代新型纠纷，具有专业性强、受害人损失大小有所差异、涉外因素多等特点，必然需要依赖于争点整理的有效运行。美国旧《联邦民事诉讼规则》对争点整理程序进行了规定，其主要方式是通过双方当事人交换诉状和答辩状进行，即诉答程序。诉答程序在当事人之间具有反复性，已达

---

15 陈刚：《德国民事审前证据调查程序——兼谈对我国民事诉讼制度改革的启示》，载《人大法律评论》2000年第2期。

16 段文波：《我国民事庭审阶段化构造再认识》，载《中国法学》2015年第2期。

17 杨会新：《集中审理模式下证据失权制度重构》，载《现代法学》2018年第4期。

18 张大海著：《域外证券群体诉讼案例评析——德国17000名投资人诉德国电信虚假陈述证券民事赔偿纠纷案》，法律出版社2016年版，第160－177页。

19 张大海著：《域外证券群体诉讼案例评析——德国17000名投资人诉德国电信虚假陈述证券民事赔偿纠纷案》，法律出版社2016年版，第166－167页。

20 丁朋超：《试论我国民事审前证据交换制度例外规则的完善》，载《证据科学》2017年第2期。

到某事实或者法律争点的最终确定[21]。这种争点整理的方式适用于证券诉讼案件无疑太过简单。美国在1938年废除了衡平法院和普通法院的差异后，衡平法诉答程序实际上弥补了普通法诉答程序的不足，具有全部争点予以解决的优势[22]。美国新《联邦民事诉讼规则》实施之后，争点整理由诉答程序、发现程序和庭前会议环环相扣完成，即通过诉答程序使双方当事人对证券诉讼中的争点有个初步的认识，然后通过发现程序对争点进行明确，最后法官在庭前会议中固定争点。美国新旧《联邦民事诉讼规则》对争点整理都予以了重视，其效果就是促使双方当事人在庭审中针对争点进行充分辩论。从美国证券集团诉讼案件中可以看出，当争点明确、辩方迟迟不能反驳原告的指控时，基于律师按时间收费等因素，证券集团诉讼的当事人更多地倾向于和解[23]。如此一来，证券诉讼案件不仅能够减少裁决，提高诉讼效率，还使投资者权益得到了保障。

德国证券诉讼案件的争点整理在审前准备程序中进行。若是“一步到庭”，边审理边整理争点，那德国电信案审理完结估计遥遥无期。德国争点整理的一种方式是通过当事人之间不断的书状交换来使争点渐渐明晰，另一种方式是进行初步审理（即早期第一次辩论期日），由法官组织当事人在审前明确争点。证券诉讼案件的争点整理适用早期第一次辩论期日更适宜。日本投资者提起证券诉讼案件的较少，原因在于投资者举证困难。在此基础上按照理想化的争点整理模式，举证责任的分配是围绕整理好的争议事实进行的，那么日本法院在审理证券诉讼案件时更应注重争点整理制度，因为“整理争点对于诉讼而言，就有如在海上航行船舶的指南针，没有指南针的船舶将在大海中漫无目的地漂流。没有进行争点整理即进行审判将没有效率”[24]。同其他普通的民商事案件一样，日本证券诉讼案件的争点整理是在审前准备过程中完成的。早期日本争点整理制度在不同时期受到德国、美国等多个国家的影响，在1999年日本《民事诉讼法》修订时，日本根据本国国情在审前准备程序中对争点整理进行了三种类型的规定。准备性口头辩论是经过法官确定口头辩论期日后，双方当事人以公开的方式进行争点整理[25]。这种程序更适用于证券诉讼这类人数众多的民事诉讼案

21 张海燕著：《美国联邦民事诉答程序制度研究》，中国政法大学出版社2012年版，第15－17页。

22 张海燕著：《美国联邦民事诉答程序制度研究》，中国政法大学出版社2012年版，第22－23页。

23 章武生著：《域外证券群体诉讼案例评析》，法律出版社2016年版，第9－11页。

24 ［日］岸盛一、横川敏雄著：《新版事实裁判》，有斐阁1987年版，第26－27页。

25 参见日本《民事诉讼法》第一百六十四条至第一百六十七条。

件[26]。在辩论准备程序中，法官为了争点整理除对证人等进行询问外，还可以进行审查等诉讼行为。[27]书面准备程序的设置主要是为当事人着想，防止当事人因路途遥远等不能到庭，法官可通过当事人提交的书面诉讼文书，对争点进行归纳。[28]这些程序对审理证券诉讼案件整理争点均起到了十分重要的作用。除此之外，法官在总结审判实务经验时提出的“辩论兼和解”的审判方式也体现出了为争点整理服务的特质[29]。

3. 证券诉讼庭审过程注重法官释明义务的行使和心证公开

实际上，在证券纠纷诉讼领域，对法官、律师而言，证据材料颇多、庭审周期长一直都是难以攻克的难题。缓解此难题的方法之一就在于释明义务的行使以及心证公开。如针对证券诉讼案件证据多的问题，由于当事人提供的证据材料与法官认为需要的证据材料不一致属于常态，那么法院应当举证释明，将多余的证据材料筛选掉，提高效率，达到举证的理想状态。美国虽然采取彻底的对抗制，但是在释明方面也积极地修改完善，并加强法官的指挥权。美国证券集团诉讼和解需要法院介入审查，法院会通过对和解协议提出建议等释明的方式，使当事人了解该和解协议是否被批准、批准全部还是部分等。通过法院这样的释明，当事人为避免和解被拒绝，便会对和解协议的内容进行相应修改。美国《联邦民事诉讼规则》第十六条（c）项中规定的庭前会议事项也属于法官释明的具体体现。在证券集团诉讼中，法官的释明义务更为凸显。例如，若法官决定诉讼为证券集团诉讼，要向集团诉讼成员发送通知，以释明诉讼的性质、集团的请求、争点等事项。[30]

德国的释明制度发端于19世纪，近年来虽然证券诉讼纠纷日益让德国的司法系统处于捉襟见肘的境地，但释明制度在该国法院审理证券诉讼案件的过程中发挥了很大的功效。德国的释明义务从一开始的法官询问权修改而来，且在改革中不断完善。[31]德国《民事诉讼法》第一百三十九条对法官的释明义务进行了专门性规定，要求法官和当事人共同对事实和法律方面的内容进行释明和提问[32]。法官不得以当事人明知却觉得无关紧要的法律观点为基础进行裁判，除非法官对其进行了释明，给予双方当事人充分辩论的机会。法官违反释明义

26 ［日］新堂幸司著：《新民事诉讼法》，林剑锋译，法律出版社2008年版，第461页。

27 参见日本《民事诉讼法》第一百六十八条至第一百七十四条。

28 参见日本《民事诉讼法》第一百七十五条至第一百七十八条。

29 白迎春：《日本“辩论兼和解”的民事审判方式》，载《太平洋学报》2009年第11期。

30 吴如巧著：《美国联邦民事诉讼规则的新发展》，中国政法大学出版社2013年版，第201－203页。

31 《德国民事诉讼法》，丁启明译，厦门大学出版社2016年版，第17页。

32 韩红俊著：《释明义务研究》，法律出版社2008年版，第15－19页。

务的，则要求法官再开辩论。[33]这一规定着实降低了审理证券诉讼案件的复杂性。在普通案件中，越是能调查和澄清事实，越是能促进和解，越是能减少裁决的需要。证券诉讼案件也是如此，且能够避免无休止的诉讼费用。虽然德国证券诉讼和解率相比于美国较低，但并不能以此评断庭审方式的优劣。相反，德国的释明制度相比美国更为完善，德国诉讼法中对和解阶段的释明也规定得十分详细。在和解阶段，法官要以对案件形成的心证为基础向当事人释明已确定的事项和争点。当事人在此基础上可以有针对性地提供证据以及做好攻击与防御的准备。若法官并未形成基本的心证或者有疑问，也可通过发问的方式听取当事人的意见。除此之外，法官还要将释明记录在案，否则会导致程序瑕疵，其裁判被上诉法院撤销。[34]像这样严格的规定，即使证券诉讼案件诉讼人数众多、地区分散、受损程度不一等导致案情复杂，当事人也会在证券诉讼中对影响判决的法律观点、证据等充分发表意见，降低审理难度。

与德国相比，日本法院审理证券诉讼案件相对轻松很多。在日本《证券交易法》以及《民法》关于证券犯罪损害赔偿的规定中，对于提起证券诉讼的，关于损害赔偿的当事人的举证能力要求过于严苛，所以日本法院受理这类案件少之又少，且不会遇到像德国那样当事人人数达到成千上万的情况。如当事人以操纵行情为由提起证券诉讼要求损害赔偿，日本法院至 2002 年才收到一件[35]。虽是如此，我们仍然不能轻视日本证券诉讼庭审方式中的释明制度。日本关于释明义务的规定是在德国的影响下完成的，随着经济的变化，日本释明义务的性质发生了转变。日本释明义务从义务性规定到裁量性规定再到认定为法院的职能，这个过程中释明义务被架空。现行日本《民事诉讼法》对释明义务的规定十分重视，如第一百四十九条第一项[36]扩大了释明义务的范围，第一百六十五条对证明事实予以确认的释明等。这一做法对庭审方式滞后的国家来说十分值得借鉴。

美国证券诉讼中心证公开贯穿于庭前、庭中、庭后。其公开心证的范围不仅包括程序方面还包括实体方面，不仅包括裁判文书说理方面还包括法律见解方面等。例如，TSC 工业公司诉北路公司案庭审中，联邦最高法院在庭审的过

---

33 德国《民事诉讼法》第一百五十六条第二项：法官违反了诉讼程序中有关诉讼行为方式的规定（第二百九十五条），特别是违反了法官向当事人释明案件事实的义务（第一百三十九条），或者是侵犯了当事人的法定听审请求权。

34 赵秀举：《德国民事审判程序的改革及借鉴》，载《人民法院报》2015 年 6 月 19 日，第 8 版。

35 ［日］神山敏雄：《日本证券犯罪损害赔偿状况》，载《政治与法律》2002 年第 6 期。

36 日本《民事诉讼法》第一百四十九条第一项：裁判长为使诉讼关系明确，可于口头辩论期日或期日外，关于事实及法律上的事项向当事人发问，或者促其举证。

程中第一次明确地将对未披露信息的重大性标准的见解进行了公开[37]。这不仅有利于庭审的快速推进，对证券法也产生了巨大影响。在法院的允许下，当事人可以在任何阶段向法院请求对任何争点进行指示。法官也要在规定期间内向各当事人公开其针对当事人将要作出的指示和即将要采取的措施。这样的规定使法官的心证公开有法可依，且敢公开、愿公开。法官与当事人之间的关系具有协同主义的色彩，两者在事实澄清、程序促进等方面共同起作用。相比于美国，德国心证公开的概念出现得更早，该概念来源于斯图加特审判方式。这种方式能够促使双方当事人知悉法官对证据判断、法律适用等内心的确信。方便当事人针对性地调整策略，以影响法官内心已形成的心证，使最终的裁判接近当事人的预测结果。德国证券诉讼案件适用示范诉讼制度，《投资者示范诉讼法》对证券诉讼领域具有重要的意义。示范诉讼程序除了特殊规定之外，还适用德国《民事诉讼法》的相关规定。在和解辩论程序中，德国法官要与当事人就证券诉讼案件事实和法律问题进行讨论，此时法官应公开其内心的见解。自由心证是心证公开的前提基础，德国《民事诉讼法》第二百八十六条对自由心证进行了原则性的规定。与德国相比，日本民事实务中法官进行心证公开并不普遍，但在法庭辩论过程中有心证开示环节。该环节主要是法官向双方当事人就待证事实、证据的证明力的裁量开示心证，使得当事人对案件审理的趋势进行预判，以促成和解。在日本证券诉讼案件中，投资者能力有限，举证困难，因此这种通过心证开示促成和解的庭审方式，一方面能够节省司法资源，另一方面较大程度上保障了投资者的权益。在日本的辩论兼和解程序中，法官听取当事人之间的辩论就会自然而然地形成心证，针对这一现象，一种观点认为，为了防止法官先定后审，可由其他不参与庭审的法官主持辩论兼和解程序[38]；另一种观点认为，法官作出最后的裁判本身就需要依据内心形成的心证，因此不仅不需要抑制法官的自由心证，反而应当向当事人公开[39]。

（二）域外证券诉讼庭审方式对我国的启示

1. 我国应在证券诉讼程序中增设争点整理程序

通过上文论述不难发现，不论是将审前准备程序置于庭审前还是庭审后，域外对该程序都无比重视。重视的原因一方面在于证券诉讼案件本身的特点，另一方面就是需要在开庭审理前阶段对案件的争点进行整理。这里的争点包括

---

37 施天涛、周伦军著：《美国证券欺诈经典案例：内幕交易与虚假陈述》，法律出版社2015年版，第249－265页。

38 白迎春：《日本“辩论兼和解”的民事审判方式》，载《太平洋学报》2009年第11期。

39 ［日］甲斐哲彦：《論説爭點整理手続における爭點整理案の利用》，载《判タ》1998号。

事实争点、法律争点、证据争点三个方面。相比于普通的民商事案件，证券诉讼单个投资者损失额度并不大，但是人数众多且分散，不可避免地会出现涉外因素、专业性强、疑难复杂等特质。因此审理这种特征的案件，重视审前准备程序进行争点整理是十分必要的。能够促使当事人围绕争点进行证据调查，避免在与案件无关的证据上花费太多时间。对于证券等群体性诉讼，我国采取了代表人诉讼制度，但根据 2002 年最高人民法院颁布的《关于受理证券市场因虚假陈述引发的民事侵权纠纷案件有关问题的通知》可以看出，当事人以虚假陈述为案由向人民法院提起诉讼的，人民法院只能采取单独或者共同诉讼的形式受理，这就使代表人制度有被虚置的危险。如此一来，证券诉讼制度上的缺陷更降低了我国审理证券诉讼案件的效率。我国《民事诉讼法》第十二章第二节以及《最高人民法院关于民事诉讼证据的若干规定》（以下简称《证据规定》）对审理前准备有规定但较为简单。直至 2015 年《民事诉讼法司法解释》实施，才对审前准备程序中的个别条款进行了具体的规定。但是，我国的准备程序在广度上和精细度上均与域外规定存在较大差距，因此笔者认为我国证券诉讼中应当增设争点整理程序。并对该程序的期限进行限制，防止当事人双方恶意地拖延审前时间，避免产生目前美国民事诉讼程序面临的困境。由于我国法律规定人民法院的工作人员不得私下接触审理案件的当事人及其亲属等，那么争点整理程序的组织主体也是值得思考的问题，除此之外，还要考虑争点整理程序启动的方式、放置的位置等具体内容。

2. 重视法官在证券诉讼中释明义务的行使

释明义务的行使影响当事人的辩论权以及最终的裁判结果，由此可以看出释明义务行使的重要性。在证券诉讼案件中，诉讼主体绝大多数是自然人。其中一些散户投资者在证券诉讼中抗风险能力弱，且投资者整体法律知识水平不高，甚至对证券专业性知识也是一头雾水，如基准日确定、损失计算方法等。为此，在证券诉讼中必须将法官的释明义务提升到一定的高度，使得法官得以重视。2002 年最高人民法院颁布的《证据规定》首次引入了释明义务，[40] 虽然并未明确说明某事项属于法官的释明义务，但是相当于对释明进行了间接规定。例如，2019 年修正后的《证据规定》第五十三条[41] 关于变更诉讼请求的释明，该条款在审理证券诉讼案件中起到了很大的作用。根据我国的《民事案件案由

40　韩红俊著：《释明义务研究》，法律出版社 2008 年版，第 98 - 100 页。

41　《证据规定》第五十三条第一款：诉讼过程中，当事人主张的法律关系性质或者民事行为效力与人民法院根据案件事实作出的认定不一致的，人民法院应当将法律关系性质或者民事行为效力作为焦点问题进行审理。但法律关系性质对裁判理由及结果没有影响，或者有关问题已经当事人充分辩论的除外。

规定》，证券纠纷分为多个级别的案由。实务中法官为了提高司法效率一般都会根据该条的规定对诉讼请求的变更向起诉方释明。例如，在徐某诉东风汽车股份有限公司证券虚假诉讼案中，原告徐某起初以三级案由欺诈客户责任纠纷起诉，法官向其释明本案的法律关系为证券虚假陈述责任纠纷。如此释明能够指引当事人更有效率地起诉，并明晰案件的法律关系，从而有方向性地提供证据。在证券诉讼纠纷不断暴涨的背景下，要提高效率、防止案件的积压，必须健全释明制度。我国可以借鉴德国，对释明义务进行专门且具体的规定，明确释明义务在立案阶段、庭审阶段、裁判作出后阶段的行使事项。对于违反释明义务的情形，给予当事人救济途径，将法官违反释明义务作为程序瑕疵情形之一。借鉴日本《民事诉讼法》，对释明义务范围予以扩大。除此之外，还可以借鉴德国关于释明义务行使记录在案的规定。虽然我国构建释明制度不能在短时间内达至统一，但是可以对证券诉讼案件的实务经验进行总结，在《民事诉讼法》中逐步增减这方面的具体规定，并使之符合我国司法实务的现状。

3. 促使法官在证券诉讼中进行全面的公开心证

面对证券诉讼纠纷，由于退出制证券集团诉讼模式、加入制证券集团诉讼模式、选定当事人诉讼模式等新型诉讼模式的不断凸显，辩论主义逐渐变得空洞化。有学者主张在证券诉讼等案件的审理过程中加入协同主义的因素，促进法官与当事人、律师之间关于案件各方面的互动和沟通。笔者认为，在案件审理中，法官和当事人、律师之间的协作是必要的。除此之外，若想解决证券诉讼案件给法院审判带来的难题，仅仅依赖争点整理、行使释明义务是不够的，还应当重视法官的心证公开。台湾大学邱联恭教授指出，心证公开是暂时性的公开，是为了听取当事人的意见后再作终极判决[42]。心证公开与释明具有一定的重合性，我国《民事诉讼法》条文中并未明确涉及“心证公开”四个字，但隐藏在与释明相关的法律条文中。例如，《证据规定》第九十七条第一款规定：“人民法院应当在裁判文书中阐明证据是否采纳的理由。”实际上，我国《民事诉讼法》第一百五十二条要求判决书中要写明判决的事实和理由是对心证公开的间接规定。但是针对证券诉讼这种复杂性案件，将心证公开仅仅理解为裁判文书的说理是远远不够的，还应当注重不同阶段以及不同层面如法律见解、证据的证明力大小等方面的心证公开[43]。心证公开与司法裁判的公平公正、保障

---

42 张国香：《聚焦庭审方式改革　探寻公正效率之策》，载《人民法院报》2015 年 5 月 29 日，第 5 版。

43 毕玉谦：《论庭审过程中法官的心证公开》，载《法律适用》2017 年第 7 期。

当事人程序上的权利密不可分[44]。借鉴国外关于心证公开的规定，我国应当针对证券诉讼的特点对法官心证公开的性质、范围、阶段等进行明确。要求法官在审理证券诉讼过程中对事实的认定、证据的判断、影响内心确信的疑点都进行公开。由于心证公开与个案的具体情况紧密结合，因此在立法上很难通过普遍适用的条款对法官的心证公开进行规定[45]。由于证券诉讼案件在民商事案件中较为典型和复杂，所以我国民事诉讼可以针对证券诉讼案件对法官心证公开的内容、方式、时间段进行概括式、抽象式的规定，这样的做法更能够包容不同诉讼案件的复杂性。

三、我国证券诉讼庭审制度的完善

诉讼模式与庭审方式属于程序制度的一体两面且相互影响，诉讼模式决定庭审方式，庭审方式反作用于诉讼模式。不同诉讼模式的庭审方式具有其独特性，如职权主义诉讼模式，法官处于主导地位，控辩双方处于从属地位。因此对证券诉讼庭审方式进行完善，同样要体现出证券诉讼模式的特点。由于我国目前证券诉讼模式存在弊端，建立新型的证券诉讼模式是将来的必然趋势。《证券法》已于 2019 年 12 月修订，笔者认为证券诉讼下庭审方式的完善要具有前瞻性，并适用于未来构建的符合中国国情的证券集体诉讼。

（一）在证券诉讼中增设争点整理程序

1. 争点整理程序的位置

由于证券诉讼案件涉及的证据材料多，若想提高庭审效率，就应当解决证据审查花费时间过长的问题。虽然我国同德国都属于大陆法系，借鉴德国制度可能稍显容易，但是考虑到该国取消审前准备程序的做法，笔者认为我国更应当学习美国的民事诉讼程序设置，将证券诉讼中争点整理程序置于开庭审理之前。对于相关条文的具体规定，笔者认为应当放置在《民事诉讼法》的第十二章第二节审理前的准备之后，且在开庭审理之前。由于我国民事诉讼结构的重要的特点之一在于当事人围绕争议焦点进行举证、质证、辩论[46]，因此将证券诉讼中的争点整理程序作为诉讼进程推进的前提是不可或缺的，且有必要置于

---

44 谭中平：《民事判决事实认定说理的结构性改革——基于事实认定与法律适用关联性说理的视角》，载《人民司法》2019 年第 4 期。

45 张卫平：《自由心证原则的再认识：制约与保障——以民事诉讼的事实认定为中心》，载《政法论丛》2017 年第 4 期。

46 段文波：《庭审中心视域下的民事审前准备程序研究》，载《中国法学》2017 年第 6 期。

庭审前。将该程序规定在《民事诉讼法》中，笔者主要有两个方面的考虑：一方面，《民事诉讼法》的法律效力位阶仅次于《宪法》，不仅能使法官有法可依，还可以使法官在受理证券诉讼案件时对争点整理程序予以重视；另一方面，由于有些案件事实清楚、证据确凿，若适用争点整理程序反而增加法官工作量，因此笔者只针对证券诉讼案件的特点以及解决证券诉讼下庭审方式问题的紧迫性，提议在证券诉讼中增设争点整理程序。待实务检验且实际成熟时，可对其他类型的诉讼案件如知识产权诉讼案件等，也规定适用争点整理程序。

2. 组织争点整理程序的主体

我国学者对组织审前准备程序主体的划定看法并不一致。一个观点认为，审前准备程序和庭审程序设置的目的不同，为了避免承办法官“先入为主”，两个程序的法官应当不同一。而另一个观点认为，目前我国民商事案件数量呈现出爆炸式的增长，为了提高效率，可以由承办法官在庭审前介入。比较这两种观点可以看出，前者倾向于公正，后者倾向于效率。美国负责审前程序的主体，在各个联邦地区各不相同，有的由下级法官负责，有的引进英国主事法官制度，由主事法官负责。对于证券诉讼中增设的争点整理程序，笔者更支持后一个观点，即由承办法官直接参与主持。证券纠纷诉讼案件属于“小额多数”纠纷，争议的标的额较大，社会影响面广，加之一些案件的特殊性，使得处理此类案件的程序变得复杂。若设置准备法官，由准备法官组织当事人争点整理并提交给承办法官，更容易导致法官在审理证券诉讼案件时对案件事实不清、对整理出的争点不明。目前我国“案多人少”的矛盾十分凸显，由于法官实行员额制，一味地增加法院的编制不具有现实可能性[47]。面对如此现状，我国的民事诉讼程序应当先以效率优先。由法官助理组织证券诉讼争点整理程序的过程，争点整理过后，法官助理可撰写案情报告，以便帮助承办法官了解案情、补充关于证券实体性方面知识的过程。在法庭调查阶段由承办法官主持审理，承办法官能够根据法官助理的书面汇报，了解在组织争点整理程序过程中所知悉的疑点、难点、关键点等，从而方便对争点进行调整和释明。如此一来，承办法官在证券诉讼庭审时就能掌控全局，灵活地进行有侧重点的审理，筛选掉与案件无关的证据。除此之外，还能促使承办法官在审前就适当地行使释明义务以及心证公开，从而促进和解，减少裁决。

3. 争点整理程序的其他具体事项

在证券诉讼案件中，从当事人提交的大量诉讼材料以及双方的陈述中整理

47　张海燕：《法院“案多人少”的应对困境及其出路——以民事案件为中心的分析》，载《山东大学学报（哲学社会科学版）》2018 年第 2 期。

出争点是一项技术性极强的工作，并且要花费法官和当事人很多精力，因此在证券诉讼的争点整理程序中，应当赋予法官主导地位及相应权力。不允许当事人在争点确认后再提出新的争点，同时对组织争点整理程序的次数进行限制，防止当事人以案件疑难复杂为由滥用程序。可设计法律条文为："人民法院在开庭审理前应当由承办法官组织当事人进行争点整理。对于特别疑难、复杂的证券诉讼案件争点整理程序的启动不得超过两次。"《民事诉讼法司法解释》对该条文中"特别疑难、复杂的证券诉讼案件"予以解释，主要包括以下几种情形："（一）诉讼主体人员众多或者证据材料多，只组织一次对于争点整理确实困难的；（二）争议的标的额较大；（三）具有涉外因素；（四）只组织一次对于争点整理确实困难的其他情形。""证券诉讼争点整理程序的过程由书记员或者法官助理制作笔录，并由当事人、组织的承办法官、记录者签字确认。当事人签字确认后不得再提出新的争点，法官在庭审中可适当地对争点进行调整并释明。""争点整理程序组织完毕，经当事人确认无其他补充签字后，当事人不得再以案件疑难、复杂为由申请法院再次组织争点整理程序。""争点整理的内容应当包括事实争点、法律争点、证据争点，对与案件无关的争点予以排除。"由于证券诉讼案件的专业性较强，因此在争点整理程序中可以允许当事人请专家针对证券的专业性问题予以说明，并记录在笔录中，以便在庭审中作为参考与释明的依据。对于某些不需要组织争点整理的证券案件，应当给予当事人救济途径。笔者认为，当事人提出异议的时间在开庭审理前更为合适，这样安排能留出时间在开庭审理前补充组织证券诉讼争点整理程序等。

（二）明确法官在证券案件中的释明义务

证券诉讼纠纷案件的特点以及诉讼主体的性质必然决定释明义务具有不可或缺性。释明义务的行使是较为模糊的概念，若要真正地实行，必须以明文规定的方式进行规制。明确法官在证券诉讼中的释明义务，笔者认为可以完全借鉴德国《民事诉讼法》第一百三十九条的规定[48]，除此之外针对该方面的内容

48　德国《民事诉讼法》第一百三十九条：（1）法官应当使当事人就一切重要的事实作出及时、完整的说明，特别在对所提事实说明不够时要加以补充，表明证据方法，提出有关申请。为达此目的，在必要时，法院应与当事人共同从事实上和法律上两方面对于事实关系和法律关系进行释明并且提问。（2）如果当事人一方对某一法律观点明知而忽略，或认为是无关紧要的，在该观点不是关系到从债权时，法院应就该事实进行提示，并提供机会对该事实发表意见，否则不得以该法律观点为基础作出裁判。法院与双方当事人对观点有不同认识的，适用上述裁定。（3）法院应提示当事人注意法院依职权调查的事项中的疑点。（4）本条规定的法院释明应尽早作出，并书面记录。法院是否已作出释明，只能由记录的内容证明。能够证明记录是伪造时，方可否定记录中关于法官释明的内容。（5）如果当事人不能就法院的释明作出说明，法院应依当事人申请设定期间，当事人于期间内于书状中补充说明。

提出以下几点设想。

1. 法官释明的限度及救济

证券诉讼案件所涉及的内容是十分丰富的，当实体上和程序上的问题相结合，法官释明的限度就不太容易把握。域外民事诉讼程序中对违反释明义务的规定几乎仅涉及法官没有充分行使的情形，而未明确行使过当的后果。因此，我国规定法官在证券诉讼中行使释明义务的具体规则时，应当在借鉴域外规定的同时更进一步，将违反释明义务的内容扩大为法官应当作出释明而没有作出的情形，以及法官不应当释明而作出释明或者应当作出释明但超过了法律规定范围的情形。可以设计法律条文为："在证券诉讼中，法官行使释明义务过程中出现以下情形的，属于程序瑕疵：（一）法官对应当释明的事项而未释明，致使双方当事人在庭审中没有对影响判决的证据、争点、法律适用等进行充分辩论的；（二）法官不应当释明而作出释明，导致当事人之间利益失衡或者有损当事人权益的；（三）法官应作出释明但超过了法律规定范围，有损当事人权益的；（四）其他有损当事人权益的不当释明。"实务中，自然人对证券纠纷提起单独诉讼的，大多以发行人为被告，那么对于未列为被告但同样应当承担民事责任的其他主体，法官应当释明予以追加。证券纠纷的案由种类较多，因此应明确要求法官在原告提出的诉讼请求不符合查明的法律关系时按照法律规定的限度进行释明。若当事人不变更或者变更后的诉讼请求仍与人民法院认定不一致，人民法院应当释明可能产生的诉讼风险。在证券诉讼争点整理程序中，法官还应当对当事人不参与程序的法律后果予以释明。尤其是证据审查方面，法官应当对筛选掉证据的理由以及其他证据的证明力大小等问题进行释明。对于提起证券诉讼纠纷而没有专业诉讼代理人的自然人，法官可向其提议聘请专业诉讼代理人。法官在证券诉讼中应当释明的事项，除了程序上的一些事项，还应当包括实体方面的内容。

对于法官违反释明义务的情形，应当给予当事人救济途径，可设计法律条文为"二审法院若查明法官违反释明义务造成程序瑕疵，从而影响判决结果的，裁定撤销原判决，发回原审人民法院重审"。《民事诉讼法》第二百条并未明确规定违反释明制度是否一定启动审判监督程序。笔者认为检察院的主要职能之一为对法院的整个审判程序进行监督，包括庭审程序是否正当等。那么为了形成体系，根据对法官在证券诉讼中释明的强制性要求，应当把"在证券诉讼中法官违反释明义务"作为检察院抗诉的法定事由。当然这也要结合证券诉讼的个案进行处理，判断法官违反释明制度是否达到需要发回重审的严重程度。

2. 证券诉讼法官释明义务行使的阶段

（1）立案阶段。证券诉讼中法官释明应当从当事人起诉时就启动。证券诉讼涉及人员众多、地域分散且诉讼请求不一等，因此立案阶段的释明应当尽可能全面。主要包括材料补充、诉讼主体资格、诉讼请求、管辖权行使、权利请求基础、登记立案的事项。[49]笔者认为对于证券诉讼案件，应该将《民事诉讼法司法解释》第二百六十八条[50]中的“可以”修改为“应当”。在证券纠纷诉讼的立案阶段，当事人认为法院违反释明制度的，可以向人民法院纪检检查部门投诉。

（2）审前阶段。审前阶段的程序主要包括审前会议、证据交换，除此之外，释明义务的行使还应适用证券诉讼中增加的争点整理程序。围绕确定争点、固定证据和促进和解，对法官的释明义务予以规定。法官应当在争点整理结束前告知当事人最终确定的争点事项。法官认为当事人坚持主张的争点与案件无关应当予以排除的，应当向当事人说明理由。可新增法条为：“在证券诉讼中，法官为明确事实和争点，可于审前程序中关于事实以及法律、证据上的事项向当事人发问，或者要求其举证。”“在证据交换过程，法官要明示当事人围绕事实争点和法律争点进行。”“证据交换后，法官要释明最终确定的证据争点。”除此之外，法官可以在证券诉讼的争点整理程序中，对当事人释明与本案有关的证券的实体方面内容。

（3）庭审阶段。在证券诉讼的审理过程中，赋予当事人对法官违反释明义务的异议权。为防止案件积压、庭审拖延，同时还应当赋予法官当庭处理异议的权力。可以设计法条为：“在证券诉讼庭审中，当事人认为法官违反释明义务的，可以在开庭审理之后合议庭退庭评议之前提出异议。法官对当事人的异议经合议庭结合本案证券诉讼的具体事项当庭商讨后，应当随即作出驳回或者异议成立的口头裁定。法官应释明裁定结果的理由并由书记员记录在案。”“当事人在规定的期限内没有对违反释明义务提出异议的，不得再行使异议权。”“当事人提出异议时要提出法官违反释明义务的具体行为，否则主审法官可不经合议庭商讨直接作出口头驳回的裁定，并由书记员记录在案。”“裁定异议成立的，法官应当组织再次辩论环节。再次辩论环节开始之前，法官要根据当事人提出异议的内容，告知双方当事人本次环节辩论的具体事项，超出事项范围的内容不得再进行辩论。”“法官在再次辩论环节中，可以根据双方辩论的情况决定环节中止或结束。”“在宣布合议庭退庭评议之前，当事人没有针对违反释明义务提出异议的，法官应当询问双方当事人是否提出异议。”“庭审中当事人针对违

---

49 韩红俊著：《释明义务研究》，法律出版社2008年版，第180－183页。

50 《民事诉讼法司法解释》第二百六十八条：对没有委托律师、基层法律服务工作者代理诉讼的当事人，人民法院在庭审过程中可以对回避、自认、举证证明责任等相关内容向其作必要的解释或者说明，并在庭审过程中适当提示当事人正确行使诉讼权利、履行诉讼义务。

反释明程序提出异议的，法官认为有必要的，可以在判决书中载明情况以及裁定的理由。”

（三）促使法官在证券诉讼中进行心证公开

由于案件复杂程度、类型等的不同，对心证公开的规定应当给予法官较大的自由裁量权。有学者认为心证公开的范围应该针对争议焦点较多的复杂案件，而笔者认为心证公开的目的是让当事人了解法官内心对裁判结果产生的过程，并对该过程中不利于自身的事实、证据、法律适用等进行辩论，从而影响法官最终的裁判。因此不论是什么类型的案件，只要是法官对案件事实、证据等产生疑点或者内心确信就应当告知当事人，使其准备防御和攻击的方法。对于本文所讨论的证券诉讼案件，笔者认为心证公开的目的在于降低证券诉讼的审理难度和复杂性，因此心证公开的范围应当尽可能地扩大且次数频繁。证券诉讼下心证公开的范围应当包括证券实体上法官容易混淆的方面，如重大性和信赖要件之间的区分。笔者认为法官心证公开的节点在争点整理程序、证据交换、举证质证时、法庭辩论前、合议庭退庭评议前阶段较为适宜。当然心证公开的节点并不是固定的，只要能够推进诉讼的进程，使当事人知悉法官对影响裁判的关键性证据、法律观点等形成的心证，使当事人之间正对要点进行充分辩论即可。若法官违反心证公开，也应当赋予当事人相应的异议权。具体的规定可参考上述关于违反释明义务的异议权。

结语

当前我国庭审方式改革的探索正在如火如荼地进行，需要注意的是，庭审方式改革也应服务于我国现代诉讼案件，证券类诉讼案件无疑是疑难复杂案件的典型代表，但问题是，我国证券诉讼的庭审质效并不理想，造成新型庭审方式未全面实行的重要原因就在于法官无法可依，本文即在检讨我国证券诉讼实践的基础上，提出新增争点整理程序、释明义务的行使、心证公开的制度设想。完善证券诉讼庭审方式，必然要对争点整理、行使释明义务、心证公开予以具体的规定，包括适用范围、方式、尺度等。此外，证券诉讼庭审方式的改革还要具有前瞻性，适用于未来构建的符合中国国情的证券集体诉讼。在上述初步研究的基础上，有学者担忧新型庭审方式改革是否会导致大量的工作转移到了法官助理的手里，是否会使审前准备程序所花费的时间过长，并未真正达到提高效率的效果。笔者认为这些担忧同样是庭审方式改革过程中所要注意的问题。待我国构建出新型的证券诉讼模式，证券诉讼下庭审方式的完善需要进一步考量。除此之外，庭审方式改革的成功与否还要着眼于法学教育。章武生教授在

“贴近审判的司法人才培养与庭审改革的协同发展”会议上指出要抓住学校教育这一环节，开设“现代庭审理论”课程[51]，培养掌握新型庭审理论的法律人才。我们相信这一期待在不久的将来一定会实现。

51 《探索庭审方式改革与司法人才培养的协同发展——“贴近审判的司法人才培养与庭审改革的协同发展”研讨会综述》，载复旦大学司法研究中心网站，http：//www. cjs. fudan. edu. cn/news_view. asp？id＝6203，最后访问于2019年11月30日。

经济犯罪案件入刑标准研究

郑洪广[*]

【内容提要】 我国刑法关于犯罪概念是定性因素和定量因素的统一。刑法对犯罪的界定不仅有质的规定，还有量的要求。这在刑法分则第三章“破坏社会主义市场经济秩序罪”中有充分体现。经济犯罪案件的入刑标准（入罪标准）是对行为方式、情节的明确化，是对数额、结果的具体化。最高人民法院制定的定罪标准是入刑标准的核心，但是考虑到我国刑事司法的现实情况，经济犯罪案件的入刑标准由最高人民法院、最高人民检察院、公安部联合制定较为合适。在制定入刑标准时应慎之又慎，在宏观层面必须坚持四种原则、处理好三方面关系，在微观层面必须注意两种特殊类型犯罪案件的入刑标准。

【关键词】 经济犯罪　入罪标准　立案标准　起诉标准　定罪标准

一、何谓经济犯罪案件[1]的入刑标准

我国刑法关于犯罪概念采用的是定性+定量分析模式[2]，是定性因素和定量因素的统一。刑法对犯罪的界定不仅有质的规定，还有量的要求。根据《刑法》

---

* 郑洪广——中国刑事警察学院经济犯罪侦查学院副教授，主要研究领域：经济刑法、经侦程序。本文系2015年度教育部人文社会科学研究一般项目“恐怖融资与恐怖犯罪防控研究”（15YJC820048）、新疆法学会2019年度法学研究课题资助项目“新疆社会治安防控体系建设研究”（XF2019A04）部分成果。

1 理论界对于经济犯罪的外延有不同的认识，本文所讨论的经济犯罪案件是指公安机关经侦部门管辖的经济犯罪案件。

2 储槐植著：《刑事一体化》，法律出版社2004年版，第412页。

第十三条“但书”规定，犯罪必须具有严重的社会危害性；这在刑法分则第三章“破坏社会主义市场经济秩序罪”中有充分体现，如“数额较大的”“造成后果严重的”“造成重大损失的”“情节严重的”等。定量因素必须转化为量化标准，准确划定犯罪圈，起到区分罪与非罪的作用。

2016年《中共中央、国务院关于完善产权保护制度依法保护产权的意见》提出“准确把握经济违法行为入刑标准”“防范刑事执法介入经济纠纷”。

经济犯罪有的是行为犯，有的是情节犯，有的是数额犯，有的是结果犯。入刑标准（入罪标准）是对行为犯的行为方式、情节犯的情节的细化，是对数额犯的数额、结果犯的结果的量化。或者说是对经济犯罪客观构成要件的具体化，是刑法分则中“数额较大”“情节严重”“后果严重”等词语的明确化[3]。

入刑标准是认定犯罪的标准，在办理刑事案件过程中有不同的表述形式，在法院审判阶段是定罪标准，在检察院起诉阶段是起诉标准，在公安机关立案阶段是立案标准。

二、为何制定经济犯罪案件的入刑标准

自诉经济犯罪案件由当事人提起刑事诉讼，人民法院直接受理、审判；公诉经济犯罪案件由公安机关受理，人民检察院提起公诉，人民法院审判。

《刑事诉讼法》第一百一十二条规定了人民法院、人民检察院、公安机关对于刑事案件的立案条件，即“认为有犯罪事实需要追究刑事责任的时候”，应当立案。

认定犯罪必须依据犯罪构成，刑法中的定量因素必须予以明确，这是罪行法定原则的基本要求。

2015年《最高人民法院关于人民法院登记立案若干问题的规定》第五条规定刑事案件自诉状必须写明“被告人实施犯罪的时间、地点、手段、情节和危害后果等”。2017年《最高人民检察院、公安部关于公安机关办理经济犯罪案件的若干规定》第十七条对立案条件进行了细化，第二项要求“涉嫌犯罪数额、结果或者其他情节符合经济犯罪案件的立案追诉标准”。

在以法院审判为中心的刑事诉讼改革背景下，公安机关的立案标准、人民检察院的起诉标准都应当同人民法院的定罪标准保持一致。但在公安机关经侦部门管辖的80多种经济犯罪案件中，有40多种案件最高人民法院没有制定定罪标准，如骗取贷款、票据承兑、金融票证罪、合同诈骗罪等；还有些经济犯罪案件虽然最高人民法院制定定罪标准，但由于制定的时间比较早，无法适应

3 杨书文：《经济犯罪立案追诉标准的理解与适用》，载《江西警察学院学报》2013年第2期。

打击经济犯罪的需要，如票据诈骗罪、保险诈骗罪等。最高人民法院制定相应的定罪标准迫在眉睫。

为了适应打击经济犯罪的实践需求，最高人民检察院、公安部于2001年制定了《关于经济犯罪案件追诉标准的规定》，2010年制定了《关于公安机关管辖的刑事案件立案追诉标准的规定（二）》（以下简称《立案追诉标准（二）》）。最高人民检察院、公安部联合制定的经济犯罪案件的立案、追诉标准既符合打击经济犯罪之现实需要，又可以弥补司法解释滞后的不足，还能够为最高人民法院制定定罪标准提供理论储备及案例支持。

三、经济犯罪案件的入刑标准应采用何种形式

入刑标准是对刑法的解释，1981年全国人民代表大会常务委员会发布《关于加强法律解释工作的决议》授权“两高”进行司法解释。因此，从该种意义来讲，只有最高人民法院、最高人民检察院才有资格制定经济犯罪的入刑标准。而公安部制定的立案标准属于部门规章，不是司法解释。

但是，我们也必须注意到，公安机关是办理经济犯罪案件的主体力量，是遏制经济犯罪的第一道防线。自1997年刑法颁布以来，最高人民检察院、公安部就联合制定经济犯罪案件的立案、起诉标准，并且得到了最高人民法院的认可[4]。

2001年国务院发布的《行政执法机关移送涉嫌犯罪案件的规定》（国务院令第310号）对最高人民检察院、公安部制定的经济犯罪案件追诉标准给予充分肯定[5]。2019年《中共中央办公厅、国务院办公厅关于强化知识产权保护的意见》明确提出“推进行政执法和刑事司法立案标准协调衔接”。

公安机关参与制定经济犯罪案件的入刑标准既符合法律规定又有现实基础。因此，经济犯罪案件的入刑标准由最高人民法院、最高人民检察院、公安部联合制定较为合适。实际上，“两高一部”也曾就个别经济犯罪案件联合制定过入刑标准，如2011年《最高人民法院、最高人民检察院、公安部关于办理侵犯知识产权刑事案件适用法律若干问题的意见》。但迄今为止，三机关还没有联合制定过系统的经济犯罪案件的入刑标准。

由于最高人民法院对一些经济犯罪案件没有制定司法解释或者制定的司法解释与最高人民检察院、公安部制定的立案、起诉标准不一致，导致审判方与公诉方在法律适用方面出现分歧。

---

4 《最高人民法院关于在经济犯罪审判中参照适用〈最高人民检察院、公安部关于公安机关管辖的刑事案件立案追诉标准的规定（二）〉的通知》。

5 《行政执法机关移送涉嫌犯罪案件的规定》第三条。

2014 年《中共中央关于全面推进依法治国若干重大问题的决定》提出“统一法律适用标准”。因此，需要探索最高人民法院、最高人民检察院、公安部联合制定系统的经济犯罪案件的入刑标准机制，以保证公安机关、人民检察院、人民法院对刑法的统一适用。

四、如何制定经济犯罪案件的入刑标准

经济犯罪案件的入刑标准关乎罪与非罪，关乎惩罚犯罪与保障人权，关乎打击经济犯罪与保护经济发展。因此，在制定入刑标准时应慎之又慎，必须坚持罪刑法定原则、罪责刑相适应原则、合法性原则、科学性原则，必须处理好入刑标准与经济发展的关系，入刑标准与刑事政策的关系，立案标准与起诉标准、定罪标准之间的关系，必须注意行为犯的入刑标准、单位犯罪的入刑标准问题。

（一）制定经济犯罪案件的入刑标准必须坚持的几种原则

1. 罪刑法定原则

罪刑法定是刑法的基本原则，贯穿于刑事立法和刑事司法全过程。

刑法解释也必须坚持罪刑法定原则。经济犯罪案件的入刑标准同样不能违反罪刑法定原则，不能将经济违法解释为经济犯罪。经济违法与经济犯罪都是违反经济法律规范的行为，但经济违法只是单纯地违反经济法律规范，而经济犯罪不但违反了经济法律规范还同时违反了刑法规范。经济违法和经济犯罪之间存在递进关系，没有经济违法就不会有经济犯罪，当经济违法达到严重程度时就构成经济犯罪。经济违法是否达到严重程度，可以通过是否有附属刑法规范来判断。没有附属刑法规范的，说明“对（单纯）经济行政秩序的违反，应以行政处分予以排除与预防”[6]；有附属刑法规范的，说明没有犯罪阻却事由，能够实现附属刑法与刑法典的衔接，需要追究刑事责任。

2. 罪责刑相适应原则

罪责刑相适应原则也是刑法的基本原则，贯穿刑事过程始终，制定经济犯罪案件的入刑标准也应遵循这一原则：既要从社会危害性角度考虑案件的入刑标准，还要从刑罚角度考虑案件的入刑标准，同时还要结合社会危害性和刑罚综合考虑入刑标准之间的差异。特别是在某一类具有关联性的罪名之间考虑入刑标准的平衡，如果涉嫌的罪名具有关联性（具有同类客体）、犯罪构成比较相近、法定刑相同，那么这几种行为的社会危害性应该是相当的，入刑标准也应大体相同，不能差异过大。

---

6 ［日］神山敏雄、齐藤丰治等著：《新刑法入门》，成文堂 2008 年版，第 7 页。

3. 合法性原则

经济刑法也被称为行政刑法，“行政刑法规范都是空白刑法规范”[7]，只有借助民商法、经济法、行政法法律规范，经济犯罪的罪状才能完善，犯罪构成才能闭合。

在制定经济犯罪案件的入刑标准时，有时需要借助民商法、经济法、行政法的相关概念，这些概念转化为入刑标准内容时必须规范、准确，与相关法律规范保持一致。

4. 科学性原则

经济犯罪案件的入刑标准关乎罪与非罪，因此，经济犯罪案件的入刑标准必须科学、合理，入刑标准既不能扩大，也不能缩小；既不能过严，也不能过宽。入刑标准扩大或者过严，会将“情节显著轻微危害不大的”行为解释为犯罪，会导致犯罪圈泛化，不利于营造营商环境、激发市场主体活力；入刑标准缩小或者过宽，会使严重危害市场经济的行为得不到矫治，放纵经济犯罪，不利于打击经济犯罪、服务经济发展。

经济犯罪案件的入刑标准是决定对某一行为采取刑事还是民事、行政法律调整的临界点。“临界点以下的不法行为由民法或行政法调整，临界点以上的不法行为由刑法干预”[8]。

在制定经济犯罪案件的入刑标准时，要充分调研、科学论证，对各地近年来经济犯罪案件数量、涉案金额进行统计，对各地近年来经济发展水平进行调研。采用统计学、管理学等方法对经济犯罪案件的入刑标准进行数量统计、模型分析、回归认证，确定相对合理的标准，邀请法学家、经济学家、犯罪学家进行论证。

特别是要完善新时代定罪标准体系，不仅要探索独立的单一标准，还要综合考虑各种单一定量标准与其他情节组合成为新型定准的可能性[9]。

经济犯罪案件的入刑标准应准确反映行为的社会危害程度、准确反映立法者对经济违法行为的容忍度、准确反映经济违法与经济犯罪之间的张弛度。

（二）制定经济犯罪案件的入刑标准需要处理的几方面关系

1. 入刑标准与经济发展的关系

经济犯罪案件的入刑标准与经济发展水平密切相关，经济犯罪案件的入刑标准不是一成不变的，应随着经济发展而适度调整。总体来讲对于数额犯、结

---

7 刘艳、周佑勇著：《行政刑法的一般理论》，北京大学出版社2008年版，第30页。

8 梁根林著：《刑事法网：扩张与限缩》，法律出版社2005年版，第65页。

9 于志刚、郭旨龙：《信息时代犯罪定量标准的体系化构建》，载《法律科学（西北政法大学学报）》2014年第3期。

果犯的入刑标准应当提高。

我国地域广阔，区域经济发展差异大，经济犯罪案件的入刑标准在一定程度上还应和地区经济发展水平相适应。在最高人民法院制定的经济犯罪案件定罪标准中，有些定罪标准体现为定罪幅度[10]。将经济犯罪案件的入罪标准确定在一定幅度内比较合理，这既能够反映区域经济发展差异，还能够与区域经济发展相适应。

2. 入刑标准与刑事政策的关系

2004 年中央政法工作会议明确提出实行“宽严相济的刑事政策”，经过近年来的发展、完善，宽严相济已经成为我国基本刑事政策[11]。

宽严相济的刑事政策不仅在审判阶段适用，而且在制定经济犯罪案件的入刑标准时也应当贯彻，对社会危害性重的经济犯罪的入刑标准应当从严把握，对社会危害性轻的经济犯罪的入刑标准应当从宽把握。从严还是从宽，主要从以下两个方面进行考虑。

一是从法定刑角度进行考虑，第一个量刑幅度内起刑点高的，说明行为的社会危害性大，入刑标准应当从严；第一个量刑幅度内起刑点低的，说明行为的社会危害性小，入刑标准应当从宽。

二是根据国家政策进行适度调整，党中央、国务院根据国家经济宏观发展战略的需要，会对某些经济领域治理提出要求。要求重点净化某些经济领域的，入刑标准应当从严（例如，《中共中央办公厅、国务院办公厅关于强化知识产权保护的意见》提出“加大刑事打击力度，研究降低侵犯知识产权犯罪入罪标准”“开展常态化专项打击行动，持续保持高压严打态势”。因此，在制定侵犯知识产权犯罪案件的入刑标准时，应当从严掌握）。要求重点开放某些经济领域的，入刑标准应当从宽（例如，党中央、国务院强调为民营企业发展营造良好环境，对于政策原因诱发的经济犯罪，在制定入刑标准时应当适度从宽掌握）。

3. 立案标准、起诉标准、定罪标准之间的关系

立案标准、起诉标准、定罪标准都是刑法适用标准，也就是入刑标准。立案标准、起诉标准是为了解决经济违法与经济犯罪的临界点，也就是刑法条文中最低刑的量化标准问题；而定罪标准除了要解决第一个量刑幅度量化之外，还要解决其他几个量刑幅度的量化问题。

实践中有一种观点认为，经济犯罪案件的立案标准、起诉标准应当比定罪

10　2016 年《最高人民法院、最高人民检察院关于办理贪污贿赂刑事案件适用法律若干问题的解释》第十一条，2018 年《最高人民法院、最高人民检察院关于办理妨害信用卡管理刑事案件具体应用法律若干问题的解释》第八条。

11　高铭暄：《刑法体现宽严相济刑事政策》，载《人民日报》2015 年 8 月 28 日，第 7 版。

标准低。笔者认为，立案标准、起诉标准、定罪标准都是对刑法的适用，三者在量化标准方面应当是一致的。虽然说立案标准、起诉标准、定罪标准在量化方面相同，但在立案阶段、起诉阶段、审判阶段的证明标准是不同的，立案阶段的证明标准是“认为有犯罪事实，需要追究刑事责任”，是主观见之于客观的证明标准，证明程度不是很高，取证工作在侦查阶段完成。起诉阶段的证明标准是“认为犯罪事实已经查清，证据确实、充分，依法应当追究刑事责任”，证明标准中虽然有主观成分，但客观成分比重更大，证明程度要求很高。而审判阶段的证明标准是“事实清楚、证据确实充分”，是客观的证明标准，证明程度要求非常高，必须达到排除合理怀疑的程度。

在以审判为中心的刑事诉讼制度改革背景下，公安机关的立案标准、检察院的起诉标准、法院的审判标准应当是一致的，以维护刑法权威、节约司法成本。

（三）制定经济犯罪案件的入刑标准需要注意的两个问题

1. 行为犯的入刑标准

“所谓行为犯，是指在犯罪构成客观要件中仅包括行为要素，并以行为本身所具有的法益侵害的危险性，作为基本犯成立条件的犯罪[12]。”行为犯与结果犯之间是一种非此即彼的择一关系或者对立关系。

经济犯罪中有很多行为犯。现行司法解释、规范性文件对行为犯的入刑标准规定有所不同，有的对行为犯的入刑标准以数额进行了量化，其结果是将行为犯解释成结果犯；有的规定只要有行为就构成犯罪。将行为犯的入刑标准进行量化有悖于刑法理论和刑事立法，还会造成入刑标准体例不统一[13]。

在制定入刑标准时需要注意的是，不能将行为犯解释为结果犯，但是可以将行为犯解释为目的犯。近年来，最高人民法院通过指导案例、内部规范性文件对行为犯进行限制性解释，主要表现为将行为犯解释为目的犯。2015 年最高人民法院研究室相关复函认为[14]，“如行为人主观上并无骗取抵扣税款的故意，客观上未造成国家增值税款损失的，不宜以虚开增值税专用发票罪论处”[15]。虚开增

12　王志祥、黄云波：《行为犯之基本问题研究》，载《河南社会科学》2015 年第 9 期。

13　郑洪广、梁斌：《经济犯罪案件立案标准若干问题研究》，载《上海公安高等专科学校学报》2011 年第 3 期。

14　2015 年最高人民法院研究室《〈关于如何认定以“挂靠”有关公司名义实施经营活动并让有关公司为自己虚开增值税专用发票行为的性质〉征求意见的复函》。

15　该复函认为虚开增值税专用发票必须具有骗取抵扣税款的故意，从方法上讲是可取的。但该复函认为虚开增值税专用发票罪为非行为犯的观点，是值得商榷的。虚开增值税专用发票罪是行为犯这一主张在理论及实践中已经达成了共识。

值税专用发票是行为犯也是目的犯的主张，在实务界已逐渐达成共识[16]。

实际上，行为犯属于犯罪停止形态理论范畴体系，目的犯属于罪过形式理论范畴体系，两者在逻辑上具有交叉关系，并行不悖[17]。2010年《最高人民法院关于审理伪造货币等案件具体应用法律若干问题的解释（二）》规定“伪造货币”是非法制造假币、冒充真币的行为[18]。但该司法解释没有说明“冒充真币”是客观事实还是主观目的。而在有关答记者问中则说明：“冒充真币”不仅是伪造货币的客观效果特征，同时也是其主观目的特征[19]。也就是说伪造货币罪必须具有流通的目的。行为犯可以是目的犯的观点在最高人民法院刑事裁定书中也得到充分体现[20]。

2. 单位犯罪的入刑标准

单位犯罪是相对个人犯罪而言，讨论单位犯罪案件的入刑标准要结合个人犯罪案件的入刑标准进行，单位经济犯罪的入刑标准和个人经济犯罪的入刑标准存在下列几种关系：（1）只规定了个人犯罪案件的入刑标准，没有提及单位犯罪案件的入刑标准。（2）既规定了个人犯罪案件的入刑标准，也规定了单位犯罪案件的入刑标准，并且单位犯罪案件的入刑标准和个人犯罪案件的入刑标准具有一定的比例关系：5倍关系[21]、10倍关系[22]。（3）规定单位犯罪适用个人犯罪的入刑标准。

单位犯罪案件的入刑标准与个人犯罪案件的入刑标准应当一致：从刑法条文来看，不宜对单位犯罪案件的入刑标准与个人犯罪案件的入刑标准作出差异规定；从罪责刑相适应原则来看，也不宜对单位犯罪的入刑标准与个人犯罪的入刑标准作出差异规定；从司法实践来看，单位犯罪案件的认定标准与个人犯

16　康瑛：《虚开增值税专用发票罪是否属于目的犯》，载《法学杂志》2005年第6期。

17　茅仲华、叶巍：《全国部分法院经济犯罪案件审判工作座谈会研讨综述》，载《经济犯罪审判指导》2004年第4期。

18　《最高人民法院关于审理伪造货币等案件具体应用法律若干问题的解释（二）》第一条。

19　《精准打击犯罪保护国家金融管理秩序——最高人民法院有关部门负责人就〈解释（二）〉答记者问》，载《人民法院报》2010年11月3日，第2版。

20　最高人民法院（2016）最高法刑核51732773号刑事裁定书认为，被告人张某强以其他单位名义对外签订销售合同，由该单位收取货款、开具增值税专用发票，不具有骗取国家税款的目的，未造成国家税款损失，其行为不构成虚开增值税专用发票罪，某市人民法院认定张某强构成虚开增值税专用发票罪属适用法律错误。

21　《最高人民法院关于审理非法集资刑事案件具体应用法律若干问题的解释》第三条、第五条，《立案追诉标准（二）》第五十六条。

22　《立案追诉标准（二）》第五十一条、第五十二条。

罪案件的认定标准相统一已经成为新的趋势[23]。

结语

在公安机关经侦部门管辖的经济犯罪案件中，有很多案件最高人民法院没有制定司法解释。

公安机关是办理经济犯罪案件的主体力量、是遏制经济犯罪的第一道防线。由公安部制定经济犯罪案件的立案标准有现实的迫切需求。虽然《中共中央办公厅、国务院办公厅关于强化知识产权保护的意见》要求“推进行政执法和刑事司法立案标准协调衔接”，但公安部制定的立案标准属于内部规范文件，仅适用于公安机关。最高人民检察院、公安部联合制定的经济犯罪案件立案、起诉标准，是准司法解释，不仅适用于公安机关，还适用于检察机关。

在以审判为中心的刑事诉讼制度改革背景下，经济犯罪案件的入刑标准由最高人民法院、最高人民检察院、公安部联合制定较为合适。因此，需要探索三机关联合制定入刑标准机制，以“保证统一法律适用标准”。

经济犯罪案件入刑标准关乎罪与非罪、关乎惩罚犯罪与保障人权、关乎打击经济犯罪与保护经济发展。因此，在制定经济犯罪案件的入刑标准时必须坚持四种原则、处理好三方面关系、注意两种特殊类型案件的入刑标准。

---

23 郑洪广、郑蓉：《论单位经济犯罪案件立案标准——以金融犯罪案件为视角》，载《吉林公安高等专科学校学报》2009 年第 1 期。

股权转让的代理成本问题及其法律规制研究

蒋华胜　魏胜艳*

【内容提要】法律经济学在理解与适用公司法时采用合同进路，能够降低公司合同机制的交易成本，减少代理成本。我国公司法的股权转让规则依赖于强制性法律规范，代理成本巨大。法律经济学以效率价值为分析范式，注重内生性法律规制模式以降低代理成本，实现意思自治、资本多数决和抑制代理成本之间的妥当平衡。强调剩余控制权与剩余索取权之间的匹配以降低代理成本，禁止表决权单独买卖，重视公司章程对股权转让规则选出式与选入式的制度设计来减少代理成本，最终实现公司治理目的。

【关键词】代理成本　股权转让　表决权　公司章程　规制模式

一、问题的提出

公司法中的股权转让制度如何理解成为理论界和实务界共同讨论的热点议题。[1]股权转让的合同效力、公司章程限制股权转让规定的正当性、同意条款与优先购买权条款如何适用成为焦点问题，其核心命题是如何厘清股权转让中的合同自由与国家强制问题。[2]我国《公司法》第七十一条前三款设定有限公司股权转让规则后，第四款以“公司章程另有规定的，从其规定”之规范，将股

* 蒋华胜——广州知识产权法院专利审判庭高级法官，法学博士；魏胜艳——南方医科大学通识教育部讲师。广州知识产权法院杨岚、曾维亮、潘星予、华宇等对本文写作提供支持，特此鸣谢，文责自负。

1　王艳芳：《对有限责任公司股权转让制度的再认识》，载《法学》2006年第11期；段威：《有限责任公司股权转让时“其他股东同意权”研究》，载《法律科学》2013年第3期。

2　罗培新：《抑制股权转让代理成本的法律构造》，载《中国社会科学》2013年第7期。

权转让规则设定为任意性规范，在法律上预设默示规则，除非当事人的意思表示予以排除，否则推定适用。[3] 通过排除公司法条款的适用，充分尊重公司参与方的意思自由。对于公司章程中股权转让合同效力仍存在效力待定说、可撤销说、无效说和有效说等争议。[4] 公司章程对股权转让自由限制的正当性如何，如何创设股权转让“选入式”的公司法规则值得探讨。股权转让中还存在同意权与优先购买权“双重限制”与“单一限制”立法模式与适用法律争议。[5] 本文拟以法律经济学为分析理路，以探究股权转让规则的正当性。

二、代理成本问题：公司法律制度的必然逻辑

（一）公司法中代理成本问题及其产生原因

所谓代理成本，是指因有关各方的利益冲突而发生的费用。[6] 只要一个人雇佣另一个人从事包含决策行为在内的工作，就必然会产生代理成本。[7]“所有与控制两权分离”的理论深刻影响着公司法制，由此产生的代理成本问题成为公司治理的核心范畴。当被称为委托人一方的福利取决于被称为代理人一方的行为时，就产生了代理问题。[8] 科斯指出，企业与市场是合约的两种形式，企业内部科层制的组织形式，起到了很好的协调合约各方、减少交易成本的作用。[9]“我们将代理关系定义为一种契约，在这种契约下，一个人或更多的人（委托人）聘用另一个人（即代理人）代表他们来履行某些服务，在大多数代理关系中，委托人与代理人分别承担正的监督费用和保证费用；另外，代理人的决策与使委托人福利最大化的决策存在某些偏差，由于这种偏差，委托人的福利将遭受一定的货币损失，我们把这后一种费用称为“剩余损失（residual loss），代理成本为委托人的监督成本、代理人的保证成本和剩余损失”。[10] 公司法中的代

---

3 钱玉林：《公司章程“另有规定”检讨》，载《法学研究》2009 年第 2 期。

4 蒋华胜：《创设有限公司股权转让的公司法规则：立法表达与司法适用》，载《黑龙江省政法管理干部学院学报》2015 年第 6 期。

5 王东光：《论股权转让的双重限制及其效力》，载顾功云主编：《公司法律评论》2010 年卷，上海人民出版社 2010 年版，第 37 页。

6 张维迎著：《理解公司：产权、激励与治理》，上海人民出版社 2014 年版，第 254 页。

7 黄辉：《对公司合同进路的反思》，载《法学》2017 年第 4 期。

8 ［美］阿道夫·A. 伯利、加德纳·C. 米恩斯著：《现代公司与私有财产》，甘华鸣等译，商务印书馆 2005 年版，第 130－132 页。

9 ［美］奥利弗·E. 威廉姆斯、西德尼·G. 温特主编：《企业的性质》，姚海鑫、邢源源译，商务印书馆 2007 年版，第 23－27 页。

10 ［美］迈克尔·詹森、威廉·梅克森：《企业理论：管理行为、代理成本与所有权结构》，载陈郁主编：《所有权、控制权与激励》，上海人民出版社 2006 年版，第 5－6 页。

理问题主要包括：一是公司所有者与管理者之间的代理问题；二是控股股东与非控股股东之间的代理问题；三是公司内部人与债权人等外部人之间的代理问题。[11]法律经济学注重从节约代理成本的逻辑解释股权内容，股东表决权的权重必须与剩余索取权相匹配，即相同的剩余索取权必须带有相同的表决权重，否则将引发不必要的代理成本。[12]

公司作为一种合同机制之所以能够取代市场，是因为公司内部的科层序列很好地降低了合同各方的交易费用和代理成本，股权只是公司这一合同联合体的诸多要素之一，将公司当作法人的说法往往会掩盖其交易的市场本质。公司作为一个营利性企业，是由人与财产根据规则组织起来的，这些规则中大部分是由市场力量所单方面决定的，有些规则是由契约与其他形式的协议决定的，还有些规则则是由法律规定的，公司日益区分成闭锁公司与公众公司。[13]公司是合同的联结，即一组明示或默示的合同，这种说法也为公司中各种组成人员的复杂角色安排提供了功能定位。当委托人与代理人均谋求各自利益最大化时，则会产生代理成本。

对于封闭公司而言，由于股东人数少，往往信息披露相对充分，有利于股东通过订立公司契约进行监督以减少代理问题，司法审查应尊重当事人意思自治。股权集中之闭锁公司，控制股东往往掌握着公司的经营权，该股权结构有利于降低代理成本，但大股东与中小股东之间的利益冲突也会产生巨额的代理成本，控制股东往往会利用其地位，企图盘剥中小股东利益，以达到牟取控制股东私利的目的。

公众公司在股权高度分散且集体行动成本很高的情况下，公司所有者无法控制公司代理人的自利行为，产生很大代理成本，代理人有实施机会主义的偏好。代理成本由所有者与管理者共同承担，双方均存在规制利益机制的诱因，以消减代理成本。[14]公众公司代理成本的产生，主要来自公司的所有与控制的分离，具体原因包括：一是信息不对称。因信息不对称导致代理人对委托人的信息优势，使代理人产生机会主义的道德风险。二是利益不一致。委托人与代理人之间的利益发生不一致，基于委托人与代理人的自利性，代理人获得超过委托人的额外利益产生代理成本。三是激励不兼容。代理人工作产生的利润全

11　［美］莱纳·克拉克曼、亨利·汉斯曼等著：《公司法剖析——比较与功能的视角（第二版）》，罗培新译，法律出版社2014年版，第29页。

12　罗培新：《公司法的法律经济学研究》，北京大学出版社2008年版，第106页。

13　［美］M. V. 艾森伯格：《公司法的结构》，载王保树主编：《商事法论集（第三卷）》，法律出版社1999年版，第390页。

14　王文宇著：《公司与企业法制》，元照出版公司2007年版，第13页。

部归委托人分享，其只能获得股东给予的薪酬待遇，代理人的经营风险也完全由委托人承担，付出与收获不成比例，导致代理人获得额外的非激励性利益。四是搭便车心理。委托人参与决策的成本很高，而获得的收益有限，股东参与公司治理的理性冷漠为代理人侵犯委托人利益创造了条件。五是决策不确定。代理合同的长期性与不完备性，导致委托代理的合同不能穷尽所有情况，代理人临时决策引发利益冲突而产生代理成本。[15] 公司法的主要作用是遵循市场经济基本规律，尊重市场主体的利益需求，保障公司的营业自由，为公司经济的充分竞争提供制度性支持。[16]

（二）股权转让代理成本的表现形式

股权转让是指股东将其对公司所有股权转移给受让人，由受让人继受取得股权而成为新股东的法律行为。[17] 股权转让一方面使得受让方得到财产利益，另一方面因表决权行使产生负外部性损害其他股东以及利益相关者权益，产生高额的代理成本。股东权利配置产生代理成本主要表现在以下两点：

其一，股权一元化配置降低代理成本。股东投资所获取的剩余控制权与剩余索取权必须相匹配，以降低股东权利行使的代理成本。基于股权平等原则，一股一权的必然结果是资本多数决，多数资本股东意志吸收了少数资本股东的意志，代表了全部公司股东的意志，违背中小股东意志的股权转让产生代理成本。一股一票结构之所以能以默认股权结构的地位为各国公司法所坚持，是因为在一股一权结构下，每个人分配到的表决权反映了他们利益的大小，这产生了最佳水平的治理参与。[18]

其二，股权多元化配置人为提升代理成本。因股东或者投资者对所有权与控制权的不同偏好，对投资产品存在不同需求，股权内容发生分离以及一股一票默认规则的排除，均显示出股权结构多元化格局对公司代理成本的提升。当股东无法按照与股份比重相适应的表决权参与到表决中时，股东之间的代理成本随即产生。[19] 一股一权的结构非比例性表现在类别股的发行和表决权的扩张或限制，公司可根据需要设置各种类别股和双层股权结构。如瑞典，80% 的公

---

15 党印：《公司治理中的代理成本问题研究综述》，载《中南财经政法大学学报》2011 年第 4 期。

16 赵万一：《中国自治型公司法的理论证成及制度实现》，载《中国社会科学》2015 年第 12 期。

17 施天涛著：《公司法论（第三版）》，法律出版社 2014 年版，第 271 页。

18 See Grant M. Hayden, *the False Promise of One Person, One Vote*, Michigan Law Review, Vol. 213, p. 248 (2003).

19 冯果：《股东异质化视角下的双层股权结构》，载《政法论坛》2016 年第 4 期。

司发行多种表决权股份。[20]股东日益复杂的投资偏好需要公司在股权内部结构安排上具有相当的自由空间，满足投资者的不同需求，否则公司难以实现融资目的，也使得股东和公司承担不必要的制度成本，减损股东福利。

三、股权转让：股东自益权与共益权的概括继受

（一）股权的性质

关于股权的性质，有债权说、社员权说、所有权说等不同学说。[21]股东向公司提供了权益性资本，公司向股东支付的对价即为股权。[22]股权作为极其特殊而又复杂的权利，表决权与收益权无疑是两项核心权利。从法学的角度看，股权源于法律的规定与法律行为，由财产性权利与非财产性权利构成。以行使的目的为标准，股权可以分为共益权与自益权。[23]股东的权利安排最终来源于企业所有权的效率安排，是股东的权利在公司法上的确认。

（二）公司法强制性向任意性转换中的代理成本

强制性规范的弊端在于将交易主体的意思自由挤压到最小空间，当事人不能按照具体情况进行更有效率的交易安排。强制规范不允许各方根据自己的运营环境调整制度来满足私人需要，可能会阻止能满足各方特别需要、增加他们共同福利的交易安排。[24]强制性规范阻止公司参与方更有效率的制度安排，最终将减损社会福利。

任意性规范注重从契约理论来阐释公司的基本原理，在公司法中引入意思自由的私法理念。公司法的一个重要作用就是为公司参与者提供丰富的选择菜单，允许公司章程采用“选出式”或者“选入式”的方式来适用公司法。公司的权利义务配置以合同为基础，股东可以根据合同主张权利。股东可以通过协议对股权转让进行限制，据此对公司事务做出最有效率地安排。股东协议对公司的治理体现了公司中的合同自由，是公司法任意性规范的主要体现，任意性规范对强制性规范的替代有利于降低代理成本。

---

20 See Shearman and Sterling LLP Proportionality between Ownership and Control in EU listed Company: Comparative Legal Study External Study Commission by the European Commission, p. 12 (2007).

21 赵旭东主编：《公司法学》，高等教育出版社2006年版，第317－319页。

22 侯东德著：《股东权的契约解释》，中国检察出版社2009年版，第45页。

23 刘俊海著：《股份有限公司股东权的保护》，法律出版社2007年版，第46－55页。

24 ［加］布莱恩·R. 柴芬斯著：《公司法：理论、结构和运作》，林伟华等译，法律出版社2001年版，第234－284页。

（三）股东同质化向异质化转换中的代理成本

股东同质化假设的正当性建立在以下两个观念认知之上：其一，股东是公司的所有者，剩余控制权应当归属于股东；其二，公司内部表决权应当与股东之经济动机（出资额）相匹配。[25]代理理论基于股东同质化假定的逻辑，公司的权力分配以资本这一要素为核心，股东对股权的持有成为其对公司权力的唯一来源，股权这一代理工具通过股权平等、资本多数决机制围绕股东权益这一中心展开。一股一权成为标准的股东权力配置形式，由此产生了一股一权的法律构造。代理理论基于股东结构的同质化逻辑，假定必然以资本作为衡量股东利益的唯一标准，资合性的公司必然会成为这一逻辑表达的合理解释，股东之间存在平等的法律关系的表达仅仅依靠股份数量这一衡量标准。

传统的代理理论忽略了股东关系层面的不平等，并未考虑股东之间的协商成本与冲突合意成本。一股一票表决权鼓励了投资与专断，缩小了小股东的权力，使小股东持有的股份贬值。[26]

首先，股东之间存在异质化追求。表决权的多数决将股东群体区分为控制股东与非控制股东，控制股东基于其控制权表现出股东利益的溢出效应，必然损害中小股东利益。

其次，股东的投资目的不同。中小股东投资股票的主要目的是获取经济利益，对于公司治理的控制权存在理性冷漠，控股股东的需求侧重管理权，双方对股权的认知和偏好导致股东同质化的理想与现实发生偏离。

再次，股东的利益与公司的利益并不同一。小股东注重投资货币的价值实现，控制股东注重公司的控制性价值投资，通过表决权决定公司走向。公司需要考虑公司各方参与人等利益相关者权益，致使股东利益与公司利益存在偏差。

最后，新型表决权买卖兴起。伴随着金融衍生革命与股票出借市场的不断发展，尤其是股权互换市场与场外股权衍生工具的发展，股份收益权与控制权的分离具有无限空间，被称为新型表决权买卖，空洞投票的主要表征是表决权大于收益权，隐形、变异所有权的表征为表决权小于收益权。[27]

因此，基于股权转让情形下股东异质化以及股权配置多元化的现实，股权转让即使对于其他股东的利益产生影响，由于遵循了公司章程的选择，也符合私法自治的制度性安排，股权转让中的非比例性配置符合公司法的目的和股东

25 See Bernard S. Black and Reinier R. Kraakman. A Self – Reinforcing Model of Corporate Law. Harvard Law Review, Vol. 109, pp. 1911 – 1981 (1996).

26 张闽著：《资本多数决的滥用与纠正》，山东大学出版社 2014 年版，第 21 页。

27 李安安著：《金融创新视域下的公司治理法制变革》，高等教育出版社 2016 年版，第 95 页。

的利益，不违反法律规定，实现从股东一股一票到非比例性配置的飞跃。公司法在诸如股票的经济权和表决权等配置问题上采用了默认规则，这些规则几乎能够不受限制地通过私人协议加以改变。[28]异质化条件下的股权配置，符合股东的利益偏好，股权转让过程因股东偏好得到满足从而降低代理成本。

四、禁止表决权单独买卖：遏制代理成本之选择

（一）股份一元化向多元化配置转化

法律强制规定的单一股权构造一方面会造成制度供给不足，另一方面也会抑制市场创新。股份平等原则表现在股东资本等额的平等，是股东基于一股一权的抽象平等，股东的平等是基于股东的持股份额的比例性平等，每一股份的权利根据股份数额的多少实行形式上的平等。谁持有的股份多，谁就在股东会的表决上占有优势进而以多数决的意志代表公司意志从而忽略中小股东的利益。股东压迫通常是由缺乏有效的退出机制、缺乏有效的私人安排和资本多数决等原因造成。[29]在公司团体主义的逻辑下少数人受到多数人的支配，出现了多数人暴政，产生大股东与小股东之间的实质不平等，从而导致大股东谋取私利的代理成本。若给多数股东赋予全权，他们会压迫少数股东，公司内部日益分化成控股股东与非控股股东，或者大股东与中小股东。一股一权的股权结构中股权转让表现出股份数额在不同股东之间的转移，股东或投资者按照股份数量无差别行使股东权利。控制股东极有可能滥用控制权，损害中小股东、债权人利益。股权转让的公司法规则，应当尊重当事人自治以及市场规则，各国立法均未将一股一权作为强行法规则规定在公司法中。[30]

表决权对政治实体而言具有基础性、根本性的作用，而对公司则不然。[31]公司并非以股东的利益为唯一诉求，股东之间获取信息的成本差异较大，且在实践中也表现出来。一是股东表决权的信托征集和协议转让，打破了收益权与表决权的比例性配置。二是股份公司在发行普通股的基础上针对特定股东发行类别股份，赋予特定股东的特别权力。三是对于普通股的收益权与表决权不实行比例性配置，如发行优先股等对股权中的收益权或表决权进行扩展和限制来

---

28 See Lawrence A . Hamernesh. The Policy Foundation of Delaware Corporate Law, Columbia Law Review, Vol. 106, p. 1749 (2006).

29 张学文著：《有限责任公司股东压迫研究》，法律出版社2011年版，第94－119页。

30 张舫：《一股一票原则与不同投票权股的发行》，载《重庆大学学报》（社会科学版）2013年第1期。

31 See Usha Rodrigue., *The Seductive Comparison of Shareholder and Civic Democracy*, Washing and Lee University School of Law, Vol. 4, p. 1398－1399 (2006).

构造双层股权结构，公司的工具功能和市场属性在股权交易中实现。股权配置呈现出多元化样态，诸如收益权多元化表现为优先股、追踪股份等；控制权多元化配置包括多重表决权股份、优先权股份等。[32]

（二）表决权对于遏制代理成本的功效

表决权的真正价值在于公司控制权，表决权或为控制股东维护其当权地位或在野股东获得控制地位的工具。如果允许表决权单独买卖，势必引起表决权人不负责任投票甚至出现投票敲诈等道德风险。由于全体一致是不可能的，并且共同的意见总是意味着多数人的赞同，即少数人会受到多数人的支配，这就是团体主义的逻辑。[33]表决权具有弥补公司法的功效，权利人有权对公司法未予以明确规定的事项进行决议，表决权对抑制代理成本具有重要意义。将剩余控制权授予股东而非管理层，有着深刻的经济因素，将剩余控制权如表决权配置给剩余索取权人，可以防止管理层滥权产生高额的代理成本。股东通过剩余控制权来保障最终的剩余索取权的实现，否则必然导致高额的代理成本。将所有权配置给那些受市场缺陷影响的客户可以在很大程度上降低由这些缺陷所产生的成本。[34]

（三）表决权买卖之禁止的法律经济学含义

法律经济学将公司法视为公司参与方的合同模本，股权转让中的法律规则是当事人在信息充分且意思自由的条件下做出的标准合同，参与各方可以按照法律规定的默认条款进行交易，公司法作为标准合同文本，是公司参与人不作排除时自动适用的默认规则。如果股东无法获得与其表决权相匹配的剩余索取权，也无须按照表决比例承担相应的财产性风险，利益与风险机制的不成比例使得股东不可能做出最优的选择，诱发损害股东和其他公司参与者利益的道德风险，导致表决权的形骸化，使得股东投票制度这一公司治理核心机制被掏空，严重背离公司法的基本原则，单独买卖表决权其本质是一种对经济公共秩序的违反，应属于无效的法律行为。公司法一方面要尽可能地提供标准化契约供市场主体选择适用，另一方面要为股东权利分离确立符合法律基本原则和特定社

32　汪青松：《股份公司股东权利多元化配置的域外借鉴与制度建构》，载《比较法研究》2015年第1期。

33　钱玉林著：《股东大会决议瑕疵研究》，法律出版社2005年版，第247页。

34　［美］亨利·汉斯曼著：《企业所有权论》，于静译，中国政法大学出版社2001年版，第24页。

会经济状况的行为边界和保障机制。[35]

闭锁公司中，尽管股东拥有表决权，但通常中小股东由于所持的表决权比例较小，在表决事项上没有多少发言权，公司受到大股东或控股股东实际控制，中小股东饱受压榨，股权转让是中小股东维护自身权益的重要措施。公众公司中，股权高度分散、股东人数众多，中小股东对行使表决权没有多少兴趣，用脚投票的退出机制是股东的一项重要选择。表决权所展现的内部控制人现象容易衍生利益溢价，方便大股东利用控制权的激励损害中小股东利益，导致多数资本决的异化，即大股东利用控制地位通过损害小股东利益增加自身利益的行为。[36]在股东权益多元化配置背景下，市场强大的创新能力能创制出旨在满足不同偏好的股权结构。双层股权结构其实是普通股投资人将表决权权能让与创始人的明示契约。[37]

（四）股东表决权配置的价值

表决权是组织法中决策的基本问题，所有人的偏好无法得到满足是表决权存在的原因，表决权作为代理工具，具有反映股东偏好的基本功能，其将个人的偏好转化为社会选择而具有正当性。股东的表决权是公司章程的约定条款，表决权的比例性配置属于公司的默认方式，除非公司章程作出不同规定。股东在选择股权配置方式时，已充分考虑了股权的内容，将因股东异质化引导的道德风险通过市场交易予以最小化。各国公司法均不禁止股权的非比例性配置的特别种类规范，类别股制度是可以将对财产收益权或表决控制权有不同偏好的投资者容纳到同一公司中的资源分配方式。类别股的股权转让也要受股东与公司之间的合约安排，尤其是公司章程对类别股交易的限制性规定，对于特定事项的决议应当征得类别股股东的同意，否则对外转让对公司不能产生交易效力。明确每种股份所蕴含的不同股东权利，如优先股、无表决权股、混合股、转换股等。公司法必须能够经得起市场的检验与评估，外生性强制性规范不利于激励性规制的效率性配置。

五、降低股权转让代理成本的合同策略

代理人利用自己的信息优势，以牺牲委托人利益为代价实现个人利益最大

---

35 汪青松：《论股份公司股东权的分离》，载《清华法学》2014年第2期。

36 宋智慧著：《资本多数决：异化与回归》，中国社会科学出版社2011年版，第83页。

37 马一：《股权稀释过程中公司控制权保持：法律途径与边界》，载《中外法学》2014年第3期。

化。[38]正因如此，法律需要构建在约束条件下委托人通过对代理人采用适当的激励机制，以抑制委托代理所产生的代理成本。控制代理成本的内部机制最典型的是对管理者的强势激励机制，来自外部的控制措施是股权市场、经理人市场、产品市场和声誉市场的弱势激励来控制代理成本，通过市场力量对代理人进行监督来降低代理成本。委托人可采取股权激励、声誉激励、强化监督等方式为代理人提供恰到好处的激励，促使其行为选择能使委托人的福利最大化，内在约束体现在给代理人带来因增加代理成本而支付巨大的失败成本。激励机制使代理人不仅可以获得薪酬回报，还可以获得分红与股价的资本收益，从而降低代理成本。增进社会整体福利的规范目标就是解决公司代理问题的最佳方案，防止委托人遭受代理人的机会主义压榨。

首先，坚持章程自治。公司章程的性质一般被认为是法定合同。[39]章程的主要职能就是对私法主体进行权利义务配置，降低股权转让代理成本的合同安排措施之一在于公司章程可以对股权转让进行扩张或限定。公司章程作为契约的功能就是对公司内部的事务进行效率性安排，不能给社会整体带来不合理的外部性成本，防止信息不对称产生的逆向选择和道德风险。公司章程作为公司契约是股东权形成的基础，是在公司法中纳入合同机制的制度安排。公司章程作为公司参与人实现自由意志的载体，充分体现了股东自治，“选入式”公司法规则对公司法的默示条款进行排除适用，折射出股东在公司成立或修订公司章程中的基本愿望。

关于公司章程对股权转让的自治边界，一种观点认为，公司章程可以规定禁止股东转让股权。[40]另一种观点认为，章程不得完全禁止股权转让。[41]公司章程对股权限制转让的方式主要包括禁止股权转让、对股权转让施加特定事项限制、强制股东退出等类型，维护公司内部利益的团结统一。《美国示范商事公司法》对股票转让或变更登记限制进行了明确规定，是为了限制股权转让所进行规范的正当性设置。[42]法律必须内化股权转让规则降低代理成本，防止代理成本外部化，寻求股权转让与限制转让的正当性。股权转让之公司章程自由与强制，应当认定为基于股东契约自由的自愿性制度安排，并未违反相关合同法强制性规范及公司法的基本精神、原则。我国《公司法》第一百四十二条第二

38 李明辉：《股权结构、公司治理对股权代理成本的影响》，载《会计研究》2009 年第 2 期。

39 林少伟著：《英国公司法》，中国法制出版社 2015 年版，第 111 页。

40 王建文：《有限责任公司股权转让限制的自治边界及司法适用》，载《社会科学家》2014 年第 1 期。

41 古锡麟、李洪堂：《股权转让若干审判实务问题研究》，载《人民司法 · 应用》2007 年第 3 期。

42 沈四宝编：《最新美国标准公司法》，法律出版社 2006 年版，第 55 页。

款允许公司章程条款作出授权性规定，允许当事人作出自愿性合同安排，彰显了公司法之自由主义价值蕴含。《德国有限责任公司法》第十五条规定公司章程可以完全禁止股份转让，但股东最终还是有选择退出公司的权利。[43]

在坚持公司章程自由的同时，对公司章程的制定和修改机理也要予以足够重视。初始章程存在合同机理，章程修正案不能视为一种完全合同，无须全体股东一致同意。[44]在公司初始章程制定中，由于全部发起人或股东先行起草公司章程，仍然向股东和其他人募集股份，如果公司章程不能体现股东的意志，他们完全能够用脚投票，故初始章程由于合同意思表示真实，可以作为确定股东之间权利义务的根据。在修改公司章程机理中，由于公司一致原则让位于资本多数决，公司章程的修改对特定股东利益的限制应当征得该类股东同意，否则不得发生法律效力。[45]《英国公司法》第五百四十四条、《德国有限责任公司法》第十五条、《意大利民法典》第二千四百六十九条和《俄罗斯有限责任公司法》第二十一条，均规范公司章程，限定股东转让的自治权。在公司章程范围内对公司股东自治空间给予足够重视，填补公司法的缝隙，坚持“选出式”与“选入式”规则相结合的治理方式。公司法条款应当是公司参与方在协商成本足够低的情况下，必然会采纳的制度安排。普通股属于法定权利，类别股属于合同性权利，都是市场适应性的结果，公司法应当具有适应性品质。限制股份转让有利于维护股权结构稳定，避免股东为争夺控制权而发生争斗，减少公司的管理成本，提高公司运营效率。[46]

其次，股东协议拘束力。股东协议在性质上相当于合同，并受普通合同法调整。准确地说，股东间协议是公司法上的合同，或者是一种配置产权的安排，因此相关审查不排斥对合同法、物权法的适用。[47]股权转让的效力需要借助合同法，并通过合同法来促进交易达成。在美国法域内，封闭公司和公众公司中均可出现股东协议限制股权转让的情形，具体包括设置限制股份转让条款以及约定股东退出条款。英国和法国也有类似条款。[48]公司法允许所有者或管理者为实现自己利益最大化来确立有效的公司治理制度，法院可运用商业判断规则

43 ［德］托马斯·莱赛尔、吕迪格·法伊尔著：《德国资合公司法》，高旭军等译，法律出版社2007年版，第493页。

44 See Bebchuk, *Limiting Contractual Freedom in Corporate Law: The Constrains on Charter Amendment*, Harvard Law Review, Vol. 102, p. 1824 (1989).

45 钱玉林：《公司章程对股权转让限制的效力》，载《法学》2012年第10期。

46 孙辉：《股份公司章程限制股份转让的经济学分析》，载《北京交通大学学报》2012年第3期。

47 陈群峰：《认真对待公司法：基于股东间协议的司法实践的考察》，载《中外法学》2013年第4期。

48 罗芳：《股东协议制度研究》，中国政法大学出版社2014年版，第129－131页。

进行审查。公司法可授权参与者选择最优的合约安排，不存在一套适用于公司所有情势的最佳解决方案。[49]任意性规范的功能在于补充、解释或发展当事人的意思表示，当事人若选择了适用，则该规范具有合同拘束力。公司法作为任意性法律规范，主要表现为当事人想通过协商达成，但是实际上没有达成的条款——如果协商的交易费用非常低，这样可以节约交易成本，提升交易效率。股东协议的内容于当事股东之间具有约束力，在资本运作中也成为一种重要的控制权配置手段。[50]公司法仅仅提供一套标准形式的合同，具有规范填补功能。[51]推动股东之间选择适用降低缔约成本，表现为股东基于自治条件下的自愿性权益安排。通过合同安排构建公司组织来约束公司各参与方，体现了公司参与方对权益的效率性安排，解释了公司法制度的正当性，避免公司法规则的合法性危机。

六、降低股权转让代理成本的制度安排

（一）抑制代理成本的法律策略

由于有限责任制度的庇护，股东为实现自身利益存在股东实施策略行为获取高额利益，并转嫁风险推高负外部性的代理成本的可能。股权转让会涉及股东、公司、债权人等多方利益，降低股权转让的代理成本制度安排，内生规则必须具有减少合同主体之间的交易成本，且不损害非直接交易主体的合法权益，较少或避免代理成本等负外部性损害的产生，鼓励交易的效率规则的创制。

创设抑制股权转让代理成本保护委托人的法定策略之一是禁止股权分离原则的默认公司法条款。一股一权获得最优的表决权的治理规则，任意性规范的主要功能是节约交易成本。[52]控制权溢价取决于受让方对公司的控制力，使受让方成为第一股东的股权转让溢价高于其他类型的股权转让。表决权的代理机制除了扩充股东私法自治空间之外，还可以给管理层造成威胁，减少管理层的机会主义行径，降低管理层与股东之间的代理成本。

创设抑制股权转让代理成本保护委托人的法定策略之二是设定“锁仓期”。公司在发起设立阶段存在潜在的关联交易，需要以法定期限限制交易风险，为降低发起人的代理成本，法律对公众公司的特定群体设定了“锁仓期”，限制发起人、董事、监事以及高管人员等在一定期间内进行自由转让，保证其对公司

49　蒋华胜：《公司的合同解释与公司法的价值》，载《广州大学学报（社会科学版）》2016 年第 3 期。

50　马永斌著：《公司治理之道》，清华大学出版社 2013 年版，第 94 页。

51　汪世虎、蒋华胜：《公司法中的意思自治》，载《西南政法大学学报》2015 年第 5 期。

52　胡田野著：《公司法任意性与强行性规范研究》，法律出版社 2012 年版，第 74 页。

尽职尽责，降低公众公司的代理成本，实现股东福利。我国公司法规定对股份公司发起人的锁仓期为一年，对于对公司负有信义义务的公司参与人约定一定期限内不得转让股权。

创设抑制股权转让代理成本保护委托人的法定策略之三是对封闭公司的股权转让进行特别限制。基于封闭公司具有人合性特质，股东对外转让股权的对象受到特定限制，且公司法的默认规则还安排了同意条款与优先权条款限制，股东向股东外之第三人转让股权，其他股东享有同意权（否决权）和优先购买权。通过实体权利限制和程序控制，实现降低代理成本的制度安排。公司法律条款可以理解为公司参与方在信息充分而且谈判成本足够低的情况下本来会达成的制度性安排，股权转让的法定结构彰显了国家强制力。[53]

（二）降低股权转让代理成本的公司制度

降低代理成本无疑是保护投资者以及公司相关者的利益、提升经济绩效的关键，必须强化公司制度对股权转让代理成本的抑制作用。

一是信义责任规定，降低控股股东对中小股东的代理成本。股权转让中的代理成本主要是大股东基于股份数额对小股东的策略性行为产生的代理成本。控制股东应当为公司和全体股东的利益行事，不得为自己谋取不正当利益，更不能损害公司与其他股东利益。正如德国一项判决中指出，股东在行使权利之际，必须考虑公司利益，而不得追求在公司之外的特别利益——倘若股东一心追求公司之外的利益，无视明显的公司利益，则其行为因有关情势而构成良俗违反。也有其他大陆法系国家将民法中的禁止权利滥用原则用于解释控制股东利用优势地位损害公司与股东利益的行为从而确定其相应的义务。[54] 对违反信义义务导致其他股东和公司损失的，应当承担赔偿责任。控制股东对公司、其他股东和债权人负有注意义务，不得为欺诈行为并限制关联交易，否则要承担相应的民事责任。信义义务的规定在一定程度上可弥补公司关系合同不完备所带来的代理问题。控制权滥用的风险，构成了信义义务规则介入的正当性基础。[55] 在英美法系国家，法院也承认多数股东对少数股东负有的信义义务，该义务由英美法系古老的信托理论演化而来，防止资本多数决带来的权利滥用问题。[56]

---

53 罗培新：《抑制股权转让代理成本的法律构造》，载《中国社会科学》2013年第7期。

54 甘培忠：《论公司控制股东的法律地位及权力制衡》，载沈四宝主编：《公司法与证券法论》，对外经济贸易大学出版社2006年版，第60页。

55 傅穹、王志鹏：《公司控制权滥用规制的法理基础与司法判断》，载《社会科学战线》2011年第5期。

56 罗培新著：《公司法的合同解释》，北京大学出版社2003年版，第232页。

二是表决权的扩张与限制，降低公司治理成本。表决权分为共益权与单独表决权，对公司收购具有重要作用。对于表决权默示的一股一权模式进行规定的同时，允许公司章程设置类别股权。《英国公司法》第九章对股份类别和类别权利进行了明确的规定。表决权制度的设置要进行科学配置，规范表决权的正当行使，保护中小股东利益，充分展示股权转让中的控制权市场来降低股权转让的代理成本。强化类别股东行使表决权的方式，纠正资本多数决，符合实质正义标准，类别股表决权属于中小股东的防御性举措用以解决股东之间的利益失衡问题。同时规定对利害关系股东的表决权进行限制与排除，防止股东滥权掠夺中小股东，降低代理成本。《美国特拉华州公司法》第二十一条对股东一股一权表决权制度作了原则性规定，《德国股份公司法》第一百三十四条，《日本商法》第二百四十一条和《韩国商法》第三百六十九条均规定了此项原则，但该模式并非唯一或主导模式。作为例外，各国法律规定了超级表决权股份以及无表决权股份，对表决权进行了扩张与限制，《法国公司法》第一百七十五条明确规定了双重表决权。根据公司具体情况对表决权进行限制，比如自己股份、相互持股和表决权排除制度等，既可以扩张股东控制力，也可以限制股东控制力。[57]创设表决权代理、代理权征集、表决权信托和表决权拘束协议制度，抑制代理成本。公司法存在和作用的根本目的可归结为防范与矫正公司内各方主体之间的不正当利益侵蚀，以追求公司法上的利益平衡。[58]

三是促进信息共享，减少信息成本。信息是资本市场的生命线，构成了资本市场效率的核心资源，信息披露是资本市场监管的中心环节。所有者与经营者之间存在信息不对称，经营者通过不披露或者有意隐瞒某些信息损害所有者利益实现自利，财务信息披露可以显著降低代理成本。代理成本越高，信息披露质量越低。[59]信息披露的真实、准确、及时和完整对于股权转让的监管具有重要意义。登记信息是在信息不对称条件下披露信息的重要方式，公司应当对类别股的数量、变动、类型进行信息披露，禁止进行内幕交易、自我交易，防止控制权私利，因为控股股东对公司机会的利用、利用内幕交易所获取的全部收益、过度的报酬与在职消费等控制权私利的获得都是以公司控制权为前提的。[60]

---

57 梁上上著：《论股东表决权》，法律出版社 2005 年版，第 117 – 160 页。

58 张民安著：《公司法上的利益平衡》，北京大学出版社 2003 年版，第 1 – 2 页。

59 雷振华：《股权性质、代理成本与社会责任信息披露质量》，载《经济社会体制比较》2014 年第 1 期。

60 刘亚莉、李静静：《大股东减持、股权转让溢价与控制权私利》，载《经济问题探索》2010 年第 8 期。

劳动行政主体制度的域外考察：演进逻辑与通则经验

吴华升*

【内容提要】 在英、美、德、日等市场经济发展成熟国家，劳动行政主体制度伴随经济社会的发展和产业关系的调整而生成、演变。基于利益导向的选择，政府劳动行政在劳动关系激烈对抗、缓和制衡、变革调整等不同发展阶段呈现不同的内容和特征。在劳、资、政的三角系统中，当劳动关系博弈从对抗逐渐缓和而走向合作时，政府角色转换成为可能；当产业关系治理主体从单一逐渐分权而趋向多元时，政府功能替代成为现实。虽然市场经济发展成熟国家的劳动行政主体制度多元、多样，但背后隐含可以解释世界范畴产业关系现象的通则性、普适性经验：劳权保护和人权尊重是共性价值取向；劳动行政主体职权的有限性为劳动关系自治预留空间；三方原则是劳动行政主体职能实现的普适性机制；机体健全是工会核心维权功能得以发挥的基本前提；刚柔并济是劳动行政主体职能体系的鲜明特点；主体制度构建是历史普遍性和国情特殊性相结合的产物。这些经验为我们下一步检视国内劳动行政主体制度提供了原则指引和精神导向。

【关键词】 劳动行政　主体　演进逻辑　通则经验

在产业关系中，劳动者（工会）、雇主（雇主组织）和政府之间构成三角系统关系。用邓洛普教授的产业关系系统理论来说，三者相互依赖、相互依存。每个部分都会影响其他部分，影响整体系统的产出。三个行为主体在特定意识形态和特定环境的影响下相互作用而形成约束、规范各自行为的规则与制度。

---

* 吴华升——西南政法大学经济法专业博士研究生，深圳市司法局干部，研究方向：经济法、劳动法。本文为国家社科基金项目（17BFX172）的阶段性成果。

劳动行政主体制度的生成亦是如此。对其研究，离不开对市场经济发展成熟国家的制度比较，以把握历史演进的逻辑机理，挖掘历史沉淀的通则经验。

一、域外语境中的劳动行政主体制度

“概念是分析问题的逻辑起点，概念引导我们进行探索。”[1] 尽管现代行政法学对行政已作“公私”划分，并将国家行政以外的公行政纳入研究范畴，但在国内社会法框架内的劳动领域，正如常凯教授所言，无论学术界还是行政实务界都缺乏对“劳动行政”的议论。[2] 自然，也未见对“劳动行政主体”的内涵外延作系统认识和界定。转向全球化视阈的域外，1919 年成立、1946 年成为联合国专门机构的国际劳工组织为我们作出了公约性、普适性、权威性的解释。我国 2001 年 10 月 27 日批准的国际劳工组织《劳动行政管理公约》（第 150 号公约）将“劳动行政”界定为：在国家劳动政策领域内的公共行政管理活动[3]。“劳动行政主体”则覆盖负责、从事劳动行政管理的一切公共行政管理机构。无论是国家行政机关（政府及其部门）、国际组织、区域性组织，还是社会公共组织特别是雇主组织和雇员组织（工会），都可能成为劳动行政的主体[4]。亦即包括国家行政机关（政府及其部门）、社会公共组织和国际性（区域性）公共组织三类。而本文研究视角聚焦国家范畴劳动行政主体的相关制度，不含国际性（区域性）公共组织。

生产力决定生产关系。在各国劳工运动和国际劳工组织的有力推动下，经过近现代相当长的历史的发展，域外市场经济国家的产业关系调整机制已相对成熟。伴随着自由资本主义、垄断资本主义、经济全球化等重大经济社会转型，劳动行政主体的角色、功能、权能、作用在历史进程中不断转换、调整、丰富，

---

1 ［奥］维特根斯坦著：《逻辑哲学论》，郭英译，商务印书馆 1962 年版，第 540 页。

2 常凯主编：《劳动关系学》，中国劳动社会保障出版社 2005 年版，第 217 页。

3 《劳动行政管理公约》（第 150 号公约）第 1 条（a）款规定：“劳动行政管理”一词系指在国家劳动政策领域内的公共行政管理活动。全文涉及《劳动行政管理公约》的官方中文翻译均来自中国人大网 http：//www. npc. gov. cn/wxzl/gongbao/2001 - 12/12/content_ 5281317. htm。需要说明的是，官方将 Labour Administration 译为“劳动行政管理”。鉴于“行政”已含“管理”之意，出于行文需要本文采用“劳动行政”的表述。

4 《劳动行政管理公约》（第 150 号公约）第一条（b）款规定：“‘劳动行政管理系统’一词覆盖负责、从事劳动行政管理的一切公共行政管理机构（无论是政府部门或是公共管理机构，包括准国家性和区域性，或地方性等行政管理分权机构）和为协调此类机构的活动、为与雇主和工人及其组织协商并使其参与管理的任何组织机构。”第二条规定：“凡批准本公约的会员国得根据国家法律或条例或本国的实践，指派或委托非政府组织特别是雇主组织和工人组织、或在条件允许的情况下指派或委托雇主代表和工人代表，从事某些劳动行政管理活动。”

各国相关制度为了更好地适应产业关系的需要而调适、修补、变革、演变，并形成各自特点。历史经验告诉我们，良好的劳动行政主体制度可以解放、推动生产力的发展，对产业关系的有序治理、体面劳动的积极促进和经济社会的和谐发展能产生根本性影响。鉴于英、美、德、日等市场经济发展成熟国家的制度健全且甚具代表性、典型性和影响力，本文将其作为主要研究对象，由点及面、由表及里探究域外劳动行政主体制度的演进逻辑和通则经验。

二、域外劳动行政主体制度的演进逻辑

在域外市场经济发展成熟国家，劳动行政主体制度伴随经济社会的发展和产业关系的调整而生成、演变。各国选择的路径、机制、模式不尽相同，因而造就了劳动行政主体制度的多元化、多样性。综观英、美、德、日等国近现代产业关系的演变历程发现，特定时期社会生产力发展水平、民主政治程度和劳动关系双方实力对比等因素始终对劳动行政主体的运行状况与基本格局产生影响，也就决定着主体制度不同发展阶段的内容与特征。

（一）政府劳动行政介入劳动关系的演进：基于利益导向的选择

社会结构也是利益结构。“任何一个社会都是不同利益主体不断博弈的场所。博弈过程中不同利益主体总是处于此消彼长的不断变动当中，当受压方的力量壮大并对不平等格局的正当性产生质疑时，他们就会提出改革利益分配格局的要求，冲突则是这种要求的常规表现。”[5]劳动者（工会）、雇主（雇主组织）和政府之间的张力互制关系也是社会利益博弈的结果。

1. 劳动关系激烈对抗阶段：政府劳动行政过度偏向资本优先导致劳动关系利益严重失衡

“自由主义理论反映了自由竞争时期资本主义的经济利益和政治需要，其核心范畴是‘自由’。”[6]劳动关系之间的雇佣关系被认定为平等主体之间的民事契约关系，劳动关系纠纷适用民事规则由双方自主解决。[7]受私权神圣、意思自治、契约自由等原则的影响，政府的职能范围、作用被严格限制于外交、防卫、

---

5 薛永慧著：《群体纠纷与群体诉讼研究》，知识产权出版社2009年版，第18页。

6 汤黎虹著：《社会法基本理论》，法律出版社2017年版，第28页。

7 例如，1804年资产阶级第一部民法典《法国民法典》规定：“劳动力的租赁者，谓当事人约定，一方为他方完成一定的工作，他方约定支付报酬的契约。”此后其他国家纷纷效仿，将雇佣关系作为一种双方意思自治的平等契约关系。1900年《德国民法典》专设“雇佣”一节，第六百一十一条规定：“雇佣契约为一方当事人（受雇人）履行约定劳务的义务，他方当事人（雇佣人）给予报酬的契约。”

安全、财政等维持国民生活的最低限度。“最好的政策，还是听任事物自然发展。”[8]狭隘的认识视角只关注到了劳动关系的形式平等而疏忽了因劳动力依附关系造成的实质上的不平等。无论是英美法系的英国、美国还是大陆法系的德国、日本，劳动关系矛盾尖锐、劳动关系激烈对抗是资本主义发展初期社会制度转型的基本特点、普遍现象。相较于供大于求、缺乏竞争力的劳动力，雇主资本具有天然的稀缺性、绝对性优势。基于加快工业革命进程、确立资本主义制度、巩固资本主义政权的现实需要，政府优待、偏袒雇主利益而无暇顾及劳动者生存条件是难以避免的利益选择。更何况，在占有社会生产资料和掌控国家政权的情况下，资产阶级的利己本能和统治意愿也决定了其并无意愿主动消除资本主义国家固有的生产社会性与生产资料私人占有之间的根本矛盾。换言之，此时的雇主利益与政府的价值取向更加趋同。相反，在政府眼里，劳动者的结社行为和罢工行动，不仅影响了正常的市场秩序，还可能危及其政权稳定，自然选择站在雇主一方，对劳动者采取敌视态度、镇压手段，通过立法剥夺、否定劳动者的结社自由权，并以违法犯罪行为惩治。

争取自由、平等、民主等人权是资产阶级用来反对神权和封建特权的政治利器，却演变成资产阶级的特权、资本的所有权。这是实力差异导致的利益严重失衡和地位匹配不对等。自由主义思想极力推崇、主导的政府自由放任、无为而治，实质上是对政府出于自身利益考虑而选择偏袒资产阶级的一种掩盖、粉饰。自由放任的对象，仅指劳动者生存权的保障和救济。政府在维护雇主利益、镇压劳动者抗争方面不遗余力、偏袒保护，即使是依“法”而为，也难以称得上亚里士多德所理解的法治。脱离社会公共利益考量的所有权神圣、意思自治、契约自由等民法原则的片面性、狭隘性、局限性充分暴露于劳动关系激烈对抗阶段。

2. 劳动关系缓和制衡阶段：政府劳动行政回调劳动者基础上的利益相对均衡

基于生存的欲望和权利的觉醒，具有顽强生命力的工人组织不断发展壮大。当工人运动浪潮席卷资本主义国家，倒逼政府和雇主认识到：持续的矛盾冲突容易导致零和博弈甚至负和博弈，既不利于眼前的生产经营、利润收益、经济稳定，也不利于长远的民主政治、政权稳定、相较于社会主义的制度优势。为确保既得利益的长期存续，政府和雇主不得不作出妥协，调整社会利益的分配格局，重视劳动者的生存发展权利和劳动关系的稳定。政府改变以往过于偏袒

8　［英］埃德温·坎南著：《亚当·斯密关于法律、警察、岁人及军备的演讲》，陈福生、陈振骅译，商务印书馆 1982 年版，第 196 页。

资方的劳动关系政策，将利益的天平往雇员一侧回调些许。在废除禁止结社旧法的基础上，积极采取缓和劳动关系矛盾的立法政策：设置劳动时间、安全卫生、工资待遇等劳动条件社会底线；对妇女、儿童等人群予以特殊保护；健全就业政策、分配政策和社会保障制度；确立推行三方原则；建立集体谈判制度；开设劳动者民主参与企业管理的切口；建立劳动关系争议协调机构和劳动监察制度等。

在这一过程中，政府的角色逐渐转化为在劳动关系之间充当中间人的角色，在保护处于弱势地位劳动者利益的基础上兼顾劳动关系的利益相对均衡。随着产业关系调整机制的建立、运作、调适和成熟，劳动关系的力量对比、利益偏差得到了适度修补，形成了在政府干预下的劳动关系利益制衡格局。生产关系与生产力的发展要求相适合，为英、美、德、日等资本主义国家的发展普遍赢得了一段高速发展期，甚至在一些劳动关系利益均衡度较高的国家形成高福利社会。尽管受阶段性劳动关系双方实力变化而政府干预方向时有摇摆，或受新自由主义思想影响而改变了政府干预的强度、方式，但从整体上而言，在政府的主导、工会力量的推动和资产阶级的妥协下，“对资本运营以及劳动关系构建了一套规范和制衡机制，从而保证了劳动关系的基本稳定和相对均衡的格局”[9]。

3. 劳动关系变革调整阶段：政府劳动行政应对经济全球化新挑战

大概始于20世纪八九十年代的经济全球化，对劳动关系及其调整产生深刻的变革性影响。不同于传统的限于国内市场领域的调整机制，政府劳动行政面临着诸多前所未有的新挑战。直接原因在于资本与劳动力的实力比较优势：在全球化体系中，资本可以在全球范围内自由、高效流动，寻求目标最优、利益最大化的国外市场；而劳动力市场不仅难以做到，甚至面临挫折。也就是说，经济全球化的发展让资本进一步提升其强势地位，对资本利益优先的要求拥有更多的话语权。对比之下，工会组织的自治能力和政府的调整能力遭受削弱。

经济全球化背景下，国家产业结构的调整转型、非正规用工的灵活多样等诸多因素加速了工会组织率的降低和集体谈判制度的分化。在力量供应不足的情况下，体现工会组织自治能力的集体谈判作用受限。代表性弱化的工会组织在谈判协商中容易遭遇雇主的致命打击——以外迁工厂至劳动力成本更低的国外市场为由，要挟降低工资待遇、工作条件等劳动者权益。迫于劳动者的生存压力，工会往往为了保住就业机会而不得不屈从。

强大的资产阶级，自然不会错过向政府索取更多利益的机会。就内部关系而言，当资产阶级以工会组织过于强大、国内劳动力成本过高影响国际市场竞

---

9 郑桥著：《比较视野下的中外劳动关系研究》，光明日报出版社2012年版，第79页。

争力、阻碍经济发展为由要求政府放宽管制、重新确立劳动关系利益格局时，政府却不得不陷入“单保护”抑或“双保护”的两难抉择。就外部关系而言，尤其是对于发展中国家来说，要在吸引外来资本投资与保护本国劳动者权益之间寻求平衡点，相当困难。当面对他国提出的“社会条款”与国际贸易挂钩要求时，如何在合理应对国际贸易非合理条件与加快衔接国际劳工标准之间协调推进，政府难以在产业关系调整旧机制中找到答案。对政府而言，全球化带来的劳动行政治理能力考验，是前所未有的。

（二）劳动关系调整中政府角色的转换：基于多元共治的分权

对于政府在劳动关系中的角色和定位，不少学者曾从静态的具体业务范畴角度作了深入研究[10]。实际上，沿着市场经济发展成熟国家产业关系调整机制的历史脉络，我们不难发现，在劳动者（工会）、雇主（雇主组织）和政府之间的三角系统关系中，随着劳动关系对抗关系逐渐缓和而走向合作时，政府的劳动行政边界逐渐缩减，角色随之转换。

1. 劳动关系博弈从对抗性走向合作性，为政府角色转换提供可能

英、美、德、日等国家的实践表明，劳动关系自治、劳动关系合作的程度与政府劳动行政的强度成反比关系。或许是受古典经济学思想理论的影响，劳动关系双方习惯性认为权力是危险的，或多或少地都对市场外部的行政权介入持有先天的戒备心理，尽管他们某些利益的实现往往需要依赖政府。除政府通过劳动立法、劳动监察、争议处理等大量手段缓解矛盾、减少冲突，劳动关系

---

10 例如，英国利物浦大学教授 Ron Bean 赋予政府第三方管理者、法律制定者、调解者和仲裁者、公共部门的雇主、收入调节者五种角色；Mike Leat 赋予政府立法者、市场管理者、雇主、调解者和仲裁者四种角色；Michael Salamon 赋予政府市场规制者、雇主、立法者、协调者四种角色；Michael Poole 认为政府在三个方面发挥重要作用：制定和修改劳动关系各项制度、以直接和间接方式控制公共部门、为管理方（雇主）与工会之间的集体谈判创造宏观环境；Bill Taylor、ChangKai（常凯）、LiQi（李琪）认为政府扮演四种角色：规制者（regulator）、监督者（inspecetor）、损害控制者（damage control）、调解与仲裁者（mediator and arbitrator）。程延园教授认为政府的角色与职能是 5P 角色：保护者（protector：劳动合同、劳动标准、劳工保险、劳工福利、劳工教育、劳动安全卫生、劳动监察）、促进者（promoter：工会组织、集体谈判、雇员参与、分红入股）、调停者（peace - maker：劳动争议处理）、规划者（planner：职业培训、就业服务、失业保险、人力资源规划）、雇佣者（public sector employer：公共事业）。分别详见：Ron Bean，Comparative Industrial Relations：an Introduction to Cross - national Perspectives，2nd edition，London：Routledge，1994. pp. 102 - 103；Mike Leat，Exploring Employee Relations. Butterworth - Heinemann，2001；Michael Salamon，Industrial Relations Theory and Practice，3rded. Prentice Hall，1998；Michael Poole. Industrial Relations：Origins and Patterns of National Diversity，London：Boston：Routledge &Kegan Paul，1986. pp. 99；Bill Taylor，Chang Kai，Li Qi，Industrial Relations in China，Edward Elgar Publishing，Inc. 2003. pp. 32 - 38；程延园编著：《劳动关系（第四版）》，中国人民大学出版社 2016 年版，第 112 - 113 页。

双方在长期的、迂回的对抗斗争中越发理性：长远来看，劳动关系双方是利益共同体，对抗冲突对双方都不利，接受合作发展原则是更为务实的做法。尤其是经济全球化背景下面临日益激烈的国际化、市场化竞争，更需强化合作。“所谓合理的劳动条件会随着各种不同的实际情况而变动，无人能比直接受到影响的当事人决定得更好。”[11]于是，雇主作出妥协，“将‘攫取最大利益’的认识转变为‘社会共享利润’的主张”[12]。劳动者选择让步，同意履行协议期内的和平义务，发生劳动关系纠纷后先寻求法定路径解决而不急于行使集体行动权。尽管事物变化发展是波浪式前进、螺旋式上升的过程，但“冲突—缓解—合作”是劳动关系演变的基本轨迹。劳动关系趋向合作与稳定是劳动者的经济、政治权利被承认与尊重后的一种理性选择。

当劳动关系进入以合作自治、对话共赢为主基调的发展轨道且运转良好时，政府即逐渐失去了继续介入干预的正当理由，也具备了转换身份角色的现实社会条件。一个典型的例子是，20世纪70年代中期，英国将就业与生产部（Department of Employment and Productivity，简称DE）承担的与仲裁和调解有关工作职能移交至非政府组织——咨询调解及仲裁服务局（Advisory，Conciliation and Arbitration Service，简称ACAS）。减少不必要的政府干预，让市场在资源配置中发挥其决定性作用，是社会治理方式改良和社会文明进步的产物。此时的政府，并未脱离产业关系，并非不作为，而是在中心职能、身份角色方面发生了转换，更加注重发挥作为第三方的制定规则、组织协调和监督服务作用，为力量不均衡的劳动关系双方提供平等对话和协商合作的制度框架和外部环境。当然，历史经验表明，作为社会公共利益代表的政府，还肩负着扶持、培育具有代表性、独立性、民主性的工会组织的使命，这是维持并促进劳动关系双方成为社会合作伙伴和实现劳动关系有效自治的前提和基础。角色的转换，往往也意味着政府调整劳动关系的方式随之变化。以日本为例，在强调劳动关系双方自主协商解决争议的同时，2001年出台《个别劳动争议解决促进法》，赋予都道府县劳动局处理个别劳动争议的权限仅三种“柔性”方式：提供咨询和信息服务、提供建议或指导和提供斡旋机制。

2. 治理主体从单一性走向多元性，为政府功能转换提供替代

“人类发展的历史经验表明，风险社会需要的是一种更具有弹性的结构与制度，复杂的现代经济社会生活需要多元化的治理方式，只能在政府、社会和市

---

11 杨通轩：《劳资争议仲裁制度之研究——兼论德国劳资争议仲裁法制》，载《华冈法粹》1999年第27期。

12 朱海龙：《论美国劳动关系三方协调法律机制及其对中国的启示》，载《政治与法律》2014年第2期。

场三维结合的多元治理结构中才能实现。”[13]在“政府—社会—市场”三层架构中，社会、市场分别对应社会中间层主体（劳动关系组织和社会公共组织）和劳动力市场主体（劳动者个人和雇主）。除了劳动者与雇主内部的微观自治，劳动力市场还受到外部的中观社会中间层主体和宏观政府的干预协调。与角色转换相伴随的是，政府的宏观干预协调功能亦随劳动关系的发展而不断地被调适甚至被替代。而这种替代可以视为行政权力多元化、社会化在劳动领域的体现。实质上是劳动行政权力在政府与社会中间层主体、劳动力市场主体之间重新配置。具体而言，包括两个层面：一是在劳、资、政三角系统内的功能性替代，即通过劳动关系（组织）自治实现对政府干预的功能替代；二是在劳、资、政三角系统外的功能性替代，即通过社会公共组织承接行政权力实现对政府干预的功能替代。

对于前者，市场经济发展成熟国家的主要经验、做法包括：（1）以三方原则确立劳动行政治理的社会合作伙伴关系。三方原则是国际劳工组织首先确立并在英、美、德、法、日、韩等资本主义国家普遍践行的产业关系调整机制。三方原则中的劳、资、政权利、地位平等，分别代表不同利益主体通过协商、沟通、谈判等方式解决劳动领域的各种问题。此种体现民主协商、民主决策、合作行政精神的政府治理实践方式，能预防甚至消除诸多潜在性的障碍、矛盾，节省社会治理成本。（2）以劳动关系（组织）自治的有效运行减轻政府调整劳动关系的压力。美国的劳动关系委员会制度、德国的行业集体谈判制度和企业职工委员会劳动关系共决制度、日本的团体交涉机制、瑞典的失业保险管理体制[14]、各国的人力资源管理制度等都是有益的经验。一般来说，将权利义务谈妥于合同缔约之时、将诉求矛盾解决于日常经营之中、将劳动关系（组织）力所能及之事交予自行解决，有助于降低政府的劳动行政压力。正是得益于劳动关系（组织）的佐政功能，政府才得以专注于制定规则、监督执行、协调争议和提供服务。

对于后者，除了上述英国就业与生产部转移仲裁和调解职能至社会公共组织咨询调解及仲裁服务局（ACAS），德国的养老保险机构也是一种尝试，其“独立于政府，具有独特的法律地位和自我管理原则（设立由投保人和雇主各推

---

13 孙立平：《我们面临的抉择：重建权力还是重建社会?》，载 http：//sunliping. blogchina. com/1154206. html，最后访问于 2020 年 1 月 28 日。

14 进入 20 世纪中后期，瑞典的失业保险体系逐步完善，瑞典的失业保险演变为工会主办、国家资助的格局，在保险的具体运作上，具有典型的二元特色，表现为强制性与非强制性相结合、工会失业基金委员会与劳动市场委员会共同运作的自治模式。详见：李滨生：《论我国社会保障制度建设中的工会组织》，武汉大学 2010 年博士学位论文，第 45 –46 页。

举半数代表组成的委员会进行自我管理)，享有资金管理权，其预算也与国家的公共预算相脱离，国家只对养老保险机构是否遵守法律进行监督”[15]。在美国，典型的社会公共组织是美国仲裁协会（American Arbitration Association，简称AAA)，较之行政部门，多年以来的实践已证明，其在专业能力、功能作用和社会声誉等方面并不逊色，为化解劳动关系争议、促进美国经济社会发展发挥着重要作用。

无论是内部功能替代抑或外部功能替代，劳动行政主体的多元化、社会化一直是国际劳工组织的主张和提倡。作为一种发展趋势，随着经济社会的发展，社会公共组织和劳动关系组织将会承担越来越多的劳动行政事务。

三、域外劳动行政主体制度的通则经验

法国学者托克维尔曾在《论美国的民主》中精辟论述道：“我们考察研究美国，并不是为了完全照搬它所建立的各种具体制度，而是为了有所选择地学习那些适用于我们的东西。我们借鉴的是其法制基本原则和精神，而非法制的具体内容和细节。不同的国家，其法制的具体内容也是不同的。适用于法兰西共和国的法制应当不同于治理美国的法制。但是，我们必须承认，美国法制所依据的原则，如崇尚法纪、均势制衡、自由、尊重权力等，对所有的共和国都是不可或缺的。”[16]我们比较研究市场经济发展成熟国家的劳动行政主体制度的目的亦是如此。鉴于“地球上不同民族在政治、制度领域需求与能力方面的近似与平等；对于社会平等、自由等人权和民主、法治等制度文明的理解、偏好和选择能力，是相通的、近似的”[17]，这决定了不同国家的制度建设存在相互借鉴的可能。那么，已被市场经济发展成熟国家实践证明行之有效的制度，背后隐含着哪些通则性、一般性、普适性的经验、原理、特征，值得我们挖掘提炼、认识把握?

（一）劳权保护和人权尊重是共性价值取向

“市场经济的劳动关系理论，就实质而言是劳权即劳动者权益的理论。”[18]

---

15 李滨生：《论我国社会保障制度建设中的工会组织》，武汉大学2010年博士学位论文，第47页。

16 ［法］托克维尔著：《论美国的民主》，张晓明编译，北京出版社2007年版，第2页。

17 陈步雷著：《法治化变迁的经验与逻辑：目标、路径与变迁模型研究》，法律出版社2009年版，第3页。

18 常凯著：《劳权论——当代中国劳动关系的法律调整研究》，中国劳动社会保障出版社2004年，第7页。

一般认为，在人类文明进程中，劳权与劳动现象并不具有历史和逻辑的一致性。生产劳动贯穿于人类社会的始终。而作为人权的基本构成部分，劳权萌芽于资产阶级启蒙思想家的“自然权利”“天赋人权”理论，生成于自由资本主义时期劳工反抗资产阶级剥削压迫的斗争，发展于德国《魏玛宪法》[19]后资本主义各国普遍“入宪”，成熟于由国内宪政走向国际人权法体系。

至今，作为人权保障事业的一部分，劳权保护不仅是国家、民族的内部事务，还是通用于全球的一种价值共识、制度目标和实践方向，集中体现于联合国和国际劳工组织的人权法律文书之中。联合国1948年《世界人权宣言》就承认公民的劳动权，禁止一切形式的奴隶制度和奴隶买卖，明确公民享有劳动自由权、失业保障权、劳动平等权、最低工资保障权、劳动结社权、休息权、社会保障权等。联合国1966年《经济、社会、文化权利国际公约》在承认劳动工作权的基础上，明确劳动者享有同工同酬权、最低生活保障权、安全卫生保障权、公平发展权、休息权和带薪休假权、结社权、罢工权、社会保障权、妇女儿童劳动保护权等劳动权利。联合国1966年《公民权利和政治权利国际公约》禁止一切形式的奴隶制度和奴隶买卖，不得强迫劳动，明确劳动者享有自由结社、不受歧视权等权利。作为最为重要的劳权保护国际组织，1919年成立、1946年成为第一个联合国专门机构的国际劳工组织已有百年历史，其以促进社会正义和体面劳动为己任，始终致力于通过国际劳动立法确立和保障世界范围内的劳动权利。以国际劳工公约和建议书为主要渊源的国际劳工标准涵盖了劳动和社会保障各个领域，为世界各国的劳动立法、劳动政策提供了符合国际做法的原则和指引，在推动和指导各国提高劳权保护力度和广度方面发挥着甚为重要的作用。

英、美、德、日等市场经济发展成熟国家的实践表明，劳动行政主体制度的发展史亦是劳权保护的演变史，其生成、发展、成熟的过程始终以劳权保护的松紧程度和收放态度为主线。劳权保护、劳动关系和谐、经济发展、社会稳定、政权巩固等都可能成为政府劳动行政的目的，但从应然角度而言，最为直接、根本的唯有劳权保护。劳权保护是其他多重性目的实现的前提。离开它，其他目的无从谈起。“围绕劳动权的防御权功能、收益权功能和劳动保护权功能，行政机关所对应承担的公法义务分别为尊重义务、给付义务和保障义务……基于劳动权的人权属性和行政权的国家义务保护职能，行政权要对劳动

19　劳权入宪与宪法产生并不是同步的事情。作为世界上第一部民族国家的宪法典，1787年美国宪法并没有将劳权写入，有关人身自由、信仰自由和政治自由等普遍性人权也是后期以宪法修正案形式添加的，甚至至今美国修正案也没有明确将劳权写入。学界比较公认的是，劳动权正式全面入宪是1919年德国《魏玛宪法》，标志着社会法的出现。

权负责。”[20] 相较于资本，劳动者普遍、长期处于被动、劣势地位。因资强劳弱力量失衡格局导致的利益分配不均和劳动关系冲突频发，既为劳动行政的介入提供正当性依据，也为劳动行政的实施指明切入点和着力点，即为处于天平低位一侧的劳动者权利提供外力扶助，让失衡状态下的天平不至于倾覆。英国1802年《学徒健康和道德法》是一个有益的经验。它既标志着劳动行政介入保护弱势劳动者的权益，也昭示着劳动立法是行政介入的一般性、通则性做法，劳动监察是劳权保护立法真正落地的基本保证。

（二）劳动行政主体职权的有限性为劳动关系自治预留空间

在“政府—社会—市场”三层架构中，市场经济发展成熟国家已普遍形成微观、中观、宏观三个层次的产业关系调整机制，不同调整机制之间相互联系、相互影响。但是，政府劳动行政的宏观调整越发理性，并非为了实现对市场调节机制的完全替代，而是为了努力寻求政府劳动行政干预与劳动关系（组织）自治市场机制之间的平衡，尽管这样的平衡临界点在实践中难以精确把握。直言之，正是劳动行政主体职权的有限性，为劳动关系（组织）双方的自治预留了空间。

在劳、资、政三角系统形成如此空间格局，有其深刻的社会原因。其一，传统自由思想的深刻影响。在自由思想潜移默化的影响下，市场经济发展成熟国家的社会民众对政府行政权持有先天性的警惕和戒备，在公权与私权之间划有一条心理界线。“资产者不允许国家干预他们的私人利益，资产者赋予国家的权力的多少只限于保证他们自身的安全和维护竞争所必需的范围之内。”[21] 哈耶克“在《通往奴役之路》一书中指出，政府规划本质上是不合理的，是基于偏见的。他坚持认为，自由市场原则提供了一个不带偏见的仲裁者，即自由竞争。英国前首相撒切尔夫人在一次会议上举起哈耶克的《自由宪章》，大力地将它拍在桌子上，并且斩钉截铁地说：‘这位绅士，才是我们应该信仰的’”。[22] 除了在思想哲学理论中寻找缘由支撑，一个直接感观的现实例证是，面对蔓延全球的新冠疫情，诸多欧美国家因担心民众反对而未迅速采取限制自由的防控措施，即使后期启动，但不少民众以自由为由予以抵制甚至游行示威。在自由思想根深蒂固且占据重要社会地位的情况下，政府的劳动行政职能自然会被要求限制于

---

20 陈俊洁、李功田：《劳动权及其行政法保护理论探源》，载《山东理工大学学报（社会科学版）》2016年第5期。

21 《马克思恩格斯全集（第三卷）》，人民出版社1995年版，第412页。

22 ［英］阿瑟·斯托克温：《东亚将在新冠危机后声誉鹊起》，载《参考消息》2020年4月17日，第14版。

一定的界限内，具体反映于国家权力配置方面，也就是接着要分析的第二点原因，即相互制衡的“三权分立”格局也决定了劳动行政主体职权的有限性。这里不得不提及最为典型的历史案例即美国19世纪末至20世纪上半叶的劳动立法变化与权力博弈。政府、国会、法院围绕集体劳权的确认和保护问题长期斗争博弈，《谢尔曼法》（1890年）、《克莱顿法》（1914年）、《诺里斯—拉瓜迪亚法》（1932年）、《国家工业复兴法》（1933年）、《瓦格纳法》（1935年）、《塔夫脱—哈特莱法》（1947年）等成文法和谢克特家禽公司诉美国案（A. L. A. Schechter Poultry Corp. v. United States，1935年）、克纳诉纽约州案（Lochner v. NewYork，1906年）、西滨旅馆案（West Coast Hotel v. Parrish，1937年）等劳动权宪法案例在劳动关系利益的天平上来回倾斜。其间，“罗斯福总统不得不抛出‘法院改组计划’，抗议联邦最高法院否定劳动立法，促进新政实施挽救濒临崩溃的国家经济”[23]。由此可见，在行政、立法、司法三权制约的情况下，劳动行政权自然会受到严格限制：权限、范围被立法限定，实施、运行受司法监督。其三，劳动行政主体职权的动态性调整、间接性介入也为劳动关系（组织）自治提供了条件和基础。对于前者，当行政权走向被滥用的边缘或漠视社会公正被严重侵蚀时，三权分立的内在修复调节功能对其纠偏，既不让其因权力膨胀而挤压劳动关系（组织）自治的空间，也不让其因消极作为而无法维持劳动关系（组织）自治的先决条件——劳动关系力量的相对平衡、利益分配的相对均衡、组织体系的相对健全。具体体现在不同领域、层级的政府劳动行政部门为适应政策目标而新设、合并、调整、撤销，行政职权随之扩充、缩减或集中、分权。英国就业与生产部的变化历程就能很好地说明这一点。对于间接性介入，“大部分产业发达国家，都以团体协约的方式来形成劳动条件，为发挥劳动关系双方的社会伙伴功能留下充分的空间。只有落后国家才会采取或维持高度的国家统合模式，以国家之公权力直接介入劳动关系事务，并且对劳动关系双方采取控制之态度，以具有公法性质之劳动基准法，排斥劳动关系双方以团体协约形成劳动条件之机能”。[24]“政府并不比其他机构更圣洁、更正确，政府的缺陷至少和市场的缺陷一样严重。”[25]最好的劳动行政，并不是植入得最深的行政。市场发展规律要求行政主体尊重市场在资源配置中的决定性作用，尽可能以间接干预的方式介入劳动关系。英、美、德、日等国家现阶段的一般性做法都是“规则预设、自治前置、行政保障”，政府提前以立法、政策形式设定劳动关系调整

23　赵大千：《宪政视野中的美国劳动权理念研究》，吉林大学2013年博士学位论文，第114页。

24　黄越钦著：《劳动法新论》，中国政法大学出版社2003年版，第254页。

25　董保华：《论经济法的国家观——从社会法的视角探索经济法的理论问题》，载《法律科学（西北政法学院学报）》2003年第2期。

规则，只有在现有规则框架下劳动关系自治已深陷困境时，政府才会作为重要的底线保障角色介入，以此确保成熟的劳动关系双方在劳、资、政三角系统的空间里有效互动。

（三）三方原则是劳动行政主体职能实现的普适性机制

“在目前经济全球化的世界经济发展趋势下”，作为产业关系构成基本格局的三方原则“已被绝大部分市场经济国家接受，并成为各国关于社会劳动关系法律调整的基本原则”[26]。这一源自国际劳动组织首倡并极力推行的产业关系处理协调原则的基本目标在于“促进公共当局与雇主组织和工人组织之间以及这些组织之间的互相了解和良好关系，以求发展经济或发展其中某些经济领域，改善劳动条件和提高生活水平”[27]。为此，自身成员国组成就充分体现三方性的国际劳工组织，先后制定了包括劳动行政领域在内的多个关于三方原则的国际劳工标准[28]。三方原则得到成员国的普遍遵循，通过设立专门的协调机构[29]，在劳动立法政策制定、集体谈判、劳动争议处理等产业关系调整中发挥着重要作用。

在三方原则下，代表不同利益的三方主体具有独立的法律地位，劳动关系组织发育成熟，相互间形成平等而制衡的关系。其中，作为三方之一的政府，被国际劳工标准要求应当会同劳动关系双方代表共同决定产业关系的重大事务，与雇主组织和工人组织之间进行有效的协商与合作。“凡是制定和实施关系到工人、雇主利益的法规，建立有关改善工人的劳动和生活条件的机构，以及制订与执行经济和社会发展计划等事宜，都应当确保政府主管部门听取工人组织和雇主组织的意见、建议并得到他们的协助。”[30]在这一过程中，政府的主要角色和作用是组织、引导和协调，充分尊重劳动关系双方的意见而并非凌驾于二者之上。“政府介入协商活动的方式为宏观调控式，即在遇到重大矛盾的时候，政府承担的更多的作用是服务、平衡和监督，而不是直接进行干涉，强制实施政

---

26 常凯著：《劳权论——当代中国劳动关系的法律调整研究》，中国劳动社会保障出版社2004年版，第97页。

27 详见1960年《产业和国家一级协商建议书》（第113号建议书）。

28 如1960年《产业和国家一级协商建议书》（第113号建议书）、1976年《三方协商（国际劳工标准）公约》（第144号公约）及同名建议书（第152号建议书）、1978年《劳动行政管理公约》（150号公约）及同名建议书（第158号建议书）等。

29 如日本、韩国的劳动委员会，新加坡的劳动专员，俄罗斯的劳动争议委员会，英国的咨询、调解、仲裁服务中心，德国的企业职工委员会，法国的劳动调解关系委员会以及美国的劳动关系委员会等。详见董保华：《劳动关系多方协调机制研究（总报告部分）》，载《政府法制研究》2005年第7期。

30 详见1960年《产业和国家一级协商建议书》（第113号建议书）。

策措施等。”[31] 当前，无论理论研究抑或实证检验都指向这样的共识：以促进社会对话和合作为特征、以民主协商自治为精神内核的三方原则是人类历史上已证明的迄今为止最不差的产业关系调整机制。其中所展现的价值和意义得到了各国的普遍认同和追随。诚然，因历史时期、社会环境的不同以及地缘的差异，三方原则在各国产业关系中的具体形式和效用不尽相同，但这并不影响其成为一个世界性的选择和趋势。

（四）机体健全是工会核心维权功能得以发挥的基本前提

“在资本主义市场经济条件下，工人阶级的社会经济地位主要是通过集体劳权的形式来体现的。”[32] 而作为集体劳权意识觉醒的产物，工会从遭受普遍压制、攻击到逐步得到社会认同并广为各国接受，成为世界各国工人争取基本权利的组织方式，推动并见证着产业关系调整机制的演变。“工会者，乃工人一种继续存在之团体，为维持或改善其劳动状况而设者。”[33] 作为结社自由权实现的基本方式，工会所肩负的天生使命和承担的首要任务就是维护劳动者权益。“集体劳权是作为资产所有权的对应权利出现的，是对于资本机能的抑制，这一权利的行使是以对资本所有权的限制为前提的。”[34] 市场经济发展成熟国家悠久的工人运动史表明，工会因维权而生、为维权而存，是工人权益的捍卫者。直言之，维权属于工会的核心功能、首要责任。离开体现本质属性的维权功能，工会难以得到工人的支持和拥护，自然也就失去了发展之可能、存在之必要。

市场经济发展成熟国家工会的维权功能之所以能得以有效地发挥，得益于其机体发育成熟健全。主要可通过代表性、独立性、民主性三个方面予以衡量。首先，代表性是工会资格合法之根基。《世界人权宣言》《经济、社会、文化权利国际公约》《公民权利和政治权利国际公约》充分赋予工人结社自由。国际劳动组织将结社自由列为核心劳动标准，成员国必须遵守以保护工作中的人权。工人在自愿原则下自发性联合而成的工会，是会员结社自由权集合的社会组织形式，具备代表工人群体利益诉求的天然身份，并代之行使集体劳权，参与三方机制。其次，独立性是工会作用发挥的基础。这主要体现在本质属性、组织、运作经费等方面的自主、自立。国际劳工组织《结社自由和保护组织权利公约》

31　朱海龙：《论美国劳动关系三方协调法律机制及其对中国的启示》，载《政治与法律》2014年第2期。

32　常凯著：《劳权论——当代中国劳动关系的法律调整研究》，中国劳动社会保障出版社2004年版，第129页。

33　［英］韦伯夫妇著：《英国工会运动史》，陈建民译，商务印书馆1959年版，第1页。

34　［日］沼田稻次郎等编：《劳动法事典（日文版）》，劳动旬报社1979年版，第23页。

(第87号公约)第二条规定:"工人和雇主应毫无区别地有权不经事先批准建立和参加他们自己选择的组织,其唯一条件是遵守有关组织的规章。"工会不受政府批准条件之限制、不受工会规章以外规定之束缚,充分体现了国际劳动组织对工会组织独立性的支持和促成。主要来源于会员会费的工会经费,则为工会的自由活动提供了重要的经济保障。应该说,工会的独立性,既是工会与雇主组织、政府在法律上保持独立、平等地位的先决性条件,亦是劳动关系平等对话协商、三方原则有效运转的基本前提。然而,强调与政府不存在依附性、从属性、代言性的独立性品格,并不意味着工会与政治、政府完全隔绝、毫不联系。英、美、德、日等国家的工人运动与政府政策之间的互相影响关系早已说明,"在复杂的政治现实中,绝对纯粹的独立是不存在的。工会本身不是一个政治组织,它在现实社会生活中则肯定要受某种政治势力的影响","它需要通过某种方式来表达自己的政治倾向"[35]。正如韦伯夫妇所理解的那样,"工会主要通过'集体交涉'来维护工人的经济利益,不仅在生产管理方面发挥着独特的职能和作用,在政治方面工会也要发挥作用"[36]。也就是说,工会维权职能并不是割裂的、孤立的,工会在政治和生产管理方面也应扮演相应角色,只是在这一过程中要求它以维权为中心的基本立场不应改变。最后,民主性是工会生命力维系的关键。与国家相似,同为群体组织的工会,内部的民主治理机制健全与否,直接决定了其发展壮大的上限。工会的民主选举便是其一。从国际劳工组织的态度看,工会应有权充分自由选举其代表。基于自愿原则结成的社会组织,由工人自主决定其利益代表者,不夹杂过多的行政干预因素,符合最基本的权利让渡原理。以民主选举方式尊重工人民主自治的主体地位,是工人代表的民主合法性保证,也是工会能够充分自由地活动和有效地促进成员利益的必要条件。"公共当局应该避免可能影响这一权利行使的任何干涉,无论是在确定领导人当选资格方面,还是在举行选举本身。"[37]

(五)刚柔并济是劳动行政主体职能体系的鲜明特点

综观国际劳工组织的公约、建议书和各国实践,"二战"以来,市场经济成熟国家的劳动行政职能体系伴随着市场经济的发展而不断扩充丰富、伴随着行

35 郑桥著:《比较视野下的中外劳动关系研究》,光明日报出版社2012年版,第8、39页。

36 原会建著:《国有企业工会维护职工权益的机制研究——基于某大型企业工会的个案调查》,人民出版社2015年版,第38页。

37 国际劳工组织:《结社自由:国际劳工局理事会结社自由委员会有关决定和原则的文摘(第四版)》,日内瓦:国际劳工局1996年版,第353段。转引自林燕玲著:《国际劳工标准与中国劳动法比较研究》,中国工人出版社2015年版,第42页。

政治理理念的转变而不断优化健全。总体而言，刚性、柔性劳动行政形成的“刚柔并济”二元属性是有别于其他场域行政的鲜明特征。

最为典型的刚性劳动行政即劳动监察。被劳动法学家公认为“劳动立法的真正起点”[38]的1802年英国《学徒健康和道德法》，是现代劳动法和劳动监察制度的开端。作为保障劳动法有效实施的羁束性、强制性手段，劳动监察广为世界各国所采用。随着在国际劳工运动兴起和国际劳工组织成立的推动下，劳动监察的国际劳工标准迅速发展。“1919年首届国际劳动大会上，国际劳动组织就通过了《（卫生部门）劳动监察建议书》（第5号建议书），倡议使用监察体系来监督工作的健康状况。1923年国际劳工大会通过了《组织监察系统以保证实施有关保护工人的法律和条例的一般原则建议书》（第20号建议书），为建立检查设施和监督法律实施提出一些原则性的建议。”[39]此后，国际劳工组织还相继制定了诸多行业性、总体性的劳动监察公约、建议书、议定书[40]，为各国劳动监察制度的建立和完善提供了参照标准和方向指引。

与刚性劳动行政的羁束性、强制性、单向性不同，柔性劳动行政并不依靠处罚、强制等硬性手段实现对产业关系的调整。柔软性、指导性、服务性、合作性是其显著特征，主要表现为协商协调、咨询服务、建议指导、示范奖励、协调协商、警示提醒、调解斡旋等柔性治理方式。国际劳工组织和一些国家早已进行了有益探索实践。例如，国际劳工组织《工商业劳工监察公约》（第81号公约）第三条将“向雇主和工人提供有关执行法律规定最有效手段的技术信息和咨询”纳入劳动行政范畴；国际劳工组织《劳动行政管理公约》（第150号公约）第六条亦规定：“劳动行政管理系统内的主管机构应当根据雇主、工人及其各自组织的要求，提供技术咨询。”英国咨询调解及仲裁服务局（ACAS）通过提供免费劳动立法（政策）和信息咨询电话、深度咨询服务（针对大中型企业）和开展法律普及培训等形式履行“咨询服务”职能，在劳动争议的预防和问题处理方面意义重大。又如，在德国，联邦、州、地方就业办公室通过组织和资助就业培训、提供劳动市场信息咨询服务等方式履行柔性行政职责。再如，在日本，无论是中央劳动委员会委员还是都道府县劳动局，解决个别劳动争议职能的柔性成分十足，为劳动者、求职者或雇主提供咨询和信息服务、提供建

38　何勤华主编：《英国法律发达史》，法律出版社2003年版，第347页。

39　林燕玲著：《国际劳工标准与中国劳动法比较研究》，中国工人出版社2015年版，第260页。

40　例如，1938年《工资与工时统计公约》（第63号公约）、1947年《工商业劳工监察公约》（第81号公约）、1947年《工商业劳工监察建议书》（第81号建议书）、1978年《劳动行政管理公约》（第150号公约）、1978年《劳动行政管理建议书》（第158号建议书）、1995年《关于1947年劳动监察公约的议定书》（第81号议定书）等。

议或指导、采取斡旋或其他必要的措施。“过分注重国家干预法的强制性，不仅不利于防止国家干预法蜕变成为权力工具的危险，反而容易加重其蜕变的危险。”[41]实践证明，基于服务行政和多元治理等认识视角而引申出的软性劳动行政在就业服务、劳动关系矛盾预防、劳动立法执行、劳动争议处理、社会保障等领域扮演着越来越重要的角色。

（六）主体制度构建是历史普遍性和国情特殊性相结合的产物

受经济、政治、历史、文化、习俗等内生性、国别性因素的制约和影响，各国劳动行政主体制度即使在相同的时代背景下也会面临不同的发展阶段、利益格局、转型目标。以英、美、德、日等国的制度为例，他们各有所异，但都在适应本国产业关系调整的现实需要中取得成功，我们难以评判孰优孰劣。但是，他们共同体现的有限行政、劳动关系自治、三方原则等精神和理念，得到了国际社会的广泛认同、推广，代表着一种普遍性、应然性的发展趋势。因此，构建劳动行政主体制度，需要顾及特定时期的历史普遍性、应然性和国情特殊性、实然性。

多元化、法治化和国际化是当前劳动行政主体制度发展的普遍性特征。多元劳动行政主体是社会公共组织兴起使公共行政主体走向多元化变革的产物。而这种变革，是公共行政在市场经济发展和民主政治进步的背景下发展演变的自然结果。例如，身为社会公共组织的英国咨询调解及仲裁服务局、美国仲裁协会承接或分担原属于政府的咨询、仲裁、调解职能的做法，就是在微观劳动关系自治、宏观政府干预的基础上，提供的一种新选择。“由精干高效的政府组织和日渐发达的自治组织分工合作构成的公共治理体系，是现代社会生活的必然发展走向。”[42]相较于政府干预，社会公共组织可能在独立性、专业性、灵活性、公益性甚至公信力等方面具有独特优势。英国咨询调解及仲裁服务局、美国仲裁协会的成功运作就是很好的例证。作为人类社会文明进步的标志，法治是人类关怀自身生存和发展所需的人权、自由、平等、民主等价值要素而创立的制度模式。“法治国家的出现，是人类制度文明、精神文明史上的一项伟大的成就。其合理性和生命力，不仅表现在内发型民主法治国家的富强发达，而且表现在大量非西方国家和落后民族对它的理性选择。”[43]在恢弘的法治历史进程推动下，绝大多数国家的劳动行政主体制度的取向亦不例外，法治化路径成为

---

41 种明钊主编：《国家干预法治化研究》，法律出版社2009年版，第165页。

42 赵天娥、马萍：《现代政府制度的主要特征和路径选择》，载《行政论坛》2013年第3期。

43 陈步雷著：《法治化变迁的经验与逻辑：目标、路径与变迁模型研究》，法律出版社2009年版，第241页。

了不二选择。当这种选择成为国际共识并在《联合国宪章》《世界人权宣言》《经济、社会和文化权利国际公约》《公民权利和政治权利国际公约》及系列国际劳工标准中得到确认、提倡、保障时，不仅代表着劳权保护、公平分配、民主自治等劳动行政主体法治成果走向制度化、国际化，还意味着作为全球化的一员特别是国际劳工组织的成员国有责任履行国际法责任，有义务真诚地尊重、促进和实现劳工公约所规定的基本权利，在劳动行政主体职能配置、行为方式等方面与国际接轨，以应对迅速变化的经济全球化的挑战。

本土性、阶段性和体系性是各国劳动行政主体制度构建应重点考量的国别因素。本土性要求关注经济、政治、历史、文化、地理等因素对制度产生的影响。不同的历史条件、文化传承、地理环境，会造就不同的制度。同样是集体谈判制度，德国的行业工会主导模式就与日本的企业工会主导不同。“二战”后，日本的产业关系调整机制，虽然是在盟军政权主导下建立的，但其独特的终生雇佣制、年功序列制、集体协商谈判制，在美国却难以找到适合生长的气候和土壤。另一典型例子是，“二战”后的德国，受历史、政治等因素影响，联邦德国和民主德国的劳动行政主体制度都迥然不同。如果说本土性基于空间角度的理解，那么，阶段性则是基于时间逻辑的认识。劳动行政主体制度构建不可脱离社会生产力的发展。以市场经济发展成熟国家的劳工史为例，劳动行政主体介入的程度、范围、方式，无不与劳工运动的力量、影响相关。正因此，19 世纪末至 20 世纪上半叶美国劳动立法在雇主利益和雇员利益之间来回摇摆。应该说，行政制度与经济体制保持同步转轨至关重要。就像在全球化强有力的冲击下，我们无法以传统的劳动关系调整机制去适应新挑战。反之同理，“没有人可以割断历史，也不可能超越发展阶段，脱离现实基础和具体实际，凭空捏造一个新制度。[44]”再者，论及体系性，主要是关注劳动行政治理体系的健全、自洽。市场经济发展成熟国家普遍关注到了几个要点：一是中央与地方劳动行政主体的层级分权、机构设置、职能配置的科学性，政府与社会公共组织劳动行政权划分的合理性，使劳动行政权能不交叉重叠、不留空白区域。在美国，劳工部（解决非工会会员劳动争议）、国家劳动关系委员会（解决工会会员劳动争议）、联邦调解调停局（解决影响州际间贸易的行业劳动争议）、平等就业机会委员会（解决各类员工歧视性纠纷）等机构权能配置的清晰明确，为劳动争议的高效处理奠定了基础。而集咨询、调解和仲裁于一体的英国咨询调解及仲裁服务局，在运作过程中始终保持与政府宏观劳动关系调整制度相契合，使劳

44　张道根：《中国经济制度创新的政治经济学分析》，载上海社会科学院网，https：//www. sass. org. cn/2020/0415/c1201a57813/page. htm，最后访问于 2020 年 1 月 28 日。

动行政的功能替代成为现实。二是立法、执法环环相扣、衔接得当是“良法”得以“善治”的必要条件。诸国劳动行政法律和政策的“立改废清”保证了劳动关系确立、劳动行为监察、劳动争议处理、劳动社会保障等有据可依。而柔性执法的适用，在丰富劳动行政执法方式的同时亦对预防、减少、解决劳动争议大有助益。三是劳动行政主体的自身能力建设不容忽视。具体包括政府公务人员或社会公共组织专业人员的配备、人员的专业能力和法治素养、财政支持、考核（绩效）评价机制、监督机制等重要方面，任何一个环节的缺陷性都可能会导致整个劳动行政治理体系的低效。

变化发展是事物的一般性原理。英、美、德、日等市场经济发展成熟国家的劳动行政主体制度总是在适应社会生产力发展需要的过程中不断调整、发展。其演变的过程既是劳、资、政三方利益博弈、斗争妥协的历史，也是政府劳动行政角色转换、分权共治的见证，更是可资借鉴之通则性、普适性经验的沉淀积累。通过对演进逻辑的归纳和通则经验的揭示，不仅有助于我们深入地理解现代劳动行政主体制度的本质内涵、基本结构与实现路径，更重要的是，还能为我们下一步检视我国劳动行政主体制度之不足提供参照和样例，为今后找准制度改革之需求、重难点和方向提供原则性指引和精神导向。

案例分析

依法规制"刷单"虚假交易行为

——杨某诉广州某漫电子商务有限公司合同纠纷案

袁　玥　麦应华*

【裁判要旨】

"刷单"作为网络黑灰产业典型代表，应依法予以规制。"刷手"与电子商务经营者出于"刷单"虚构交易目的订立的"网络购物合同"构成通谋虚伪表示，应区分表面法律行为与隐藏法律行为。表面"网络购物"法律行为是以虚假意思表示为之，应为无效。隐藏"虚构交易"法律行为违反《电子商务法》第十七条规定，亦应认定为无效。

合同无效后，由于虚假订单客观上业已产生，对网络营商环境的损害也已实际造成，从规制网络"刷单"行为、肃清电子商务交易秩序的角度，应当将"刷手"为"刷单"支付的货款、电子商务经营者支付给"刷手"组织者的款项认定为用于非法活动的财物，依法予以收缴。

【关键词】"刷单"　通谋虚伪表示　合同无效　收缴

【案件索引】

广州互联网法院（2019）粤0192民初23162号民事判决书（2019年12月3日）。

---

*　袁　玥——广州互联网法院综合审判一庭四级法官；麦应华——广州互联网法院综合审判一庭审判辅助人员。

【基本案情】

原告杨某诉称，2019年4月上旬，被告为“增加”其在阿里巴巴平台店铺的交易量，委托案外人钟某寻找“刷手”为其店铺“刷单”，并承诺于下单后退还为“刷单”支付的款项，并按照每“刷单”10000元支付50元的标准计付“刷单”报酬。2019年4月24日15时19分，原告完成了案涉订单的创建（订单号421789507091257935），并通过余额宝账户向被告付款20000元。但是，被告在原告下单后并未向原告退还货款及支付“刷单”报酬，而是伪造原告“已签收”案涉商品的快递单拒绝向原告退款。原、被告的真实意思系“刷单”而非货物买卖，故案涉合同因违法而无效。原告因“刷单”支出的款项系原告合法财产，应由被告予以返还。

被告广州某漫电子商务有限公司（以下简称某漫公司）辩称，原告系与案外人钟某、何某合谋骗取被告财产。被告虽然将店铺交由案外人何某经营管理，但被告至原告在阿里巴巴平台申请退款时方知原告为被告“刷单”的事实。即使原告系为被告网络店铺进行“刷单”，被告业已将原告为“刷单”支付的货款和“刷单”报酬支付给案外人何某，何某系“刷单”组织者，钟某系刷手组织者，原告主张未收到被告支付的款项，应向案外人钟某或何某主张，而非在阿里巴巴平台申请退款。此外，被告法定代表人李某于2019年4月29日就被何某诈骗一事向广东省佛山市公安局南海分局桂城派出所报案，广东省佛山市公安局南海分局于2019年5月6日作出《立案告知书》，认为有犯罪事实，并立诈骗案进行侦查。案涉款项现由支付宝平台冻结，被告尚未收取案涉款项，故缺乏返还款项的事实基础。据此，请求驳回原告全部诉讼请求。

法院经审理查明：被告某漫公司成立于2018年11月2日，经营范围含服装批发、商务咨询服务等，在阿里巴巴平台（域名：1688. com）注册有网络店铺。

2019年4月上旬，被告为增加其阿里巴巴网络店铺的交易量，委托案外人何某组织“刷手”在其网络店铺实施“刷单”，被告除按照交易订单金额退还“货款”外，还需支付“刷单”报酬，标准约为每“刷单”10000元支付50元。原告系经案外人钟某介绍为案涉网络店铺进行“刷单”的“刷手”，钟某系何某联系的“刷手”组织者。2019年4月24日，原告在阿里巴巴平台创建了编号为421789507091257935的案涉交易订单。订单信息显示，原告下单“购买”不同尺码的紧身瑜伽裤共400条（单价50元），并通过其本人余额宝账户实际付款20000元，案涉商品的发货时间显示为2019年4月24日，签收时间显示为2019年4月25日。双方均确认案涉商品未实际发货。原告称被告未向其退还因“刷单”垫付的20000元及支付“刷单”报酬，故于2019年5月1日在阿里巴巴平台提出“仅退款”申请。被告称其已将案涉款项支付给案外人何某，拒绝向原告退款。原告遂诉至本院。

被告为证明其已将20000元支付给案外人何某，在本院诉讼平台上传了其与何某的交易明细截图，图片显示，被告于2019年4月24日至26日共向何某名下尾号为6148的银行账户转款五次，金额分别为20108元、20128元、20000元、30100元、31117元，合计121453元。被告称其中一笔交易金额为20000元的款项即为本案的“刷单”返款（不含“刷单”报酬）。原告质证认为被告与案外人何某的往来款项与本案不具有关联性，并述称原告系经案外人钟某介绍为被告“刷单”，不认识案外人何某。

被告法定代表人李某于2019年4月29日就被诈骗一事向广东省佛山市公安局南海分局桂城派出所报案，广东省佛山市公安局南海分局于2019年5月6日出具《立案告知书》，认为有犯罪事实，并对案外人何某立诈骗案进行侦查。

另查明，案涉款项目前由支付宝平台冻结，尚未转入被告账户。在线庭审时，原告称其并非首次为他人“刷单”。

【裁判结果】

广州互联网法院于2019年12月3日作出（2019）粤0192民初23162号民事判决书，判决驳回原告杨某的全部诉讼请求。判决已发生法律效力。

【裁判理由】

法院生效裁判认为：本案系原告以案涉合同无效为由，起诉被告承担返还财产民事责任的纠纷。案涉合同形式上虽为网络购物合同，但实为双方就虚构交易进而为被告经营的网络店铺“刷销量”事宜达成一致的协议。因此，本案并非因网络购物合同的订立、履行产生的纠纷，故不宜以网络购物合同纠纷作为本案案由，本案案由应定为合同纠纷。根据原告起诉依据的事实、理由以及被告的答辩意见，本案争议焦点为：一、案涉合同的效力如何认定；二、原告是否有权要求被告退还案涉款项20000元。

关于案涉合同的效力认定问题。《民法总则》第一百四十六条规定：“行为人与相对人以虚假的意思表示实施的民事法律行为无效。以虚假的意思表示隐藏的民事法律行为的效力，依照有关法律规定处理。”该条是关于通谋虚伪行为法律效力的规定。通谋虚伪行为，即行为人与相对人通谋以虚假的意思表示实施的民事法律行为。该行为意在以虚假意思掩盖真实意思，且需满足以下四个要件：一是须有意思表示；二是须表示与内心目的不一；三是须有作出虚伪意思的主观故意；四是须行为人与相对人通谋实施。具体到本案，第一，原告于2019年4月24日在阿里巴巴平台创建编号为421789507091257935的案涉交易订单，并通过余额宝账户向被告付款20000元。根据《电子商务法》第四十九条有关“电子商务经营者发布的商品或者服务信息符合要约条件的，用户选择该商品或者服务并提交订单成功，合同成立”的规定，案涉网络购物合同已于2019年4月24日成立。因此，可以认定原告与被告均有订立网络购物合同的意思表示。第二，原告与被告有关网络购物的意思表示与双方“刷销量、赚报酬”的目的不一。买卖合同系出卖人转移标的物所有权于买受人，买受人支付价款的合同。原告在提交案涉订单时即知晓案涉商品不可能实际交付，事实上被告亦未实际发货，且原告与被告均确认原告提交案涉订单并支付价款的目的并非取得案涉商品的所有权，而是为被告经营的网络店铺“刷销量”，原告获取相应的报酬。第三，原告与被告存在虚伪故意。原告系案外人钟某介绍为被告“刷销量”的“刷手”，在提交案涉订单时即知晓其行为系为被告虚构交易，且该行为系原告出于“赚取刷单报酬”目的故意为之。被告虽抗辩其是在原告申请退款时方才得知原告为其“刷销量”，但从被告在案涉交易订单提交当日即进行虚假发货以及自述向案外人何某支付“刷单”款项等行为来看，被告同样存在虚构交易的故意。第四，案涉虚构交易的行为系原告与被告通谋实施。虽然未有证据显示原告与被告直接就虚构交易的方式、报酬等进行过谋议，但被告将网络店铺交由案外人何某经营管理，何某与被告系代理与被代理的关系。何某委托钟某组织包括原告在内的“刷手”为被告“刷销量”，该民事法律行为对被告发生效力。况且，在案涉订单提交前，原告与被告便知晓虚构交易的方法及“刷单”报酬的计算和支付方式。也就是说，电子商务无须“面对面”的特点，使得原告与被告在素未谋面的情况下完成了双方通过虚构交易实现原告为被告“刷销量”，被告支付“刷单”报酬的意思联络。事实上，原告与被告已客观上完成了原告提交虚假订单、支付货款（实为垫付）、被告虚假发货等一系列行为，交易订单已经生成，故即使原告于2019年5月1日在阿里巴巴平台上申请退款，也不影响虚假订单已实际产生的事实。因此，原告与被告订立网络购物合同，意在以假意网络购物掩盖“刷销量、赚报酬”的真意，属于上述《民法总则》第一百四十六条规定的通谋虚伪行为。根据该规定，对于原告与被告以虚假的意思表示实施的民事法律行为，即网络购物合同的效力，因双方缺乏真实的意思表示而无效。对于隐藏的民事法律行为的效力，即双方以原告为被告“刷销量”，被告向原告支付一定费用为合同内容的行为效力，依照有关法律规定处理。本院具体分析如下：

《民法总则》第一百四十三条规定：“具备下列条件的民事法律行为有效：（一）行为人具有相应的民事行为能力；（二）意思表示真实；（三）不违反法

律、行政法规的强制性规定，不违背公序良俗。”原告在实施本案民事法律行为时已年满18周岁，系完全民事行为能力人。被告系依法登记成立的法人，其在阿里巴巴平台注册网络店铺从事销售商品经营活动，属于《电子商务法》第九条第三款规定的平台内经营者，具有相应的民事行为能力。原告与被告的真实意思均系为被告经营的网络店铺“刷销量”。因此，对原告与被告实施“刷销量”行为效力的认定，关键在于该行为是否违反法律、行政法规的强制性规定或者有违公序良俗。在我国经济发展进入新常态的大背景下，电子商务蓬勃发展，深刻改变了经济社会发展格局，电子商务逐渐成为我国经济发展的新动力。电子商务不同于传统交易，属于典型的非“面对面”交易，交易双方信息严重失衡。接受商品或服务方一般只能通过经营者在网络上披露的商品或服务信息，单向获取相关信息，从而作出判断和选择。因此，在电子商务交易中，电子商务经营者正确、全面披露商品或服务信息，是保证接受商品或服务一方知情权、选择权和电子商务交易秩序的重要基础。《电子商务法》第十七条规定：“电子商务经营者应当全面、真实、准确、及时地披露商品或者服务信息，保障消费者的知情权和选择权。电子商务经营者不得以虚构交易、编造用户评价等方式进行虚假或者引人误解的商业宣传，欺骗、误导消费者。”法律对电子商务经营者提供虚假销售状况信息的行为作出禁止性规定，旨在通过对虚构交易行为进行否定评价，实现规范电子商务经营者之间公平竞争的市场秩序，规范电子商务经营者披露商品信息的行为，保障电子商务健康有序和可持续发展。本案中，原告与被告通谋实施的“刷销量”行为，其目的是通过虚构交易向平台用户提供虚假销售状况信息，使平台用户对被告经营的网络店铺在商品销量方面产生错误认识，误导平台用户选购被告销售的商品，从而增加商品销量，被告因此而获益。该行为不但误导了平台用户，也扰乱了电子商务经营者之间公平竞争的市场秩序，于电子商务健康有序和可持续发展无益。因此，原告与被告实施的“刷销量”行为因违反上述法律规定而无效。

关于原告是否有权要求被告退还20000元的问题。《民法总则》第一百五十七条规定：“民事法律行为无效、被撤销或者确定不发生效力后，行为人因该行为取得的财产，应当予以返还；不能返还或者没有必要返还的，应当折价补偿。有过错的一方应当赔偿对方由此所受到的损失；各方都有过错的，应当各自承担相应的责任。法律另有规定的，依照其规定。”原告与被告订立网络购物合同，意在以假意网络购物掩盖“刷销量、赚报酬”真意，故原告通过阿里巴巴平台支付给被告的案涉20000元款项，既是原告基于与被告虚假意思表示订立网络购物合同所支付的“货款”，又是原告欲通过为他人“刷销量”从而赚取相应比例佣金“投入”的款项。对于原告基于与被告虚假意思表示订立网络购物合同所支付的“货款”，因原告与被告缺乏买卖的真实意思，故不存在原告期待被告履行商品交付义务的可能，原告现以被告未实际发货为由主张退还，显然有悖双方真实意思。对于原告基于“刷销量”赚取报酬的“投入”，原告现以该民事法律行为无效为由主张退还。对此，网络交易因其虚拟性催生了网络信用评价体系的建立，网络信用评价对电子商务经营者的生存发展具有重要作用，虚假交易产业亦随之产生。该产业有独立的“规则”“行情”，一般表现为：电子商务经营者根据自身需求，自行或者委托他人（自然人或“刷单炒信”企业）组织“刷手”，通过虚假交易获得不当信用利益，再向“刷手”和“刷手”组织者支付报酬。在虚假交易的各个环节中，上、下游行业分工明确，运作精细。此种通过虚假交易增加交易量的行为，不仅侵害了消费者的知情权，还攫取了其他电子商务经营者的交易机会，扰乱了正常的网络交易秩序，是明显违反法律规定的行为。互联网法院不但要表明不保护网络黑产交易的立场，还应担负起推动网络空间治理法治化的使命。本案中，原告与被告通谋，并共同实施了“刷销量”行为，致使案涉合同因违反法律规定被认定无效，客观上已产生了虚假订单，造成了网络营商环境的损害，且原告系自行决定“投入”款项的数额，并自认非首次为他人“刷销量”，故对于原告基于赚取“刷单”报酬目的“投入”的款项，本院不予保护。据此，原告有关被告向其返还案涉款项20000元的主张，缺乏法律依据，本院依法予以驳回。

另外，考虑到本院不支持原告有关被告返还20000元款项的诉讼请求，必将导致冻结于支付宝平台的20000元款项由被告收取，而被告作为案涉“刷销量”行为的发起者，相较作为“刷手”的原告而言，理应受到更加严厉的法律惩戒。尽管被告抗辩其已向案外人何某支付20000元款项并遭受损失，公安机关亦已对案外人何某以涉嫌诈骗罪立案侦查，但被告所述向案外人何某支付款项的行为，与本案原告付款的行为并无二致，原告与被告支出的款项均属于进行非法“刷销量”活动的财物，本院依照《民法通则》第一百三十四条第三款有关“人民法院审理民事案件，除适用上述规定外，还可以予以训诫、责令具结悔过、收缴进行非法活动的财物和非法所得，并可以依照法律规定处以罚款、拘留”的规定，另行制作决定书予以处理。

综上所述，原告有关要求被告返还20000元款项的诉讼请求，缺乏法律依据，本院不予支持。

【案例注解】

近年来，随着电子商务交易市场的繁荣发展，以骗贷、“刷单”“薅羊毛”、盗刷、洗钱等网络欺诈为代表的网络黑灰产业逐渐成形，并快速形成了包括信息盗取、精准匹配、养卡猫池、职业话术、快速分赃等多环节的地下产业链条。本案涉及的“刷单”虚假交易，正是网络黑灰产业的典型代表。相较其他黑灰产业，“刷单”具有技术难度低、准入门槛低、涉及人数众多等特点。在“刷单”虚假交易产业的各个环节中，上、下游行业分工明确，运作精细，并形成了行业规则，通常表现为：电子商务经营者根据自身需求，自行或者委托他人（自然人或刷单炒信企业）组织“刷手”，由“刷手”通过在其店铺下单并付款，店铺发出虚假快递（通常为空包裹或其他明显不等值商品）并由“刷手”签收，伪造正常交易订单及物流信息，订单生效后再由电子商务经营者返还“货款”并支付一定比例的报酬，以此获得店铺虚假交易成交量。此种建立在上下游彼此信赖基础之上的虚假交易，一旦断裂，则会发生一系列民事法律纠纷，甚至涉及刑事犯罪。在司法实践中，因“刷单”引发的“刷手”起诉要求电子商务经营者或受委托的中间人返还“货款”或支付报酬的民事纠纷最为常见。在此类纠纷中，以往的司法实践较少直接对“刷单”行为的法律效力作出认定，社会公众对“刷单”行为的法律后果也存在认识不清等问题。本案判决在对“刷单”表面及隐藏双重法律行为效力作出明确认定的基础上，正确适用民事责任承担方式规制“刷单”行为，肃清电子商务市场虚假宣传行为，具有典型意义。

一、“刷手”与电子商务经营者之间构成通谋虚伪表示

《民法总则》第一百四十六条规定：“行为人与相对人以虚假的意思表示实施的民事法律行为无效。以虚假的意思表示隐藏的民事法律行为的效力，依照有关法律规定处理。”该条是关于通谋虚伪行为法律效力的规定。通谋虚伪行为，即行为人与相对人通谋以虚假的意思表示实施的民事法律行为。该行为意在以虚假意思掩盖真实意思，且需满足以下四个要件：一是须有意思表示；二是须表示与内心目的不一；三是须有作出虚伪意思的主观故意；四是须行为人与相对人通谋实施。在“刷单”案件中，“刷手”在店铺下单并支付货款，表面上作出了订立网络购物合同的意思表示，内心目的却在于通过“刷单”赚取报酬。电子商务经营者表面上对“刷手”发出订立网络购物合同的要约，内心目的却在于通过“刷手”提供的“刷单”服务虚假抬高店铺的交易成交量。双方对以虚假的“网络购物合同”掩盖真实的“虚构交易提高店铺成交量”意思表示达成一致，共同实施了扰乱市场秩序的虚构交易行为，构成通谋虚伪表示。

二、因“刷单”成立的网络购物表面民事行为无效

因“刷单”而成立的网络购物行为，是基于电子商务经营者与“刷手”之间成立的通谋虚伪意思表示而形成的表面民事行为。根据《民法总则》第一百四十六条规定，通谋虚伪行为需要区分表面民事行为与隐藏民事行为。通谋虚伪表示的表面民事行为所指向的法律效果非当事人所欲求，且双方已就此达成合意，若为有效，显属效果强加，与私法自治相悖。在“刷单”案件中，“刷手”在店铺提交订单时即知晓该商品不可能被实际交付，其下单并支付价款的目的并非取得案涉商品的所有权，电子商务经营者也清楚“刷手”在其店铺下单的真实意思并非要求其交付商品，事实上也并未实际发货，双方对网络购物合同订立的表示行为缺乏内心真意，应为无效。

三、因“刷单”成立的虚构交易隐藏民事行为无效

对于隐藏在网络购物合同背后的虚构交易行为，亦因扰乱电子商务市场交易秩序，违反法律法规的效力性强制性规定而归于无效。《电子商务法》第十七条规定：“电子商务经营者应当全面、真实、准确、及时地披露商品或者服务信息，保障消费者的知情权和选择权。电子商务经营者不得以虚构交易、编造用户评价等方式进行虚假或者引人误解的商业宣传，欺骗、误导消费者。”在电子商务交易中，电子商务经营者正确、全面披露商品或服务信息，是保证消费者知情权、选择权和电子商务交易秩序的重要基础。由于线上交易具有虚拟性、信息不对称性等特点，消费者在购买前对线上商品的品质无法进行直观的评判和感受，因而商品的成交量及好评率成为消费者作出购买决定的一个重要考量因素。电子商务经营者通过雇“刷手”“刷单”的方式虚假抬高店铺交易量，必然影响消费者的知情权及选择权，构成对消费者的欺诈、误导。同时，该行为不正当地攫取了其他同业店铺经营者的交易机会，构成不正当竞争。再者，对电子商务交易市场而言，“刷单”行为扰乱了市场交易秩序，长此以往，必将损害行业整体利益。因此，《电子商务法》第十七条对电子商务经营者提供虚假销售状况信息的行为作出禁止性规定，以通过对虚构交易行为进行否定评价，实现规范电子商务经营者之间公平竞争的市场秩序，规范电子商务经营者披露商品信息的行为，保障电子商务健康有序和可持续发展。因“刷单”成立的虚构交易隐藏民事法律行为违反《电子商务法》上述效力性强制性规定，应为无效。

四、通过民事制裁规制“刷单”，肃清电子商务交易秩序

在确定“刷单”合同无效的基础上，如何正确适用法律法规关于合同无效法律后果的规定，使因“刷单”损害的电子商务市场秩序最大限度得以恢复，是审判的一大难点。合同无效后，由于虚假订单客观上业已产生，对网络营商环境的损害也实际造成，如判决将用于“刷单”的货款返还“刷手”，电子商务经营者将因不法行为获利，对消费者、同业竞争者、电子商务市场秩序造成的损害也无从得到弥补。剖析“刷单”货款的性质可知，“刷手”通过电子商务平台支付给电子商务经营者的货款，不仅是“刷手”基于与电子商务经营者虚假意思表示订立网络购物合同所支付的款项，而且是“刷手”欲通过为他人“刷销量”从而赚取相应比例佣金“投入”的款项。根据《民法通则》第一百三十四条第三款有关“人民法院审理民事案件，除适用上述规定外，还可以予以训诫、责令具结悔过、收缴进行非法活动的财物和非法所得，并可以依照法律规定处以罚款、拘留”的规定，从规制网络“刷单”行为，肃清电子商务交易秩序角度，应当将“刷手”为“刷单”支付的货款认定为用于非法活动的财物予以收缴为妥。同时，本案被告支付给案外人即“刷手”组织者的款项也应认定属于进行非法“刷销量”活动的财物，一并予以收缴。

“刷单”作为网络黑灰产业的典型代表，依法应予以规制。对于因“刷单”引发的返还货款等纠纷，在明确其表面及隐藏双重法律行为无效的基础上，正确适用民事责任承担方式重置因刷单受损的法益损害，对用于非法活动的财物予以收缴，表明了广州互联网法院不保护网络黑灰产交易的立场，以及通过司法审判推动网络空间治理法治化的使命。

【相关法条】

《中华人民共和国电子商务法》第九条、第十七条、第四十九条；

《中华人民共和国民法总则》第一百四十三条、第一百四十六条、第一百五十七条；

《中华人民共和国民法通则》第一百三十四条；

《中华人民共和国民事诉讼法》第一百五十七条、第一百六十二条。

审判庭成员：袁玥

“王者荣耀第一人”违约跳槽赔偿千万

——广州某牙信息科技有限公司诉江某涛网络服务合同纠纷案

张朝晖　罗永娟*

【裁判要旨】

随着网络时代直播经济的发展，直播平台竞争越发激烈，网络主播“跳槽”案件频发，因网络主播具有巨大的影响力，该类案件广受社会关注。该类合同性质，不能一概而论，要视合同具体约定来认定，一般认定为网络服务合同，但若主播是通过招聘而进入平台公司，合同中有关于工作考勤、地点、社保购买等符合劳动合同特征内容的约定，则该类合同应认定为劳动合同。对于直播协议中争议较大的违约金条款，不能仅停留在文字记载上，而应在文字记载的基础上考虑当事人在签约时的意思表示、行业的特殊性等因素进行综合判断，只要无《合同法》第五十四条规定的无效情形，均应认定为合法有效。在裁判的过程中，对违约金的调整上应该持谨慎态度，不宜轻易否认当事人的约定，而应当以尊重当事人的意思自治为原则，以诚实信用为指导，综合考虑互联网直播行业的特殊性、主播违约的恶意与收益、竞争平台的恶性挖角等因素，认定违约金的数额。当一方当事人提出违约金过高时，其应当举证证明违约金过分高于“造成的损失”，当其无法举证时，应承担举证不能的不利后果。

【关键词】网络直播　主播跳槽　违约责任

---

*　张朝晖——广州市中级人民法院立案庭四级高级法官；罗永娟——广州市中级人民法院立案庭四级法官助理。

【案件索引】

一审：广州市番禺区人民法院（2017）粤0113民初7261号（2018年2月14日）；

二审：广州市中级人民法院（2018）粤01民终13951号（2018年11月12日）。

【基本案情】

上诉人（原审被告）：江某涛；

被上诉人（原审原告）：广州某牙信息科技有限公司（以下简称某牙公司）。

某牙公司诉称：主播“嗨氏”江某涛于2016年10月与某牙公司签订独家合作协议，合同期至2018年1月31日。但在2017年8月27日，其在未与某牙公司沟通的情况下，单方面宣布离开某牙公司并在其他平台进行了直播。该行为构成了单方面违约。

江某涛辩称：在2017年8月初，某牙公司平台上的其他知名主播组织人员在其直播时在直播视频中进行攻击性弹幕刷屏，还通过制作视频的方式，有计划、有目的性地在网上对江某涛进行人身、人格攻击，导致江某涛无法正常直播，不得不中止直播，还引起部分人员前往江某涛的住所地对江某涛的家人人身安全进行威胁。江某涛在2017年8月27日至2018年7月31日的微博粉丝量、关注量从500万人急降至400万人，江某涛的个人名誉受到极大的贬损，个人隐私亦不断被调查和披露，江某涛及其家人不得不关闭手机和更换居所地。但事后某牙公司并没有采取任何实质性的行动来保障江某涛履行合同，进行直播，在某牙公司的默许和放任下，某牙公司平台的其他部分主播对江某涛的攻击和威胁变本加厉。江某涛是在此情况下迫不得已离开某牙公司平台，系为了保护自身合法权益而不得不采取的自救行为，不应被认定为违约。

法院经审理查明：2016年9月26日，江某涛与案外人某多公司签订了《主播三方合作协议》。2017年1月1日，某牙公司与江某涛、某多公司签订了《合同主体变更协议》，合同主体变更为江某涛以及某牙公司。2017年1月19日，某牙公司、江某涛与案外人某谷公司签订了《某牙主播服务合作协议（预付）》，该协议约定：江某涛承诺在合作期间内，不得在与某牙公司存在或可能存在竞争关系的现有及未来的网络直播平台及移动端应用程序（包括但不限于某鱼直播等平台）以任何形式进行或参与直播，包括任职、兼职、挂职或免费直播；不得承接竞争平台的商业活动。若江某涛未经某牙公司同意擅自终止本协议或违反排他条款的约定，在某牙直播以外的其他网络平台进行直播及解说，则构成重大违约，某牙公司有权收回江某涛在某牙直播平台已经获得的所有收益（包括但不限于合作费用、道具分成、广告收入等），并要求江某涛赔偿2400 万元人民币或江某涛在某牙直播平台已经获取的所有收益的 5 倍（以较高者为准）作为违约金，并赔偿由此给某牙公司造成的全部损失。该合同还约定，本协议期满后，江某涛与其他第三方合作的，应在与第三方正式签署合同的 15 天之前，将与第三方的合作条件书面告知某牙公司，某牙公司在同等条件下享有优先续约权。

自江某涛在某牙直播平台直播以来，某牙公司及其母公司某多公司为提升江某涛直播人气，花费大量成本，将某牙直播平台最优质的推广资源优先提供给江某涛，为其安排承接各种外部商演活动，包括与王某凯、张某山等知名演艺人员合作，参加浙江卫视大型综艺节目《高能少年团》，并在腾讯视频、爱奇艺视频、乐视视频播出节目，参演网络剧《薛定谔的猫》等。

江某涛网名“嗨氏”，原在战旗平台单机观众量仅超过 10 万人。2013 年 12 月 20 日，江某涛在游戏人生个人主页粉丝量也仅为 10 万人。自江某涛利用某牙直播平台资源后，逐渐成为国内在游戏直播领域顶级的网络主播，被称为“王者荣耀第一人”，其新浪微博关注度达到 500 万人。江某涛是某牙直播最知名主播之一，在某牙直播成名，此为游戏玩家中公知的事实。

2017 年 2 月 1 日，某牙公司与江某涛签订《直播服务补充协议》，确认某牙公司在《某牙主播服务合作协议（预付）》生效前，基于《主播三方合作协议》对江某涛推广成本，含直播 WEB 端资源“首屏推荐直播位”“王者荣耀列表 banner”，移动 APP 端资源“首屏推荐”“王者荣耀列表 banner”，投入成本总计为 2960 万元。

2017 年 6 月 8 日，某牙公司与江某涛签订了《高能少年团》合作之补充协议书，双方确认，为提高江某涛知名度，某牙公司花费巨资推荐江某涛参加浙江卫视举办的大型综艺节目，某牙公司已与节目组签约，并要求节目组给予江某涛相关的资源和待遇。本次活动推广共计投入不低于人民币 600 万元。双方确认将该等投入为江某涛依据原协议合作取得的收益。江某涛参与的《高能少年团》系较为重要的一期压轴节目。

自江某涛在某牙直播平台直播以来，经证实的收益为 5815250. 24 元，江某涛在提交答辩状时认可的收入为 5186666. 24 元。按江某涛提供的数据计算，江某涛合作收益共计 11186666. 24 元，依合同约定的违约金较高者应为江某涛在某牙直播平台获取的收益的 5 倍即 55933331. 2 元。

自 2017 年 8 月 27 日，江某涛未经某牙公司同意，开始在与某牙公司具有直接竞争关系的某鱼直播平台进行直播，首播开播前人气值就已经超过 190 万。

上述行为造成某牙公司经营的某牙直播平台大量活跃用户流失。

某牙公司提供的证据显示，通过某牙直播平台在2017年7月22日至9月1日期间“王者荣耀”品类日活跃用户数量和江某涛直播间日活跃用户数量的对比，可发现自江某涛在某鱼直播平台开播以来，某牙直播平台的日活跃用户量显著下降。

【裁判结果】

广州市番禺区人民法院于2018年2月14日作出（2017）粤0113民初7261号民事判决：一、江某涛于判决发生法律效力之日起三日内向某牙公司支付违约金4900万元；二、驳回某牙公司其他诉讼请求。

判后，江某涛不服一审判决，提起上诉。

广州市中级人民法院于2018年11月12日作出（2018）粤01民终13951号民事判决：驳回上诉，维持原判。

【裁判理由】

生效判决认为，从合同的履行情况来看，某牙公司在合同签订之后，依约为江某涛提供了直播平台、用户资源、网络直播及解说所需要的必要的技术支持、软硬件支持等，履行了合同约定的义务。江某涛也已经在某牙平台上进行直播，其合同目的已经实现。从以上合同履行情况和结果来看，某牙公司并不存在违约行为。尽管江某涛在某牙平台直播时确遭受某牙公司平台的其他主播有组织的弹幕刷屏谩骂。但是，面对和处理网络言论应为网络主播的职业内容。江某涛自2012年起即通过上传游戏视频的方式与网友互动，至2017年，江某涛已经在网络上活跃了五年，并已经成为知名主播。可见，经过长时间的磨炼，其应有强于普通人的应对网络上的各类言论的能力。即使江某涛更换到其他平台直播，各直播平台、各主播之间仍有竞争关系，网络互动不会停止，网络攻击性言论不会消失。因此，网络言论的攻击一般情况下不应成为主播行使合同解除权继而离开原平台更换到其他平台继续直播的合理理由。此外，江某涛与其他主播之间就直播等事项发生的争议属于个人之间的纠纷。而且，江某涛提交的被弹幕刷屏的证据与江某涛无法直播的后果之间根据现有证据不足以认定。微博粉丝量降低与某牙公司有无适当干预以及弹幕刷屏之间亦缺乏直接的关联性。综观本案，江某涛提交的证据并不能形成有效的证据链，证明某牙公司存在根本违约的行为。

江某涛在合作期间内违约离开某牙公司平台，在某鱼直播平台直播，显属重大违约，某牙公司有权依约向其追究违约责任。

关于违约责任的认定和处理问题。本案中，某牙公司要求收回江某涛在某牙公司平台已经获取的所有收益的 5 倍作为赔偿符合合同约定。有关收益的问题，江某涛认可实际收到收益金额为 5186666 元，该金额作为收益的一部分予以认定。有关双方争议的 600 万元的问题。某牙公司与江某涛在 2017 年 6 月 8 日签订的《高能少年团》合作之补充协议书中，明确约定了双方确认将该等 600 万元投入确认为江某涛依据原协议合作取得的收益。江某涛事实上也参与了该次演出活动，享受了该 600 万元带来的收益。作为完全民事行为能力人，江某涛在合同中明确确认的事实对其有约束力。二审认可该 600 万元属于江某涛在某牙公司平台获得的收益。则以 1186666. 24 元（5186666. 24 + 6000000）为基数计算出 5 倍金额约为 55933331. 2 元，某牙公司主张的违约金 4900 万元低于收益的 5 倍且与合同约定相符。

有关该违约金金额的合理性问题。江某涛在本案诉讼发生之前并无对该合同条款效力提出质疑，可见其认可该违约条款的效力。江某涛在 2016 年 10 月 9 日至 2017 年 8 月在某牙公司平台直播，在这不足一年的时间里，江某涛的收益为 11186666. 24 元，可以佐证江某涛“王者荣耀第一玩家”的经济价值以及某牙公司独家签约江某涛的可期待利益。江某涛是王者荣耀游戏的顶级玩家及知名主播，某牙公司独家签约江某涛为其投入了人力、物力、财力，安排其参加综艺节目，为其提供推广宣传，集聚人气。同时，某牙公司也能从中获得点击率的提升、知名度的提高并获得高额收益。江某涛违约在与某牙公司有竞争关系的某鱼平台直播显然会导致某牙公司的各项收益受到影响。而江某涛签约时明知订立了违约金计算方式，且知晓某鱼直播罗列在合同约定的第 1. 2 条排他条款的首位仍违约去某鱼平台直播，其违约的故意可见一斑。综合以上分析，根据合同约定、江某涛“王者荣耀第一人”的地位和价值、某牙公司的投入、某牙公司因江某涛违约所遭受的损失、继续履行合同某牙公司的可期待利益等应支持某牙公司有关 4900 万元违约金的主张。

【案例注解】

网络时代直播经济日益发展，据统计 2017 年中国在线直播用户规模达到 3. 98 亿人，市场规模达 363. 3 亿元。[1] 网络直播行业的繁荣带动了网络主播新型职业的急速发展。而与之相对应的，国内直播平台竞争激烈，为争夺流量和用

1　参见《 2018 年中国在线直播行业市场数据分析及预测》，载中商情报网，http：//m. askci. com/news/chanye/20180731/1701111127386. shtml，最后访问于 2020 年 4 月 2 日。

户，直播平台以高薪挖主播，诱使主播转平台、跳槽事件频发，网络主播与直播平台或公会之间的纠纷日趋增多。据初步统计，以G市法院为例，2015年受理该类商事案件1件，从2017—2018年激增数十件，呈现不断增长的趋势；而广州仲裁委2015年受理该类案件3件，2017年达到79件。网络主播“跳槽”引起的纠纷作为一种新型案件，与传统合同纠纷相比，在合同主体、合同性质、违约形式、违约责任认定以及赔偿金额等方面有所不同，尤其是该类案件所涉及的违约赔偿金额远远高于传统的民商事案件，而且鉴于主播的影响力巨大，该类案件会产生较大的社会影响。因此，对该类案件进行进一步的研究分析，统一裁判思路，必不可少。通过收集对比该类案件，总结出在该类案件中当事人之间的争议焦点主要集中在：合同的性质如何认定？合同中约定的违约金条款的效力如何？违约金是否过高，应否调整？

一、合同性质

正本要清源，合同性质的认定对纠纷后续的处理起基础性作用，将争议的合同归入相应的合同类型中，方能准确地确认当事人的权利义务，正确地适用法律，决定当事人的诉求能否得到支持。因此，对该类案件的处理首先应当对合同性质有准确的认定。

直播运营平台与主播所签订的协议，虽名称各不相同，但从合同实质内容来看，主要有以下类型：(1)“经纪约”，涉及第三方为主播与平台提供经纪服务的有关约定；(2)“直播约”，关于主播为平台提供直播服务的协议约定；(3)“混合约”即同时包含有经纪约和直播约内容的综合约定。但该类合同为新型合同，无法将其归入合同法中规定的15种有名合同中，属于无名合同。故司法实践中，对该类合同的性质认定各不相同，存在争议。第一种观点认为属于劳动合同；第二种观点认为属于商业性质的合同。为避免案由定性错误，可能直接定性为合同纠纷。但合同纠纷是一级案由，该类案件的定性还可能再细分为委托合同、经纪代理合同、网络服务合同等。通过对比主播“跳槽”的案件，笔者认为，基于合同约定的直播平台与主播之间权利义务的内容不尽相同，合同的性质亦不相同，不能一概而论。直播平台与主播之间形成的法律关系应视双方的权利义务关系更符合哪种合同的实际特征而作出认定。

1. 劳动合同。主播通过直播平台用工招聘的方式进入，在签订的协议中包含用人单位、劳动者的信息、劳动合同的期限、劳动的内容和方式、地点、考勤时间、保底工资、休假、社会保险，劳动者受到用人单位规章制度的约束等劳动合同的核心条款时，应当将协议认定为劳动合同。一旦确认当事人之间成立劳动关系，那么劳动争议发生后，当事人应当先向劳动争议仲裁委员会申请仲裁，对仲裁裁决不服的，方可向法院提起诉讼。

(2017) 粤 016 民初 23245 号案件中关于当事人法律关系的论述具有典型性:“首先,原告(直播平台)在劳动仲裁时已自认被告(主播)系由其员工招聘入职,在其主播部任主播,并已填写入职申请表,现其虽主张其与被告非劳动关系但其提交的《授权委托书》仅能说明其系代被告收取与某狗公司因直播合作产生的收益分成等事宜,其并未举证证明被告在入职原告公司时已与某狗公司建立了劳动关系,或被告已将其与某狗公司签订的相关合作协议或劳动合同交由其办理代理权限中的相关事项,基于主播行业的特殊性,如收益来源和工作内容等,本院认为《授权委托书》中所载事项以及被告需遵守直播平台的规则均与原、被告之间是否构成劳动关系不相斥;其次,根据审理查明的事实,原告与被告约定了前两个月直播时间不低于 180 小时则发放保底工资 3000 元,而此明显与原告主张的双方之间无论是为民事代理法律关系还是合作关系的性质不符,且事实上原告已发放给被告的部分款项亦分别有备注为‘提成’、3 月份‘结余部分’‘4 月工资 +3 月水电补回’,此应认定为原告发放给被告的劳动报酬;另外,按照原告的陈述,被告在职期间有指纹考勤且休息需要事先通过微信或 QQ 申请,而此明显体现出双方之间的管理与被管理的特征,符合劳动关系双方之间的人身隶属性……本院参照《关于确立劳动关系有关事项的通知》第一条、第二条规定之情形,依法确认双方在 2017 年 3 月 7 日至 5 月 7 日存在劳动关系。”

2. 合同纠纷。大部分主播与直播平台之间不存在隶属关系时,当事人之间为合同关系,其主要特征体现在:在工作时间、方式上,只约定主播每月的总工作量,具体的时间安排、直播内容均由主播自主决定;在人事管理上,主播自主选择工作地点,不需要去公司打卡坐班,不需要遵守公司管理制度;在工作报酬上,主播的收入与其拥有的粉丝量直接挂钩,主要来源于用户的打赏而非直播平台的薪酬,直播平台与主播之间对用户打赏按比例分成;此外,协议一般无关于社会保险等内容的约定。

如上所述,该类合同属于无名合同,故大部分该类纠纷则定为合同纠纷这个一级案由之下,笔者认为该定性并无不当,但过于宽泛,应再进行细分定性为网络服务纠纷。理由有二:其一,网络服务合同指网络服务商提供路径,使使用者与因特网连线的中介服务或者提供内容服务的合同,[2]直播平台为主播提供网络直播平台、网络直播及解说所需要的必要支持、软硬件支持、用户资源、商业推广等服务,而主播在直播平台提供的路径,在网络上提供直播服务,并通过平台用户打赏得到收益,与直播平台进行比例分成。从当事人的权利义务

2 参见《网络服务合同纠纷案件管辖权探讨》,载《人民法院报》2017 年 6 月 28 日。

来看，符合网络服务合同的特征，为其一。其二，从现有的法律法规来看，为了规范互联网直播行业，国家也出台多部法律法规，其中《互联网直播服务管理规定》第十三条第一款明确规定:“互联网直播服务提供者应当与互联网直播服务使用者签订服务协议，明确双方权利义务，要求其承诺遵守法律法规和平台公约。”可见，直播平台与主播之间签订的为网络服务合同有法律依据。本案的案由就是网络服务合同纠纷。

笔者认为该类合同不应定性为委托合同或者经纪代理合同。首先，委托合同指为他人办理委托事务，委托人支付约定报酬或不支付报酬的合同。受托人均在委托的权限范围内以委托人的利益而行为，委托人有随时解除委托的权利。在主播与直播平台的合同关系中，当事人均有较大的自由空间，互付义务，并不能随时解除合同，其关系与委托合同关系并不吻合。其次，虽主播与直播平台之间的关系与传统经纪关系相似，如传统经纪公司打造明星一般，平台为了提升主播的粉丝量亦会投入巨大的财力、物力，但网络直播具有特殊性。体现在:传统演艺关系中，艺人的表演形式是具体的，比如亲自到具体的地点拍戏、表演;工作时间和内容是固定的，演艺公司提前进行安排。网络主播的表演形式是虚拟的，通过直播平台提供的软件和设备呈现，直播内容自行决定，自由度很大，时间上只要在一定期限内完成一定工作量即可。因此，两者存在一定差异，不能等同。

二、违约条款的效力

很多案件显示，合同签订之后，在被诉违约之前，当事人都没有对违约条款提出异议，到了诉讼中才提出签约能力不足、签约时处于劣势等，这些辩解往往都是薄弱的，不足以形成对抗合同效力的效果。

首先，从缔约能力分析，主播的缔约能力并不比直播平台弱。当红主播在网络直播行业沉浸了多年，对该行业有相当的认知水平，直播平台与主播共同诞生、相互依存，在经验上并不存在所谓优势。在签订合同时，主播可以根据自己的情况邀请专业法律服务团队积极参与协商及订立合同以保护自己的权益，应该对自己的签约行为作出理性的判断。

其次，从公平性分析，合同并无显失公平。平台要求主播与其独家合作的对价是平台对主播进行长期的培训和资源的提供，即主播选择与平台签订合约的目的在于借助平台获得更多的宣传、积攒更多的人气以及获得更好的收益，平台因其提供直播平台、宣传资源进而要求独家享有主播的全部演艺事业经纪权并无不妥，直播平台出于管理角度对主播的权利义务进行限制符合行业惯例，不存在显失公平的情形。反之，在网络直播平台之间竞争巨大的情况下，网络平台对优秀主播的需求很大，主播的谈判能力并不比直播平台弱。如果直播公司在协议的过程中存在胁迫、欺诈、占有经验上的优势或存在显失公平的情况，网络主播完全有空间与直播平台进行协商或者选择不签订签约。但如赋予主播以未实现成名效应或在成名效应后单方提前解除合同的任意解除权，对于前期投入成本的平台而言亦不公平。一个优秀平台对于主播知名度的提高非常关键，平台通过自身的资源和脉络对主播进行包装、推广，对主播提高行业内的知名度而言是必不可少的，而签约当时，主播也恰恰是为了寻求这样的机会。因此，合约内容对主播来说并非不公，反而是经双方平等协商、自主选择的结果，系当事人的真实意思表示，只要主播符合完全民事行为能力人的认定标准，合同内容不违反法律、行政法规的强制性规定，则该合同条款应认定为合法有效，对主播、对直播平台均有约束力，网络平台与主播都必须恪守。

三、违约金的酌减问题

本案判决后，受到舆论的广泛关注，除了本案主播本身作为“王者荣耀第一人”的社会影响力之外，还因为上千万的巨额违约金受到关注。有关违约金酌减的问题，是该类案件的重点、难点。

在主播“跳槽”案件中，违约的责任形式主要有：(1) 直接约定违约金赔偿数额；(2) 违约损失赔偿的计算方法，一般以主播在平台所获得报酬的倍数确定；(3) 同时约定违约金额及损失赔偿计算方法，以较高者为准；(4) 赔偿平台全部直接损失及可预期利益；(5) 返还主播在平台已获取的收益。上述5种类型违约责任，可能单独适用或者同时选择若干种违约责任。对于混合违约责任的主张，一般的处理原则为：(1) 当平台要求赔偿违约金或者损失、返还在平台已获取的收益时，一般对返还收益的主张不予支持。理由在于：当事人对合作直播收益的分配，是主播经过其直播后取得的收益，主播付出了对价，而平台也因此而获益。主播的该收益不属于双方签订合同后从直播平台处取得的财产，也不属于财产损失范围，约定平台有权收回主播在平台所获的全部收益，不符合公平原则。(2) 鉴于违约金的补偿性，当违约金足以弥补损失时，直播平台亦不能要求主播既赔偿违约金，又赔偿损失。

而本案例中某牙平台诉请江某涛承担的违约责任属于上述的第三种情形，以江某涛在平台获取的所有收益的5倍作为违约金。如同本案主播的抗辩，“跳槽”的主播往往会主张约定的违约金过高，要求法院予以调低。但违约金是否应予以调低？调低多少？法官有较大的裁量权。笔者认可该种对违约金酌减的裁量权，但认为对违约金的酌减是有边界的，应当结合网络直播的特性以及遵循一定的规则。

在我国，违约金的性质是补偿守约方的损失为主，惩罚为辅。当违约金低于所造成的损失时，违约金属于赔偿性质，当违约金高于所造成的损失时，违约金兼有赔偿和惩罚的双重功能。[3]现有关于违约金酌减的规则主要规定在：《合同法》第一百一十四条、《最高人民法院关于适用〈中华人民共和国合同法〉若干问题的解释（二）》第二十九条以及《关于当前形势下审理民商事合同纠纷案件若干问题的指导意见》第七条，归纳起来为：当事人主张约定的违约金过高请求予以适当减少的，法院应当以实际损失为基础，兼顾合同的履行情况、当事人的过错程度以及预期利益、当事人缔约地位强弱、是否适用格式合同或条款等综合因素，根据公平原则和诚实信用原则予以衡量，并作出裁决。当事人约定的违约金超过造成损失的百分之三十的，一般可以认定为《合同法》第一百一十四条第二款规定的“过分高于造成的损失”。抛开法理对违约金酌减的讨论，从实操层面上分析上述规定，可得出以下结论：高于所造成的损失30%的违约金原则上应予以酌减，未超过所造成的损失30%的违约金原则上应不予以酌减，除非依综合衡量有其他的考量；应予酌减的，酌减幅度也应经过综合衡量确定。[4]因此，在认定违约金是否应予以减少时，最根本的判断是违约金与守约方的“损失”之间的比较孰高孰低。“损失”的确定与否，是判断违约金是否过高，应否酌减以及酌减幅度的关键。

1. “损失”的确定

上述法条中出现了“造成的损失”“实际损失”“预期利益”三个概念，如何理解损失的范围呢？“实际损失”一般是指受害人信赖合同能够履行而得到履行利益所支出的费用或财产因违约而受到的损失，又称“信赖利益”损失[5]，是一种现实的财产损失。预期利益损失则是为了可以得到的但因为违约行为而没有得到的利益，与可得利益是同义词，主要分为生产利润损失、经营利润损失和转售利润损失等类型[6]。《最高人民法院关于适用〈中华人民共和国合同法〉若干问题的解释（二）》第二十九条第一款中并行提及“实际损失”和“预期利益”，两者相加构成《合同法》第一百一十三条第一款中的“造成的损失”。但同时，笔者认为不应过分地区分“实际损失”和“造成的损失”的内涵。违约方应完整填补违约损害，在考量违约金是否高于“损失”时，“损失”应当包含守约方的全部损失、“实际损失”和“预期利益”，即因违约而生的各种损害只要得以证明，均应纳入考量。

在网络直播行业，直播平台为培养一个平台签约主播，平台通常要投入巨

---

3 沈德咏等主编，最高人民法院研究室编著：《最高人民法院关于合同法司法解释（二）理解与使用》，人民法院出版社2009年版，第209页。

4 姚明斌：《违约金司法酌减的规范构成》，载《法学》2014年第1期。

5 李永军著：《合同法》，法律出版社2003年版，第637页。

6 杨心忠编著：《最高人民法院商事裁判规则详解》，人民法院出版社2015年版，第282页。

额资金为主播推广资源、宽带资源、技术资源等，该些投入使得主播粉丝量猛增，若主播此时“跳槽”，将使得直播平台的投入均为其他平台做了“嫁衣裳”，其并未就该投入而获益。故该些投入应当视为主播平台的损失。如本案中，某牙公司与江某涛在签订《直播服务补充协议》时均确认，某牙公司在《某牙主播服务合作协议（预付）》生效前，基于《主播三方合作协议》对江某涛推广成本，含直播WEB端资源“首屏推荐直播位”“王者荣耀列表banner”、移动APP端资源“首屏推荐”“王者荣耀列表banner”，投入成本总计2960万元。签订合同之后，某牙公司为提升江某涛直播人气，花费大量成本，将某牙直播平台最优质的推广资源优先提供给江某涛，为其安排承接各种外部商演活动，包括参演网络剧《薛定谔的猫》、与王某凯、张某山等知名演艺人员合作，参加浙江卫视大型综艺节目《高能少年团》，并在腾讯视频、爱奇艺视频、乐视视频播出节目，就该节目的投入就达600万元。上述的投入，都应纳入因江某涛的跳槽而遭受的损失的考量之中。

2.“损失”的举证责任

违约金酌减的举证责任分配，虽属于程序层面的问题，但若一方因举证不能而承担不利后果，确可能对实体的处理产生重要影响。一般而言，根据谁主张、谁举证的原则，若当事人约定的违约责任方式为赔偿平台的损失以及可得利益时，直播平台应首先对其损失额进行举证。同样，若当事人约定了一定数额的违约金或者违约金的计算方法，只要守约方确定了违约金的数额，违约方主张调整违约金必须承担举证责任。在主播“跳槽”案件中，主播抗辩违约金的情形更为常见。

关于举证责任的问题，《关于当前形势下审理民商事合同纠纷案件若干问题的指导意见》第八条规定，人民法院要正确确定举证责任，违约方对于违约金约定过高的主张承担举证责任，非违约方主张违约金约定合理的，亦应提供相应的证据。据此，可明确违约方请求酌减违约金的，应证明的对象就是违约金的金额高于违约造成的损失，则比较的基础是约定违约金的金额和造成的损失两项事实。约定的违约金金额可能涉及诸如延迟履行的时长等计算变量的证明；而对于造成的损失，应提供相关的计算基础，如市场价格、债权人购买标的物为自用而非转卖获利等。一旦确定造成的损失金额，则可衡量约定的违约金比损失的“过分高于”是否达到30%的标准。当违约方未能举证证明违约金过分高于造成的损失，违约方应当承担举证不能的不利后果，其要求调低违约金的主张不能成立。但考虑到违约方不可能举出守约方损失的全部证据的因素，因此上述证明标准应为违约方提供足以让法官对违约金约定公平性产生怀疑的证据即可，然后法院根据举证责任的分配，将证明违约金约定合理性的举证责任分配给守约方承担。[7] 当然，守约方提出并证明存在其他情形说明即使达到30%的标准，亦不属于“过分高于”从而不应酌减时，法院亦应从个案正义的角度予以衡量。比如在最高人民法院（2018）最高法民再303号“拉萨市国土资源局与拉萨玛吉阿米餐饮连锁有限责任公司建设用地使用权出让合同纠纷案”中，债务人违约导致产生高额违约金，之后又明确承诺愿意支付该高额违约金，以换取守约方继续履行其他义务，后又在诉讼中请求人民法院酌情调减违约金的，不予支持。

在本案的举证上，守约方某牙公司针对约定的违约金的合理性问题，除提交了上述对主播包装、推广、技术支持等投入的相关证据外，还提交了第三方的对其实际损失的评估报告给法院予以参考。虽该份评估报告为单方委托评估，评估报告中对于单用户价值为201.23元/户基本也符合公开的报道及可以查询的情况。江某涛的违约行为致使某牙公司活跃用户流失量巨大，某牙公司提供的公证书表明，江某涛首次开播人气为190万人，有理由相信，江某涛首次开播的人气主要来源于某牙直播平台，即使190万人中的十分之一作为活跃用户流失，给某牙公司造成的损失也达数千万元，此外，还会造成某牙公司基础用户数、用户关注度下降的损失。综观某牙公司的证据，某牙公司完成了对违约金合理性的举证责任。但反观违约方江某涛的举证，江某涛提出违约金过高的主张，其应提交证据证明其活跃用户并非来自某牙公司平台，现在的活跃用户情况，以及江某涛与新平台的签约情况、违约金的约定，以及在去某鱼平台直播前是否有预谋，从新平台获得的预付款项、现收入情况等事实，但其除对守约方的证据予以否认外，而未提交实际的证据证明双方约定的违约金过分高于某牙公司遭受的损失，同时在一审责令江某涛出庭接受询问时，其亦拒不到庭，江某涛显然怠于履行举证义务。

3. 无法确定“造成的损失”时的处理

当“造成的损失”可计算时，违约金的调整以“造成的损失”为基准，再综合衡量，该操作尚且明确。但往往很多违约情况中，违约带来的损失难以衡量。此时，更考验法官自由裁量权的行使。笔者认为，当“造成的损失”无法确定的情况下，除非综合衡量合同履行程度、当事人过错、当事人缔约地位强弱等因素后，法官有充足的理由认为应当对违约金进行酌减方符合公平和诚实信用原则，一般而言，法官应当更多地运用证据规则进行认定，对违约金的调整保持谨慎和适度的态度，以不酌减为原则，以酌减为例外。理由如下：（1）从

---

7 沈德咏等主编，最高人民法院研究室编著：《最高人民法院关于合同法司法解释（二）理解与使用》，人民法院出版社2009年版，第210页。

《合同法》第一百一十四条的规定来看，该条文共分三款，其中第二款是调整违约金的法律依据，但将第一款“当事人可以约定……也可以约定……”和第二款结合进行体系性地分析，则不难发现该条第二款实为第一款的但书，即第一款应当理解为当事人约定违约金或违约损失赔偿额的计算方法有效，而第二款当理解为“但过高过低的可以适当调整”。(2) 在商事合同中，“法律认为商人在作出违约金约定时能够进行比较好的考虑”[8]，事前约定的违约金是当事人预先估计损失赔偿的总额。只要约定合法有效，那么法院应当相信当事人经过理性的考量而作出的选择结果，不应进行过多的主观酌定。一方当事人若要推翻该主张，就应当有充足的举证和理由。(3) 违约金的存在目的在于为债务的完全履行提供担保，同时保障在出现违约情况时，非违约方可以直接要求对方承担违约责任，从而避免了举证责任困难的问题。违约金的功能不仅仅限于违约后对债权人的救济，还是缔约时当事人向对方的一种承诺，以取得交易信誉和订立合同的机会。在违约条款成为一方缔约机会的重要因素时，事后又被无依据地调低，有违交易公平和诚信。

就网络直播行业而言，“用户为王”“流量为王”，与传统企业显著不同。用户数量与流量，是互联网企业命脉之所在，是关系其生存发展的核心问题。只有不断地吸引用户，才能支撑其不断融资、生存与发展，才能给企业带来收益。主播是直播平台的核心自愿和核心竞争力。有一定名气、一定粉丝量的主播，给平台带来用户流量，通过观看直播的大众会通过打赏方式给主播以及直播平台带来可观的直接收益，还包括平台点击率、聚集人气、提供知名度、发布商业广告等利益。知名主播对平台的影响是巨大的。直播市场“诸侯纷争”，平台之间恶意争夺大主播的行为屡见不鲜，许多平台不惜斥巨资挖人。平台为保证不为他人做嫁衣，都会约定高额违约金以保证主播遵守独播的约定；主播为提高平台对自身履约可靠性的信赖程度，换取平台培养和发展机会，也同意受巨额违约金的约束。这也是该行业内的习惯做法。违约金事后看似高昂，却是经过复杂精细计算合同履行期间主播可带来的收益后得出来的，双方在协议时已经有所预期，是理性选择、追求利益最大化的结果。比如本案中，为了留住有人气、有实力、有影响力的主播江某涛，某牙公司与江某涛在涉案合同中约定了违约金条款，该条款是江某涛与某牙公司经过协商，经过对收益的思考之后订立的，对双方有约束力。而江某涛在某牙平台成名后，在其直播视频中，曾表示若违约，其要承担5000万元的违约金。

8 罗昆：《我国违约金司法酌减的限制和排除》，载《法律科学》2016年第2期。

表 1　网络直播平台与主播约定的违约金概览

当事人	约定违约金金额（元）
武汉某鱼 vs 王某涛	30000000
陈某兵 vs 某锋公司	10000000
熊猫某娱 vs 王某	3000000
武汉某鱼 vs 董某	35000000
广州某久 vs 金某欣	1000000
深圳某驹 vs 谢某辉	30000000

若直播平台巨额培养的主播跳槽，对平台的影响实际上是难以估计的，包括前期的投入、培养的成本、预期利益，还包括用户的转移和流失，使得平台的市场价值的降低等，影响更是难以估计的。正因为这种损失难以估计，为避免日后对损失举证困难，每个主播签约时，都会根据主播的影响力大小、平台培养成本、预期收益的不同事先约定违约金，从几十万元到几千万元不等。违约责任条款约定越重越能说明主播的影响力，这样的主播经济实力也比较强。对于网络直播纠纷这类新型案件，要对新兴商业模式有新的认知，不应局限于传统商事案件的思维，如下表所示，尚不考虑主播通过平台人气扩展的其他业务收益，大主播的商业价值、对违约金的承受能力，远远高于一般行业，约定的违约金与其收益相比，并不一定就过高。如本案某牙平台答辩时陈述，与江某涛在 2016 年 9 月签约时其并非全国知名主播，约定的违约金仅为 300 万元，在某牙平台的大力培养下江某涛的影响力和商业价值逐渐扩大，一年的收益可达上千万元，因此而后约定的违约金更为巨额。本案违约金的最终考量结合了合同违约条款之约定、江某涛“王者荣耀第一人”的地位和价值、某牙公司的投入、某牙公司因江某涛违约所遭受的损失、继续履行合同某牙公司的可期待利益等因素支持了某牙公司有关 4900 万元违约金的主张。

表 2　主播直播收益概览

绝地求生区 TOP10								
礼物排名	房间号	人民币礼物	斗鱼 ID	分类	时长	免费礼物/道具价值	综合礼物价值	综合排名
1	78561	¥2292948.20	妃凌雪	绝地求生	141	833034.30 ₠	¥3125982.50	2
6	3168536	¥1070910.10	Xleft 小叮当	绝地求生	185	453439.50 ₠	¥1524349.60	14
11	2267291	¥891665.70	17shou''	绝地求生	157	508961.20 ₠	¥1400626.90	16
12	24422	¥856411.20	pigff	绝地求生	229	936611.50 ₠	¥1793022.70	9

续表

礼物排名	房间号	人民币礼物	斗鱼ID	分类	时长	免费礼物/道具价值	综合礼物价值	综合排名
13	2947432	¥795489.20	呆妹儿小霸王	绝地求生	126	119343.50 €	¥914832.70	24
18	85981	¥636065.10	、蛇哥 colin	绝地求生	134	1650832.40 €	¥2286897.50	6
23	19223	¥514511.80	气人主播 QQQ	绝地求生	177	608565.30 €	¥1123077.10	21
24	20360	¥495979.20	Pc 冷冷	绝地求生	119	237086.20 €	¥733065.40	28
31	699689	¥408482.50	狐狸不太 Sao	绝地求生	220	157957.80 €	¥566440.30	41
33	56040	¥405260.20	主播油条	绝地求生	133	214325.30 €	¥619585.50	36

网络直播行业是新兴行业，直播群体和观众多为年轻人。网络主播作为公众人物，也是年轻人的表率，其行为对年轻人有着较强的影响力。但直播行业管理滞后，平台恶性竞争，直播者与直播平台签订合同之后，为收益或为人气恶意违反合同约定，任性跳槽时有发生。轻易调整违约金，将大大降低违约方的违约成本，可能会引发市场更恶性的竞争和恶意违约行为的增多，不利于该行业秩序的建立，不利于为广大网民树立良好的榜样，也与社会主义诚信价值观相背离。在裁判过程中，一方面要引导、保护新事物、新行业健康发展，努力营造良好的法治营商环境，另一方面要坚持正确导向，弘扬社会主义核心价值观，倡导积极健康、向上向善的网络文化，维护良好网络生态，为广大网民特别是青少年成长营造风清气正的网络空间。

【相关法条】

《中华人民共和国合同法》第六十条、第一百一十三条、第一百一十四条；

《最高人民法院关于适用〈中华人民共和国合同法〉若干问题的解释(二)》第二十九条；

《关于当前形势下审理民商事合同纠纷案件若干问题的指导意见》第七条、第八条。

一审合议庭成员：宋　峰　朱杏梅　李丽娥

二审合议庭成员：张朝晖　刘革花　练长仁

贿赂犯罪情形下民事合同效力的认定

——广州市某建有限公司建材贸易分公司诉刘某强租赁合同纠纷案

钟育周　李　焕　胡玮瑶*

【裁判要旨】

公司高层收受贿赂后签订民事合同的行为是否属于“恶意串通”以及是否损害公司合法权益，属于实体审理和裁判的事项。即使刑事判决认定公司高层收取贿赂，并利用职务便利积极插手下属企业业务，指使下属公司将相关物业租赁给指定人以经营谋利，但刑事判决所认定的贿赂犯罪事实与民事合同纠纷基本事实并非基于同一法律判断，民事合同效力并不因犯罪行为而当然无效。在涉及刑事犯罪的民事合同效力认定上，仍需全面审查证据，并依据《民法总则》第一百五十四条等作出认定。

【关键词】私法自治　贿赂　恶意串通　损害他人权益　合同效力

【案件索引】

一审：广州市荔湾区人民法院（2016）粤0103民初6975号（2016年12月29日）；

二审：广州市中级人民法院（2017）粤01民终1612号（2018年10月11日）。

---

* 钟育周——广州市中级人民法院立案庭庭长、三级高级法官；李焕——广州市中级人民法院立案庭四级高级法官；胡玮瑶——广州市中级人民法院立案庭四级法官助理。

【基本案情】

2005年7月25日，广州市某建有限公司建材贸易分公司（以下简称某建公司）与刘某强签订《租赁合同》，约定将涉案房屋及原配备整体出租给刘某强经营使用。2014年12月，（2014）穗黄法刑初字第425号及（2014）穗中法刑二初字第117号刑事判决书查明，原广州市某料集团有限公司常务副总经理、总经理、董事长兼某建公司总经理程某佳收取刘某强的贿赂87万元，并利用职务便利，积极插手下属企业业务，指使下属公司将涉案物业租赁给刘某强经营谋利，上述两份刑事判决均已生效。

原告某建公司诉称：双方合同约定的租金价格明显低于市场租金水平，严重损害国家和原告利益，请求法院确认租赁合同无效，由被告立即返还涉案土地和房产的租赁经营权并赔偿租金损失。

被告刘某强辩称：本案不存在租金过低、损害某建公司利益的情况，不存在己方与程某佳就合同价格实施恶意串通的情形。本案《租赁合同》及补充协议，是签约双方的真实意思表示，且不违反法律和行政法规的强制性规定，均合法有效。

法院经审理查明：2005年7月25日，某建公司与刘某强签订《租赁合同》，约定：某建公司将位于广州市河沙路1号总占地面积约17000平方米的房屋整体出租给刘某强经营使用，租赁期限自2005年9月1日起至2015年12月31日止，其中2005年期间免收租金，2006年至2015年每年的月租金为35830元至52934元。2006年12月6日、2006年12月28日，双方分别签订两份《补充协议》，约定如果某建公司与荔湾区人民武装部签订河沙路1号部分房屋和场地的租借协议，则刘某强同意某建公司收回730平方米部分场地和临建房，某建公司同意维持原月租金不变，并放弃对这730平方米房屋和场地的投资补偿要求；双方的租赁期限延长至2023年12月31日，重新约定2016年至2023年每年的月租金为55581元至78208元不等。2007年，某建公司与荔湾区人民武装部签订协议，双方约定106平方米的场地的有偿使用期限、房屋场地有偿使用费等。

2014年12月17日，广州市黄埔区人民法院作出（2014）穗黄法刑初字第425号刑事判决书，查明刘某强在2005年7月至2011年4月向程某佳行贿87万元，得以顺利承租某建公司名下物业以及承接某建公司的6宗煤炭业务，并获取非法利益，判决刘某强犯行贿罪，判处有期徒刑二年并没收已退缴的非法所得10万元。2015年2月9日，广州市中级人民法院作出（2015）穗中法刑二终字第132号刑事裁定书，裁定维持原判。

2014年12月，广州市中级人民法院作出（2014）穗中法刑二初字第117号刑事判决书，查明原广州市某料集团有限公司常务副总经理、总经理、董事长兼某建公司总经理程某佳收取刘某强的贿赂87万元，并利用职务便利，积极插手下属企业业务，指使下属公司将广州市荔湾区河沙路1号、荔湾区西湾路3号、海珠区小港路130号等物业租赁给刘某强经营谋利；同时指令下属公司向刘某强控制的广州市某桦燃料有限公司购买煤炭，使某桦燃料公司无需大量资金即可转手倒卖煤炭给某建公司从中谋取利润。上述两份刑事判决已经生效。

2015年4月，某建公司委托广州市某信土地房地产与资产评估咨询有限公司对涉案21项物业，建筑面积6037.37平方米的市场租金进行了评估，据此要求刘某强按该评估价补偿从2006年1月至2016年3月的租金差价5568532元。

二审期间，广州市某业资产评估及土地房地产估价有限公司（以下简称某业公司）对涉案物业自2006年1月1日至2015年5月31日的市场租金价格进行了评估，结果为：估价对象分别在上述价值时点下，自2006年1月1日至2015年5月31日，按产权用途（工业仓储）出租条件，市场评估各年租金金额合计为11144972元，原《租赁合同》约定的各年租金金额合计为4900190元，上诉两项租金金额的差额为6344782元。

【裁判结果】

广州市荔湾区人民法院于2016年12月29日作出（2016）粤0103民初6975号民事判决，依照《合同法》第八条和《最高人民法院关于民事诉讼证据的若干规定》第六十三条、第六十四条、第六十六条、第七十二条、第七十四条的规定，判决：驳回原告广州市某建有限公司建材贸易分公司全部的诉讼请求。本案受理费50078元，由原告承担。

一审判决后，某建公司提出上诉。广州市中级人民法院于2018年10月11日作出（2017）粤01民终1612号民事判决：一、撤销广州市荔湾区人民法院（2016）粤0103民初6975号民事判决；二、广州市某建有限公司建材贸易分公司与刘某强于2005年7月25日签订的《租赁合同》、2006年12月6日签订的《〈租赁合同〉补充协议（一）》、2006年12月28日签订的《〈租赁合同〉补充协议（二）》无效；三、刘某强于本判决送达之日三十天内向广州市某建有限公司建材贸易分公司交还涉案土地和房产的租赁经营权；四、刘某强于本判决送达之日十天内向广州市某建有限公司建材贸易分公司赔偿从2006年1月1日至2015年5月31日的租金损失人民币5568532元（扣除10万元租赁保证金）。

【裁判理由】

一、关于合同效力。根据刑事案卷中广州市黄埔区人民检察院对程某佳、刘某强的询问笔录，结合（2014）穗黄法刑初字第425号刑事判决书认定刘某强通过向程某佳行贿得以顺利承租某建公司名下涉案物业并获取非法利益的事实，（2014）穗中法刑二初字第117号刑事判决书查明的程某佳受贿后指使下属公司将涉案物业租赁给刘某强经营谋利，以及二审期间某业公司对涉案物业从2006年1月1日至2015年5月31日的市场租金评估价格，由于涉案合同所约定的租金价格仅为同时期市场价格的43%，可以认定刘某强通过恶意串通程某佳并以向程某佳行贿的非法手段，排挤其他竞争对手，以明显低于市场租金的价格承租涉案物业，严重损害了某建公司的合法利益，某建公司要求确认其与刘某强签订的《租赁合同》及补充协议无效的主张，符合《民法总则》第一百五十四条“行为人与相对人恶意串通，损害他人合法权益的民事法律行为无效”的相关规定以及《合同法》第五十二条第二项所规定的“恶意串通，损害国家、集体或者第三人利益”情形，当属无效。

二、关于租金损失。由于某业公司所做的评估报告确认涉案租赁合同所约定的同时期租金价格明显低于市场租金价格，对于评估报告所确定的某建公司就涉案场地从2006年1月1日至2015年5月31日的租金损失且由某建公司主张的租金损失5568532元的理由予以采纳。

【案例注解】

本案在审理过程中，刑事生效判决已认定刘某强通过向程某佳行贿得以顺利承租某建公司名下涉案物业并获取非法利益的事实，但无论是在既往刑事生效判决中，还是在民事案件一审及发回重审中，均未明确认定该非法利益属于低价租赁涉案物业而产生的利益。二审期间，对于租金损失不明确时，该类案件法律价值的衡平、法律条文的理解及裁判思路等问题需要深入思考分析。

一、贿赂犯罪情形下民事合同效力的价值衡平

我国民法理论和实践中一直存在“行为违法=结果无效”的简单观点。在本案中，就有观点认为，当事人通过贿赂国有企业的上级主管领导签订房屋租赁合同，不仅破坏了交易公平和交易安全，还损害了国家、集体利益，其合同效力不应得到法律认可。加之，在当前反贪反腐工作向纵深发展的形势下，更应该加大对此类行为的惩戒力度，从重认定刑事责任、从严把握民事效力，这样才能遏制贪腐现象，引导社会诚实信用的风向，营造优良的法治营商环境。

从法律理念来看，“私约不损公法”，个人的协议或约定，成立的前提就是不能和国家的法律相抵触，行为人与相对人恶意串通，损害他人合法权益的民事法律行为无效，这是法律必要存在的禁止性规定。但同时，我们也应该清晰地认识到，绝大多数民事行为均遵从“私法自治原则”，否则将由于公法的过度干预，从而妨碍市场正常的交易秩序，降低民事行为的可预测性，动摇营商环境法治信心。

笔者认为，在贿赂犯罪情形下的民事合同效力认定的问题上，不能根据“私约不损公法”或是“私法自治”的倾向性意见而“未审先判”。贿赂犯罪情形下民事合同效力的影响在不同案件中不尽相同，部分贿赂行为对当事人获取缔约机会起到一定的促进作用，但是，贿赂行为是否直接作用于民事合同，产生国家、集体或第三人利益的损害结果，则不能只依靠可能性来简单判断，更不能以“行为违法＝结果无效”来一概否认据此签订的民事合同效力，而应该具体案情具体分析，从而确认不同贿赂犯罪情形下的民事合同效力。

二、贿赂犯罪情形下民事合同效力的法律判断

司法实践中，民事合同效力的认定一般依据我国《民法总则》第一百五十四条“行为人与相对人恶意串通，损害他人合法权益的民事法律行为无效”，及我国《合同法》第五十二条“有下列情形之一的，合同无效：（一）一方以欺诈、胁迫的手段订立合同，损害国家利益；（二）恶意串通，损害国家、集体或者第三人利益；（三）以合法形式掩盖非法目的；（四）损害社会公共利益；（五）违反法律、行政法规的强制性规定”的规定。上述两项法律依据可以规整到主观要素、客观要素两个层面。

（一）主观要素

一般认为，贿赂行为是主观故意的犯罪行为，那么在民事案件的审理中贿赂行为也当然属于双方“恶意串通”。但被告刘某强认为，本案既缺乏“恶意串通”的事实依据，某建公司也没有证据证明其所主张的“恶意串通”，《租赁合同》及补充协议是签约双方的真实意思表示，且不违反法律和行政法规的强制性规定，应属合法有效。时隔多年，能够反映双方是否存在“恶意串通”情形的证据大都固定在所涉的生效刑事案卷内。

二审合议庭认为，刑法和民法作为两个部门法所追求的社会效果和法律效果是不完全一致的，且房屋租赁合同关系属于民法规范评价和调整的范畴，与刑法规范对行贿受贿行为作出的法律评价不能混同，要避免以刑法的价值判断代替民法的事实判断；但因刑事取证能力更强，证明标准更高，程序更为严格，刑事证据对民事案件的审理往往能够提供重要依据，故二者又不能完全割裂。最终，合议庭通过审查，采信了所涉刑事生效判决中的三份《讯（询）问笔录》，结合刑事判决证明了程某佳插手为涉案双方租赁事宜设定具体的权利义

务，不予支持刘某强向广州市某建有限公司建材贸易分公司承租涉案物业的租价是经建材贸易分公司及上级部门审批确认及充分肯定的辩解意见，最终认定贿赂行为确实属于主观上“恶意串通”。

（二）客观要素

本案一审认为，商业行为的定价建立在对履约双方权利义务的衡量以及商业风险的承担基础上，时隔十年，房屋租价发生了明显变化，评估报告评定的租金标准不能作为充分认定租赁合同约定租价过低的依据，且考虑到某建公司、刘某强双方均没有申请对租价重新评估，故对某建公司依据该评估报告主张的事实不予确认。

二审合议庭认为，贿赂行为造成影响的情况因案而异，这对合同效力的认定造成直接性乃至决定性影响，是属于本案法律认定争议的关键所在，且贿赂行为存在破坏市场公平交易秩序、破坏社会善良风俗等社会危害性，不能简单地以双方没有申请对租价重新评估、评估报告评定的租金标准不充分等理由，不予审查贿赂行为对合同损失的影响。为此，合议庭耐心释法说理，经某建公司申请，由广州市某业资产评估及土地房地产估价有限公司对涉案物业的市场租金进行重新评估，《评估报告》显示：涉案物业从2006年1月1日至2015年5月31日的市场租金评估价格合计为人民币11144972元。合议庭结合某建公司与刘某强就涉案场地所签订的租赁合同约定的同一时间点的租金合计为人民币4800190元，某建公司在此期间的租金损失为6344782元，涉案合同所约定的租金价格仅为同时期市场价格的43%，而某建公司自行委托的评估公司所评估出该司租金损失为5568532元，仅为同时期市场价格的46%，据此认定涉案合同约定的租赁价格明显低于同时期市场价格。

（三）综合认定

综上，本案双方行贿受贿后签订的租赁合同，属于恶意串通，且对合同损失产生决定性影响，符合《民法总则》第一百五十四条“行为人与相对人恶意串通，损害他人合法权益的民事法律行为无效”的相关规定以及《合同法》第五十二条第二项所规定的“恶意串通，损害国家、集体或者第三人利益”情形，该租赁合同无效。二审予以改判，支持上诉人要求解除涉案租赁合同，刘某强返还涉案场地并赔偿相应损失的诉请。

三、贿赂犯罪情形下民事合同效力的裁判思路

笔者认为，在贿赂犯罪情形下民事合同效力的判断问题上，可以从以下裁判思路出发进行裁判：

（一）贿赂行为对当事人获取缔约机会起到一定的促进作用

贿赂行为仅仅使得当事人获得优先权利或者缔约机会，未导致损害后果的

发生，按照当前我国民事法律精神，不能认为合同当然无效。

（二）贿赂行为直接作用于合同的内容并产生损害结果

如果贿赂行为直接导致所签订的合同损害第三人权益，按照三种情况分别处理：其一，贿赂合同是具有绝对不法内容的合同，如当事人通过贿赂的方式与对方订立以依法禁止买卖流通的特殊种类药品的合同，此种基于贿赂订立的合同违反法律强制性规定，当属无效合同。其二，合同并不具有绝对不法内容，仅产生某些显失公平的条款。此种情形下，贿赂行为订立的民事合同可以根据显失公平规则，认定为可撤销合同。其三，当事人的意思表示受到贿赂行为直接影响，实施贿赂行为获得畸低或者畸高的合同价格，以获取不当利益，此时合同的效力当然受到影响，如果综合主客观因素均符合我国《民法总则》第一百五十四条和《合同法》第五十二条具体规定，则应当认定为无效合同。

【相关法条】

《中华人民共和国民法总则》第一百五十四条；

《中华人民共和国合同法》第五十二条。

一审审判员：张　浩

二审合议庭成员：梁淑敏　李　焕　陈珊彬

涉保健品欺骗行为应准确区分民事欺诈和诈骗罪

——叶某健等28人诈骗、周某华帮助毁灭证据案

庞美娟　谢韵静*

【裁判要旨】

判断经济活动中的违法行为是民事违法还是刑事犯罪，实质界限在于涉案行为是否具有严重的社会危害性。社会危害性标准虽然对刑事司法具有重要指导意义，但不宜作为个案判断的直接证据。司法实践中的标准应是明确的，那就是涉案行为是否符合诈骗罪的构成要件。司法实践中，涉保健品欺骗行为属于常见的刑民交叉行为，判断入罪与否应重点把握诈骗罪构成要件中主客观相统一原则：一是行为人是否使用了虚构事实或者隐瞒真相的方法骗取他人财物；二是行为人除具有欺骗的故意外，还需具有非法占有财物的目的，这是区分罪与非罪的关键。

【关键词】诈骗罪　民事欺诈　保健品欺骗行为　犯罪构成要件

【案件索引】

一审：广东省广州市中级人民法院（2018）粤01刑初185号（2018年12月29日）；

二审：广东省高级人民法院（2019）粤刑终206号（2019年9月26日）。

---

* 庞美娟——广州市中级人民法院刑二庭四级高级法官；谢韵静——广州市中级人民法院刑二庭法官助理。

【基本案情】

被告人叶某健、林某英、林某义均曾在广州市某生物科技有限公司工作。叶某健、林某英于2012年3月15日注册成立广州某实业有限公司（下称某实业公司），叶某健任法定代表人。2015年，某实业收购广州市某文化活动策划有限公司。2015年10月12日，叶某健注册成立广东某食品有限公司（下称某食品公司），销售保健品，由林某英弟弟林某森（另案处理）担任总经理。2014年12月及2015年2月，叶某健、林某英注册成立佛山市某贸易有限公司及广州某生物科技有限公司，负责人均是林某义。2015年3月起，被告人叶某健、林某英为牟取非法利益，伙同林某森等通过低价购进某倍健股份有限公司生产的蜂胶胶囊、灵芝孢子油胶囊和深圳市某藤生物科技有限公司生产的CUB细胞营养浓缩饮液等保健食品，先后组织被告人黄某贵、林某义及原审被告人姚某生、张某、廖某高、陈某冲、杨某、邓某建、邢某明等人分别作为财务、行政管理人员、市场总监、营销总监或门店店长，先后在广州市白云区、越秀区、海珠区、荔湾区、天河区等地设立了多间门店超市，并先后纠合被告人赖某霞及原审被告人萧某辉、梁某惠、匡某天、曾某梅、林某沛、傅某康、苏某川、黎某妹、林某清、罗某丽、林某灿、黎某翠、黄某东、王某生、吴某灿、曾某雅等人为各门店超市的副店长、业务经理、业务员等，利用在门店销售五谷杂粮等副食品为幌子，通过各门店的业务员以派发宣传单、送礼品、优惠购物等方式吸引中老年客户并为客户办理会员卡，然后以低价组织会员旅游的方式吸引中老年人参加旅游。在旅游期间安排业务员、业务经理、副店长、店长等一对一贴身陪同客户并收集客户的家庭信息及身体健康信息，并组织专门的“养生”“保健”等会议，由原审被告人姚某生和“李某明”（另案处理）等人假冒专家医生、营养师进行健康宣讲并为中老年客户提供咨询和身体诊断。原审被告人姚某生等人即根据业务员事前收集的各中老年客户的身体情况为客户进行“准确”诊断，骗取中老年客户的信任，并夸大中老年客户的病情及危险性，然后向中老年客户推荐蜂胶胶囊、灵芝孢子油胶囊和CUB细胞营养浓缩饮液等保健食品，同时渲染上述保健食品的稀缺性，虚构、夸大上述食品的治疗功效，并由上述担任店长、副店长、业务经理、业务员的被告人及原审被告人相互配合轮番对中老年客户进行哄骗，诱骗中老年客户高价购买上述保健食品。经统计，李某英、邹某明等320名被害人因本案被骗取款项共计人民币15271592元。

原审被告人周某华系广州某实业有限公司的电脑管理员，2017年3月15日，媒体揭露某食品公司、被告人叶某健团伙涉嫌诈骗犯罪行为后，为彻底删除该团伙记录诈骗情况的电脑资料，受被告人林某英安排，原审被告人周某华帮助将该公司存有证据的几十台电脑硬盘拆除、更换，再由被告人林某英安排销毁。

【裁判结果】

广东省广州市中级人民法院于2018年12月29日作出（2018）粤01刑初185号刑事判决：被告人叶某健犯诈骗罪，判处有期徒刑十二年，并处罚金人民币50万元；被告人林某英犯诈骗罪，判处有期徒刑十年，并处罚金人民币30万元；被告人周某华犯帮助毁灭证据罪，判处有期徒刑一年八个月；其他26名被告人以诈骗罪判处有期徒刑七年至一年九个月不等，并处罚金人民币4万元至1万元不等。一审宣判后，叶某健、林某英、黄某贵、林某义、赖某霞提出上诉。广东省高级人民法院于2019年9月26日作出（2019）粤刑终206号刑事裁定：驳回上诉，维持原判。

【裁判理由】

法院生效裁判认为：叶某健、林某英与同案人共同采用虚构事实、隐瞒真相的方法非法占有他人财物，数额特别巨大，其行为均已构成诈骗罪。叶某健、林某英虽未直接向被害人销售涉案保健食品，但应对其实际控制的某实业公司及其旗下某食品公司的公司职员依照其策划的营销模式实施的诈骗行为承担责任。涉案保健食品虽非假冒伪劣产品，且以销售形式出现，但涉案保健食品在某食品公司门店没有公开明码实价销售，只采用会销方式销售，这本身就非惯常交易方式，而销售对象又是有选择性地面向中老年人。本案涉案被害人人数众多，诈骗行为影响范围广，给被害人带来了巨大经济损失和精神伤害，造成了严重后果，具有严重的社会危害性，且呈现规模化、集团化趋势，社会影响恶劣，依法应予惩处。

【案例注解】

叶某健等29名被告人的行为是否构成诈骗罪，该问题是控辩双方争议的焦点，也决定着被告人的罪与非罪。对此，形成了两种意见。第一种意见认为，本案存在以下虚构事实、隐瞒真相行为：（1）由姚某生及同案人李某明等人假冒专家医生、营养师进行健康宣讲并为客户提供咨询和身体诊断，夸大病情与保健食品功效，其他公司人员，包括店长、店员等配合作势，不顾被害人是否真实需要，共同哄骗被害人按疗程大量购买。（2）向客户隐瞒涉案保健食品市场行情，以进货价的数倍乃至十倍价格销售。（3）在会销中，通过播放向青蛙心脏滴入CUB细胞营养浓缩饮液让心脏重新跳动的视频等方式，向客户夸大涉案保健食品的治疗功效。（4）涉案保健食品会销模式，由各门店根据公司统一的安排开展，在全市乃至省内各地设点布网，销售五谷杂粮，物色对象，寻找目标即中老年客户；安排低价旅游吸引客户，摸查客户情况同时联络感情，博取客户信任；安排会销，分角色布局，全程工作人员陪同，以各种欺骗手段迷惑被害人，使其难以理性思考，认购涉案保健食品；最后再由工作人员及时收款，让中老年客户隐瞒家人，及事后安抚等。本案被告人的行为构成诈骗罪。第二种意见认为，本案被告人销售的保健食品来源于某倍健公司，并非伪劣产品，本案没有明显的虚构事实、隐瞒真相行为。被告人在销售涉案保健食品中与被害人形成买卖合同关系，即使其在销售中出现欺诈行为，应属于民事纠纷范畴，不应以刑法惩治。且若被害人认为其购买的保健食品价格虚高，可通过消费者权益保护法获得补偿，其也可直接向被告人要求退货，本案被害人不经上述法律途径，而直接诉诸刑法，其既拿到保健食品，又作为诈骗案被害人获得赔偿，被害人报案具有不真实的成分。故应认为叶某健等29名被告人的行为均不构成犯罪。

我们认同第一种意见。主要理由如下：

一、叶某健伙同同案人采用虚构事实、隐瞒真相的方法，以销售保健品之名行骗取财物之实

虽然刑事诈骗和民事欺诈客观上都表现为采用欺骗行为，常见的涉保健品欺骗有夸大产品功效、夸大客户病情、骗取客户信任等特点，但二者的重点并不同。民事欺诈是个别事实或者局部事实的欺骗，而诈骗罪则是整个事实或者全部事实的欺骗。[1]具言之，在民事欺骗性欺诈中，行为人采用欺骗手段针对的是“促成交易”，即通过增加被害人的信任或者减少被害人的担忧来实现交易，而不是希望通过上述手段直接得到被害人的财物，虚构的事实或者隐瞒的真相只是被害人在处分财产时会考虑的参照因素而非直接原因。在刑事销售诈骗中，行为人虚构了足以使被害人处分财物的事实，虚构的事实或者隐瞒的真相针对的是“财产”，被害人处分财产的主要原因就是行为人虚构事实，交易如同虚设。

在本案中，叶某健、林某英及同案人策划的营销模式主要是通过某超市营销涉案保健食品。某超市的销售又分为前台销售五谷杂粮、鸡蛋、油、面等日常食品和后台负责保健食品会销。前台销售绿色食品一直在亏损，公司盈利主要靠后台运作，前台主要是依托绿色食品超市进行零售以吸纳会员。由叶某健、

---

1 陈兴良：《民事欺诈和刑事诈骗的界分》，载《法治现代化研究》2019年第5期。

林某英利用实际控制的某实业公司、某食品公司，以公司名义招聘、培训业务员加入某食品公司旗下各门店，由门店以各种优惠手段吸引中老年人成为会员。办理会员卡后，销售人员即将顾客引入门店内另外一间会议室，对顾客进行保健食品营销。首先进一步游说已成为会员的中老年人，以低价组织会员旅游的方式诱使中老年人参加集团位于黄埔区的九龙某庄园一日游，其间利用中老年客户渴望健康、需要关怀的心理，以温情博取信任，套取客户的相关信息。然后继续诱骗老年人报名参加两日一夜游，其间推销某倍健公司生产的蜂胶胶囊、灵芝孢子油胶囊和深圳某藤生物科技有限公司生产的CUB细胞营养浓缩饮液等保健食品。

叶某健等被告人存在以下具体的诈骗行为：(1) 夸大涉案保健食品的功效。经查，涉案保健品CUB细胞营养浓缩饮液的生产厂家是美国某营养科学国际研究公司，该公司根据深圳市某藤生物科技有限公司的委托进行生产，而深圳市某藤生物科技有限公司对美国生产方提出的要求仅仅符合我国食品安全标准要求，其进口申报的类型为食品，没有其他附加功效。蜂胶胶囊、灵芝孢子油胶囊等两种保健品的生产厂家是珠海市某倍健股份有限公司，委托生产方是广州市某健康投资有限公司，产品外包装标注的“保健功能”为“增强免疫力”，无其他附加功效，却被夸大疗效，包治百病，使被害人对涉案保健品寄予厚望。(2) 虚构原审被告人姚某生与李某明等人为“专家医生”“高级营养师”。广东省卫生和计划委员会及广东省职业技能鉴定指导中心的“复函”证实，在某公司会议营销现场介绍和推荐上述保健品的“专家医生”“营养师”李某明等六人在全国联网的“医师执业注册联网管理系统”“国家职业资格查询网”中均无医师资格信息及职业注册信息。某倍健股份有限公司亦证实上述人员均非该公司职工，李某明并非该公司营养学院副院长，上述人员与该公司也无业务委托或合作关系。而姚某生系非医学专业中专毕业，也没有继续学习的经历，却被包装成“姚博士”。(3) 夸大受骗中老人年的病情，虚构涉案保健品的稀缺性，使受骗中老人信以为真，大量购买涉案保健品。在销售人员与客户接触过程中，根据公司统一安排的培训课程所学，采用主动陪老人家谈心、一对一贴身陪同客户等方式了解客户的家庭情况、身体健康状况、经济状况等信息，并汇总发送给姚某生和李某明等假冒专家医生和营养师。在会议营销现场，姚某生化名“姚斌”，被包装成姚博士与李某明等人假冒高级健康管理师、高级营养师虚构自然（细胞）疗法等所谓全球医疗领域的革命等事实，对涉案的蜂胶胶囊、CUB细胞营养浓缩饮液、灵芝孢子油胶囊等功效无限夸大，甚至进行所谓“青蛙解剖实验”来印证这些保健品的作用。随后安排假冒的专家医生对被害人进行一对一会诊。“专家”则利用之前店员发送到手机里的客户信息，如年龄、职业、病史甚至家庭情况，为客户“精准”诊断，使被害人误以为他们医术高明，对“专家”所夸大的自身病情及危险性以及涉案保健品被无限夸大后的功效信以为真。接着某食品公司的员工，包括店长、店员等开始“饥饿营销”，配合作势，声称此类产品在医院、市场上根本见不到，渲染涉案保健食品的稀缺性，不顾被害人是否真实需要，共同哄骗被害人按疗程大量购买。（4）隐瞒涉案保健食品市场行情，销售价格虚高。根据证人周某彬的证言、深圳市某藤生物科技有限公司开具给佛山市某贸易有限公司涉案保健食品的发票、某健康投资有限公司向广州市公安局出具的《情况说明函》、某倍健股份有限公司致广州市公安局预审监管支队《复函》等相关书证证实，深圳市某藤生物科技有限公司供应给佛山市某贸易有限公司 CUB 细胞营养浓缩饮液的价格是每瓶（30ml）60—90 元不等，广州某盾向汇某丰购进的涉案蜂胶胶囊单价为每套（290mg/粒 ×30 粒/瓶 ×2 瓶）70 元。灵芝孢子油软胶囊单价为每套（500mg/粒 ×40 粒/瓶 ×3 瓶）800 元，某公司均以 10 倍甚至更高的价格销售。（5）人为干扰，阻断信息沟通，使被害人一直处于错误认识中。经统计，涉案 320 名被害人中绝大多数都是 60 岁以上的老年人。在两日游的会议营销现场，销售人员的其中一个职责是站在客户中间，把客户隔开，不让客户凑在一起。一旦客户要购买涉案保健食品，就让被害人当天交款、不要告诉家里人、产品不要一次性拿回家，凭存货卡到门店领取、尽量用自己的钱购买等，让被害人家属难以发觉，使被害人无法理性地思考，一直处于错误认识中而自愿购买涉案保健品。

二、叶某健等被告人均对以上述模式骗取被害人财物知情，且希望该结果发生，具有以非法占有为目的的犯罪故意

在司法实践中，对于大部分民事欺诈和刑事诈骗案件，从欺骗行为上即可对两者加以区分，但不可否认存在某些民事欺诈和刑事诈骗，在欺骗方法上是存在竞合的。在此情况下，“行为人是否具有非法占有的目的”成为区分诈骗犯罪与民事欺诈的关键主观要素，需根据个案情况进行细致考量。

在本案中，叶某健利用其实际操控的公司，与同案人共同策划了本案分工合作诱骗中老年客户高价购买保健食品的整个销售模式，并以公司统一安排，门店具体实施的方式骗取被害人财物。（1）某实业公司及其旗下子公司均由叶某健、林某英实际控制。某实业公司系叶某健出资成立，采用集团管理公司模式，叶某健、林某英对公司的人事、财务、经营管理等均具有决策权。某实业公司是母公司，并无实质经营活动，其旗下子公司有某食品公司、广州某广告传媒有限公司、广州某电子商务有限公司、广州某生物科技有限公司、广州某餐饮有限公司、广州某健康管理有限公司、广州某生物科技有限公司等多家子公司。但上述子公司当中，除某食品公司外，其他子公司基本没有经营业绩，甚至连财务部都不设，仅设一名财务助理把每天的收入数据上报给某实业公司财务部，由某实业公司财务部统一做账。(2) 涉案保健品统一采购、统一供货。本案保健品采购由某实业统一采购后供货给属下30家门店销售，黄某贵并供述保健品采购由林某英直接负责。公安机关缴获的《营销六区运营管理制度》，证实店面所销售的商品均由公司总部从库提供。(3) 涉案保健品销售模式统一。多个门店查获的培训材料证实某实业公司有一套营销方式销售五谷杂粮及保健品，方案统一由总公司制定，由各门店具体实施。(4) 所有收入汇总到某实业公司，员工的工资、提成均由总公司某实业公司核实发放。银行流水记录、查获的电子证据、相关上诉人、原审被告人供述及证人证言互相印证证实，只有某实业公司有财务部门，每个某超市都有一个店助，他们会把每天的收入数据等报给某实业公司财务部。(5) 叶某健、林某英明知其策划的营销模式是采用了虚构事实或隐瞒真相的方法，非法占有他人财物的行为。“3.15”媒体曝光后，公司在林某英的指使下拆除、更换存有证据的几十台电脑硬盘，印证了叶某健、林某英对公司违法犯罪行为知情的事实。(6) 退货实际难以实现。多名被害人陈述证实，发现购买的保健品没有疗效甚至有副作用后申请退货常存在障碍，只能选择部分退货或换购其他保健食品，并非可自由退货。

三、叶某健与同案人骗取财物的行为影响范围广，给被害人带来巨大经济损失和精神伤害，具有社会危害性和刑事可罚性

经济活动中的违法行为是民事违法还是刑事犯罪，实质上的判断标准只有一个，即这一行为是否具有严重的社会危害性。社会危害性是将整个社会利益进行法律拟制作为刑法保护的整体法益，并以此作为行为衡量的标准。某一违法行为是否构成犯罪，就要判断其是否具有社会危害性，以及社会危害性是否达到了严重的程度。如果该行为具有严重的社会危害性，就需要作为犯罪处理，反之则绝不能施以刑法规制和刑罚制裁。就欺骗行为而言，刑事诈骗行为超越了民事法律调整的范围和界限，本身具有必须运用刑罚手段予以制裁的必要性。[2]但需要注意的是，社会危害性标准是犯罪的实质标准，是立法者用于衡量一种行为是否需要列为犯罪行为并进行刑法规制的标准，虽然对刑事司法具有重要指导意义，可以成为在实质上区分民事欺诈行为和刑事诈骗行为的标准，但这一标准过于抽象，不宜作为个案中判断某一行为是否构成刑事犯罪的直接和唯一依据，而宜作为构成要件标准的重要理论支持。

回归本案，叶某健与同案人以上述模式骗取被害人财物，涉及320名中老

2　孙航：《优化营商环境 深入推进新时代东北振兴——最高人民法院二巡负责人就赵明利案改判答记者问》，载《人民法院报》2019年1月10日。

年被害人，骗取财物数额特别巨大，给被害人带来了巨大的经济损失和精神伤害，具有严重的社会危害性、刑事违法性和应受刑罚处罚性。涉案保健食品虽非假冒伪劣产品，且以销售形式出现，但本案从物色对象、营造氛围，到假冒专家夸大病情，店长、店员分工合作骗取被害人财物，其行为性质已改变，不再是商品销售中的民事欺诈，而是刑法上的诈骗行为，且呈现规模化、集团化趋势，依法应予惩处。

关于民事欺诈与诈骗罪的关系，《消费者权益保护法》第五十五条规定了欺诈行为的民事惩罚性赔偿责任，而关于民事欺诈行为的认定，《最高人民法院关于贯彻执行〈中华人民共和国民法通则〉若干问题的意见（试行）》第六十八条作了规定，“一方当事人故意告知对方虚假情况，或者故意隐瞒真实情况，诱使对方当事人作出错误意思表示的，可以认定为欺诈行为。”民事欺诈的构成要件有四：一是有欺诈故意，二是有欺诈行为，三是被欺诈人因受欺诈而陷入错误判断，四是被欺诈人基于错误判断而为意思表示。通过对诈骗罪与民事欺诈构成要件的比照可知，诈骗犯罪实为一种具有相当严重性的民事欺诈行为。要成立诈骗罪，必须首先符合民事欺诈的条件，只不过由于诈骗行为同时还符合刑法规定的犯罪构成要件，且具有严重的社会危害性和刑事可罚性，故有必要认定为诈骗罪加以刑事制裁。

综上，区分民事欺诈与诈骗罪的界限，包括实质标准和司法标准。实质标准为具有严重社会危害性的欺骗行为实质上构成诈骗犯罪，司法标准为符合犯罪构成要件的欺骗行为应认定为诈骗罪。前者对刑事司法具有原则性指导意义，后者则是司法实践根据个案情况判断罪与非罪的直接依据。本案中，叶某健等被告人主观上具有非法占有的目的，客观上实施了虚构事实、隐瞒真相的诈骗行为，并具有严重的社会危害性，依法应认定构成诈骗罪。

【相关法条】

《中华人民共和国刑法》第二百六十六条。

一审合议庭成员：庞美娟　幸　福　徐建军

二审合议庭成员：傅曜天　罗　桦　王一民

"网络买手"的认定与处理

——杨某诉广州某会电子商务有限公司网络购物合同纠纷案

李 朋 许燕玲*

【裁判要旨】

对于"网络买手",可以从其购买目的、实际所需、填写的收货地址、电商平台举证等方面予以认定。在订单已实际配送,并由"网络倒爷"实际领取的情况下,对"网络买手"以未收到货为由要求卖家退款并承担惩罚性赔偿的诉请,法院不予支持。"网络买手"的这种行为有违诚实信用原则,影响其他消费者的正常消费,扰乱电子商务平台正常交易秩序,不受消费者权益保护法的保护。

【关键词】"网络倒爷" "网络买手" 诚实信用 消费者权益保护法

【案件索引】

广州互联网法院(2019)粤 0192 民初 48412 号民事判决书(2020 年 3 月 3 日)。

【基本案情】

2019 年 2 月 11 日,原告杨某通过被告广州某会电子商务有限公司(以下简称某会公司)平台向"某会自营"店铺购买"澳洲爱他美白金版幼儿配方奶粉 3 段 900g"2 罐,实付款共计 346 元,收货地址为"浙江省杭州市江干区九堡镇

---

* 李朋——广州互联网法院综合审判一庭一级法官;许燕玲——广州互联网法院综合审判一庭审判辅助人员。

昆盛肖邦国际南15栋三单元1908”，收货人为“杨某”。2019年2月15日，案涉商品完成配送，但上述昆盛肖邦国际不存在15栋，为虚拟收货地址。杨某以未收到货物为由诉至法院，诉请：某会公司退还货款346元，并承担惩罚性赔偿1038元。

被告某会公司辩称，杨某消费行为异常，有证据显示其为案外人邹某组织的买手，应当按照其与邹某之间的约定就案涉商品结算款项。某会公司在法院诉讼平台上传了浙江省杭州市江干区人民法院的生效判决［案号：（2019）浙0104民初4130号］、订单信息、诉讼情况等证据。上述判决的查明结果显示：邹某曾组织买手利用电商平台优惠活动下单购买产品，指定填写杭州市九堡区域地址（虚假地址），再由邹某统一收货；邹某与买手之间关于款项如何支付，双方另有约定；物流公司的该区域快递员对邹某的上述操作模式知晓，并认可邹某系相关货物的实际收货人；2019年2月，物流公司九堡站点收到某会公司寄送的一批奶粉，邹某提走货物；邹某欠付买手部分款项。

在审理过程中，杨某解释购买目的是某会公司商品有优惠，女儿需要食用奶粉，故短时间内购买多罐奶粉。在另案（2019）粤0192民初24532号庭审过程中，案外人杨显某所称有关获知优惠信息来源途径、购买目的、奶粉食用情况等事实与杨某所称的事实不一致。另外，2019年2月10日至12日，杨某分6个订单（含本案订单）通过某会公司平台向“某会自营”店铺购买“澳洲爱他美白金版幼儿配方奶粉3段900g”共30罐，配送地址均是上述虚拟地址，并以类似的事实与理由向法院提起共6起诉讼（含本案诉讼）。2019年2月10日至12日，案外人杨显某分6个订单通过某会公司平台向“某会自营”店铺购买“澳洲爱他美白金版幼儿配方奶粉3段900g”24罐、“a2新西兰Platinum白金版婴幼儿奶粉1段900g”12罐，并以类似的事实与理由向法院提起6起诉讼。其中，杨某与案外人杨显某为夫妻关系，于2016年8月育有一女。另案外人曹某等多人也以类似的事实与理由向法院提起诉讼。

【裁判结果】

广州互联网法院于2020年2月19日作出（2019）粤0192民初48412号民事判决书，判决：驳回原告杨某的全部诉讼请求。判决已发生法律效力。

【裁判理由】

法院生效裁判认为：《民事诉讼法》第六十四条第一款规定：“当事人对自己提出的主张，有责任提供证据”，《最高人民法院关于适用〈中华人民共和国民事诉讼法〉的解释》第一百零八条第一款、第二款规定："对负有举证证明责任的当事人提供的证据，人民法院经审查并结合相关事实，确信待证事实的存在具有高度可能性的，应当认定该事实存在。对一方当事人为反驳负有举证证明责任的当事人所主张事实而提供的证据，人民法院经审查并结合相关事实，认为待证事实真伪不明的，应当认定该事实不存在"。首先，本案中，某会公司主张杨某系邹某组织的买手购买奶粉，虽未能提供直接证据予以证明，但提供的订单信息、诉讼情况等证据证明包括杨某、案外人杨显某在内的多人购买多批次奶粉，并要求送到九堡区域的虚拟地址，已发生法律效力的杭州市江干区人民法院（2019）浙0104民初4130号民事判决查明邹某指定买手填写杭州市九堡区域地址（存在虚拟地址情况），再由邹某统一收货。

其次，杨某主张因自身抚养小孩需要购买案涉奶粉，但其在法院另案庭审过程中陈述的优惠信息来源途径、购买目的、奶粉食用情况等事实与其配偶杨显某所称的情况不一致，甚至存在矛盾之处。考虑到双方是夫妻，两人陈述的主要内容存在明显差异，不合常理。杨某主张购买案涉奶粉给其女儿食用，但其与杨显某在同一时间购买大量案涉奶粉，不符合一般消费者的购物习惯。而且，杨某女儿出生于2016年8月，"澳洲爱他美白金版幼儿配方奶粉3段900g"适用于1周岁以上幼儿，"澳洲爱他美白金版幼儿配方奶粉4段900g"适用于2周岁以上幼儿，杨某陈述的奶粉食用情况与其女儿年龄不符。

最后，杨某在未充分举证的情况下，未能对不符合一般消费者购物习惯的行为进行合理解释，结合某会公司已经举证证明的事实，应认定某会公司主张的事实的存在具有高度可能性。法院认定案涉订单为邹某组织买手购买奶粉而产生的订单，杨某是邹某组织的买手之一。

因此，杨某以未收到货为由要求某会退款并承担惩罚性赔偿缺乏事实和法律依据，不予支持。

【案例注解】

目前，不少电子商务平台基于扩大客源、抢占市场的目的举办大型低价促销活动，由此也催生出一批专门紧盯电商，伺机低价吃货再转手高价卖出的"网络倒爷"。针对"网络倒爷"，电子商务平台采取的治理措施主要有两种，一是对网络下单的IP地址、采购量等都作出限制，比如每个ID仅限拍一件，二是对送货地址进行甄别，如果批量送货地址相同，也默认是"网络倒爷"，则取消其订单。但是，随着电商防"网络倒爷"技术的提升，"网络倒爷"也随之进化至"众包"阶段。"众包"指的是把任务以自由自愿的形式外包给非特定的大众的做法，"网络倒爷"的"众包"是指将商品购买做成任务，然后通过社交平台进行分发，并对完成任务的“网络买手”许以一定的酬劳或利益。本案便是“网络买手”在“网络倒爷”组织下购买商品后，因“网络倒爷”未支付酬劳或利益，导致钱货两空，买手以未收到货为由起诉商家所引发的网络购物合同纠纷。“网络买手”与电子商务经营者的合同真实合法有效，“网络买手”支付货款，电子商务经营者依照合同约定发出快递，签收人则为“网络倒爷”，收到货后再由“网络倒爷”将货款和酬劳支付给“网络买手”。由于“网络买手”多为“网络倒爷”通过网上招募，并以组建微信群或者QQ群来组织安排任务，双方的交易建立在彼此信赖基础上，如果“网络倒爷”拒绝支付货款或报酬，“网络买手”便钱货两空，进而引发一系列民事法律纠纷，如果涉及人数众多、欠付货款或报酬数额较大的，还可能引发刑事犯罪。“网络买手”投诉无门，只能以自己未收到货为由起诉，要求商家返还货款。社会公众对上述行为存在的风险认识不足或后果估计不足等问题，但是上述行为危害巨大，一方面消费者的正常消费行为受到影响，难以抢购成功；另一方面“网络买手”容易面临钱货两空的风险，同时也影响交易公平，扰乱电子商务平台正常交易秩序。

一、“网络倒爷”的法律规制问题

网络交易迅速发展，网络市场交易规模连年扩大，仅从2019年来看，我国网络市场交易规模达到7.5万亿元。在此时代背景下，“网络倒爷”粉墨登场，倒货活动覆盖团购、各类限时限量优惠商品在内的各个方面。最初，“网络倒爷”与线下黄牛党的运作模式基本一样，区分只是线上和线下而已。“网络倒爷”最开始也是一个人注册一个账号，并通过该账号进行大量购买，随着电商打击“网络倒爷”力度的加大，“网络倒爷”也随之进化，即一个人注册多个账号，然后每个账号都大量购买商品，进行囤货、炒价。如今，“网络倒爷”的运作模式已经发展至前述的“众包”模式。“网络倒爷”的崛起与电商平台和产品品牌的营销策略密不可分，随着互联网交易的蓬勃发展，各电商和产品品牌商业竞争日渐激烈，限时限量的优惠商品和“饥饿营销”的营业策略，让“网络倒爷”获得了更大的生存空间。

“网络倒爷”具有隐蔽性强、覆盖领域广泛的特点，他们采取“异地采购、鼠标下单”“网上招募、指导下单”等方式，哄抢的对象既有限时限量发售的商品，也有打折促销的各种团购券、家电产品、进口奶粉等。对于“网络倒爷”的行为，由于没有专门的法律禁止性规定，他们自认为无须承担法律责任。“网络倒爷”加价转卖让利商品，有违交易公平，使得商家无法达到活动所期待的促销效果，打击商家提供让利商品的积极性，最终受损失的是广大消费者。值得注意的是，“网络倒爷”加价转卖，可能涉及侵害其他一般消费者的权益，使得有正常消费需求的消费者无法购买到心仪商品，应引起监管部门重视，并考虑采取措施进行规制。

二、“网络买手”的网络购物行为不受消费者权益保护法保护

对于“网络买手”来说，仅需完成“网络倒爷”安排的购买任务，点下鼠标，就能获得报酬，并且技术难度低、准入门槛低，是一件“好事”，而且与“网络倒爷”一样，没有专门的法律禁止性规定。不少“网络买手”认为“网络倒爷”的倒货行为不受法律制约，那协助购买就更不存在违法问题。

本案中，“网络买手”以未收到货为由起诉电商平台，主张适用《消费者权益保护法》第五十五条的规定：“经营者提供商品或者服务有欺诈行为的，应当按照消费者的要求增加赔偿其受到的损失，增加赔偿的金额为消费者购买商品的价款或者接受服务的费用的三倍”。但是，消费者权益保护法的宗旨是保护消费过程中的弱者，该法第二条规定：“消费者为生活消费需要购买、使用商品或者接受服务，其权益受本法保护”。“网络买手”均声称购买目的是生活消费需要，但是均不能对不符合一般消费者购物行为进行合理解释，法院结合电商平台举证认定此类“网络买手”并非消费者，不受消费者权益保护法保护。

三、依法规制“网络倒爷”及“网络买手”的行为，维护交易公平

《消费者权益保护法》第四条规定：“经营者与消费者进行交易，应当遵循自愿、平等、公平、诚实信用的原则”，第十条规定：“消费者享有公平交易的权利”。“网络倒爷”及其“网络买手”的出现，一是严重侵害了商家及电商平台的利益，使他们低价促销活动的目的落空；二是侵害了其他一般消费者参与低价促销交易的权利，抢占了他们的下单机会；三是“网络倒爷”体系化、规模化运作，破坏了诚信、公平交易的市场秩序。因此，需要对他们进行依法规制。对于“网络买手”在“网络倒爷”组织下购买商品后，因“网络倒爷”未返款，导致钱货两空，买手以未收到货为由起诉商家返还货款所引发的网络购物纠纷，本案判决在认定案涉订单为组织“网络买手”购买商品而产生的订单的基础上，明确“网络买手”的行为不受消费者权益保护法的保护，提示“网络倒爷”和“网络买手”应遵守诚实信用原则，不得以损害他人和社会利益的方式来获取私利，发挥了司法判决的道德价值引领功能和对大众的教育作用。

【相关法条】

《中华人民共和国合同法》第九十条第一项；

《最高人民法院关于适用〈中华人民共和国民事诉讼法〉的解释》第一百零八条第一款、第二款。

审判庭成员：李　朋

在凉茶中添加非处方类西药并出售的行为如何定性

——王某聪生产销售有毒、有害食品案

黄 涛 姚晓萍*

【裁判要旨】

从国家对凉茶生产经营的监督管理及药品管理法、食品安全法对于药品、食品的定义等方面分析，凉茶属于食品而非药品。非处方类西药按照法律规定属于明令禁止在食品生产经营中添加、使用的物质，在凉茶中添加非处方类西药的行为属于在食品中掺入有毒、有害的非食品原料。因此，在凉茶中添加非处方类西药并出售的行为构成生产、销售有毒、有害食品罪。

【关键词】生产、销售有毒、有害食品罪　有毒、有害的非食品原料、食品　非处方类西药

【案件索引】

一审：广东省广州市越秀区人民法院（2017）粤 0104 刑初 838 号（2017 年 12 月 25 日）。

【基本案情】

广东省广州市越秀区人民检察院指控：2016 年 6 月 25 日至 8 月 5 日，被告人王某聪在广州市越秀区中山六路 193 号地下经营广州市越秀区鼎某好食品商

* 黄涛——广州市越秀区人民法院二级法官；姚晓萍——广州市越秀区人民法院五级法官助理。

行时，在其配制的凉茶中添加药物，并将凉茶对外销售。2016年8月5日，广州市越秀区食品药品监督管理局执法人员对该商行进行检查，查获被告人王某聪存放在商行内的彩色粉末6瓶、灰白色粉末21瓶以及止咳茶、感冒茶等凉茶。经广东省药品检验所检测：上述彩色粉末被检出对乙酰氨基酚和马来酸氯苯那敏成分，灰白色粉末被检出马来酸氯苯那敏成分，止咳茶被检出马来酸氯苯那敏成分，感冒茶被检出对乙酰氨基酚和马来酸氯苯那敏成分。

公诉机关认为，被告人王某聪在生产、销售的食品中掺入有毒、有害的非食品原料，其行为触犯《刑法》第一百四十四条的规定，应当以生产、销售有毒、有害食品罪追究刑事责任。被告人王某聪归案后能如实供述自己的罪行，可以从轻处罚，提请法院依法判处。

被告人王某聪对指控的事实及罪名不持异议，但辩解其在凉茶中添加的药物是在正规药店购买的，消费者饮用之后觉得效果好，其认为并非有毒、有害。

其辩护人的主要辩护意见是：一、凉茶不是食品，而是以治疗为目的的物品，凉茶的配方全部是由药品组成，凉茶是由水加中草药熬制而成，因此不是食品。二、被告人王某聪在凉茶中加入的咳特灵胶囊、氨咖黄敏胶囊系非处方药，其主要成分马来酸氯苯那敏和对乙酰氨基酚都是国家允许使用的药物成分，并非有毒、有害的非食品原料，只有添加国家明令禁止的药物成分，才构成非法添加有毒、有害的非食品原料。

法院经审理查明：2016年6月25日至8月5日，被告人王某聪在广州市越秀区中山六路193号地下经营广州市越秀区鼎某好食品商行时，在其配制的凉茶中添加“咳特灵”“氨咖黄敏”等药物，并将凉茶对外销售。2016年8月5日，广州市越秀区食品药品监督管理局执法人员对该商行进行检查，查获被告人王某聪存放在商行内的彩色粉末6瓶、灰白色粉末21瓶以及止咳茶、感冒茶等凉茶。

经广东省药品检验所检测：上述彩色粉末被检出对乙酰氨基酚和马来酸氯苯那敏成分，灰白色粉末被检出马来酸氯苯那敏成分，止咳茶被检出马来酸氯苯那敏成分，感冒茶被检出对乙酰氨基酚和马来酸氯苯那敏成分。

2017年2月15日上午，被告人王某聪在广州市越秀区鼎某好食品商行被公安人员抓获归案。

【裁判结果】

广东省广州市越秀区人民法院于2017年12月25日作出（2017）粤0104刑初838号刑事判决：一、被告人王某聪犯生产、销售有毒、有害食品罪，判处有期徒刑六个月，缓刑一年，并处罚金人民币15万元。二、禁止被告人王某聪在缓刑考验期限内从事食品生产、销售及相关活动。宣判后，被告人王某聪未提出上诉，检察院亦未抗诉，判决已发生法律效力。

【裁判理由】

法院生效裁判认为：凉茶属于食品。被告人王某聪在凉茶中添加的是非处方类西药咳特灵胶囊、氨咖黄敏胶囊，咳特灵胶囊、氨咖黄敏胶囊是国家允许使用的药品，但按照法律规定是属于明令禁止在食品生产经营中添加、使用的物质。因此，被告人王某聪在凉茶中添加非处方类西药的行为属于在食品中掺入有毒、有害的非食品原料。被告人王某聪在生产、销售的食品中掺入国家禁止添加的药品，其行为已构成生产、销售有毒、有害食品罪，依法应予惩处。公诉机关指控被告人王某聪犯生产、销售有毒、有害食品罪，事实清楚，证据确实、充分，罪名成立，应予支持。被告人王某聪归案后能如实供述自己的罪行，故依法可以从轻处罚。

【案例注解】

本案审理中主要涉及以下两个争议焦点：一是凉茶是否属于食品；二是在凉茶中添加非处方类西药是否属于刑法规定的添加有毒、有害的非食品原料。

一、关于凉茶是否属于食品的问题

本案在审理过程中，关于凉茶的定性问题存在争议，出现了两种不同意见，一种意见认为凉茶属于药品，另一种意见认为凉茶属于食品。我们认为凉茶属于食品，具体阐述如下：

（一）从国家对凉茶生产经营的监督管理方面分析

按照《国务院关于公布第一批国家级非物质文化遗产名录的通知》（国发〔2006〕18号）的规定，凉茶属于传统手工技艺，而不属于传统医药。[1]作为居民消费支出有关的统计调查和数据发布的分类依据，国家统计局研究制定的《居民消费支出分类》将凉茶归类为食品烟酒中的饮料。[2]《食品安全法》第三

---

1 国务院批准文化部确定的第一批国家级非物质文化遗产名录，共计518项，有民间文学31项，民间音乐72项，民间舞蹈41项，传统戏剧92项，曲艺46项，杂技与竞技17项，民间美术51项，传统手工技艺89项，传统医药9项，民俗70项。凉茶属于传统手工技艺，而不属于传统医药。

2 国家统计局为建立规范、统一的居民消费支出分类框架，提高居民消费支出数据的可比性，特研究制定了《居民消费支出分类》，分类包括居民在食品烟酒，衣着，居住，生活用品及服务，交通和通信，教育、文化和娱乐，医疗保健，其他用品和服务等方面的支出。分类适用于GDP核算、住户调查、消费价格调查等与居民消费支出有关的统计调查和数据发布。在该分类中，凉茶属于01大类“食品烟酒”下的0102中类“饮料（不含酒精）”。

十五条规定，国家对食品生产经营实行许可制度；《药品管理法》同样规定，无药品生产许可证、药品经营许可证的，不得生产、经营药品。本案中，食品药品监督管理部门向涉案商铺核发的是食品经营许可证，而没有核发药品生产许可证或者药品经营许可证，说明国家对凉茶的生产经营是作为食品来监督管理。在社会大众认识中，凉茶也只属于食品中的饮料，比如“王老吉”“加多宝”“和其正”等品牌的凉茶。

（二）从药品管理法、食品安全法对于药品、食品的定义分析

药品管理法规定，“药品”，是指用于预防、治疗、诊断人的疾病，有目的地调节人的生理机能并规定有适应症或者功能主治、用法和用量的物质，包括中药材、中药饮片、中成药、化学原料药及其制剂、抗生素、生化药品、放射性药品、血清、疫苗、血液制品和诊断药品等。食品安全法规定，“食品”，是指各种供人食用或者饮用的成品和原料以及按照传统既是食品又是中药材的物品，但是不包括以治疗为目的的物品。凉茶并非中药饮片，药品管理法规定中药饮片必须按照标准、规范方法炮制。凉茶配方中含有中药材，但其本身不等同于中药材，中华传统文化及当今社会中对中药材的运用并非都作为中药，典型的情况就是在食物中加入中药材烹调。鉴于凉茶配方含有中药材，因此具有一定的养生保健功能，而不是具有医学上的治疗功能。综上，凉茶不属于药品管理法规定的药品种类，按照食品安全法对食品的定义，凉茶属于食品当中供人饮用的成品。

二、在凉茶中添加非处方类西药是否属于刑法规定的添加有毒、有害的非食品原料

按照《最高人民法院、最高人民检察院关于办理危害食品安全刑事案件适用法律若干问题的解释》第二十条规定，下列物质应当认定为“有毒、有害的非食品原料”：（1）法律、法规禁止在食品生产经营活动中添加、使用的物质；（2）国务院有关部门公布的《食品中可能违法添加的非食用物质名单》《保健食品中可能非法添加的物质名单》上的物质；（3）国务院有关部门公告禁止使用的农药、兽药以及其他有毒、有害物质；（4）其他危害人体健康的物质。

按照《食品安全法》第三十八条规定，生产经营的食品中不得添加药品，但是可以添加按照传统既是食品又是中药材的物质。

本案中，被告人王某聪在凉茶中添加的是非处方类西药咳特灵胶囊、氨咖黄敏胶囊，咳特灵胶囊、氨咖黄敏胶囊是国家允许使用的药品，但按照法律规定属于明令禁止在食品生产经营中添加、使用的物质。因此，被告人王某聪在凉茶中添加非处方类西药的行为属于在食品中掺入有毒、有害的非食品原料。

综合上述分析，被告人王某聪在其配制的凉茶中添加“咳特灵”“氨咖黄

敏”等非处方类西药，并将凉茶对外销售的行为，已构成生产、销售有毒、有害食品罪。

该案例的指导意义在于：关于凉茶属于食品还是药品的问题，社会认识分歧面大，该案例通过充分的论证说理，认定凉茶属于食品，为凉茶的定性树立了规范，进而认定在凉茶中添加非处方类西药并出售的行为构成生产、销售有毒、有害食品罪，对同类案件审理具有借鉴意义。同时，该案例对民间存在的为增强凉茶效果而在凉茶中违法添加非处方类西药行为可起到警示作用，同时可宣传法律知识、提升全民法治意识。

【相关法条】

《中华人民共和国刑法》第一百四十四条；

《最高人民法院、最高人民检察院关于办理危害食品安全刑事案件适用法律若干问题的解释》第二十条。

一审合议庭成员：黄　涛　区美琪　张忆苏

以离婚协议的约定内容对抗房产执行的问题探析

——刘某瑞与某银行股份有限公司广州荔湾支行等案外人执行异议之诉案

郑怀勇*

【裁判要旨】

近年来，在债权人申请执行债务人名下的房产时，经常出现的一类情况是债务人的原配偶根据离婚协议约定，主张该房产已经在离婚协议中约定归其个人所有，人民法院不得拍卖执行。债务人与其原配偶在离婚协议中对房产的约定能否产生实际变更案涉房屋产权的效果从而对抗执行，应从涉案债务的性质、债务形成与离婚协议签订之间的时间关系、案涉房屋产权的实际情况、伦理道德与社会影响等几个因素进行审查判处。

【关键词】 执行异议　物权变动　离婚协议　夫妻共同债务

【案件索引】

一审：广东省广州市白云区人民法院（2018）粤 0111 民初 771 号（2018 年 7 月 24 日）；

二审：广东省广州市中级人民法院（2018）粤 01 民终 21633 号（2019 年 1 月 30 日）。

* 郑怀勇——广州市中级人民法院立案庭四级高级法官。

【基本案情】

刘某瑞向一审法院提起本案诉讼，请求判令：（1）确认案涉房屋归刘某瑞所有；（2）解除对案涉房屋的查封措施，并不得执行上述房屋。（3）本案诉讼费由某某银行荔湾支行承担。事实与理由：王某宏于2014年11月3日签订《最高额保证合同》约定，为宝某尼公司的借款承担连带保证责任，该债务为其个人婚前债务，案涉房屋是王某宏与刘某瑞于2015年7月31日签订《商品房买卖合同（预售）》，并于2015年8月13日向银行申请贷款，属婚后购置的夫妻共同财产。双方于2016年8月9日签订《离婚协议》约定案涉房屋归女方所有，剩余房贷由女方承担。由于该房屋尚未出具房产证，导致案涉房屋无法办理产权变更手续。但其并不影响离婚协议中对于不动产归属的约定的效力，虽未登记，但在无善意第三人情况下，应认定发生物权变更效力。且离婚后，刘某瑞独自偿还剩余的贷款303万元及所欠债务90万元，刘某瑞并无过错，与王某宏不存在借离婚协议处分财产逃避债务的主观恶意；若法院认定《离婚协议》对案涉房产处分无效，则也只能执行王某宏对案涉房产的份额，且应考虑离婚后刘某瑞以个人财产对于案涉房产单独还贷的增值部分。

某银行股份有限公司广州荔湾支行（以下简称某银行荔湾支行）辩称：（1）案涉房屋产权人为王某宏，根据法律规定，王某宏为案涉房屋的所有权人；（2）刘某瑞对案涉房屋的权利不足以排除人民法院已经采取的执行措施。王某宏与刘某瑞签订的《离婚协议》对案涉房屋的权属约定并不直接发生物权变动的法律效果，不具有对抗外部第三人债权的法律效力，刘某瑞仅可以根据该协议赋予的债权请求权向王某宏主张履行房屋产权变更登记的契约义务。该债权请求权并不足以排除法院已经依法采取的执行措施。

法院经审理查明：广州仲裁委员会于2015年11月16日受理申请人某银行荔湾支行与被申请人宝某尼公司、何某多、李某阳、王某宏的金融借款合同纠纷的仲裁申请，并于2016年9月19日作出（2015）穗仲案字第7359号裁决书，裁决：一、宝某尼公司向某银行荔湾支行偿还借款本金2166660元及利息、逾期利息、复利（第一部分为截至2016年9月7日的利息、逾期利息、复利合计225223.46元；自2016年9月8日至清偿之日，逾期利息以本金2166660元为基数，按逾期年利率14.85%计算；复利以未按时支付的利息及逾期利息为基数、按逾期年利率14.85%计算）；二、宝某尼公司补偿某银行荔湾支行律师费90000元；三、仲裁费为34010元，由宝某尼公司承担（该费用已由某某银行荔湾支行预缴，仲裁委员会不作退回，由宝某尼公司迳付某银行荔湾支行）；四、何某多、李某阳、王某宏对上述第一、二、三项裁决确定由宝某尼公司应付的款项承担连带清偿责任。该裁决书于2016年9月19日发生法律效力。被告某银行荔湾支行依据上述生效法律文书向本院申请执行被执行人宝某尼公司、何某多、李某阳、王某宏，一审法院于2017年1月16日以（2017）粤0111执801号立案执行。2017年2月14日，一审法院作出（2017）粤0111执801号执行裁定书，裁定：查封被执行人王某宏名下的案涉房屋。次日，一审法院向广州市国土资源和规划委员会送达《执行裁定书》及《协助执行通知书》，查封被执行人王某宏名下的案涉房屋。刘某瑞对本院查封上述案涉房屋的行为提出书面异议，一审法院于2017年12月27日作出（2017）粤0111执异193号执行裁定书，裁定驳回刘某瑞的异议请求。刘某瑞不服该《执行裁定书》，于2018年1月11日向白云人民法院提起本案案外人执行异议之诉。

另查，案涉房屋房产总面积为141.25平方米，房屋用途住宅，房屋性质商品房；房屋状态为预售，合同状态为预告，确权状态为未确权，抵押状态为合同抵押，查封状态为查封，预告登记核准时间为2016年1月4日，房屋成交价格为4337301元；权属人为王某宏，占有份额为单独所有，所有权性质为私有，权属来源为购买。他项权列表中，他项权人为中国农业银行股份有限公司广州东城支行，债权数额为3030000元。

【裁判结果】

广东省广州市白云区人民法院于2018年7月24日作出判决如下：驳回刘某瑞的诉讼请求。

宣判后，刘某瑞提出上诉，广东省广州市中级人民法院于2019年1月30日作出（2018）粤01民终21633号民事判决，认定案涉房屋产权人为王某宏，刘某瑞主张解除对案涉房屋的查封、要求确认其对案涉房屋享有所有权的诉请于法无据，不予支持。判令：驳回上诉，维持原判。

【裁判理由】

二审法院生效判决认为：根据（2015）穗仲案字第7359号裁决认定的事实，王某宏等人为宝某尼公司与某某银行荔湾支行于2014年11月11日所签订的《流动资金借款合同》中主合同项下的借款债务提供保证担保，保证方式为连带责任保证，保证期间为主债权的发生期间届满之日起两年。刘某瑞与王某宏婚姻登记时间为2015年6月18日，刘某瑞与王某宏购买案涉房屋的时间为2015年7月31日，属于刘某瑞与王某宏婚姻存续期间的夫妻共同财产，而双方《离婚协议》签订的时间为2016年8月9日。再根据一审查明事实可知，某某银行荔湾支行向王某宏提起借款合同之诉的时间为2015年11月16日。由此可见，刘某瑞与王某宏离婚时间与王某宏涉诉时间相隔较短，在王某宏明知其需对宝某尼公司债务承担连带保证责任，且期限尚未届满的情况下，一审认定不排除王某宏与刘某瑞离婚有转移财产逃避债务的嫌疑并无不妥。

刘某瑞二审确认其与王某宏并未签署《婚前协议》，双方未对婚前财产及债权债务进行约定并进行公示。刘某瑞与王某宏签署的《离婚协议书》应属于夫妻两人的内部协议，现讼争房屋仍登记在王某宏名下，而王某宏未履行其连带保证义务。根据《物权法》第九条规定，“不动产物权的设立、变更、转让和消灭，经依法登记，发生法律效力；未经登记，不发生法律效力”。王某宏与刘某瑞双方在离婚协议上约定案涉房屋产权归刘某瑞所有，这是王某宏对自己在讼争房屋产权中所拥有份额的处分，该处分行为未经产权变更登记并不直接发生物权变动的法律效果，也不具有对抗第三人的法律效力，因讼争房屋的产权未发生变更登记，王某宏仍为讼争房屋的登记产权人，其在讼争房屋中的产权份额尚未变动至刘某瑞名下，故在王某宏尚存未履行债务的情况下，某银行荔湾支行作为王某宏的债权人，要求对王某宏名下的财产予以司法查封并申请强制执行符合法律规定。刘某瑞依据《离婚协议》对讼争房屋产权的约定要求确认讼争房屋的100%产权份额归属其所有；要求解除对该房屋的查封措施于法无据，一审法院不予支持并无不当，应予以维持。

【案例注解】

近年来，因夫妻双方离婚变更名下房产归属而未办理产权变更登记，或是通过离婚协议恶意转移房产，对房产享有合法财产权益的债权人申请执行时，夫妻另一方作为案外人主张其根据离婚协议约定对房产享有权利，提出执行异议的案件屡屡发生。由于不同的指导性裁判规则的存在与学界态度的不一致，引起了裁判结果冲突与日益增多的具有争议性的法律问题：离婚协议对房屋产权的约定能否对抗房产的执行。本案中涉及的债务虽为丈夫王某宏的个人债务，担保关系的成立发生在王某宏和刘某瑞结婚之前，但离婚协议签订在王某宏债务纠纷发生的时间后不到一年，无法排除王某宏借离婚协议约定而达到躲避债务目的的嫌疑。故从该行为的结果和影响来看，不可认定离婚协议中案涉房屋权属的约定合法有效。有效遏制借离婚协议约定躲避债务行为，不仅要依靠债权人增强法律意识，提前进行证据收集与保存以及时维权，更要通过法律手段，依靠《物权法》和《婚姻法》等相关规定对当事人进行制裁惩处，为依法享有债权的债权人提供法律保护。在与离婚协议约定有关房产的所有权归属是否能够对抗对该房产的执行问题上，有下列几个问题需要注意。

一、债权形成的时间对离婚协议的约定能够对抗执行的影响

1. 债权形成于离婚之前

（1）债权人需对以下情况承担证明责任：对于个人婚前债务，即一方婚前已经形成的债务，原则上认定为夫妻一方的个人债务。债权人能够证明所欠债务用于婚后共同生活的，应当认定为共同债务，由夫妻双方共同偿还。《最高人民法院关于审理涉及夫妻债务纠纷案件适用法律有关问题的解释》中明确规定，夫妻一方在婚姻关系存续期间以个人名义为家庭日常生活需要所负的债务，债权人以属于夫妻共同债务为由主张权利的，人民法院应予支持。夫妻一方在婚姻关系存续期间以个人名义超出家庭日常生活需要所负的债务，债权人以属于夫妻共同债务为由主张权利的，人民法院不予支持，但债权人能够证明该债务用于夫妻共同生活、共同生产经营或者基于夫妻双方共同意思表示的除外。依据该条规定债权人有权就原夫妻所负共同债务向夫妻任何一方要求偿还，夫或妻就共同债务对外承担连带清偿责任后，有权基于离婚协议或者人民法院生效的法律文书向原配偶主张自己的权利。

（2）案外人主张离婚协议中关于案涉房屋的权属约定能对抗该房产的执行时，也需对其主张所依据的事实即以下情况承担举证责任：根据《最高人民法院关于适用〈中华人民共和国民事诉讼法〉的解释》第九十条的规定，案外人需对其对案涉房产享有合法的产权、案外人有充分理由明显对涉案债务的发生不知情或与该笔债务无关，或债权人对债务人夫妻离婚协议签订是知情的。如果案外人不能举证证明则应承担举证不能的法律后果。

（3）在债务尚未清偿的情况下，夫妻一方没有足够的事实与理由证明其对在离婚协议中约定房产的归属不存在恶意且房屋产权尚未变更的，不可对抗执行。夫妻双方在离婚协议中约定案涉房产归一方所有，属于对共同财产的处分，该协议对夫妻双方具有约束力。但如果夫妻一方明知有债务需偿还仍作此约定，则很可能存在借离婚协议转移财产逃避债务的主观恶意。且因房屋产权尚未变更登记，此时离婚协议的约定对善意债权人即不具有约束力，不能产生对抗执行的效力。

2. 债务发生在离婚协议签订之后

该情况需更多地考量离婚协议的签订目的和履行情况，即案涉房产的实际占有与使用状态。根据《物权法》第九条、第十四条的规定，不动产未经登记不发生效力，自记载于不动产权证时发生效力；《最高人民法院关于人民法院办理执行异议和复议案件若干问题的规定》第二十五条第一款规定，所有权以登记为准，协议不能对房产发生物权变更的法律效果。但若案外人有证据证实该离婚协议的约定远远早于借款发生时间，该房产是夫妻一方作为生活保障的抚

养财产（此时财产的功能在伦理上具有优先性），且该笔借款与其无关，不存在恶意串通逃避债务嫌疑的，应支持其异议申请[1]。由此，应通过该笔债务形成的时间及原因（是否出于夫妻双方的合意、是否分享了该笔债务产生的利益、是否存在非法目的）分析判断其是否属于夫妻共同债务，认定属于夫妻共同债务且案外人没有证据证明债权人对此知情的，法院可强制执行案涉房产。

本案中，刘某瑞二审确认其未与王某宏签署《婚前协议》，也未对婚前财产及债权债务进行约定和公示。而借款关系发生在刘某瑞与王某宏离婚协议签订之前，在王某宏明知其债务尚未清偿，需承担责任的情况下，因案外人刘某瑞未提供相关证据证明其对离婚协议的签订不存在恶意，不排除王某宏与刘某瑞有通过离婚约定转移财产逃避债务的嫌疑。因诉争房屋登记产权人仍为王某宏，其在房屋中的产权份额尚未变动至刘某瑞名下。因此，该离婚协议中的约定对于善意的债权人不具有约束力，也不能产生对抗执行的效力。债权人有权要求对案涉房产进行查封并申请强制执行。

二、物权公示公信原则在离婚协议的约定对抗房产执行问题中的适用

1. 不动产产权人未依法变更，离婚协议中关于不动产权属的约定不具有对抗外部第三人债权的法律效力[2]

根据《物权法》第九条的规定，“不动产物权的设立、变更、转让和消灭，未经登记不发生法律效力”，物权具有公示公信力，对房屋产权的认定应以登记为准。夫妻双方签订的离婚协议中对不动产归属的约定并不直接发生物权变动的效力，一方仅可基于债权请求权向对方主张履行房屋产权变更登记的契约义务。

本案中刘某瑞与王某宏签订的《离婚协议》虽然是双方的真实意思表示，属于双方对离婚后共同财产达成的合意。但案涉房产登记在王某宏名下，即使王某宏与刘某瑞在离婚协议中约定案涉房屋产权由刘某瑞所有，也只是王某宏对自己在案涉房屋产权中所拥有份额的处分。该处分行为未经产权变更登记并不直接发生物权变动的法律效果，案涉房屋的产权人仍是王某宏。

2. 案外人有证据证明登记的物权与实际权利状态不一致，此时离婚协议的约定能够对抗房产执行

离婚协议内容未违反法律、行政法规的强制性约定，则对双方均具有约束力。离婚协议中关于不动产归属的约定即使未办理变更登记手续，也有可能使

---

1 参见《钟永玉与王光、林荣达案外人执行异议纠纷案》，载《最高人民法院公报》2016 年第 6 期。

2 参见《付金华诉吕秋白、刘剑锋案外人执行异议之诉案》，载《最高人民法院公报》2018 年第 2 期。

得案外人产生对案涉房产的物权请求权。如果案外人有证据证明登记的物权与真实权利状态不符，即已履行了约定，实际占有并使用了案涉房产，对未办理产权变更登记没有过错的，案外人为该不动产物权的真实权利人，其提出的异议申请应予以支持。这也是离婚协议约定能对抗房产执行的关键因素。

在审理该类案件的过程中，首先，应就其对执行标的享有阻却执行的民事权益承担举证证明责任，且需达到享有权益排除执行的高度盖然性证明标准。申请执行人对其利益和主张，以及被执行人对案件事实的承认也应作为认定案件事实的证据[3]。其次，要审查离婚协议是否存在逃避债务的恶意或串通，执行前离婚协议的实际履行情况以及夫妻一方对于未办理过户登记是否存在过错。再次，从认定案涉债务是否为夫妻共同债务的角度看，债权人有审查夫妻另一方对于借款是否知情或是否同意，借款是否用于夫妻共同生活等的义务。若无法证明，夫妻另一方的财产份额不能被执行。最后，从离婚协议与借款发生的时间关系角度看，之前、之中与之后是否有不同影响？与借款发生时间间隔不长且有其他情形可证明夫妻另一方有可能对借款知情的，则离婚协议的约定存在逃避债务的嫌疑。婚姻关系存续期间房屋登记在一方名下，执行异议之诉中另一方要求确认其对该房屋二分之一产权并请求不得执行该份额的，法院可在审查后确认案外人享有的产权份额，案外人无须再提起单独的析产诉讼，但案外人以此并不能阻却执行（即只能在执行中保留对该部分份额的金钱价值归还案外人）。具体到本案，案外人刘某瑞以离婚协议约定主张其对执行标的享有全部产权要求确权进而阻却执行，经审查该主张理据不足，应驳回其全部诉讼请求。由于对此类案件尚没有一个统一的定论和做法，所以类似案件仍应遵循以物权登记生效要件为原则，具体情况具体分析地进行实质审查。

【相关法条】

《中华人民共和国物权法》第九条、第十四条。

一审独任审判员：周子珺

二审合议庭成员：郑怀勇　韩志军　谭红玉

3　参见《陕西崇立实业发展有限公司与中国信达资产管理股份有限公司陕西省分公司、西安佳佳房地产综合开发有限责任公司案外人执行异议之诉案》，载《最高人民法院公报》2018年第8期。

网络游戏虚拟财产被盗后游戏运营商的责任界定

——崔某与某计算机系统有限公司网络服务合同纠纷案

冯立斌　李　佳*

【裁判要旨】

网络游戏账号和装备具有虚拟财产属性，法律应予以保护。在立法尚无关于虚拟财产保护具体规定的情况下，司法实践对于涉网游虚拟财产纠纷应遵循游戏用户与运营商之间的合同约定来界定双方权利义务与责任。网络游戏运营商负有保障网络游戏运行安全的义务，用户负有妥善保管账号密码的义务。网络运营商证明己方已尽到了合理安全保障义务，并在账号、装备被盗时采取了及时有效的措施，未侵害用户合法权益的，无须对游戏用户的虚拟财产损失承担民事责任。

【关键词】虚拟财产　游戏运营商　民事责任　界定

【案件索引】

广州互联网法院（2019）粤0192民初271号（2019年4月17日）。

【基本案情】

崔某诉称，因某计算机系统有限公司（以下简称计算机系统公司）的游戏漏洞，崔某的游戏账号被他人绑定密保，在异地登陆并被盗游戏装备。后计算

---

* 冯立斌——广州互联网法院综合审判一庭二级法官；李佳——广州互联网法院审判管理办公室辅助人员。

机系统公司找回被盗游戏装备，但要求崔某支付价值2000多元的游戏币赎回装备。请求判令计算机系统公司恢复游戏道具武器“湛卢”、召唤兽“画魂”和召唤兽“吸血鬼”。

计算机系统公司辩称，崔某与计算机系统公司签订的网络服务合同，对双方均有约束力。依照合同约定，崔某未尽妥善保管账号、密码等安全信息和及时通知等义务，存在严重过错，应承担全部责任。计算机系统公司在接到崔某通知后，及时采取了有效措施，已经尽到合同义务，对涉案损失不存在任何过错，无须承担责任。

本院经审理认定以下事实：

《梦幻西游》是由计算机系统公司运营的一款网络游戏。崔某是该游戏的玩家。

崔某在进行游戏前，接受并同意了计算机系统公司制定的《〈梦幻西游〉电脑版服务条款》和《玩家守则》。上述条款、守则规定：用户有义务妥善保管其账号及密码，任何一方未尽义务导致账号被盗而给用户和他人的民事权利造成损害的，应当承担由此产生的法律责任。如用户获得的游戏虚拟物品是他人通过盗号方式获得，而后转移给用户的，计算机系统公司有权收回该游戏虚拟物品。计算机系统公司将返还用户支付的合理对价。

2018年10月6日，盗号者使用账号和密码，登录网易通行证页面。登录后，盗号者用非账号绑定手机获取验证码。在输入手机号和验证码后，操作将旧“将军令”（一种动态密码保护器）升级替换成新“将军令”。计算机系统公司向崔某的手机号码发送验证码，盗号者输入验证码后绑定新“将军令”成功。计算机系统公司通过系统给崔某发送“将军令”绑定提醒。10月6日、7日，崔某正常登录游戏。10月10日1时41分至7时0分，盗号者输入账号和密码登录游戏，通过摆摊出售将账号内的游戏道具变现成游戏币，并通过无偿给予和购买垃圾物品的方式，连同账号内原有的游戏币一并转移到若干游戏账号。7时53分，崔某致电计算机系统公司客服，告知其账号和物品被盗。16时32分，计算机系统公司告知已帮崔某追回包括召唤兽“画魂”、召唤兽“吸血鬼”、武器“湛卢”等物品，并告知崔某由于追回的物品和召唤兽在游戏中已正常出售，追回的游戏币不足以赎回所有物品，计算机系统公司特殊控制部分物品和召唤兽，需要崔某提供金钱赎回。

【裁判结果】

广州互联网法院于2019年4月17日作出（2019）粤0192民初271号民事判决，判决：驳回原告崔某的诉讼请求。判决已发生法律效力。

【裁判理由】

法院生效裁判认为：崔某接受并同意了计算机系统公司制定的条款、守则，且上述条款、守则并未违反法律强制性规定，对双方均具有约束力，可以作为裁判的依据。

结合相关条款、守则来审查计算机系统公司的行为，本院认定如下：首先，盗号者能通过崔某的账号密码登录账户，并知悉崔某手机号，收取验证码，进而绑定“将军令”，并无证据能够证明此情况是计算机系统公司存在漏洞所致。至于第一次验证码可以用任意手机获取的问题，虽然该步骤可能被他人恶意使用，但是该步骤属于整个验证程序中的一环，结合输入账号密码、输入第二次验证码两步程序，并不会因此步骤而对账号的安全问题产生实质性影响。在绑定“将军令”的过程中，计算机系统公司向崔某发送了验证码短信，并在绑定“将军令”后发送了信息，可以认定计算机系统公司及时通知了崔某其账号存在异常情况。综上，可以认定计算机系统公司采取了合理措施保障用户账号的安全。其次，从崔某首次告知计算机系统公司其账号和物品被盗，到计算机系统公司查证并帮崔某追回涉案的网络游戏道具，时间不足 10 小时，可以认定计算机系统公司及时采取了必要措施。最后，根据盗号者的盗号过程可知，盗号者知晓崔某两个账户的账号和密码。因账号和密码由崔某自己保管，故在无相反证据的情况下，可以推定崔某账号被盗系其未妥善保管其账号及密码所致。因此，因盗号给他人的民事权利造成损害的，崔某应当承担由此产生的法律责任。第三方玩家购买了涉案网络游戏道具，计算机系统公司收回该道具后，须返还第三方玩家为购买该道具而支付的合理对价，故计算机系统公司要求崔某支付与游戏道具交易时数额相同的游戏币，具有合同依据。综上所述，崔某的诉请缺乏依据。

【案例注解】

一、网络游戏账号和装备的法律性质及权利保护

在网络游戏中，游戏账号是网络游戏用户进入游戏的身份凭证，且与账号中的游戏角色、虚拟装备等具有唯一的对应关系。游戏运营商通过比对游戏账号、密码，对网络游戏用户的身份进行确认，从而为其提供个性化的游戏服务。游戏装备是网络游戏用户在网络游戏过程中，其游戏虚拟人物所使用的物品，在游戏运行过程中表现为宝物、武器、工具等，实际是存储在计算机服务器中数据在网络游戏中的表现形式。网络游戏账号和装备均依附于虚拟、特定的网

络游戏而存在，具有一定的使用价值和交换价值，属于虚拟财产的范畴。

由于这些存在于网络游戏的虚拟财产实际由游戏用户所支配，账号、装备在用户与用户之间、用户与游戏运营商或其代理之间转让、交易的现象非常普遍，因此有学者认为网络游戏账号、装备具有物权权能，“游戏用户对虚拟财产拥有所有权，对其ID下的虚拟财产已经事实上享有占有、使用、收益和处分的各项权能，甚至可以删除纪录使游戏中的虚拟财产完全灭失”。但实际上，我国目前还没有出台相关的法律规范对虚拟财产的性质作出界定。《民法总则》第一百二十七条规定：“法律对数据、网络虚拟财产的保护有规定的，依照其规定”，据此，虚拟财产被正式纳入了法律保护范围，但该规定仅为引致性规定，实际是将虚拟财产的保护诉诸其他法律规定，并未作出具体规定。因此，在立法尚不明确的情况下，司法实践对于涉及网络游戏账号、装备纠纷的处理应遵循私法尊重意思自治的原则，根据用户与游戏运营商之间签订的网络游戏服务协议确定彼此的权利义务范围，基于合同法的规定调整双方的法律关系。

二、网络游戏服务协议的法律性质和法律效力

网络游戏服务协议设立了用户和运营商之间的民事权利义务关系，在法律性质上属于合同。如上所述，在立法未对网络游戏账号、装备的性质、归属作出具体规定的情况下，本案崔某与计算机系统公司之间关于账号、装备被盗纠纷应基于双方签订的网络游戏服务协议形成的服务合同关系进行权利、义务和责任的界定。通常来说，网络游戏服务协议包含两类条款。一类为服务型条款，主要约定游戏运营商在向用户提供网络游戏服务过程中，两者作为平等主体相互之间的权利义务，如本案中崔某的身份信息提供义务和计算机系统公司对登录用户身份的审查权利。另一类为管理型条款，主要约定用户有遵守法律、法规和游戏秩序的义务，游戏运营商有管理并对违反上述义务用户采取必要措施的权利，如本案中崔某有报告账户异常、安全漏洞的义务，计算机系统公司有调查账号、冻结账号和回收虚拟物品的权利。虽然此类协议多由游戏运营商预先拟定，且在订立合同时未与用户协商，属于典型的格式合同，但是用户在进入游戏时就已经确认了运营商设置的条款，只要游戏服务协议不存在违反法律法规强制性规定的情形，即应基于合同意思自治的原则，对协议效力予以认可。本案中，崔某表示认可《网易邮箱账号服务条款》《〈梦幻西游〉服务条款、用户守则》等系列网络服务的内容，应认定上述协议对其具有法律效力，亦即上述协议可以作为本案裁判的依据。

三、网络游戏装备被盗情况下游戏运营商的责任界定和责任承担

鉴于用户与游戏运营商之间的基础法律关系为合同关系，因账号丢失、被盗现象引发的纠纷，用户首先可基于运营商负有的保障网络游戏环境安全的义务要求其承担违约责任。此外，《侵权责任法》第三十六条第二款、第三款规定："网络用户利用网络服务实施侵权行为的，被侵权人有权通知网络服务提供者采取删除、屏蔽、断开链接等必要措施。网络服务提供者接到通知后未及时采取必要措施的，对损害的扩大部分与该网络用户承担连带责任。网络服务提供者知道网络用户利用其网络服务侵害他人民事权益，未采取必要措施的，与该网络用户承担连带责任"，据此，如果游戏运营商对于其他用户的侵权行为未采取必要措施，存在过错的，被侵权用户也可向运营商主张侵权责任。具体来说，游戏运营商可能因以下三种情形需要承担民事责任：一是因技术安全措施不到位导致用户虚拟财产丢失、被盗的；二是监测到用户账户异常但怠于通知，导致用户无法及时防损、止损的；三是用户履行账户异常报告义务后，怠于采取保护性措施，导致虚拟财产无法被追回或损失扩大的。司法实践中，无论用户通过违约之诉还是侵权之诉向运营商主张权利，如果运营商实际并不存在上述违约、侵权情形，则无须承担相应的民事责任。

本案中，在案涉网络游戏运行中，计算机系统公司采取了账户 + 密码 + 将军令动态密码的方式对游戏用户进行身份验证，采取了账户 + 密码 + 绑定手机短信验证码的方式进行密保管理，无论盗号者通过何种途径盗取崔某的虚拟财产，均需要同时通过静态和动态验证。因此，可以认定计算机系统公司已经采取了合理的技术安全措施，并未违反保障游戏运行环境安全的合同义务。此外，在崔某账号、装备被盗的过程中，计算机系统公司及时通知崔某其账号存在异常情况，并及时帮崔某追回了涉案网络游戏道具，可以认定其已经采取了必要措施，不存在违反双方协议约定的违约行为或者侵害其崔某合法权益的侵权行为，故而无须承担相应赔偿损失的责任。因此，崔某要求计算机系统公司返还被盗的网络游戏道具，缺乏事实和法律依据，法院不予支持。

【相关法条】

《最高人民法院关于民事诉讼证据的若干规定》第二条、第九条。

审判庭成员：冯立斌

法谈法议

关于消费税两个转型弥补广东地方财政缺口的法律思考

张富强　赖梦珠*

目前广东财政财力虽仍位居全国各地前列，但近年财政收支不平衡的问题日益严重，不仅在作为主体税种的营业税被增值税取代后出现了目前尚无法替代的“主体税种缺失而引发的财政缺口”，而且随着事权与支出的不协调导致“公共财政收支缺口”日益加大，以及为弥补财政收支缺口而导致政府债务不断增加，引发“财政收支实际缺口”不断扩大。而2019年10月国务院提出消费税“两个转型”的重大政策措施以及同年12月初财政部和国家税务总局起草的《消费税法（征求意见稿）》向社会公开征求意见，无疑为广东先行先试，培育地方主体税种，扩大地方税税源，提升地方财政自给能力，弥补公共财政缺口，开启了财税制度深层次改革的法律与政策选择之门。

一、问题的提出

党的十九届四中全会明确就如何“健全充分发挥中央和地方两个积极性体制机制”“理顺中央和地方权责关系”“完善地方税体系”作出了战略部署。国务院针对构建地方税体系，理顺中央与地方事权、支出责任和财力关系，明确提出消费税征收环节后移和逐渐下移为地方收入的“两个转型”。而目前针对社会公众意见正在紧锣密鼓整理中的《消费税法（草案）》也有望在2020年底递交全国人大常委会审议。

* 张富强——华南理工大学法学院教授，中国法学会财税法学研究会副会长，主要研究领域：财税法、经济法；赖梦珠——华南理工大学财经法研究所助理研究员。

然而，目前学界仍然有不少不同的声音。2019 年 12 月华南理工大学举办的第十八届南方财税法高层论坛上，有不少国内著名财税法专家认为，消费税应当是一个循序渐进的改革过程，要实现“两个转型”，特别是将其培育为地方主体税种为时尚早。我们认为，广东长期以财力雄厚闻名全国，但在近年却不得不面对财政自给能力缓慢下降、公共财政收支缺口逐渐增大和政府债务规模持续扩大等财税难题，理应以国务院全面推进消费税改革为契机，争取得到中央的政策支持，继续作为全国财税改革的前沿阵地，先行先试，积极探索消费税的改革模式及其发展潜力，以便从中选择既符合我国消费税改革精神，又能恰如其分地弥补广东现存的财政缺口的最佳模式。正是鉴于这种考虑，我们针对目前广东省存在且或不断扩大的“三大财税缺口”，即因地方主体税种缺失而出现的“营业税缺口”、因地方一般公共财政收支差额而形成的“公共财政收支缺口”以及加上新发地方政府债券而最终形成的“财政收支实际缺口”，拟以营改增试点全面实施之前的 2013 年和营改增试点全面实施后的 2018 年数据为依据，且在维持增值税央地五五分成、中央转移支付和税收返还等原有财政政策不变的格局下，提出“消费税 + 车购税”平移模式、“特定消费税”模式和“典型销售税”模式三种改革模式及基本构想，并分别对能否弥补广东地方财税“三大缺口”的潜在能力和可行性作一简要的假设性分析与预测，以便为有关决策部门选择消费税改革模式或方案，最终为实现提升广东财政自给能力、实现财政收支平衡的目标提供一见之得。

我们可以由营改增前后的地方财政数据对比来了解广东省现存的三大财政缺口情况：营改增前，以 2013 年的数据为例，广东税收收入为 5767.94 亿元，营业税收入 1636.2 亿元，由此引发的第一个营业税缺口占比 28.37%；广东省一般财政收入为 7081.47 亿元，支出为 8411 亿元，则第二个公共财政收支缺口为 1329.53 亿元，占比 15.81%；经过财政转移支付及税收返还共 880.87 亿元，平衡后的缺口仍有 448.66 亿元（占比 5.33%），加上本年新增债券，第三个财政收支实际缺口为 726.66 亿元，占比 8.64%。全面营改增完成后的 2018 年，因营业税几乎消失不再存在第一个缺口，而一般财政收入差额导致的公共财政收支缺口为 3624 亿元，经过平衡后缺口为 2322.16 亿元，加上新发地方政府债券而最终形成的财政收支实际缺口达到 3676.46 亿元，占比 23.37%。[1]

---

1 以上数据根据 2014 年和 2019 年《广东税务年鉴》相关税收统计数据计算得出。

二、以“消费税 + 车购税”平移模式弥补广东“营业税缺口”潜力的分析与预测

“消费税 + 车购税”的平移模式，是指在推进消费税征收环节后移过程中，考虑到广东消费税收入额并不高，可争取合并同性质的车辆购置税，采取平移的方式，测算其弥补本省财政收支缺口的潜力。

为了方便计算，我们将2013年广东省的营业税与增值税实际收入相加，合计2695.05亿元，约占地方税收的46.72%，其中营业税收入为1636.2亿元，占其税收总额5767.94亿元的28.37%，增值税收入为1058.85亿元，占其税收总额的18.36%。假定国务院在这一年就实施了地方对增值税的分享比例从四分之一提高到二分之一，则广东地方增值税收入由原1058.85亿元提高为2201.52亿元（广东当年共征收增值税4403.04亿元[2]），加上消费税547.28亿元和车辆购置税170.48亿元，三税合计为2946.28亿元，比原合计额尚有251.23亿元的增额，增长4.17%。可见增值税实行五五分成所带来的增量以及消费税、车辆购置转型为地方税模式带来的收入，足以弥补2013年因营业税消失带来的主体税种缺失而出现的“营业税缺口”。

至于2013年广东省地方财政收支不平衡所带来的高达1329.53亿元、占比为15.81%的第二个缺口，首先可以通过中央的财政转移支付以及税收返还880.87亿元来弥补，还留下了总额为448.66亿元、占比为5.33%的空缺。2013年广东省第三个财政缺口，是由第二个平衡后总额为448.66亿元，占比为5.33%的缺口加上当年新增政府债券278亿元后构成的金额为726.66亿元，占比为8.64%的缺口构成的，却是增值税实行五五分成所带来的增量以及消费税、车辆购置平移为地方税收模式所难以弥补的。[3]

再以营改增试点全面实施后的2018年数据为例，在计算第一个缺口时，继续以增值税与消费税、车辆购置税之和在地方税收中的占比与2013年增值税与营业税之和在地方税收中占比46.72%相比较。而2018年消费税、车辆购置税增值税三税相加，原占广东税收收入9737.51亿元40.29%的3922.94亿元增值税，加上原不属广东地方税收现假设已转型为广东地方税收的667.55亿元消费税和304.96亿元车辆购置税。这样，2018年消费税、车辆购置税和增值税三税

2 参见“2013年全国税务部门组织收入分地区分税种情况表”，《中国税务年鉴（2014）》，中国税务年鉴出版社2015年版。

3 《2013年预算执行情况报告》，载广东省财政厅网政务公开频道，http：//czt. gd. gov. cn/attachment/0/368/368888/2527668. pdf？ ref = spec，最后访问于2020年3月18日。

相加为4895.45亿元，占改革后的地方税收收入10710.03亿元的45.71%，与2013年营业税和增值税两者之和46.72%相差仅1%，说明增值税实行五五分成所带来的增量以及消费税、车辆购置转型为地方税模式带来的收入，接近于弥补因营业税消失而带来的缺口。

至于第二个公共财政收支缺口，2018年广东省一般公共财政支出15729.26亿元，一般公共财政收入12105.26亿元，财政收支差额达3624亿元，占比23.04%，部分缺口可依据中央的财政转移支付以及税收返还款计1301.84亿元加以弥补，但仍留下2322.16亿元、占比为14.76%的缺口。以后一缺口加上当年新增政府债券1354.3亿元，呈现第三个"实际的财政收支缺口"达23.37%之巨。[4]与2013年的情形大致相似，2018年光是在增值税五五分成的基础上将消费税和车辆购置税两税平移为地方税，至多只能弥补地方税收收支的第一个缺口，但无法弥补地方财政收支的第二个和第三个缺口。

三、以"特定消费税"模式弥补广东地方财政缺口的潜力分析与预测

所谓"特定消费税"模式，是指在消费税改革过程中，考虑到征税环节后移，将促使消费税的税基拓宽，在维持原有消费税性质和名称不变、现有税目与税率不变的情况下，合并同样性质的车辆购置税，同时扩大奢侈品的征税范围、提高烟酒等消费品适用税率，来测算弥补三大缺口的可行性。

如果考虑到消费税在征税范围扩大后可能适用的税目和税率难以精准预测，那么我们暂且假定仍然维持目前的税目与税率不变，仅预测其税基由于征税环节后移由生产环节的批发成本价转变为零售环节的零售价，从而可能给消费税带来可观的增长潜力。我们可以选择化妆品行业作为典型，对其所适用的消费税在征税环节后移情形下可能带来的税收增长潜力进行一种预测分析。2013年我国化妆品行业的零售额为1625亿元，[5]以统计数据30%为化妆品行业的平均利润率，[6]测算出化妆品在零售之前的生产、进口、委托加工环节的计税基础为821.83亿元，此环节化妆品的消费税为246.55亿元，如果将征税环节后移到零售环节，那么计税基础扩大为1068.38亿元，此环节消费税应为320.51亿元，

---

4 《关于广东省2018年省级决算草案的报告》，载广东省财政厅网政务公开频道，http://czt.gd.gov.cn/czysjs/content/post_2578103.html，最后访问于2020年3月19日。

5 《2013年12月份社会消费品零售总额》，载国家统计局网统计数据频道，http://www.stats.gov.cn/tjsj/zxfb/201401/t20140120_502174.html，最后访问于2020年3月19日。

6 汤蕾：《"营改增"背景下消费税改革设想》，苏州大学2016年硕士学位论文。

较之前增长了30%。根据此测算可得知，零售环节应征的消费税y_2与行业利润率x和已知的生产环节消费税y_1有关，若按公式表示，则：

$$y_2 = (1+x) \times y_1$$

如果按化妆品行业30%的行业利润率拓展到整个消费税领域，已知2013年全国生产环节消费税为8293.99亿元，则零售环节应征的消费税是14157.33亿元，约占同期营业税总体收入（17034.24亿元）的83%，加上车购税[7]两税合计12520.41亿元；由此可推算2018年生产环节消费税为10800.11亿元，而零售环节应征消费税为14040.14亿元，两税合计17492.65亿元，平均每年增长幅度是5.86%。由此可见消费税在征收环节后移之后作为一特定消费税而存在明显具有相当大的增长潜力，即使未来过渡期增值税的分成比例有所降低，依然有相当的体量来维持地方税收，而不必过度依赖于共享税。我们可以根据2013—2018年的消费税增幅对消费税未来五年至十年在征税范围不变、税率不变而征收环节后移的情况下继续进行测算，同样可见其潜力可期的成长性。为了更清楚地说明问题，我们分别选取全国及广东等部分代表性地区进行预测，根据各省2013—2018年实际的消费税和车辆购置税数据[8]，测算出特定消费税五年和十年后（即2023年和2028年）的金额，可得全国可征的特定消费税2023年为23255.38亿元、2028年为30916.58亿元，平均增速5.86%；北京分别为387.98亿元、415.75亿元，平均增速1.39%；天津分别为242.74亿元、246.39亿元，平均增速为0.3%；上海分别为1528.52亿元、1981.88亿元，平均增速5.33%；江苏、浙江的增速则超过全国平均水平，分别达到7.75%和6.19%，同样高速增长的还有江西与贵州，分别是12.66%与11.63%。就广东省的数据而言，2018年广东将可征收特定消费税1172.78亿元、约占2018年广东财政支出额的7.46%，进而测得五年后和十年后特定消费税收入可达1552.61亿元和2055.46亿元，分别是2018年广东财政支出额的9.87%和13.07%，离弥补2018年广东14.76%的公共财政收支缺口，大致还有4.89%和1.89%的距离，而离弥补2018年广东最后一个“实际财政收支缺口”23.37%，仍有13.5%和10.31%的差距。

为了弥补第二个缺口，实现广东公共财政支出平衡，我们认为，可在进一步深化消费税的改革，根据国发〔2019〕21号文件精神，先行将现在不属征税范围的奢侈品，如私人飞机、娱乐性帆船、国际品牌时装以及高尔夫、保龄球、

---

7 根据前面推算，消费税征收环节后移将带来30%的增长，而车购税本身就是在销售环节课征的，故无须计算增长。

8 参见《中国税务年鉴》有关2014年至2019年的税收统计数据。

赛马、超高档酒店、高档美容健身、私人会所等纳入征税范围。根据麦肯锡咨询公司（McKinsey & Company）的《中国奢侈品报告2019》，2018年我国的奢侈商品及服务消费额为7700亿元。[9]若按广东省消费品零售总额占全国比例进行推算，则广东省奢侈品消费额约为798.34亿元，如按20%的高档手表税率征收，则可增收159.67亿元的消费税，相当于当年财政收入12105.26亿元的1.32%。同时，根据中国香烟网2018年的数据，广东省卷烟销售额约为1107.02亿元，[10]若加征10%的消费税，可征得110.7亿元；根据广东省酒类协会的调查，2018年广东省酒类销售总额约586亿元，[11]同样加征10%的消费税，可征得58.6亿元。两者相加，广东省财政收入可提升169.3亿元，相当于同年财政收入的1.39%。可见，通过扩大奢侈品征税范围和提高烟酒适用税率，将能增长广东财政收入的2.75%，完全可以在十年内弥补广东省的财政缺口，达到财政的收支平衡且略有广东省财政自给能力的提高。可见采用本模式，其发展潜力十分可期。

四、以“典型销售税模式”弥补广东地方财政缺口的潜力分析与预测

所谓“典型销售税模式”，是指可以考虑将现有法定范围消费品作为征税对象的特定消费税，转型为针对以社会消费品作为征税对象，以全部消费品零售总额作为税基的一种新的、典型的销售税模式，但这一模式的实施，必须与减少增值税税率档次、降低增值税税负的改革同步进行，将那些在适用增值税时无法进入抵扣连环的商品纳入典型销售税而不再适用增值税。因而我们在此所作预测的前提，是将消费税征税范围扩大至社会消费品零售总额，其适用税率降至平均低税率，测算所得到的销售税收入则称为典型销售税收入。将2018年广东省的社会消费品零售总额39501.1亿元为税基，再乘以平均低税率5%—7%的销售税率就能得出广东省当年可征收典型销售税的税收收入分别为1975.06亿元、2370.07亿元和2765.08亿元，对比2018年9737.51亿元的地方税收，分别增加了16.86%、19.58%和22.12%，占2018年一般财政支出的

9 《中国奢侈品报告2019》，载麦肯锡公司网行业洞见频道，https://www.mckinsey.com.cn/wp-content/uploads/2019/04/McKinsey-China-Luxury-Report-2019-Chinese.pdf，最后访问于2020年3月19日。

10 《最新中国香烟销量排行榜前10名 各省香烟销售额排行榜2017（30省）》，载中国香烟网香烟排行榜频道，https://www.cnxiangyan.com/top/6696.html，最后访问于2020年3月19日。

11 广东省酒类行业协会：《2018年全国和广东酒类行业情况》，载广东酒业之窗网酒业资讯频道，http://www.gdjyzc.org.cn/WineDetail.aspx?id=3321，最后访问于2020年3月19日。

12.56%、15.07%和17.58%。

对“零售环节典型销售税未来成长性上的预测”将采用指数平滑模型先对社会消费品零售总额进行预测。指数平滑的原理是在确定初始值和平滑系数 a 后，赋予时间序列中远期数据逐渐减弱的影响程度，计算本期实际观察值与前一期指数平滑值的加权平均即可得任一期的指数平滑值，基本公式为：

$$S_t = a \times y_t + (1 + a) \times S_{t-1}$$

根据1994—2018年全国及广东等部分省市社会消费品零售总额数据分析其税基的增长趋势，经过多次测量可知当采用平滑系数 $a=0.3$ 时指数平滑法标准误差最小，就可测算出全国及广东省未来十年的社会消费品零售总额，再按6%中档税率来作为销售税率则可得出相应的典型销售税金额。根据测算，2023年和2028年全国社会消费品零售总额将达到514108.1亿元和645651.9亿元，典型销售税分别为30846.49亿元和38739.11亿元，平均增速为6.32%。全国其他省市较低的则是天津，典型销售税金额为411.63亿元和454.15亿元，增速仅为3.35%，但比起特定消费税的0.3%，典型销售税模式依然非常有优势。增速高于全国平均水平的依然是江西与贵州，增速分别为6.66%和7.24%，比起特定消费税的12.66%与11.63%，典型销售税各省市的增长速度相对比较平均、更具公平性。就广东数据而言，2023年和2028年广东社会消费品零售总额将达到52857.9亿元和65983.8亿元，典型销售税规模分别为3171.5亿元和3959.03亿元，平均增速为6.09%，略低于全国。2023年和2028年的典型销售税收入分别占2018年财政支出额的20.16%和25.17%，在地方财政缺口不持续扩大的情况下将有效地弥补2018年第三个总额达3676.46亿元、占比为23.37%的“实际财政收支缺口”，且大致还有1.08%的盈余。如果我们考虑到现行各类消费品适用税率并非仅仅6%的中位数税率，而是适用不同的税率，考虑到今后极有可能对“高能耗、高污染的消费品、奢侈性消费品和奢侈性消费服务以及烟酒等限制性消费品提高适用税率”等因素，则采用以社会消费品零售总额作为税基的“典型销售税”模式，其潜力同样是可以期待的。

结语

通过对以上三种模式的潜力分析与预测，我们可以发现，如果单纯从如何开拓税源、提升财政收入的角度考量，第一种模式可以暂不考虑，第三种模式最为有利，但从消费税的立法宗旨考量，则第二种模式最为合适。

显然，采用第三种模式，立法课征以社会消费品作为征税对象的“典型销售税”，对于广东开拓税源、提升财政收入更有利，不仅可以弥补现存广东省财政收支的三个缺口，即“实际财政收支缺口”，而且比其他省市呈现更多的增额。但客观而言，这一模式涉及必须将现有法定消费品作为征税对象的特定消费税转型为针对以全部消费品作为征税对象、以全部消费品零售总额作为税基的深层次改革，显然与现有《消费税法（征示意见稿）》的立法宗旨和目的相距甚远，而且在征税实践中也将带来同一商品同时面临课征增值税和消费税双重征税的问题，不符合税收公平、效率和中性原则。因而可以作为一种模式加以可能性的参考分析，但不是一种理想的立法与政策选择。

而第二种模式，即“特定消费税”模式，是以现行消费税征税环节后移带来税基拓宽和税源的扩大，维持原有消费税性质和名称不变，原有与增值税形成双层叠加但仅对法定的部分消费品征税，且现有税目与税率维持大部分不变，并合并同样性质的车辆购置税，不会对消费者的消费选择产生较为明显的负面影响。同时，提高烟酒等大众普遍认为不健康、不良的消费品的适用税率，扩大对奢侈品的征税范围，既有利于提倡健康节俭生活、抑制奢侈攀比之风气，也符合消费税助于“寓禁于征”的立法宗旨和目的。当然，该模式的实施，必须有法律依据，如果财政部和税务总局能够加紧《消费税法（草案）》的整理与修订工作，广泛吸收有关专家学者立法的建议，如果在征税环节后移的改革上，能够将步伐迈得大一些，实行一步到位，除了个别的消费品仍然保留在生产环节征税，绝大部分都改为销售环节征税，因而建议将《消费税法（征求意见稿）》中的第三条改为“纳税人在生产、批发或者零售环节销售应税消费品，应当依照本法规定缴纳消费税”。[12] 同时，建议将现行十五个税目增加为十六个税目，并作出如下的修订：（1）鉴于《消费税法（征求意见稿）》已将“小汽车”列为税目之“八”，那么应当将目前正在征收的“车辆购置税”合并，同时在税率上作出相应的修订。（2）在《消费税法（征求意见稿）》税目“一”和“二”，即“烟”和“酒”从量计征的基础上，加征10%的从价税；（3）在《消费税法（征求意见稿）》税目“九”的“高尔夫及球具”基础上，增加“保龄球及球具”，在《消费税法（征求意见稿）》税目“十”的“高档手表”基础上，增加“高档时装、手袋和皮具”，在《消费税法（征求意见稿）》税目“十一”的“游艇”的基础上，增加“私人飞机”“娱乐性帆船”，统一适用20%的税率；（4）将《消费税法（征求意见稿）》税目“十二”至“十五”的“本制一次性筷子”“木地板”“涂料”和“电池”的税率统一提高到10%；（5）将超高档酒店、高档美容健身、私人会所等“奢侈性消费行为”增列为消费税法

---

12 《关于〈中华人民共和国消费税法（征求意见稿）〉征求意见的通知》，载国家税务总局信息公开频道，http：//www.chinatax.gov.cn/chinatax/n810214/n810606/c5140479/content.html，最后访问于2020年3月19日。

税目之“十六”，统一征收10%的税率。但是，如果考虑到消费税立法进程可能会比较缓慢，最近两三年内有可能未能如愿完成立法工作，则广东省有关部门可以考虑尽快采取必要的措施，统一认识，争取国务院予以政策上的支持，在广东地方上实行消费税“两个转型”改革的先行先试，取得经验后，再推广至全国各地。

尽管采用本模式，仅可弥补本文表一中的第二个“一般公共预算收支缺口”。但在本文涉及的三个缺口之中，最关键的无疑是第二个缺口，通过开辟税源，提升广东地方财政的自给能力，实现公共财政收支平衡，对于保障广东事权与支出责任协调、统一的意义十分重大。至于第三个缺口的存在，也是由第二个缺口即公共预算收支缺口的存在所引发，一旦广东的财政自给能力的提高，恢复到一般公共预算收支足以满足一般公共预算支出所需的状态，则第三个缺口当然会自然消失。

遗产管理人制度建构的“非讼法理”

——以《民法典》继承编为视角

杨璐嘉　廖惠敏　叶鑫欣*

随着经济发展，我国涉遗产纠纷呈“井喷态势”。如何管理遗产，完成财富传承、债务清偿，防范社会风险，已成为新时代社会治理面临的新挑战。为此，我国《民法典》首设遗产管理人制度。不过，《民法典》第一千一百四十五条、第一千一百四十六条存在规则漏洞，会陷入遗产管理人产生难的窘境。究其根源，是“诉讼法理”错位运用所致。在家事审判领域，家事诉讼运行渐呈“非讼法理”特征，家事审判特别程序探索不断深化[1]，展示“非讼法理”强大生命力。

破除管理人产生难题，宜回归“非讼法理”道路，打造“由顺位在先的适格主体自动充任为主，法院依职权指定为辅”的产生机制，并分化一审诉讼程序，建立与“诉讼程序”并行的“非讼程序”加以保障。对第一千一百四十五条、第一千一百四十六条进行立法完善及配套制度建设，并展望区分民事审判权运行模式的前景，以贯彻落实习近平总书记“把非诉讼纠纷解决机制挺在前面”的要求，为深化新时代民事诉讼制度结构性改革提供另一视角。

---

* 杨璐嘉——华中师范大学应用法学与法治社会研究院特聘助理研究员，主要研究领域：社会治理与法律文化、公共法律服务与法社会学；廖惠敏——厦门市中级人民法院副院长、审判委员会委员，主要研究领域：民商法、知识产权法、诉讼法与司法制度；叶鑫欣——厦门市中级人民法院法官，主要研究领域：民商法、知识产权法、民事诉讼法。

1　面对现行民事诉讼法有关规定出现不适应家事案件审判特点和要求的情况，人民法院作了大量积极探索，近年不断改革。

一、貌有实无：遗产管理人面临的产生困境

遗产管理人系经法定程序产生的，在继承开始后至遗产分割前，依遗嘱指示或法律规定对遗产实施管理的民事主体。《民法典》第一千一百四十五条、第一千一百四十六条所设产生机制，申言之，除法院指定外，由顺位在先主体充任（参见图1）。但从微观运行看，遗产管理人处于“悬而未决”状态。

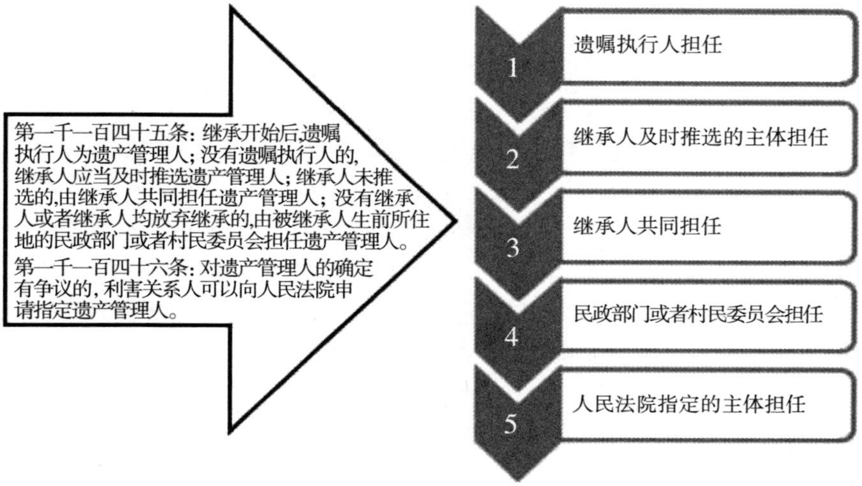

图1　《民法典》所规范的遗产管理人产生流程

（一）未前置遗嘱审查：效力互为因果致身份尴尬

根据《民法典》第一千一百三十三条的规定，遗嘱有效系遗嘱执行人得以“存活”的必要条件。但影响遗嘱效力的因素较多，准确判断实属不易。如同样涉及遗嘱自由原则，杭州遗赠保姆案有效[2]，而泸州遗赠第三者无效[3]；最高人民法院第50号指导案例“李某等诉郭某等继承纠纷案”中，遗嘱因未保留人工授精胎儿继承份无效，均引发伦理与法理大讨论。以“遗嘱效力”为关键词在中国裁判文书网进行全文搜索，检索到4169例，其中一审1471例，其他均为二审、再审等案件，可见一审程序并未解决效率问题。

经更进一步统计，一审认定遗嘱有效仅657例，有55.34%的案件因遗嘱系篡改伪造、形式不符合规定、无特留份、违反公序良俗等被认定无效或部分无效。

2　范忠信：《遗产赠与的伦理与法理——杭州小保姆受遗赠案的几点分析》，载《河南省政法管理干部学院学报》2002年第1期。

3　案例详见四川省泸州市纳溪区法院（2001）纳西民初字第561号民事判决书。

遗嘱效力现状不容乐观。遗嘱继承优先于法定继承，在一定意义上系合法剥夺其他法定继承人继承权，势必会引起其他人质疑。且遗嘱执行人侵吞遗产的担忧不无道理，如“车某诉万某等遗嘱继承纠纷案”中，遗嘱执行人万某以遗嘱为由，将车某（尚未死亡的被继承人）之房产占为己有[4]。因此，在遗嘱效力较难判断的客观情况下，遗嘱执行人面临两难取舍：若选择不执行，但遗嘱有效，将被追究不履职责任；若选择执行，但遗嘱无效，便是无权处分。故，缺少效力审查前置，容易引向循环论证谬论：遗嘱执行人证明遗嘱有效，遗嘱证明遗嘱执行人有效。

（二）继承人不当行为：推举人、候选人范围动态变化

根据《民法典》，继承人放弃继承后便与管理人选任无涉。审判实务中，继承人放弃继承的案件屡见不鲜，案由主要涉及机动车交通事故、买卖合同纠纷、保险合同纠纷、民间借贷纠纷、继承纠纷。

虽然放弃是继承人的自由，但声明时间的选择，可能会损害其他人利益。在管理人由继承人担任或推选的情况下，无论是增加或减少继承人，均牵动管理人发生主体变化。首先，我国《继承法》第二十五条仅笼统地规定放弃继承应在继承开始后、遗产分割前，《民法典》第九百零三条亦如是规定，且放弃继承具有溯及效力。其次，《最高人民法院关于贯彻执行〈中华人民共和国继承法〉若干问题的意见》第五十条规定允许继承人有限反悔，且《民法典》第一千一百二十四条又规定可因宽恕恢复继承权。继承行为如此嬗变，且表态时间段与遗产管理人履职时间大致重合，若放弃则意味着减少推举人（候选人），若反悔或恢复继承权则会增加推举人（候选人）。

（三）行为表征含糊：适用推定有任意之虞

首先，“及时推选”缺乏客观标准。根据《民法典》，没有遗嘱执行人情况下，若继承人仅为一人时，其为当然遗产管理人。若人数存在复数时，《民法典》要求继承人“及时推选”。暂不论推选是采取一致同意还是多数决方式，“及时推选”的“时长”过于感性，会因个人理解不同而适法不一。更进一步的，继承问题之所以升级为纠纷，大多是因为各方之间矛盾无法调和，“价值权衡取向成为亲情意义变化的一个强劲趋向”[5]。此时寄望于继承人更像缘木求鱼，更有可能损害遗产价值，引发企业倒闭等社会风险。更何况，若个别继承人锱铢必较或恶意串通，“未及时推选”是否应视为“未推选”而令全体继承人变为遗产管理人？这个问题如不解决，很可能成为社会道德风险的诱因，不可不察。

---

4 案例详见江苏省无锡市南长区法院（2009）南民一初字第 1627 号民事判决书。

5 陈午晴：《亲情意义的转向——以房产继承纠纷为例》，载《青年研究》2012 年第 6 期。

其次，“法院指定”规则薄弱。《民法典》第一千一百四十六条规定，利害关系人可以向法院申请指定遗产管理人。那么究竟适用何种程序指定？法院指定是否受前述“优先顺序”的次序、主体范围所限制？是否可以指定范围外的主体？在尚未指定前，原存有争议的遗产管理人是否继承履职等，将使司法实务操作陷入困境。杨立新教授等人主张“经利害关系人申请，人民法院可以在继承人之外指定遗产管理人”[6]。这种不加区分的做法值得商榷。

（四）任职资格缺漏：难以衡平意志自由与遗产保护利益

《民法典》尚未规制遗产管理人任职资格。诚然，从现行《民法总则》第十八条、第一百四十四条、第一百四十五条规定理解，管理人应是完全民事行为能力人。但继承人的意志自由需合理兼顾，据第三方机构中华遗嘱库数据显示，近年来全国各地群众遗嘱咨询、保管量逐步上升（参见图2）。“只要法律无禁止性规定，民事主体的处分自己私权利行为就不应当受到限制”[7]，“法律体系应允许死者之手至少在某一临界值之下控制活人”[8]，故界定任职资格，预先排除不合格人选，有助于引导被继承人指定遗产管理人。

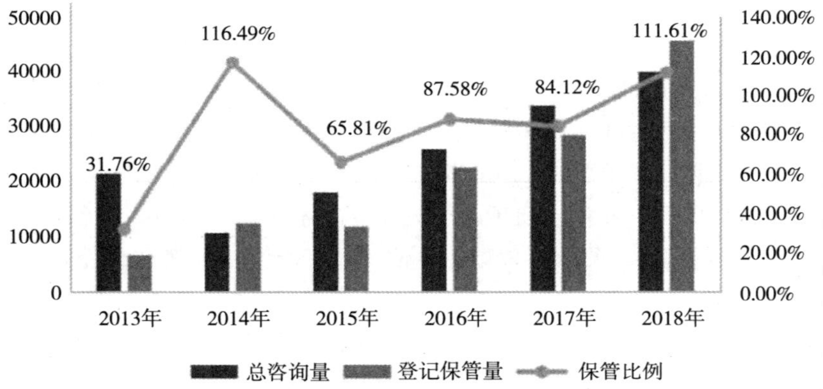

图2　2013—2018年遗嘱总咨询量、登记保管量与保管比例[9]

改革开放以来，私人财产不断丰富，遗产多元化趋势日益明显。据中华遗嘱库数据显示，全国范围内中华遗嘱库内遗嘱所涉及的财产种类越发多样化，

6　杨立新、杨震等：《继承法修正草案建议稿》，载《河南财经政法大学学报》2012年第5期。

7　《最高人民法院关于向美琼、熊伟浩、熊萍与张凤霞、张旭、张林录、冯树义执行遗嘱代理合同纠纷一案的请示的复函》。

8　［美］弗里德曼：《遗嘱、信托与继承法的社会史》，沈朝辉译，法律出版社2017年版，第169页。

9　数据来源：中华遗嘱数据库。

金融衍生品等无形财产比例不断增加。遗产查清越发复杂，且还涉及税务、应诉等活动，亟须专业人员保障管理的有序高效推进。

二、南辕北辙：产生困境的成因探源

民事诉讼法理包括“诉讼法理”与“非讼法理”。前者贯彻处分权主义、辩论主义、当事人进行主义等原则，通过“诉讼程序”追求裁判的慎重、正确；后者贯彻非对抗主义、职权探知主义等原则，[10]通过“非讼程序”实现迅速、经济裁判。在纠纷解决的原理上，一般通过“非讼程序”解决非民事实体权利义务的争议。[11]对此问题我国长期存在分歧，这就使得大量“非民事实体权利义务”纠纷驶在“诉讼法理”大道上，在处分权主义、辩论主义等理念下处理，未能获得“非讼法理”的制度优势。遗产管理人面临的实务困境，究其原因，正是未能厘清遗产管理人产生系“非民事实体权利义务争议”这一本质，逆向走上“诉讼法理”老路，再加之审判资源的有限。

（一）根本原因：“非讼事件”与“诉讼事件”的杂糅

产生困境的原因，表面上是立法语言、次序衔接等分歧，但根本上是对进入诉讼领域内的纠纷的本质认识出现了分歧。理论通说认为，所谓“诉讼事件”，是指存在相互直接对立的双方，并对诉讼所涉标的存在民事权益争议的民事案件；所谓“非讼事件”，是指“非民事实体权利义务争议”，一般不存在直接对立的双方。唯我国缺乏两者区分的理论积淀及立法传统，一般认为特别程序、督促程序、公示催告程序、破产程序所管辖大部分纠纷属“非讼事件”范畴。

产生纠纷争议的是管理人适格问题，尚不涉及遗产这个实体权益，也不存在直接对立的各方，符合“非讼事件”特征。相较之下，遗嘱效力涉及民事权益争议，又存在对立的两造，契合“诉讼事件”特征。若未前置遗嘱审查，会将属于“诉讼事件”的遗嘱效力争议逆向纳入“非讼事件”的纠纷，导致“非讼事件”的审理因存在民事权益争议而终结。即，利害关系人可就遗嘱效力直接起诉，绕过遗嘱执行人这道“马其诺防线”，令遗嘱执行人无法履职，间接抹杀其他主体的递补可能性，更拖延了遗产处理速度，出现“旋转门”现象。

10　郝振江：《中国非讼程序年度观察报告（2016）》，载《当代法学》2017 年第 4 期。

11　张卫平：《民法典与民事诉讼法的连接与统合》，载《法学研究》2016 年第 1 期。

（二）主观原因："非讼法理"独特优势的疏忽

"一个人的身份及其与他人之间的身份关系构成一个国家和一个社会的秩序的重要部分"，[12] 在"家国同构"的政治结构下，各方倾向于寻求官方（公权力）"评评理"。但"清官难断家务事"，继承人之间充满感情纠葛、利益博弈，其他利害关系人与继承人之间又存在"信息不对称"，加之遗产主人已经无法"道明真相"，此时贯彻"诉讼法理"，意味着仅靠个人之力发现事实、举证证明，如遗嘱效力、继承人行为不当等，不仅客观上难以达致，即便查明了也需要耗费巨大的经济、时间成本。若是遵循"非讼法理"原则，法官可依职权进行事实探知，节省司法成本，杜绝后续纠纷。

继承纠纷另一个显著特点是争议因特定身份关系而产生。若遵循"诉讼法理"强调对抗性，矛盾会迅速升级，造成二次伤害。若是贯彻"非讼法理"，可在解决管理人适格争议之际，发挥情感修复功能。另外，分析《民法典》与《继承法》第二十四条、《物权法》第二十九条，遗产管理人与遗产保管人、继承人之间存在权利冲突的现象。若能遵循"非讼法理"原则，"遗产管理人依法履职时，有关单位和个人应予配合"可不证自明，权利冲突问题自可化解。

（三）客观原因：审判资源稀缺的属性制约

伴随我国首部《民法典》出台，对民众权益保护更为立体。与此同时，人民群众司法需求日益增长，不仅反映在量上"诉讼爆炸"，还体现在质上"公正高效"。但任何社会都无法无限增加司法资源的供给，只能在资源优化配置下进行"深挖潜力"。实践中，以 ADR 为代表的"非诉讼纠纷解决机制"改革如火如荼。但这种开发"异质替代资源"的救济路径，只能"治标不治本"。遗产管理人产生机制，如果还是按照传统观念（诉讼法理）设计，不仅无法杜绝遗产管理不力引发后续纠纷，更是增加这一类纠纷进入诉讼渠道，"减负不成反增量"，无形中稀释了审判资源。

通说认为司法权二元论对程序进行了分工：诉讼主要是纠纷解决与事后救济；非讼主要是预防纠纷与提前介入[13]。申言之，一方面，对进入法院诉讼的纠纷，应当根据性质类型化，实现"诉讼案件"与"非讼案件"的区分。另一方面，对一审诉讼程序进行分化，"诉讼程序"与"非讼程序"并行，让案件"各行其道"，避免"通道梗塞"。在制度有效供给基础上，赋予当事人程序选

---

12 傅郁林：《家事诉讼特别程序研究》，载《法律适用》2011 年第 5 期。

13 赵蕾：《中国非讼程序年度观察报告》，载《当代法学》2018 年第 6 期。

择权，满足社会治理需求。

三、辅道校正：用“非讼法理”构建配套制度

本属“非讼事件”的遗产管理人制度，理应回归到“非讼法理”道路加以评估、构建，才能发挥其应有功效。设有遗产管理制度的域外立法例[14]，普遍从遗嘱检验、任职资格、临时管理等完善配套措施，可资参照，以满足非对抗主义、职权探知主义特点。

（一）前置遗嘱检验程序

前置遗嘱检验程序，是各方及时知晓自身或他人是否适格的必然要求，也是及时保护遗产的客观需要，是合法启动遗产管理的前提。虽然学者梁慧星、王利明、杨立新、杨震、陈苇等对具体路径有不同主张，但均认为应当设立此项制度[15]。

1. 域外经验考察。英美法系除采用信托方式外，遗嘱效力原则上交由法院审查。大陆法系大致有以下四种方式：遗嘱交被继承人最后住所地的主管官厅确认（见《瑞士民法典》第五百五十六条）；遗嘱交公证人审查（见《法国民法典》第一千零七条）；遗嘱交家庭法庭检认（见《日本民法典》第一千零四条）；遗嘱真伪由亲属会议认定（见我国台湾地区“民法”第一二百一十一条）。

2. 可行性分析及具体构建。我国传统文化存在着丰富的关于遗嘱检验的本土资源。宋代《户绝条贯》载有“遗嘱证验分明，依遗嘱施行，从之”。司法审判中，据《张家山汉墓竹简·二年律令》所载，汉代就有不由族众、不经官司之遗嘱即为无效的判例；《明公书判清明集》更有“不曾经官印押，岂可用私家之故纸”的判例。

1988年，司法部原公证律师司发布《关于办理黄兆源遗嘱继承公证的复函》首次提及“遗嘱检验”，由公证机关负责。目前，保管遗嘱属于公证机构办理的公证事项之一，“全国公证遗嘱备案查询平台”信息完备，具有遗嘱检验的制度、实践基础。故可实施两步走策略。即短期内，将遗嘱检验的职能赋予公证机

14　术语使用上，英美法系通常把遗嘱执行人、遗产管理人统一称为“遗产代理人”。还有的地方称为遗产保佐人、遗产清算人、遗产代理人、遗产保护人、遗产执行人等。

15　详见梁慧星主持编写的《民法典草案建议稿附理由——继承编》第一千九百八十九条，王利明主持编写的《民法典学者建议稿及立法理由》第六百三十一条，杨立新、杨震主持编写的《继承法修正草案建议稿》第五十三条规定，陈苇主编的《外国继承法比较与中国民法典继承编制定研究》之“完善遗嘱执行的立法建议”部分。

构，如有提出异议者，再由法院裁决。长远上，设立公益性质的“公共遗嘱执行机构”，由其接受遗嘱人委托，委派公益遗嘱执行人检验，履行遗嘱执行事务。

（二）健全任职资格规范

由公权力明确遗产管理人任职资格，引导被继承人自由选择符合资格条件的管理人，以确保遗产安全，达到制度设计之目的，符合公益和私益衡平之要求。

1. 域外经验考察。英美法系中比较典型的是英国，其规定：遗产管理人一般是完全民事行为能力人，但遗嘱可以指定未成年人，由其监护人代理执行或由待其成年后履行职责；法人和合伙组织原则不能担任遗产管理人，但公益信托社团等单一法人以及合伙组织中的完全民事行为能力合伙人除外；具体人数不能多于 4 人，若遗产关乎未成年人权益，应不少于 2 人。大陆法系中，一般要求遗产管理人是完全民事行为能力人，其中日本还禁止破产人担任遗产管理人，我国台湾地区还排除“禁治产人”。另，两大法系均有非自然人担任遗产管理人的趋势。

2. 具体构建进路。基于“非讼法理”原则，对遗产管理人资格可从积极、消极两方面予以明确。（1）所谓积极资格，是指担任所必须具备的条件。具体而言，以就职时为基准线，只要年满 18 周岁、具有完全民事行为能力的自然人就具有资格；年满 16 周岁，以自己的劳动收入为主要生活来源的自然人，可视为有资格；限制民事行为能力人不能直接担任，除非是遗嘱指定且其法定代理人愿意代表的除外。至于其他主体，我国《信托法》第十三条已确立遗嘱信托制度，参照该法第二十四条之规定，法人担任管理人于法有据。惟非法人组织，不具有独立的人格，根据《民法总则》第一百零四条规定，其最终责任由出资人或者设立人承担，故可借鉴英国，最后考察出资人或设立人资格。（2）所谓消极资格，是指一旦具有便不得担任的情况。我国仅承认企业法人破产，尚无自然人破产制度，个人征信体系也不完善，禁止破产人等存在制度供给不足。不过，可限制被列入失信被执行人的主体。《民法典》第一千一百四十九条赋予管理人报酬请求权，但并非利润，借此牟利缺乏正当性。现行《民法总则》采取“营利法人、非营利法人、特别法人”三分模式，“营利法人”与“非营利法人”划分标准为“以取得利润并分配给其他出资人为目的”，故应当排除营利法人。

四、回归正轨：适用“非讼法理”完善立法

《民法典》第一千一百四十五条、第一千一百四十六条规定存在的上述不足，不再赘言，亟须引回“非讼法理”正轨，进行如下立法完善。

（一）对《民法典》第一千一百四十五条的立法完善

基于前述分析，对第一千一百四十五条规定可做如下修改，即继承开始后，遗嘱执行人为遗产管理人；没有遗嘱执行人的，由继承人共同成为遗产管理人，但继承人及时推选出的除外；没有继承人、全部继承人放弃继承权或继承人不明时，由被继承人生前住所地的民政部门或者村民委员会担任。此调整的目的主要有以下三个方面：

1. 合理催促继承人及时表态。考察域外经验：继承人放弃继承的，应在继承开始后一定期限内作出表示，否则视为接受继承。国内亦有学者认为，既然《民法典》第一千一百二十四条对受遗赠人规定六十日的期限，那么也应限制继承人。此思路虽有利于填补此处缺漏，但忽视了受遗赠人放弃的是纯粹利益，无须由法定继承人负担债务，且涉及继承权性质、继承期间起算点、如何达成合意等争论，可能会破坏体系自洽性，值得商榷。

2. 合理兼顾传统与现实需要。基于尊重父母情感的伦理考虑，大多数家庭会将遗产分割推迟到父母双方均过世，但遗产的初况难以查清。且我国民间由法定继承人执行遗嘱已形成通例。[16]一般而言，继承人最了解被继承人的经济状况和遗产情况，拥有最真实可靠的信息，且大部分情形下直接接触遗产，本文思路并不会造成继承人权利义务严重失衡。因此，本文思路不仅符合继承人的身份特征以及社会公众合理预期，还有利于督促继承人尽快行使权利，避免遗产分割过程的复杂化和对司法资源的浪费。

3. 解决周延性不足问题。《民法典》仅规定“没有继承人或者继承人均放弃继承的遗产”情形，与《继承法》第三十二条、《民法典》第一千一百六十条“无人继承又无人受遗赠的遗产”，以及《最高人民法院关于贯彻执行〈中华人民共和国继承法〉若干问题的意见》第五十七条“无人继承”的表述大体一致。但“无人继承的遗产”指向的是已经确定的事实，并不包括“继承人有无不明”之不确定情况。故应将此情况一并纳入考虑，避免出现立法漏洞。

（二）对《民法典》第一千百一百四十六条的立法完善

对《民法典》第一千百一百四十六条规定可作如下修改，即对遗产管理人的确定有争议的，人民法院有权或依利害关系人申请指定遗产管理人。此调整的目的主要有以下三个方面：

1. 有利于填补就职前空缺。理想状态中，在时间衔接上，被继承人与遗产

---

16 刘春茂主编：《中国民法学·财产继承》，人民法院出版社2008年版，第354页。

管理人“一死一生”应无缝对接。在遗产管理人尚未选出或者资格待定而遗产发生紧急情况时，消极等待就任可能会给遗产带来不利影响，有必要设立临时遗产管理人予以保障（为论述方便，做如下术语区分，即法院主动依职权指定的为临时遗产管理人）。

2. 有利于增强履职中管理。遗产管理人在履职过程中，若因故被解除职务，或者继承人策略性选择放弃继承的，或者遗嘱执行人辞职、死亡、出现其他意外事故无法履职的，均会导致资格丧失，而此时次顺位的遗产管理人还未产生。此段时间盲点，亦需要临时遗产管理人介入。

3. 有利于区分法院指定的范围。在法院临时指定下，因管理系临时性，待紧急原因消失后需移交管理权。基于移交便利性，应按照《民法典》第一千百一百四十五条的优先顺序，依次指定临时管理人。在依申请指定下，管理人入职后，若资格出现争议，宜中止其履职。此时新管理人尚未确认，会出现管理真空。具体实践上，若是审查确认先管理人的确不适格，可由临时遗产管理人继续履职。若是异议不成立，待审查结束后，应将管理权移交给先管理人。

结语

根据程序相称理论，“非讼案件”应当适用与之对应的“非讼程序”。综观域外司法实践，虽然英美法系并无大陆法系“非讼法理”概念，但对家事案件适用类似“非讼程序”已成趋势。我国当下家事审判方式改革，目的之一就是要“探索家事审判特别程序，推动家事程序法的制定”。[17] 故要处理好遗产管理问题，还需要构建“非讼程序”。不仅是家事领域，长期以来，一元化诉讼制度结构也让“诉讼程序”这条“最后防线”，扮演起“第一防线”角色。要扭转这种错位格局，需要分化第一审诉讼程序，建立与“诉讼程序”并行的“非讼程序”，依次建立起三道“社会风险防控阀”。即通过“非诉讼纠纷解决机制前置”，在纠纷进入法院诉讼前化解掉一批；优先适用“非讼程序”剥离非实质性争议案件，快速解决纠纷，分流“诉讼程序”压力；通过“诉讼程序”对分流剩下的案件进行精细化审理。现抛砖引玉，期望会引发同行对此深入研究的兴趣。

17 杜万华：《论深化家事审判方式和工作机制改革》，载《中国应用法学》2018 年第 2 期。

中国海外侨胞法律地位建构的误解及其澄清

李 响 李松霖*

欲使中国海外侨胞法律地位的建构具备前提、空间和依据，必须有效澄清误认为我们难以面向华人进行立法、拥有一国国籍即具备了公民身份和享有公民权利的资格、侨胞不能作为法律身份得到确立等误解。

中国拥有五六千万海外侨胞，其中华侨（定居在国外的中国公民）与外籍华人（加入外国国籍的原中国公民及其外国籍后裔，以下简称华人）在人数构成上已经呈现“一九”格局。[1]目前，一方面，经过近几年全国人大代表持续提案后，华侨权益保护法终于列入了第十三届全国人大常委会立法规划，但仍属于“条件尚不完全具备、需要继续研究论证”的第三类项目，立法工作处于起步阶段；另一方面，面向华人的专门立法更是阙如，近年来，虽然广东以及随后的福建、上海、湖北、浙江等省市均在华侨权益保护条例的末尾设置了对于华人的准用性规定，却都失之笼统、过于简单。[2]需要看到，华侨和华人不仅“在开展侨务工作中通常密不可分”，在立法上也有着紧密关联，不应认为我们

* 李响——暨南大学法学院/知识产权学院讲师，法学博士，硕士生导师，研究领域：宪法学、侨务法学等；李松霖——暨南大学法学院/知识产权学院法学专业 2017 级本科生。本文系国家社会科学基金重大项目“中国海外侨胞权益保护重大法律问题研究”（项目号：17ZDA143）的阶段性研究成果。

1 参见《习近平在广东考察时强调：高举新时代改革开放旗帜 把改革开放不断推向深入》，载《人民日报》2018 年 10 月 26 日；《国务院关于华侨权益保护工作情况的报告》，载《全国人民代表大会常务委员会公报》2018 年第 3 号。

2 例如，《广东省华侨权益保护条例》第三十四条规定：“除法律、法规规定不可享有的特定权利外，外籍华人在本省的有关权益保护，可以参照本条例执行。”

只能对华侨立法而不能对华人立法，或者认为必须分别立法乃至先对华侨立法，再对华人立法。相反，以党的十九大报告提出的“广泛团结联系海外侨胞……共同致力于中华民族伟大复兴”为指引，可以积极探索如何将华侨、华人作为一个整体即海外侨胞进行立法及赋予相应权利，从而达到广泛团结其中主体人群（华人）的效果。[3]而这一工作的重要基础性内容，就是要建构海外侨胞的法律地位。

一、中国海外侨胞法律地位建构的前提

制约中国海外侨胞法律地位建构的第一个误解是认为我们难以面向华人进行立法，理由在于华人没有或者不再拥有中国国籍，与一般外国人无实质区别。这种看法，正是造成“对是否需把海外侨胞作为特殊群体加以保护和照顾的看法不一”的重要直接原因，并且使得中国海外侨胞法律地位建构似乎缺少前提。然而，需要看到，法律上权利的形成向来有“承认”与“赋予”这两种逻辑：前者主要指向所谓自然权利、道德权利，也就是通称的人权（人之所以为人的权利），依据的是人这一身份，因而国家通过立法作出规定，在相当程度上不过是确认其存在以及确认将会通过国家强制力加以保障；后者则尤指特定意义上的政治权利和社会（经济）权利等，依据的是共同体（特别是国家这个政治共同体）成员的身份，在很大程度上源自国家通过立法等方式的创设，从而可以认为被赋予的权利。

事实上，在何以对于境内外国人权利加以保障的问题上，向来也存在两种进路：其一，依据“普遍人权”思维及其实现机制，无须区别本国人与外国人，在人权概念的范围内给予同等权利保障即可；其二，基于外国人与本国的联系紧密程度、实际贡献大小等因素，确立部分外国人介于本国人与一般外国人之间的特定身份（如所谓“永久居留”“永住”），然后依据该特定身份，在入境出境和公共服务等方面赋予其优于一般外国人、比照本国人的实质权利并加以保障，使得这部分外国人在一定范围内和一定程度上享受了类国民待遇。由此，虽然外国人顾名思义不同于本国人，无法基于本国人的身份主张权利，却并非意味着他们不能享有本国人所享有的部分权利，因为这些权利有的是普遍人权意义上的权利，有的则是与本国人所共同享有的权利，而它们都有着立法（甚至是宪法）上的根据，即使在我国也不例外——现行《宪法》早在 1982 年形成之际即于第三十二条第一款规定“中华人民共和国保护在中国境内的外国人的合法权利和利益”，1985 年制定的《外国人入境出境管理法》就已经出现“（外

3　参见朱羿锟：《国家利益视阈下海外侨胞法律地位重构》，载《现代法学》2019 年第 4 期。

国人）永久居留资格”，并在2012年制定的《出境入境管理法》中得到延续；中共中央办公厅、国务院办公厅2016年专门出台《关于加强外国人永久居留服务管理的意见》，强调要“明确和落实永久居留资格待遇”。换言之，一国（包括中国在内）不仅可以面向境内外国人进行立法，并且可以在国内法上对这些外国人作出区分，确立不同身份并赋予相应权利，而关键点在于，主观上具有身份区分的意愿和这种身份区分在客观上是可接受的。

所以，不应不区分境内海外、不区分一般外国人和特殊外国人而笼统地说我们难以面向包括华人在内的外国人进行立法，事实反倒是，中国可以并且已经对境内外国人立法，这既包括一般意义上的立法，也包括对其中部分外国人特别立法，确立其特殊身份、使其享受类国民待遇；而目前欠缺的是，进一步从中区分出华人，将他们作为另一类特殊的外国人，并与华侨结合起来，作为中国海外侨胞确立法律身份。从理论上看，着眼于移入者（特别是具有永久居留资格者）以居住为纽带与中国相联系，移出者（特指改变国籍的华人）以文化、血缘为纽带与中国相联系，但两者都处于介乎一般外国人与本国人的“中间地带”状态，就需要既有对于移入者中特殊群体的保障，相应也有对于移出者中特殊群体的保障，方能保证制度设计上的大体平衡——在此，后一方面所意味的，并不是对于在海外的移出者直接进行保障，而是在境内对于移出者进行保障；亦即，如果说在海外，我们只能因国籍之“异”，对作为公民的华侨与非公民的华人的保障“全有或全无”，[4]在境内则可以更多求“同”，将华侨华人整体作为事实上的移入者视之，从实际出发、较为自主地决定对他们保障的多与少，从而无须被国籍的国际法意义所完全拘束，转而主要立足于国内法加以安排。这样来看，中国海外侨胞法律地位建构的前提是存在的，问题不在于能不能建构，而在于怎么建构，有着何种空间和依据。

二、中国海外侨胞法律地位建构的空间

应当说，对外国人的身份加以内部区分，作为一种主权性事项，其关键之关键实际上还是在于本国有此意愿。而阻碍我们在立法上进一步将华人和其他外国人作出区分的重要原因，进而也构成制约中国海外侨胞法律地位建构的第二个误解，就是国籍与公民身份、公民权利的等同联结，于是形成简单化理解：拥有国籍即具备公民身份和享有公民权利的资格，反之亦然。这样一来，似乎确立华人的某种特殊身份或者赋予其部分公民权利，都多少将有导向“双重国籍”之嫌。

4　可见雷玉红：《华侨与华人：同与不同》，载《世界知识》2012年第20期。

下面，我们先看国籍（nationality）与公民身份（或称公民权，citizenship）的关系问题。国籍与公民身份的内涵与作用并不是完全等同的，国籍表明了个人与国家之间的统属关系，但拥有国籍是且只是个人取得公民身份、行使公民权的先决条件。也就是说，两者虽然出现“合流”，可是依然有着比较泾渭分明的层次区别：国籍指示的是人的基础性归属，通过国籍确定国民身份，拥有国籍固然是成为公民的必要条件，却不是充分条件，没有公民身份及公民权的人不是公民而只是国民。事实是，在近代民族国家形成早期，有国籍而无公民权的现象并不鲜见，如在美国，黑人和印第安人曾经长期不被视为公民，并且这种不平等对待得到立法和判例的明确支持。

根据我国现行《宪法》，人民、公民分别是主权者和基本权利义务主体，[5]国民则并未作为独立概念出现，而第三十三条第一款规定了“凡具有中华人民共和国国籍的人都是中华人民共和国公民”，第三十四条规定了“中华人民共和国年满十八周岁的公民，……都有选举权和被选举权；但是依照法律被剥夺政治权利的人除外”。这意味着，公民概念的意涵显著扩展，不再仅是指参政权主体，还一方面取代原来的“人民”成为基本权利义务主体，另一方面也取代原来的“国民”成为国籍拥有者的指称；相应地，有别于专指参政权的特定意义上的公民权，公民权利（公民所享有的权利）既包括公民权，更包括其他具有“国籍”的人民即个体意义上“国民”的权利。[6]由此，当代中国（大陆）法上，公民身份其实兼有着国民、基本权利义务主体和参政权主体的多重身份意涵，与之相随的公民权利也就涵括了国民权和公民权；而拥有国籍，按照原来的概念理解，其实只是具备了国民身份，[7]并不能必然推导出具备了基本权利义务主体（国民权行使者）身份乃至参政权主体（公民权行使者）身份亦即公民身份。

经此分析，可以看到，当代中国法的概念架构由于空缺国民概念，一方面，使得我们无法按照基于国民身份取得公民身份及行使公民权的逻辑运行，不便于实行双重国籍政策；另一方面，我们可以考虑另行创设一种身份概念，使之在相当程度上填补（但非简单代替）国民概念的位置，而这种身份将能与国民

5　我国现行《宪法》第二条第一款规定“中华人民共和国的一切权力属于人民”，第二章的章名为“公民的基本权利和义务”。

6　参见查重传、吴威志：《海外华人公民权与人权的现代意涵和未来展望——以经济社会文化权利国际公约与公民与政治权利国际公约的规范之认知为核心》，载陈鸿瑜主编：《海外华人之公民地位与人权》，（台北）“华侨协会总会”2014 年版，第 358 页。

7　如暨南法学先贤丘汉平指出，国籍乃是用以“分别谁是本国的国民，谁是非本国的国民”；参见路阳：《华侨问题与侨民保护：丘汉平华侨研究述论》，载《八桂侨刊》2019 年第 3 期。

权行使者、公民权行使者的身份都区别开来，包括能够有限度地赋予部分群体以实质上的国民权而不赋予或者严格控制赋予其公民权，达到“国籍轻便化，不再与公民专属权捆绑”而“回归初心”的效果，[8]有效化解那种认为一旦确立海外侨胞的法律身份，便会直接引致其获得公民身份或者全部公民权利的疑虑。质言之，“国民不等于公民”的普遍逻辑和当代中国法没有“国民”概念的特殊情况，结合起来就为中国海外侨胞法律地位的建构提供了空间，使我们有可能将华人设定为有实无名且非公民的“国民”，并通过海外侨胞的身份加以容纳。

三、中国海外侨胞法律地位建构的依据

当我们认识到可以在国内法上对外国人身份加以区分，并且可以依据其中面向华人另行创设的身份对其有限度赋予部分国民权之后，接下来的问题是，此种身份本身的依据何在？这就涉及制约中国海外侨胞法律地位建构的第三个误解，认为侨胞只是一种文化及社会身份，不能作为法律身份得到确立，从而误认为确立海外侨胞身份虽然在理论上有前提、有空间，却依然难以“于法有据”。

（一）中国海外侨胞不是纯粹的文化身份

在本文探讨的主题上，一国之内的“危机”恰恰可能是跨国视野中的“机遇”：当在国内显现出张力的文化属于异国文化时，文化的祖籍国若可对此善加把握与引导，将能使之朝着对住在国政治“赞同性认同”与对祖籍国文化“归属性认同”[9]并行不悖的方向发展；而这种把握与引导的“抓手”，正是祖籍国所确立的海外侨胞身份。我国在 20 世纪 50 年代中期正式开始实行不承认双重国籍的政策、区分华侨与华人之际，周恩来在访问印尼时专门谈到，如果侨胞选择住在国国籍而变为华人的话，一方面，一切（生活、工作和学习）“就要根据……（当地法律）办事”，另一方面，虽然这些侨胞“选择了别的国籍，（但）朋友依然是朋友，……我们这两个国家也可以说是亲戚的国家嘛”，所以要“以朋友相待，亲戚相待”。[10]改革开放后，作为 1980 年制定并沿用至今的《国籍法》基本精神的表达，廖承志也继续谈到，侨胞选择了住在国的国籍，

8　参见朱义坤：《中国海外侨胞权的法政治学解释》，载《中国社会科学（内部文稿）》2019 年第 2 期。

9　参见郭忠华：《公民身份的核心问题》，中央编译出版社 2016 年版，第 205 页。

10　参见中共中央统一战线工作部、中共中央文献研究室编：《周恩来统一战线文选》，人民出版社 1984 年版，第 314－315 页；并见中华人民共和国外交部、中共中央文献研究室编：《周恩来外交文选》，中央文献出版社 1990 年版，第 137－138 页。

“虽然不再是中国公民，但仍然是我们的亲戚，彼此同样可以亲密往来”。[11]应当说，这些都是我们作为文化祖籍国，把握海外侨胞身份，在宽泛意义上对住在国华人作出的引导。

众所周知，侨胞是指“侨居国外的同胞”，而同胞指“同一个国家或民族的人”，亦即同胞既可以基于政治共同体成员身份（广义但特定意义的民族身份，政治民族的身份），也可以基于文化共同体成员身份（狭义的民族身份，文化民族的身份），侨胞大体属于后者。但是要看到，不同于国内狭义民族身份的文化性质是相对纯粹的，我们确立并赖以团结海外侨胞的“中华文化”不限于华夏文化或者汉文化，而是更大范围的、包括我国所有族群在内的中华民族的文化；换言之，作为中国海外侨胞这一身份基础的文化，恰恰又基于一种相当程度上属于政治构造的中华民族概念——在此，族群性是较为模糊的，突出的不仅不是血缘，也不是诗词歌赋、饮食节俗等一般意义上的“华人”文化特征，而是经过提炼的抽象特质（如称中华民族精神涵括创造、奋斗、团结、梦想等方面[12]），从而不仅能够得到境内各族人民及港澳台同胞认同，也能够得到海外侨胞认同，不仅反映了中国政府主张，也可以为外国政府所接受。所以，诚然中国海外侨胞基于宽泛意义上文化共同体成员而非政治共同体成员身份，但这并不是纯粹的文化身份，本身亦包含着对于中华民族这个带有政治性的“想象共同体”的认同；同时，侨胞的“侨居国外的同胞”意涵也相较“华人”更有亲和感，并能淡化以一般意义上文化特征或者血缘作为主要纽带的传统认识。

（二）中国海外侨胞作为法律身份的价值

前已论及，无论民族国家及其成员的身份，还是中国海外侨胞身份，都不是基于族群性，权利与义务有赖于法律身份的确立，而法律身份必然与国家（政治共同体）相联系——其或许不以族群为前提（如欧盟公民身份），却不可能仅仅以族群为基础；正因如此，在跨国意义上，同样可以说侨胞身份也不主要系于族群纽带。

而应将中国海外侨胞确立为法律身份，不仅是理论推导的结果，也是现实的迫切需要。回顾《国籍法》制定时，在第五届全国人大第二次会议上，彭真说明为何没有接纳部分华人关于实行双重国籍政策的建议，表示“将来如果他们中间的一些人自愿回来定居，并要求恢复中国国籍，也是不难解决的，因

---

11 参见廖承志：《批判“四人帮”所谓“海外关系”问题的反动谬论》，载《人民日报》1978年1月4日。

12 《习近平在第十三届全国人民代表大会第一次会议上的讲话》，载《人民日报》2018年3月21日。

为……（我们）有关于恢复中国国籍的规定”，[13]这反映出，在当时主客观条件下，立法预设的情形是华人较少回国、回国将会定居、定居将会申请恢复国籍，故未能更多地考虑到出现华人频繁回国、回国而不定居、定居而不恢复国籍的情况以及他们在这些情况下的待遇问题。换言之，如今我们之所以要面向中国海外侨胞立法，确立其法律身份和赋予相应权利，主要原因就是解决上述情况下的普遍性问题，以达到“最大限度地将海外侨胞团结起来”“凝聚侨心，汇聚侨资侨智，释放侨力”[14]的目的。

值得注意的是，又正是因为中国海外侨胞将是一种法律身份，他必须具有相当程度的明确性和可接受性。根据2018年通过的《宪法修正案》第三十三条，宪法序言第十自然段“广泛的爱国统一战线”中，在“全体社会主义劳动者、社会主义事业的建设者、拥护社会主义的爱国者”之外又加入了“拥护祖国统一和致力于中华民族伟大复兴的爱国者”，后者即特指作为侨胞中主体人群的华人，该规定应被视为确立中国海外侨胞身份的宪法依据。

四、中国海外侨胞法律地位建构的原则

鉴于将确立的中国海外侨胞身份的主体其实是一类特殊的外国人（有实无名且非公民的“国民”），并且，标准在于他们对中华民族及其文化的基础性认同，目标则重在解决华人回国、定居而不恢复国籍情况下待遇的普遍性问题，可以推知：必须澄清制约中国海外侨胞法律地位建构的第四个误解，即误认为侨胞总体上的身份、地位应该无限接近于或者是逐步接近于公民。在建构中国海外侨胞法律地位的过程中，至少需要坚持以下原则：

一是以中华民族及其文化认同为认定身份的核心标准。如前所述，对中华民族及其文化的基础性认同即可构成认定中国海外侨胞的身份标准，无须像公民那样包括负有拥护、建设社会主义的责任。这意味着，我们应该要求但也仅仅要求作为侨胞主体人群的华人做到认同自己是中华民族的一员，对博大精深的中华文化有所了解。另外还要看到，我们要求侨胞认同的是中华民族及其文化，不局限于认同国内特定族群的文化。

二是以经济社会生活便利化为导向确定权利义务体系。要重点实现三方面的权利：第一，入境出境与居住权利。应考虑全面对侨胞免办签证，并签发长期居留证件，使之在入境、出境和居留方面与中国公民享有同等或者相近的权利，这将能构成经济生活便利化与交流深入化的基础，显著提升侨胞身份认同，

13 参见彭真：《全国人民代表大会常务委员会工作报告》，载《人民日报》1980年9月14日。

14 可见朱羿锟：《国家利益视阈下海外侨胞法律地位重构》，载《现代法学》2019年第4期。

促进侨心凝聚。例如，从印度的情况看，“海外公民证”（实非护照）持有者可以终身自由出入国境，乃至在境内无论居住多长时间均无须到警察局登记，成为该国侨胞普遍感受到的最大收益。[15]第二，创业就业权利。确立侨胞法律身份的主要目的在于吸引海外的资金、技术和人才资源，以汇聚侨资侨智、释放侨力；为此，应突出法治化营商环境建设，并考虑在创办企业、办理人才证件等方面提供更多便利，有效激发侨胞创业、就业的积极性。第三，获得国家赔偿的权利。我国现行国家赔偿法规定，外国人、外国企业和组织的所属国对中国公民、法人和其他组织要求该国国家赔偿的权利不予保护或者限制的，中国将实行对等原则，即奉行相互保证主义，但日本则规定对于法定特别永住者直接给予与该国国民同等保护。[16]随着我们确立侨胞法律身份，其在境内创业就业和生活过程中出现需要国家赔偿的情形的可能性也相应增大，故有必要考虑赋予他们与中国公民同等的救济请求权。此外，与所确定权利体系基本对应的，自应有其义务。[17]

三是推动侨胞身份与外国人永久居留身份的借鉴融合。一方面，面向目前的特殊外国人（永久居留者）现已出台了《外国人在中国永久居留审批管理办法》《外国人在中国永久居留享有相关待遇的办法》等规范，对于他们的身份取得和在华的各方面待遇有了比较全面规定；另一方面，中国海外侨胞的主体人群毕竟也是一类特殊的外国人，所以，有必要借鉴外国人永久居留身份管理的经验（包括拟制定的“外国人永久居留管理条例”），并在二者相通、相容之处推动融合，减少制度设计与执行的成本。结合上文，可以考虑：第一，侨胞在身份取得方面的条件应适当优于永久居留者，符合文化认同、血缘和具备自足的生活能力等标准即可获得中国海外侨胞身份认定和相应证明文件，享有侨胞的基本待遇，而其中在投资、职务、职称或者其他贡献等方面的门槛可以低于永久居留者；侨胞证件换发期亦可参照目前对成年永久居留者的规定，一律设定为十年。第二，永久居留者在创业就业、购车置产、社会保障、子女教育等方面的待遇，原则上一体纳入作为侨胞的基本待遇；永久居留证在办理银行、保险、证券、期货等金融业务方面和在文娱商旅等消费活动方面的身份证明功能以及部分按照规定与中国公民同等权利的待遇，侨胞证件也应具备与享有。第三，与永久居留者的重要不同是，达到一定居住期限的侨胞，作为进阶待遇，

---

15 可见高子平：《印度海外人才引进中的国籍与公民权问题研究》，载《南亚研究季刊》2013年第1期。

16 参见［日］宇贺克也著：《国家补偿法》，肖军译，中国政法大学出版社2014年版，第329页。

17 实际上，依据权利与义务相一致的原则，通过思考中国海外侨胞应负义务的范围，也能反向促进其权利体系的合理确定。

将能享有在基层性群众自治组织选举中的选举权和担任“两委”委员乃至副主任的被选举权；而当其此后未能符合居住期限要求之时，则停止享有此项权利。总之，通过中国海外侨胞身份与外国人永久居留身份有原则地借鉴与融合，将能比较稳妥地建构侨胞的法律定位，既克服实行双重国籍政策或者所谓“有条件的承认双重国籍”[18]可能带来的范围过于宽泛、政治敏感性较高等弊端，又在较大程度上实现增强华人认同感和资金、技术、人才吸引力的目标。

结语

尽管国务院侨务办公室2009年印发的《关于界定华侨外籍华人归侨侨眷身份的规定》即已对华侨、华人作出明确区分，但实践中还是经常出现混淆，并且较多出现的是“将华人等同于华侨”。[19]然而，如今在正确区分二者的基础之上，又要防止另一种不当倾向乃至偏颇认识，那就是简单受制于华人没有或者不再拥有中国国籍的界定和我国现行法律也仅规定了“华侨”的现状，于是就像本文引言所称，认为我们只能对华侨立法而不能对华人立法，进而有意无意地相对避谈华人，包括趋于狭义地理解作为华侨华人合称的“海外侨胞”概念，批评“用海外侨胞指代华侨华人，实际上是把华人当作华侨”。而本文基于华人是中国海外侨胞的主体人群并应重点加以团结的出发点，主张用侨胞概念统称华侨华人，在一定程度上模糊了二者的区别，将他们整体作为中国海外侨胞进行立法及赋予相应权利。这是因为侨胞意涵的亲和感强于“华人”，并能够淡化以族群性作为华人与中国的主要纽带的传统认识；更重要的是，由于华侨是我国公民，其地位和权利理论上是大体明晰的，因而建构中国海外侨胞法律地位，主要就是为了在国内法上实质建构华人的地位，使之作为另一类特殊的外国人获得身份确立和合理享有相应权利。所以，主张将中国海外侨胞上升为法律身份，既不是忽视了华侨与华人的区分，也不会带来二者的总体混淆，而其间出现的权利重合之处，也恰恰可能表征着他们作为移出者或移入者的共性。

18　《全国人民代表大会法律委员会关于第十二届全国人民代表大会第一次会议主席团交付审议的代表提出的议案审议结果的报告》言及，沈志强等代表提出了“建议有条件的承认双重国籍，并对其他国家适用对等原则，完善相关配套实施细则”的议案；沈志强的相关主张及其基本理由，参见吴浪、邵慧力：《沈志强代表：科技创新需要人才支撑》，载《科技创新与品牌》2011年第4期。

19　参见张秀明：《华侨华人相关概念的界定与辨析》，载《华侨华人历史研究》2016年第2期。

菲律宾海外侨胞权法律保障与实践

陈胜蓝*

菲律宾海外侨胞权益立法具有保护程度高、权利覆盖范围广、可操作性强的典型特征，其权益保护实施机制呈现出自中央到地方，自海外机构到内国部门，自政府机构到民间组织三位一体，权责明晰，联动协作的运行特点。借鉴菲律宾海外侨胞权益保护制度，我国海外侨胞保护路径应从“政策之治”转向“法律之治”，将行之有效的惠侨政策上升至立法层面，加快推进海外侨胞权益，保护国家立法进程；完善我国海外劳工权益保护立法，强化权利保护实施机制，发挥人力资源和社会保障部门的主导作用，构建科学高效的政府联动管理体系。

菲律宾具有庞大的海外人口，是全球主要劳务输出国之一，也是世界侨汇数额最多的国家之一。2018 年海外菲律宾人侨汇总额达到 338 亿美元，占菲律宾 GDP 的 10. 2%，对菲律宾的经济发展起着举足轻重的作用，这与菲律宾对海外菲律宾侨胞权益的强力保护具有密切联系。目前我国对菲律宾侨胞法律保护制度的研究仍处于起步阶段，现有研究主要集中于对菲律宾海外劳工政策的初步介绍[1]，鉴于此，本文将对菲律宾的侨胞权益法律保障机制进行系统的分析和解读，以期对我国的侨胞权益保护立法提供有益的参考。

---

* 陈胜蓝——暨南大学法学院/知识产权学院讲师，法学博士，硕士生导师，主要研究领域：民商法、侨务法学等。本文系国家社会科学基金重大项目“中国海外侨胞权益保护重大法律问题研究”（项目号：17ZDA143），的阶段性研究成果。

1 目前对菲律宾的移民政策研究较为深入的主要有路阳的《菲律宾政府的海外菲律宾人政策探析》（载《华侨华人历史研究》2014 年第 9 期）、《海外移民与跨国公民权的确立——基于印度和菲律宾两国实践的研》（载《南亚研究季刊》2016 年第 2 期），以及李涛的《海外菲律宾人与菲律宾的社会经济发展》（社会科学文献出版社 2012 年版）。

一、菲律宾海外侨胞权益立法保障体系之构成

菲律宾海外侨胞立法的保护对象，既包括已归化他国但仍保有菲律宾国籍的菲律宾人，也包括在国外生活但未入籍的菲律宾人，尤指外侨劳工（migrant worker）。对上述两类人员，在菲律宾的法律文本和实践中，多以“海外菲律宾人”（Overseas Filipinos）统称之。菲律宾具有完备的海外侨胞权益保障体系，从宪法的顶层设计到各个专项立法，共同构建起了菲律宾海外侨胞权益的立法保障体系。

（一）宪法

菲律宾现行宪法为1987年宪法，该法第五条、第十三条和第十八条分别对海外菲律宾侨胞的选举权、劳动权以及人权进行了明确的规定[2]。宪法是公民权利的保障书，《菲律宾宪法》中写入对海外菲律宾人基本权利的保障，彰显了菲律宾政府对海外侨胞权益保护的高度重视，也奠定了菲律宾海外侨胞在该国法律权利保障体系中的重要主体地位。

（二）专门法

1.《菲律宾劳工法典》

20世纪70年代，菲律宾国内面临严重的经济问题，国民收入水平不断下降，失业率激增，为了推动和促进海外就业，1974年菲律宾颁布了《菲律宾劳工法典》[3]，明确了两个主要目标，一是“保证可能最好的就业条件，以此保护在当地或海外工作的公民的权利”[4]；二是“加强公共就业网络，使私人企业对国内外劳工的雇佣和部署更加合理化，为国家发展目标服务”[5]。为此，该法对政府部门在保护海外劳工权益方面的职能作了初步的安排，如要求成立海外就业发展委员会，为在国外就业的菲律宾劳工制订有系统的计划，保护他们

---

2 该法第五条第二款规定：“国会应提供一种制度，以确保选票的秘密性和神圣性。以及由国外合格的菲律宾人缺席投票的系统。”第十三条第三款规定：“国家应为本地的、海外的、有组织的、无组织的劳工提供充分的保护，促进充分就业和平等的就业机会。”第十八条第三款规定：“（人权委员会应具有下列权力和职能：）提供适当的法律措施，保护菲律宾境内以及居住在国外的菲律宾人的人权，并为人权受到侵犯或需要保护的弱势群体提供预防措施和法律援助。”“The 1987 Constitution of the Republic of the Philippines”，载 http：//immigration. gov. ph/images/ImmigrationLaw/2017_Feb/17_PhilippineConstitution. pdf，最后访问于2020年2月15日。

3 “Labor Code of the Philippines”，https：//www. dole. gov. ph/，最后访问于2020年2月9日。

4 见《菲律宾劳工法典》第十二条。

5 见《菲律宾劳工法典》第十二条。

公平就业的权利。

2.《海外劳工与海外菲律宾人法》

《8042 号法案》/《海外劳工与海外菲律宾人法》[6]是菲律宾海外侨胞法律保护体系中最重要的一部立法，该法案第二条开宗明义指出无论在任何时候，菲律宾应当维护国内外菲律宾人，尤其是外侨劳工的尊严。在此基础上，法案明确了对菲律宾劳务接收国的资格要求。此外，该法案还详细规定了相关政府管理部门的管理职责，强调打击非法招募和为海外菲律宾劳工提供全过程的管理与服务。该法分别于 2007 年、2010 年和 2019 年经过四次修订[7]。

3.《规范归国菲律宾人项目法》

为了肯定海外菲律宾人通过侨汇（foreign exchange inflow）对菲律宾本地经济发展做出的重要贡献，菲律宾政府于 1989 年颁布《6768 号法案》/《规范归国菲律宾人项目法》[8]，旨在吸引和鼓励海外菲律宾人访问菲律宾，并对归国菲律宾人（balikbayan[9]）在购物免税、入境程序、交通便利、车船税费等方面给予若干优惠和特殊待遇。

4.《保留和恢复公民身份国籍法》

为了肯定和持续发挥海外菲律宾人对国内经济社会发展的积极作用，2003 年，菲律宾颁布了《9225 号法案》/《保留和恢复公民身份国籍法》[10]。根据该法案，在菲律宾出生但已参加其他国籍的菲律宾人，在发誓忠于菲律宾后，仍然能够保留或恢复其菲律宾国籍，并且享有充分的公民权利和政治权利。

5.《海外缺席投票法案》

菲律宾于 2003 年通过《9189 号法案》/《海外缺席投票法案》[11]，对在国外的菲律宾合格居民的投票权作出制度性安排。2013 年，菲律宾对该法案进行修订并将其命名为《2013 年海外投票法案》。该修正案减少了对海外菲律宾人

---

6 分别是第 9422 号法案（2007 年）、第 10022 号法案（2010 年）、第 11227 号法案（2019 年 2 月）以及第 11299 号（2019 年 4 月）法案。

7 分别是第 9422 号法案（2007 年）、第 10022 号法案（2010 年）、第 11227 号法案（2019 年 2 月）以及第 11299 号（2019 年 4 月）法案。

8 “An Act Instituting A Balikbayan Program”，载 http：//www. congress. gov. ph/legisdocs/ra_ 08/Ra06768. pdf，最后访问于 2020 年 2 月 9 日。

9 根据法案，balikbayan 包括已连续离开菲律宾至少 1 年的菲律宾人、菲律宾海外劳工、已加入外国国籍的原菲律宾公民及其配偶和子女。

10 “Citizenship Retention and Reacquisition Act of 2003”，载 http：//immigration. gov. ph/information/immigration – law/，最后访问于 2020 年 2 月 9 日。

11 An Act Providing For A System Of Overseas Absentee Voting By Qualified Citizens Of The Philippines Abroad，Appropriating Funds Therefor，And For Other Purposes，载 http：//www. congress. gov. ph/legisdocs/ra_ 12/RA09189. pdf，最后访问于 2020 年 2 月 24 日。

行使投票权的条件限制，并扩大了其行使选举权的范围，除选举总统、副总统、参议员和政党名单代表外，还可以参与所有国家的投票和选举。[12]

二、菲律宾海外侨胞权益保护制度的主要内容

菲律宾对海外侨胞的权利保护，覆盖了政治、社会经济和文化等各个领域，并针对海外劳工实施特殊的保护制度。

（一）双重国籍制度

与其他一些实施附条件的，或规定严苛的双重国籍制度的国家[13]不同，菲律宾的双重国籍制度无论在程序上，还是实体上，都赋予菲律宾侨胞充分的权利。其一，在菲律宾自然出生的公民，已经归化他国的，经宣誓效忠菲律宾共和国后，可恢复其菲律宾公民身份，其十八岁以下之未婚子女，不论婚生、非婚生或领养，均视为拥有菲律宾国籍；其二，在菲律宾自然出生的公民，在该法生效后，经宣誓效忠菲律宾共和国后，成为外国公民仍应保留其菲律宾公民身份；其三，根据该法保留或重新取得菲律宾国籍者，享有充分的公民权利和政治权利，并承担所有伴随的责任和义务[14]。

（二）政治权利

海外菲律宾人享有的政治权利包括选举权、被选举权和委任公职等权利。根据菲律宾相关法律规定，在选举日年满18周岁，未被剥夺选举资格的海外菲律宾公民均有资格选举总统、副总统、参议员政党名单代表以及所有国家的投票和选举。海外菲律宾公民同时享有被选举权，但应满足仅忠诚于菲律宾共和国的前提条件。在委任公职方面，根据菲律宾立法规定，凡被任命担任任何公职的海外菲律宾公民，应在就职之前签署并宣誓效忠菲律宾共和国及其正式组建的当局，但前提是他们放弃对之前其他国家的效忠誓言[15]。

12　见10590号法案第三条。

13　如西班牙、阿根廷等国实施的是“有选择性承认”原则，即只允许本国公民可以同时持有某些特定国家的国籍，印度实施的是“海外印度公民卡”制度，并且明确说明该卡并非等同于印度护照，只是相当于持卡人拥有一个可以无限次进入印度的终身签证。持卡人在印度没有选举权和被选举权，不能参加印度军队，也不能在印度担任某些法定职位。参见李明欢：《当代国际移民发展趋势及主要国家的政策应对》，载《世界民族》2018年第2期。

14　见《保留和恢复公民身份国籍法》第三条、第四条和第五条的规定。

15　见《保留和恢复公民身份国籍法》第五条第三款。

（三）社会经济权利

海外菲律宾人享有的社会经济权利包括财产权、劳动权等多种权利。

1. 劳动权。《菲律宾宪法》明确了对海外菲律宾人劳动权的保护。其他专项法案则从不同方面对劳动权进行了细化规定。首先是从事专业工作的权利。根据 9225 号法案规定，保留和恢复菲律宾国籍的海外公民，只要向专业管理委员会申请相关行业的执照或许可证，就可以在菲律宾国内从事其专业工作。其次是获得劳动技能培训的权利。对海外菲律宾人的劳动技能培训，包含两个方面，一是为外侨劳工提供免费的技能发展和提升项目；二是向归国菲律宾人及其直系家属提供必要的创业培训、谋生技能项目和营销援助。[16]

2. 财产权。菲律宾实行土地私有制，根据菲律宾立法，外国人不能购买菲律宾土地，但是拥有双重国籍的海外菲律宾人有权在菲律宾拥有土地、房屋等不动产。海外菲律宾人还可以从事只向本国人开放的商业和贸易活动。2000 年以前，菲律宾零售业只限菲律宾公民经营，2000 年 3 月，菲律宾通过《2000 年零售行业自由化法案》[17]，根据该法案，失去菲律宾国籍但仍居住在菲律宾的原自然出生的菲律宾公民在从事零售业贸易方面，仍享有与该国菲律宾公民同等的权利。根据 9174 号法案，归国菲律宾人还可以享受购物免税优惠和入境、交通方面的若干特殊待遇。例如，归国菲律宾人在政府所有或控股的免税店内，可免税购买额度为 1500 美元的商品，如果是购买谋生工具，还可以另外享受 2000 美元的免税额度。此外，菲律宾海外劳工提供 POEA 出具的相关证明，可以免交机场建设费，以及所有侨汇的印花税。

（四）文化权利

海外菲律宾人的文化权利集中体现在海外菲律宾人接受菲律宾特色教育的权利。为了满足海外菲律宾人子女的教育需求，帮助其回国后重新融入菲律宾教育体系，并向海外菲律宾青年提供教授和传播菲律宾传统文化的平台，菲律宾政府在全球开办了海外菲律宾学校（Philippine Schools Overseas）。海外菲律宾学校是正规注册的在菲律宾之外的运营机构，执行菲律宾教育部的基础教

16　见 9174 号法案第六条。

17　“An act liberalizing the retail trade business, repealing for the purpose republic act no. 1180, as amended, and for other purposes”, http://www.congress.gov.ph/legisdocs/ra_11/RA08762.pdf，最后访问于 2020 年 3 月 2 日。

育课程。[18]

（五）菲律宾海外劳工权益的特殊保护制度

菲律宾海外劳工是海外菲律宾人的主体，为满足其在海外务工和生存发展的特殊需求，菲律宾为菲律宾海外劳工制定了多项极具实践价值的保护制度。

1. 对海外劳工接收国设置明确的资格条件。为了有效保护菲律宾海外劳工的权益，菲律宾对海外劳工接收国设置了明确的资格条件，仅在海外劳工的权利得到充分保障的国家和地区部署海外劳工。外交部应在考察认定劳工接收国符合以上所述条件的基础上，向海外就业管理局出具认定书，并详细说明该国的劳动和社会保障法对菲律宾海外劳工的适用状况、菲律宾与之签订的有关海外劳工保护的双边协议与安排。海外就业管理局管理委员会只允许向已经通过外交部认定的劳工接收国派遣海外劳工，否则将承担相应的法律责任[19]

2. 规范外派企业和派遣机构的市场行为，严厉惩戒非法招募活动。为保障菲律宾劳工通过正规渠道应聘海外工作，菲律宾立法要求只有菲律宾公民，或法律认可的其至少75%的有投票权的股份由菲律宾公民拥有的公司、合伙组织或团体，按规定缴纳担保金，才有资格申请民营招募机构或公司的营业许可证[20]。同时，严格惩戒非法招募活动，在菲律宾，不管是否出于盈利的目的，只要是不具备营业许可证的组织所实施的任何游说、征募、承包、运输、利用、雇用工人的行为，包括引荐、外包服务、承诺或广告到国外工作等，均构成非法招募，可判处12年以上20年以下的有期徒刑，如果对经济造成蓄意破坏的，还可判处无期徒刑。

3. 明确雇主和招聘机构的损害赔偿连带责任。为使遭受损害的海外菲律宾劳工得到充分有效的赔偿，菲律宾立法规定，雇主和招聘机构应对海外劳工提出的索赔承担连带责任，此外，为了向菲律宾海外劳工提供及时高效的救济，菲律宾立法规定对于有关菲律宾海外劳工劳资争议的仲裁请求，不管其他法律如何规定，国家劳动关系委员会的仲裁员具有优先和排他性管辖权，并需在海外劳工提交仲裁请求的90天内进行审理和裁决。

---

18 截至2018年12月，全球有40所海外菲律宾学校，在菲律宾各级海外学校注册就读学前教育、小学、中学和高中的学生约有36000多名。见 Highlights Of CFO’S Accomplishment Fy 2018，载 https：//cfo. gov. ph/FINAL_ Narrative_ Report_ Accomplishment_ 2018_ Feb192019. pdf，最后访问于2020年3月2日。

19 包括对相关人员予以解聘，并禁止其在5年内担任任何政府公职。见10022号法案第三条第二节相关规定。

20 见《菲律宾劳工法典》第二十七条。

4. 提供免费法律援助。一是为非法招聘的受害者提供免费法律援助。菲律宾在包括海外就业管理局地区办事处在内的打击非法招工处建立了免费法律援助机构，该机构对非法招聘的受害者提供诸如法律咨询、提起民事或者刑事诉讼、聘请律师等支持。二是为海外劳工和其他陷入困境的海外菲律宾人提供法律援助。菲律宾外交部下设的海外劳工法律协助办公室负责向海外劳工和其他陷入困境的海外菲律宾人提供和全面协调所有的法律援助服务，此外，菲律宾还为他们设立了法律援助基金。[21]

5. 实施强制保险制度。为降低外侨劳工在海外务工和生活的风险，菲律宾立法规定，招聘机构必须为外派到国外的菲律宾劳工购买一项强制保险，保险的时间涵盖整个劳动合同的期限。如果招聘机构以任何方式将保险费用转嫁给海外劳工，将会被吊销执照，并受到其他的处罚。为使招聘机构实际履行该义务，菲律宾规定招聘机构必须向海外就业管理局提交所有海外劳工都参加了保险的证明，才能获得海外就业管理局为海外劳工颁发的“海外就业许可证”。

三、菲律宾海外侨胞权益保护的实施机制

除对菲律宾侨胞权益进行细致的立法保护外，菲律宾政府还构建了系统高效的侨胞权益保护实施机制，该机制采用以劳工和就业部（DOLE）以及外交部（DFA）为主导[22]，以海外菲律宾人委员会、社会福利与发展部、卫生署、地方政府等相关政府部门分工协作、有机联动的运作模式，为海外菲律宾侨胞权益的保障和实施提供了切实可行的路径。

（一）外交部在海外侨胞权益保护中的职能和作用

保护海外菲律宾人的权利，促进他们的福利和利益，是菲律宾基本外交政策的三大重要支柱之一，在此政策指导下，菲律宾外交部的主要任务是制定和实施相关政策和项目，以此促进和保护菲律宾移民的权利和福利，外交部下设海外劳工法律协助办公室以及外侨劳工和其他海外菲律宾人资源中心。海外劳

---

21 该基金的用途包括：负担海外劳工事务法律助理为被诉海外劳工聘请外国代理律师的费用；负担对在国外犯错或滥用职权的雇主提起诉讼的费用；以及保释金和其他诉讼费用等。见 10022 号法案第九条相关规定。

22 据《菲律宾星报》2019 年 7 月 24 日报道，杜特尔特总统发表第四次国情咨文时宣布，将成立三个新的政府部门，分别为灾害恢复部、水和水资源管理委员会，以及海外菲律宾人部。见《菲律宾政府将成立 3 个新部门》，载中华人民共和国驻菲律宾共和国大使馆经济商务处官网，ht-tp：//ph. mofcom. gov. cn/article/jmxw/201907/20190702885250. shtml，最后访问于 2020 年 3 月 2 日。如果海外菲律宾人部得以建立，则菲律宾对海外菲律宾侨胞的保护水平将提高到一个新的层次。

工法律协助办公室（The Legal Assistant for Migrant Affairs）的职责是为海外劳工和陷入困境的海外菲律宾人提供法律援助。其核心职能是与劳工和就业部、海外就业管理局、海外劳工福利管理局等相关政府部门，以及非政府组织建立紧密联系和协作，保证及时向海外劳工提供法律帮助。在菲律宾劳工大量聚集的国家和地区，菲律宾使领馆还下设外侨劳工和海外菲律宾人资源中心（Migrant Workers and Other Overseas Filipinos Resource Center），该中心提供24小时服务，其职责就是为海外就业提供全过程的管理与服务，以维护海外劳工的权益，诸如提供咨询和法律服务、福利援助、劳动技能培训以及设立促进社会融合的咨询项目等。

（二）劳工和就业部在海外侨胞权益保护中的职能和作用

劳工和就业部（Department of labor and employment，DOLE）的主要职责是确保劳工接收国的劳工和社会保障法律适用于外侨劳工及其他海外菲律宾人，包括给予法律援助和医疗协助。[23] DOLE 通过菲律宾海外劳工办公室（Philippine Overseas Labor Offices）提供广泛的现场项目和服务，包括工人培训、个案处理、监护服务、遣返援助和其他福利援助。DOLE 下设海外就业管理局、海外劳工福利管理局和菲律宾海外劳工国家安置中心。海外就业管理局（POEA）隶属劳工部，但也相对独立，是维护海外菲律宾人权益的核心部门。其主要职责包括建立许可和登记制度以规范私营部门参与工人招聘和海外安置；负责从就业前阶段开始的对海外就业的监管以及为海外菲律宾工人争取最好的就业环境和条件。海外劳工福利管理局（Overseas Workers Welfare Administration）[24]是负责保护和促进海外菲律宾劳工及其家属福利和福祉的主要政府机构[25]，其任务是在保证基金发展能力前提下，开发和执行有关项目，保护海外劳工利益，提高海外劳工福利。菲律宾海外劳工国家安置中心（National Reintegration Center for Overseas Filipino Workers）[26]的主要职能是使归国海外菲律宾人更好地融入菲律宾社会，促进其在本地就业，并开发他们的技能和潜力，为国家发展服务。如

23　见11227号法案第四条规定。

24　2016年以前，OWWA实施会员制，以从外国雇主、陆基和海基工人强制性收取的美元会员费作为唯一的基金来源，是一个准政府机构。2016年菲律宾颁布10801号法案，宣布OWWA为国家政府机构，隶属劳工部。

25　该机构目前设有17个地区福利办事处，在26个国家设有33个海外办事处。“Overseas Workers Welfare Administration 2017 Annual Report”，载https：//www. owwa. gov. ph/images/transparency/annualReports/annualReport2017. pdf，最后访问于2020年3月2日。

26　根据10801号法案，2018年该中心从POEA转到了OWWA下，从而能够运用OWWA的基金来实施更多的海外菲律宾人重返社会计划。

与其他政府机构合作，建立向当地招聘机构和所有雇主开放的归国菲律宾海外劳工信息网络系统；制订并实施其他适当的计划来促进菲律宾移民工人的福利。

（三）其他主要机构在海外侨胞权益保护中的职能和作用

1. 海外菲律宾人委员会

海外菲律宾人委员会（the Commission on Filipinos Overseas）直接隶属于菲律宾总统办公室，其主要职能是制订和实施促进海外菲律宾人利益和福祉的计划，在增进海外菲律宾人与菲律宾社会、经济和文化联系方面，发挥着重要的平台作用。该委员会实施的项目覆盖范围非常广泛，涵盖了教育培训、社会援助、经济发展、文化交流等领域。由其管理和组织的重要项目和活动包括“海外菲律宾人月”“海外菲律宾个人和组织总统奖”、海外青年领袖项目以及菲律宾金融自由运动等。

2. 社会福利与发展部

为进一步对海外菲律宾侨胞提供便利的日常协助，并对其福利状况进行调查，2019 年颁布的 11299 法案规定菲律宾社会福利与发展部（Department of social welfare and development）需在海外菲律宾工人集中的国家部署海外福利专员。海外福利专员的主要职能包括处理需要心理社会服务的陷入困境的外侨劳工和其他海外菲律宾人案件；解决海外菲律宾劳工及其家庭的投诉或问询等[27]。

3. 地方政府

地方政府在海外招工和反非法招聘活动中也发挥着积极的作用。按照相关立法，地方政府的主要职能是积极开展反非法招聘活动并向非法招聘的受害者提供法律援助，将非法招聘活动向 POEA 报告，以便采取适当行动。此外，地方政府还应举办就业前培训研讨会，在本地设立海外就业服务台或资讯服务站，向民众提供有关海外就业的所有程序和各方面的最新资讯，并建立了本地的海外菲律宾劳工名单数据库。

4. 移民信息共享的跨部门委员会

菲律宾政府建立了一个庞大的跨部门的移民信息网络共享系统。该系统由外交部及驻外使领馆、海外就业管理局、海外工人福利管理局、海外菲律宾人委员会、劳工和就业部及其附属机构、旅游部、司法部、移民局、内政部和当地政府，国家电信委员会，信息和通信技术委员会、国家计算机中心、国家统计与协调委员会、国家统计局和其他与海外就业有关的政府机构等部门共同组

27　见 11299 号法案第二条，载 http://www.congress.gov.ph/legisdocs/ra_17/RA11299.pdf，最后访问于 2020 年 2 月 15 日。

成的跨部门委员会实施，其将有关菲律宾劳工在海外的数据资料通过计算机联网在相关机构间自由交换实现共享，便于海外菲律宾劳工的管理。

四、菲律宾海外侨胞权益保障机制对中国的启示

综上所述，菲律宾侨胞权益立法呈现出保护程度高，权利覆盖范围广，可操作性强的典型特征，其权益保护实施机制则体现了自中央到地方政府，自海外机构到内国部门，自政府到民间组织三位一体，权责明晰，联动协作的运行特点，该侨胞权益保障体系对中国具有重要的参考价值。中国与菲律宾相似，海外侨胞数量众多，是世界侨汇数额最高的国家之一。在历史上，海外侨胞对中国的改革开放和经济发展起过重要的推动作用，在当下，“一带一路”建设和企业“引进来”“走出去”发展战略是推动形成全面对外开放新格局的重要举措，在这方面，海外侨胞可以发挥“引路人”“筑路人”的积极作用，我国有必要在认可海外侨胞对中国发展做出的重大贡献的基础上，进一步确认、拓展其在经济文化等各个领域的权利，实现海外侨胞与祖国共同发展。

一方面，我国当前的侨胞保护路径应从“政策之治”转向“法律之治”，应将实践中行之有效的惠侨政策提升到立法层面，对各地各层面出台的签证办理、出入境程序、投资、税收、信贷等领域的惠侨政策进行系统化梳理，在去粗取精的前提下进行立法化处理，以提升惠侨措施的稳定性和可预期性，着力提升侨胞权益保护立法层次，加快全国侨胞权益保护的立法进程。另一方面，应当加强对我国海外劳工的权利保护。我国当前的《劳动法》与《劳动合同法》未就涉外劳动法律关系进行调整，《对外劳务合作管理暂行办法》《对外承包工程管理条例》等文件虽涉及涉外劳动关系的调整，但是立法层次低，且有关海外劳工的权益保护条款零散杂乱、不成体系，无法满足海外劳工权益保护的迫切需要。在权利保护实施机制上，则由商务部主导，缺乏人力资源、交通运输、教育、外交、公安等部门的协同参与，从而导致权利保护力度薄弱，权利保护范围有限，实施不到位等突出问题。我国应当借鉴菲律宾海外劳工保护制度，在立法方面，修订《劳动法》或《劳动合同法》，开设专章或相应条款调整海外劳动关系，或出台《海外劳工保护法》；在权利保护实施机制上，应强化人力资源和社会保障部门的主导作用，构建科学联动的政府管理体系，将商务、交通运输、外交、公安、卫生等部门纳入管理链条中，在中国海外劳工聚集的地区设立专门的劳工保护分支机构，加强对海外劳工的法律援助，设立海外劳工专项法律基金，维护其合法权益；同时，强化与劳工接收国的合作，积极就国际劳务输出和劳工保护等事项与劳工接收国签订双边或多边外派劳工协议，确保劳工接收国具有适用于中国劳工的完备的劳工和社会保障立法。

法律思维的妙用

广东省人民检察院　李　涛

日常生活中经常流传着一句话：专业的事交给专业的人去办。生病了就去医院找医生，没钱了可以找银行贷点款，遇到困难了可以寻求警察帮助。如果发生纠纷呢？必要的时候可以请个律师。既然我们的日常思维可以解决生活中遇到的各种问题，那我们学法律思维做什么呢？社会分工已经如此之细了，为何还要自己给自己找不痛快呢？

那我要告诉你的是：法律思维对你很有用，他不仅可以在你遇到困难的时候帮你渡过难关，还可以在日常生活不起眼的小事中发挥重要作用。

举个例子：小王开车回到居住小区的地下停车库，看见一个不认识的小区邻居在停车库洗车，污水横流。尽管离自己的停车位很远，但小王想到最近病毒肆虐，整个停车库通风不太好，存在公共安全卫生的隐患。于是小王停车摇下车窗与邻居理论。邻居却说："我也是小区的一员，我在车库也有车位，我有权利这么做。"而且该邻居还对小王不屑地说："你有什么权力来管我呢？我又没有影响你的停车位，我洗车用的自家打来的水，哪里碍着你事了呢？"小王一时语塞，竟无言以对，只好气呼呼地回到家。

也许你会说，小王并不是能言善辩之辈，换作我早把他辩倒了。在这里我并不是与你讨论怎样打赢这场"口水战"，我想告诉你的是法律人会怎样思考案例中涉及的问题。

邻居口中所说的"权利"是一个法律名词，是一个公民能够实施作为什么行为的法律依据。那么案例中的邻居有在车库洗车的"权利"吗？事实上没有。邻居只是把自己贪图方便、满足自身清洁车辆需要的欲望包装成了"权利"。我国物业管理条例规定，小区公共空间归全体业主共有，也就是说任何单个的小区业主无权占用小区公共空间，除非得到小区全体业主的同意。邻居的做法显然是一种自私自利的个人行为，小王完全可以理直气壮地正告他，你没有在公共停车库洗车的“权利”，你只不过是将你的欲望包装成了法律上的权利。

在法律人的思维中，权利总是与义务相伴而生的，享有什么样的权利就要履行什么样的义务。而“权利”“义务”这些概念的引入实际上就是法律思维的具体体现。法律思维的一个重要特点就是善于“抽象”。社会日常生活中公民的行为千千万万，而且千变万化，法律如何来评价这些一个个具体的行为呢？答案就是“抽象”。这种抽象的法律思维有点类似于我们日常思维中分类、归纳、总结和提炼的综合体，只不过比这些日常思维更加高度凝练。于是产生了许多法律领域里的专有概念和名词，如大家经常听到的不当得利、无因管理、善意取得等，权利、义务也是法律特有的概念。在日常思维上加上一点法律思维，可以让你的思维更加清晰、缜密和多元，在面对日常的磕磕碰碰时也更多了一份底气。

法律思维的作用对人的行为影响非常明显。在社会生活的各个领域都有许许多多优秀的法律人，如许多优秀的主持人（如撒贝宁）、政府官员（不胜枚举）、企业家（如比尔盖茨），甚至是诗人（如海子）、作家（如托尔斯泰、卡夫卡）等都具有法学教育的背景。也许你会说，我所学的专业也涌现出了许多行业翘楚。但是，就专业跨度而言，法学专业的人在各个领域内成功的概率较其他专业而言是领先的。这并非王婆卖瓜，自卖自夸，而是有许多内在的必然的逻辑联系，其中最关键的因素之一就是法律思维的作用。

作为一个社会人每天都在面对各种各样的难题，而且都必须在一定期限内解决。在激烈的社会竞争中，你会发现成功者的身上都会有一些共同的闪光点。例如，流传甚广的管理学经典《卓有成效的管理者》[1]中提到的善用有效的时间、先后次序的考虑、反面意见的运用、影响决策的要素等，都与法律思维有相通之处。比如，反面意见的运用实际上就是法律思维中正反说理的抗辩能力的体现，而善用有效的时间则暗合法律思维善于在大量原始事实中发现问题的能力，至于先后次序的考虑、影响决策的要素，与法律思维中的程序思维、价值判断思维都有异曲同工之处。

法律思维的作用还远不止如此。拥有强大的法律思维武器甚至可以慢慢改变一个人的气质，让一个曾经习惯简单思考的人变得更加懂得权衡利弊，让一个行事犹豫不决、瞻前顾后的人变得更加勇敢果断。因为法律思维可以帮你打开法律这座知识的宝库，让你预判日常行为的底线在哪里，帮你行事更加有底气。

1　［美］彼得·德鲁克著：《卓有成效的管理者》，许是祥译，机械工业出版社2019年版。

再看一个例子：广州市某房地产开发公司开发了一座“假日花园”楼盘，广州市民张某来到假日花园售楼部，经过一番讨价还价后决定以每平方米13800元的价格购买一套住宅。楼盘销售人员拿出一份《假日花园高层洋房认购协议》与张某签约，协议约定7日后签订正式买卖合同，张某按照协议约定当场刷卡支付了定金8万元。

到了约定时间，张某联系销售人员要求签约，销售人员却以种种理由推诿。一个月后销售人员打电话通知张某，称开发商不接受认购协议，如果张某想要买房，必须以每平方16000元的价格购买，并告知张某自己只是一家中介公司的员工，受公司委托以房地产开发公司名义销售房屋。

张某经了解得知，受地铁规划等利好政策的影响，该楼盘价格出现大幅上涨。张某找到房地产开发公司协商，房地产开发公司称自己并未与张某签订协议，中介公司的行为与自己无关。张某这才发现协议文本中甲方一栏为房地产开发有限公司名称，落款处只有销售人员个人签名。定金收据上加盖的是中介公司印章，POS机小票上也显示收款方为中介公司。

张某又找到销售人员，销售人员称之前一直是自己所在的中介公司代收定金，两个公司之间有委托代售协议，现在房地产开发公司不同意卖，中介公司也没有办法，只能退还8万元定金给张某。于是张某在律师的帮助下将房地产开发公司、中介公司及销售人员一同告上仲裁庭。广州市仲裁委员会审理判定：由房地产开发公司承担违约责任，向张某双倍返还定金共计16万元，中介公司及销售人员不承担责任。

在这个案例中张某作为一位普通公民，以一己人力对抗房地产开发公司、中介公司、销售人员三方，最终维权成功。总结说来，张某的成功首先靠得是以一敌三的勇气，这个“勇气”从哪里来呢？张某在事后接受电视记者采访时说：“我权衡了一下利弊，最坏的打算无外乎损失点仲裁费，但我觉得开发商的压力比我更大，中介公司和销售人员很大可能会站在我一边，事实证明我的判断没有错。”

张某并非法律专业人士，甚至不懂得法律的具体规定，虽然有律师的帮助，但我们从张某的话中仍然可以嗅到法律思维的味道。真实的世界不是非黑即白的，而是有许多灰色的地带，如案例中的中介公司和销售人员，他们既是房地产公司的销售合作伙伴，又是本次销售纠纷的受害者。张某选择解决纠纷的途径有很多，但是在涉及多方利益考量，特别是存在灰色地带时，如何权衡选择最优方案就得靠法律思维来帮忙。

在这个案例中张某是怎么做的呢？他首先向派出所报警，告销售人员诈骗，取得报警回执，固定了纠纷事实；接着又邀请电视台媒体进行曝光，给开发商、中介公司造成了巨大的舆论压力；然后又积极争取中介公司和销售人员出庭作证，在律师的帮助下完善了证据链。懂得权衡利弊的辩证思维，让张某选择了最有利于自己的维权策略，并果断行使，最终成为法律思维的受益者。

现在再让我们回答“法律思维对我有什么用”的问题。法律思维不仅能让普通人的思维更加缜密思辨，而且能让我们拥有了处理复杂问题纠纷的思维武器，至少不会让我们哑口无言、无话可说。通过了解和掌握法律思维，加上一定的法律思维训练，可以让每一个公民在处理复杂问题时变得更有能力，更有勇气面对生活中的不公，更有效地配合司法机关和法律专业人士，更能果断地采取维权行动。说不定，法律思维还能帮助我们不断成长，逐渐成为跨行业领域的卓越人士呢！

图书在版编目（CIP）数据

法治论坛．第58辑／广州市法学会编．—北京：
中国法制出版社，2020.9
ISBN 978-7-5216-1263-9

Ⅰ．①法… Ⅱ．①广… Ⅲ．①法学-丛刊 Ⅳ．①D90-55

中国版本图书馆CIP数据核字（2020）第168493号

责任编辑：王佩琳　秦智贤　　　封面设计：周黎明

法治论坛·第58辑

FAZHI LUNTAN · DI-58 JI

编者/广州市法学会
经销/新华书店
印刷/三河市紫恒印装有限公司
开本/710毫米×1000毫米　16开　　　印张/22.5　字数/373千字
版次/2020年9月第1版　　　2020年9月第1次印刷

中国法制出版社出版
书号 ISBN 978-7-5216-1263-9　　　定价：85.00元

北京西单横二条2号
邮政编码 100031　　　传真：010-66031119
网址：http：//www.zgfzs.com　　　**编辑部电话：010-66038139**
市场营销部电话：010-66033393　　　**邮购部电话：010-66033288**

《法治论坛》格式规范

1.《法治论坛》文章以质量过硬为刊用标准，来稿要求是原创作品，未在正式刊物公开发表。

2.《法治论坛》侧重以法律实践问题为切入点进行理论探讨，文章要求观点鲜明、论述缜密、论据充分、格式规范。

3. 所有来稿请注明论文题目、作者简介（包括法律职称）、联系电话、通讯地址、邮政编码、电子邮箱等。

4. 投稿请用电子邮件方式，邮件主题：×××（作者姓名）投稿。我们将尽快通知作者刊用情况。

5. 提倡文责自负，反对抄袭剽窃。本出版物已获中国知网授权使用“学术不端文献检测系统”。

6. 论文格式规范如下：

（1）来稿要有内容提要和关键词；

（2）脚注：注解一律采用脚注形式，并用横线与正文隔开；序号左顶格，以数字 1、2、3……标示，全文连续编排。引用杂志的文章、引用的专著和引用的网络文章均用书名号。

例：

范愉著：《纠纷解决的理论与实践》，清华大学出版社 2007 年版，第 565 页。

章武生：《ADR 与我国大调解的产生和发展》，载《纠纷解决——多元调解的方法与策略》，中国法制出版社 2008 年版，第 3 页。

王利明：《审判方式改革中的民事证据立法问题探讨》，载《中国法学》2000 年第 4 期（引用期刊文章不需注明页码）。

援引自学位论文集的文章也用书名号。引用时应当标明作者毕业的学术单位、年份和学位层级，引用论文特定部分的内容应当标明页码或者章节，例如：李小明：《准政府组织的行政法定位及其权利规制》，吉林大学 2016 年博士学位论文，第 139 页。

（3）参考文献

引用的文章和引用的专著用书名号，均不需注明页码。

例：

王卫国著：《破产法》，人民法院出版社 1999 年版。

［英］施米托夫著：《国际贸易法文选》，赵秀文译，中国大百科全书出版社 1993 年版。

杨兴培：《论刑事和解制度在中国的命运选择》，载《法学杂志》2006 年第 6 期。

有纸质产品的情况下，不建议引用网站内容。如果引用网站内容，请标明网站名字和频道、网址、最后访问时间。

例如：王利明：《标准合同的若干问题》，载中国民商法律网民事法学频道，http：//www. civillaw. com. cn/weizhang/default. asp？id =22250，最后访问于 2017 年 1 月 26 日。

《法治论坛》2017 年 1 月起入选南京大学 CSSCI 集刊目录，文章将同时被中国知网（www. cnki. net）署名转载，如不同意转载，请在投稿时作出声明。

地址：广州市越秀区小北路 113 号 8 楼广州市法学会

邮编：510046

电话：020 –83527753 83525279

投稿邮箱：gzfzlt@126. com（不区分大小写）